Excel 在
电商运营 数据管理中的应用

林科炯 编著

中国铁道出版社有限公司

CHINA RAILWAY PUBLISHING HOUSE CO., LTD.

内 容 简 介

本书共 10 章，主要内容包括用 Excel 轻松管理淘宝店铺资料、从访问量和转化率看店铺人气、热销商品的统计与分析、顾客购买情况的分析、竞争对手的现状分析、行业发展情况的分析、采购成本的分析与控制、淘宝销售数据的计算与统计、库存数据的分析与图形化处理以及如何确保 Excel 文件的安全等。

无论是对电商感兴趣的初级和中级卖家，还是有着丰富线上经营经验的高级卖家，都可以从本书中获益，并且能够更为全面、深入地了解利用 Excel 对线上数据进行实用分析。同时，在本书中有丰富多样的实例数据供读者借鉴，目的是更好地了解线上经营之道，把握买卖时机和规律，做出正确的经营决策。

图书在版编目（CIP）数据

Excel 在电商运营数据管理中的应用 / 林科炯编著 . — 北京：
中国铁道出版社，2017.4（2022.1 重印）
　ISBN 978-7-113-22625-1

　Ⅰ . ① E… Ⅱ . ①林… Ⅲ . ①表处理软件 - 应用 - 电
子商务 - 商业经营 Ⅳ . ① F713.36

中国版本图书馆 CIP 数据核字（2016）第 303545 号

书　　名：Excel 在电商运营数据管理中的应用
作　　者：林科炯

策　　划：王　佩　　编辑部电话：（010）51873022　　邮箱：505733396@qq.com
责任编辑：杨新阳
封面设计：MXK DESIGN STUDIO
责任印制：赵星辰

出版发行：中国铁道出版社有限公司（100054，北京市西城区右安门西街 8 号）
印　　刷：佳兴达印刷（天津）有限公司
版　　次：2017 年 4 月第 1 版　　　　2022 年 1 月第 2 次印刷
开　　本：700 mm×1 000 mm　1/16　印张：17.75　字数：213 千
书　　号：ISBN 978-7-113-22625-1
定　　价：49.00 元

电商，也就是电子商务，可简单理解为网上或线上购物。其中为人所熟悉的平台包括：淘宝、天猫、京东、一号店等。在早几年就曾有人说道：21世纪要么电子商务，要么无商可务。在最近几年，电子商务的开展更是如火如荼，多次创造线上消费购物的"神话"，让小伙伴们感到不可思议的同时，也羡慕不已。

作为一名电商卖家，我们既要看到线上购物庞大的市场规模和可观收益，同时，还要认识到庞大的电商经营参与者，也就是竞争对手，都在努力地争取这块市场和收益的"蛋糕"。

面对如此强大和众多的竞争对手，要想生存下来并取得发展，就必须要有一套科学的经营方法，及时发现和解决实际中的经营问题，以保证执行措施和方法得当，如什么时候采购最划算、哪些商品可以继续上架、PC端和手机端的经营分配以及商品推广的投入渠道等。这些问题的答案，最有利和准确的方法就是对数据进行科学的分析。

而在对数据的科学分析领域，Office组件中的Excel最被广大用户所接受，但用Excel进行电商数据分析的应用，还不太为人熟知，这方面的内容恰恰正是电商商家迫切需要掌握的，本书正是在这样的情况下应运而生的。

主要内容

本书总共10章，主要从卖家自身、商品、顾客和行业以及进销存方面进行讲解，具体内容如下图所示。

卖家自身	商品、顾客和行业	进销存
第1章 用Excel轻松管理淘宝店铺资料	第3章 热销商品的统计与分析	第7章 采购成本的分析与控制
第2章 从访问量和转化率看店铺人气	第4章 顾客购买情况的分析	第8章 淘宝销售数据的计算与统计
第10章 如何确保Excel文件的安全	第5章 竞争对手的现状分析	第9章 库存数据的分析与图形化处理
	第6章 行业发展情况的分析	

其中"卖家自身"部分主要是对店铺的搜索量和访问量的人气进行统计和分析，同时对相关资料的收集整理以及安全进行讲解；"商品、顾客和行业"部分主要是从商品本身方面（命名、价格定位）、顾客购买习惯和同类商品竞争对手的情况以及整个行业的分析；"进销存"部分则主要是对商品的采购、销售和库存的数据进行分析，帮助用户在正确的时间进行采购，以高效的方式进行销售，以科学的方式进行商品库存管理。

内容特点

架构清晰
全书围绕3个主体进行讲解：卖家自身、商品和市场、竞争对手和同行。

实例分析
通过大量的实例操作和分析，将理论与实战结合，将线上经营和线下分析结合，让读者学以致用。

文字图示化
将知识点和操作关键步骤以大量的图示进行呈现，使得全书的版式轻松，利于阅读和学习。

读者对象

本书适用于准备开网店的创业者，以及入门不久的初级经营者，对那些有一些电商经营经验的，但不了解数据多元化分析的人员同样有很好的参考作用，还能对电商实战经营提供不错的帮助。

扫码有礼

请扫描二维码获取
本书的"素材和效果文件"

超值赠送
《Excel销售管理与分析
必知必会的180个文件》

编 者
2016年12月

第1章 用Excel轻松管理淘宝店铺资料

第2章 从访问量和转化率看店铺人气

用Excel轻松管理
淘宝店铺资料

　　对求生存和谋发展的淘宝卖家来说，店铺资料是相当重要的数据，不仅要有对这些数据进行习惯性收集，还要进行实效的管理，这样才能在经营中找到更好的"出路"，在竞争中"存活"下来。

1.1 供货商资料管理

作为淘宝卖家，销售的渠道分为线上和线下两种。线上是直接在相应的商家网站中进行下单，实现网上批发进货；线下是在相应的批发市场、实体店或生产厂家进货，从而选取到物美价廉或中意的商品，再作为店铺宝贝进行销售。淘宝卖家需要对线下合作的供货商资料进行收集管理，以方便下次进行商品批发，同时，也可以积累优质供应商。

1.1.1
手动精确填写供货商资料

我们要将供货商的基本信息资料录入电子表格中，通常情况下需要手动输入，而且常规的输入方式也非常简单，只需选择目标单元格后，直接在其中输入资料信息或❶选择目标单元格后，❷在编辑栏中输入相关信息，如图1-1所示。

图1-1

要在已有数据的末行位置继续进行供应商资料的添加，较为直接和准确的方法，就是通过记录单来进行添加，当然"记录单"按钮需要我们手动进行添加。

下面以在"供应商资料表"工作簿中使用记录单添加供应商资料数据为例来讲解相关操作，其具体操作如下。

分析实例 在数据末行继续添加供应商数据

素材文件	◎素材\Chapter 1\供应商资料表.xlsx
效果文件	◎效果\Chapter 1\供应商资料表.xlsx

Step 01 打开"供应商资料表"素材，❶单击快速访问工具栏中的下拉按钮，❷选择"其他命令"选项，打开"Excel选项"对话框，如图1-2所示。

Step 02 ❶单击"从下列位置选择命令"下拉按钮，❷选择"不在功能区中的命令"选项，如图1-3所示。

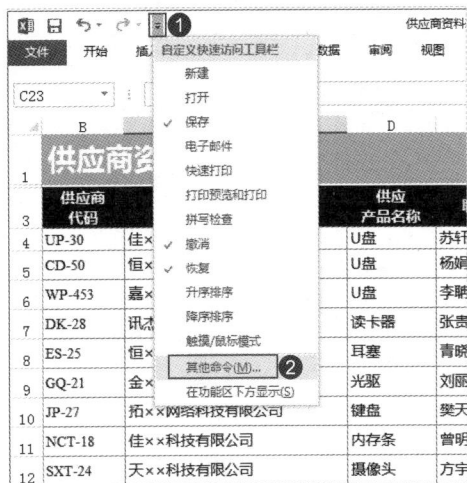

图1-2

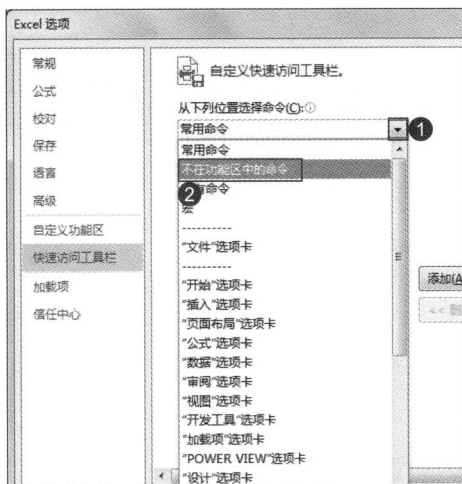

图1-3

Step 03 ❶选择"记录单"选项，❷单击"添加"按钮将其添加到右侧的快速访问工具栏列表框中，❸单击"确定"按钮，如图1-4所示。

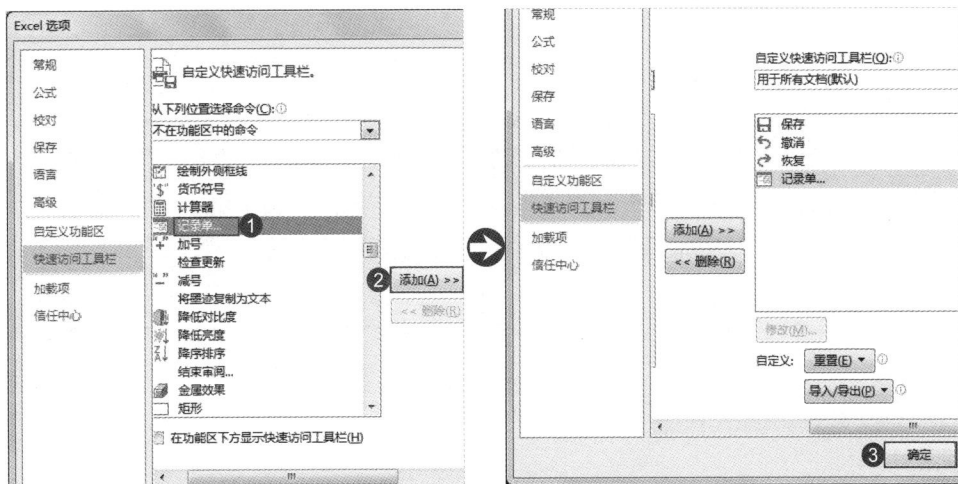

图1-4

Step 04 返回工作表中，❶选择任意单元格，❷在快速访问工具栏中单击添加的"记录单"按钮，打开记录单对话框，如图1-5所示。

Step 05 ❶单击"新建"按钮，❷在对应文本框中输入相应的供应商资料数据，按【Enter】键，❸单击"关闭"按钮，如图1-6所示。

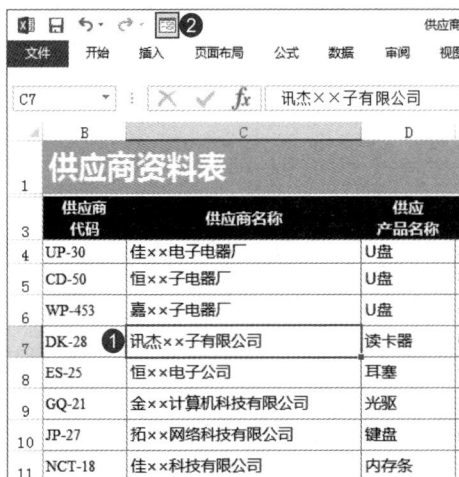

图1-5   图1-6

Step 06 返回工作表中，在数据末行位置即可查看到已添加的一条供应商资料数据信息，效果如图1-7所示。

	B	C	D	E	F	G	H	
7	DK-28	讯杰××子有限公司	读卡器	张贵	15941***585	北京	010-********	62220036**
8	ES-25	恒××电子公司	耳塞	青晓晓	15911***231	深圳	0755-********	95588220**
9	GQ-21	金××计算机科技有限公司	光驱	刘丽	13775***629	南京	025-********	95588220**
10	JP-27	拓××网络科技有限公司	键盘	樊天明	15963***355	上海	021-********	62220241**
11	NCT-18	佳××科技有限公司	内存条	曾明宇	13214***591	深圳	0755-********	95599800**
12	SXT-24	天××科技有限公司	摄像头	方宇	13232***855	广州	020-********	95588360**
13	SHB-26	赛××电脑贸易有限公司	鼠标	谢静	15928***688	成都	028-********	95588014**
14	WK-22	瀚××科技有限公司					020-********	62220036**
15	XSQ-11	新观××有限公司			13913***377	深圳	0755-********	43674233**
16	YP-15	智月电××科技	硬盘	高全喜	13788***985	南京	025-********	6221886030
17	ZHB-16	××科技有限公司	主板	汪建华	13956***845	上海	021-********	622848006*
18								
19								

使用记录单在数据末行继续添加的供应商资料数据

图1-7

1.1.2
冻结标题行查看靠后的资料信息

随着供应商资料的不断增多，表格中的数据行也会逐渐增多，当我们在查看靠后的供应商数据信息时，由于屏幕的滚动，标题行会被隐藏，从

图1-7中可以看到标题行被隐藏了，这样不方便数据的查阅。此时我们可以将标题行冻结，使标题行不会因为屏幕的滚动而被隐藏。

下面以在"供应商资料表1"工作簿中冻结标题行为例来讲解相关操作，其具体操作如下。

分析实例 冻结供应商标题行让其固定显示 ————————————————

素材文件	◎素材\Chapter 1\供应商资料表1.xlsx
效果文件	◎效果\Chapter 1\供应商资料表1.xlsx

Step 01 打开"供应商资料表1"素材，❶选择A4单元格，❷单击"视图"选项卡，❸单击"冻结窗格"下拉按钮，❹选择"冻结拆分窗格"选项，如图1-8所示。

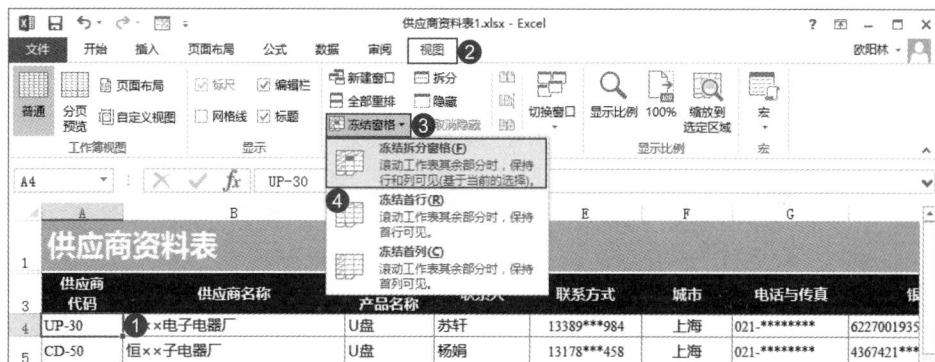

图1-8

Step 02 滚动鼠标滑轮或向下拖动表格右侧滑块，系统仍然将标题行和表头区域固定显示，如图1-9所示。

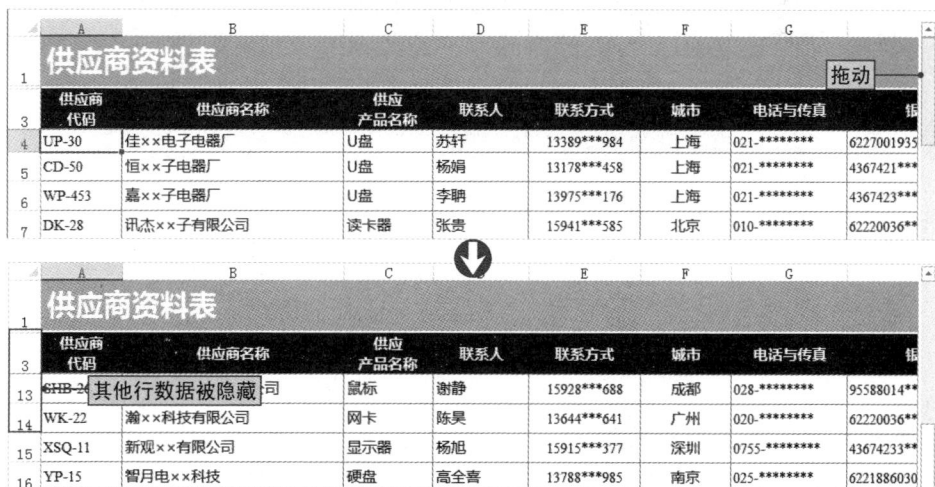

图1-9

如果想让冻结表格恢复到正常状态，可再次❶单击"冻结窗格"下拉按钮，❷选择"取消冻结窗格"选项，如图1-10所示。

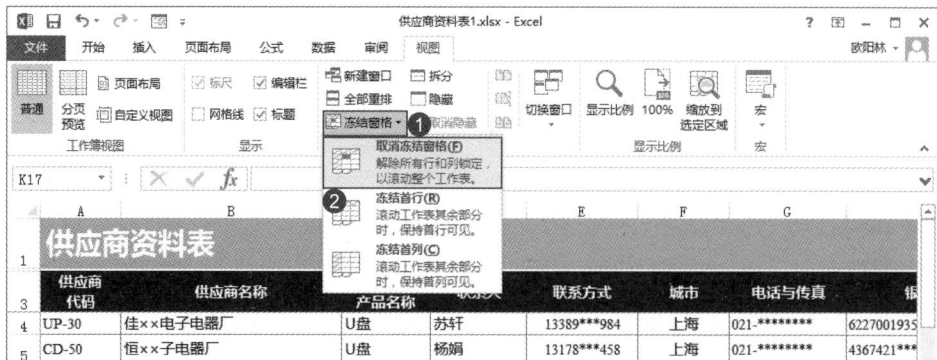

图1-10

1.1.3
确保供货商银行账户信息正常显示

在供货商表格中，为方便阅读我们不仅要收集必要的数据信息，同时，还需要表格中的数据信息全部正常显示。但在表格中显示数据存在不太完美的地方——当单元格中的数字位数超过11位时，会自动显示为科学计数法。这就使得供货商银行卡号的显示不完全，如图1-11所示。

要解决这一问题，方法非常简单，只需事先设置单元格的数据类型为"文本"即可。

供应产品名称	联系人	联系方式	城市	电话与传真	银行卡号	银行
U盘	苏轩	13389***984	上海	021-********	6.227E+18	建行
U盘	杨娟	13178***458	上海	021-********	4.36742E+16	建行
U盘	李聃	13975***176	上海	021-********	4.36742E+17	建行
读卡器	张贵	15941***585	北京	010-********	6.222E+18	工行
耳塞	青晓晓			银行卡号显示不全，不易于阅读	9.55882E+18	工行
光驱	刘丽	13775***629	南京	025-********	9.55882E+17	农行
键盘	樊天明	15963***355	上海	021-********	6.22202E+18	工行
内存条	曾明宇	13214***591	深圳	0755-********	9.55998E+18	农行
摄像头	方宇	13232***855	广州	020-********	9.55884E+17	工行
鼠标	谢静	15928***688	成都	028-********	9.5588E+17	工行
网卡	陈昊	13644***641	广州	020-********	6.222E+18	工行

图1-11

分析实例 **为单元格设置限定数据**

素材文件	◎素材\Chapter 1\供应商资料表2.xlsx
效果文件	◎效果\Chapter 1\供应商资料表2.xlsx

Step 01 打开"供应商资料表2"素材，❶选择H4:H17单元格区域，❷单击"数据类型"下拉按钮，❸选择"文本"选项，如图1-12所示。

Step 02 在单元格中输入相应的银行卡号，系统自动将这些数字转换为文本，并全部显示，如图1-13所示。

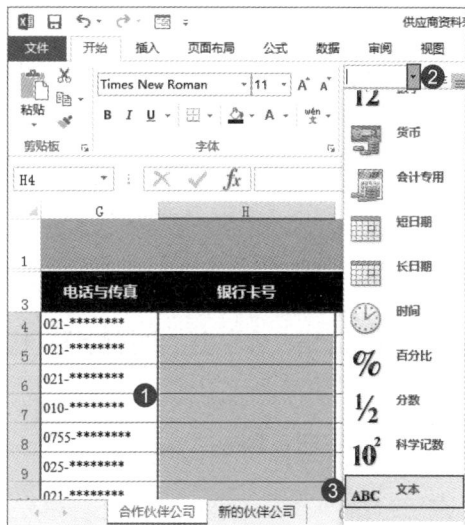

图1-12

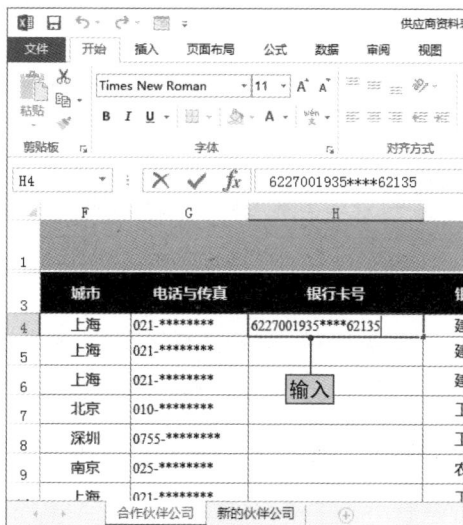

图1-13

在上述操作过程中，我们一定要先选择目标单元格区域，再设置其数据类型为文本类型，最后输入银行卡号。若是先输入卡号，再进行文本类型的设置，将不能实现全部显示的效果，仍然显示为科学计数法样式。

除了数据类型的因素不能让供应商的银行卡数据全部正常显示外，还有一种情况是列宽不够，这时，我们只需调整列的宽度（将鼠标光标移到列的边界上，当鼠标光标变成水平双向箭头时，双击或按住鼠标左键进行拖动，直到调整到合适宽度后释放鼠标），如图1-14所示。

图1-14

1.1.4
限定输入的供货类别数据

　　每一个供货商大概只能供应一类或几类产品，或者我们只对该商家的某几类产品感兴趣、有交易。因此我们在制作数据表格的过程中，就可以进行供货类别的设置，从而方便数据的录入和供货商的选择。

　　下面以在"供应商资料表3"工作簿中为供应产品类别设置输入限定为例来讲解相关操作，其具体操作如下。

分析实例 **验证单元格中输入的数据**

素材文件	◎素材\Chapter 1\供应商资料表3.xlsx
效果文件	◎效果\Chapter 1\供应商资料表3.xlsx

Step 01 打开"供应商资料表3"素材，❶选择C4单元格，❷单击"数据验证"按钮，打开"数据验证"对话框，如图1-15所示。

Step 02 在"设置"选项卡中，❶单击"允许"下拉按钮，❷选择"序列"选项，如图1-16所示。

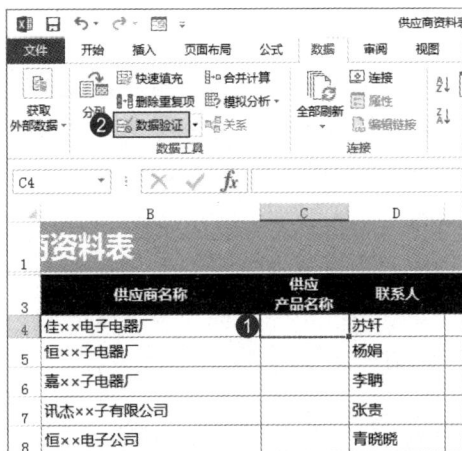

图1-15

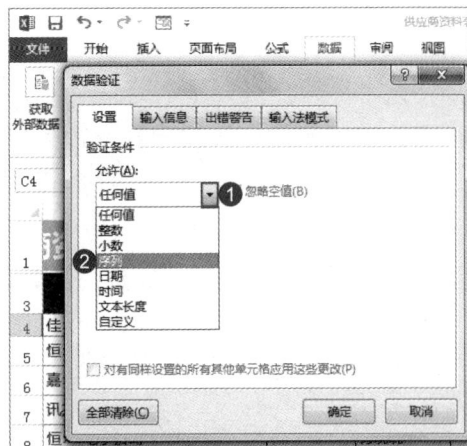

图1-16

Step 03 在出现的"来源"文本框中输入供应的产品类型类别，这里输入"耳塞,键盘,内存条"（产品类别数据之间，用英文状态下逗号","隔开，作为选项之间换行符），如图1-17所示。

Step 04 ❶单击"出错警告"选项卡，❷单击"样式"下拉按钮，❸选择"警告"选项，❹分别在"标题"和"错误信息"文本框中输入相应的文字，❺单击"确定"按钮，如图1-18所示。

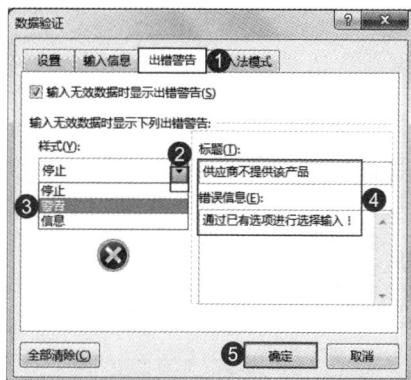

图1-17 图1-18

Step 05 返回工作表中，❶选择C4单元格，❷单击右侧的下拉按钮，❸选择相应的供应产品选项，如选择"键盘"选项，系统自动将"键盘"输入到单元格中，如图1-19所示。

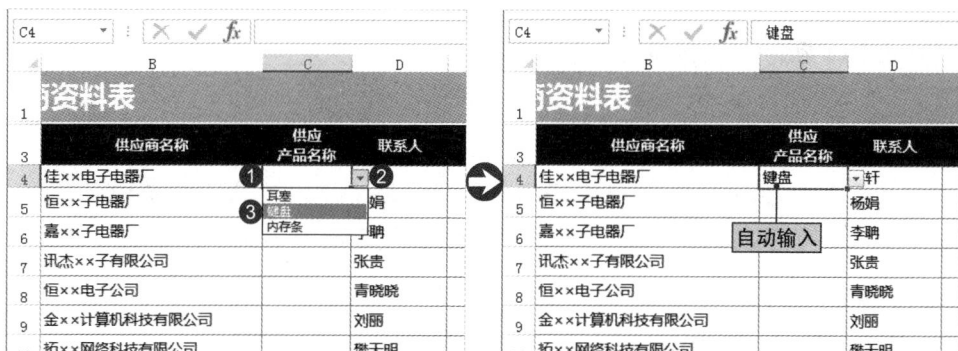

图1-19

设置供货商产品供应类别限制后，我们同样可以在单元格中输入限定的合法数据，若输入的数据不是限定的数据，则是非法数据，系统将会提示设置的警告信息，如图1-20所示。

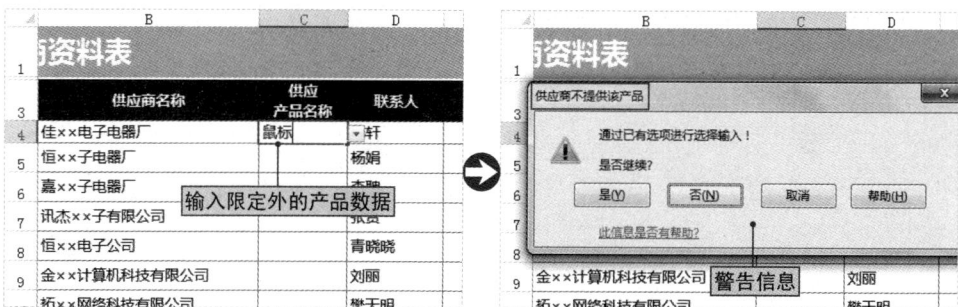

图1-20

1.2 顾客资料管理

顾客是我们在淘宝店铺中获利的关键，为了更好地分析顾客的购物爱好和习惯以及为其提供相应的服务，我们可以专门对顾客资料进行收集整理和管理。

1.2.1 导入文本文档中保存的顾客资料

对于一些新客户或临时客户，我们可能会将他们的信息随手记录在记事本TXT文本中，等到有时间时再将这些信息导入Excel表格中进行整理和分析，从而更好地为商品销售服务。

下面以在"顾客资料"工作簿中导入记录在记事本TXT文本中的顾客资料数据为例，其具体操作如下。

分析实例 将TXT文本中的数据导入工作簿中

素材文件	◎素材\Chapter 1\顾客资料.xlsx、顾客信息随手记.txt
效果文件	◎效果\Chapter 1\顾客资料.xlsx

Step 01 打开"顾客资料"素材，❶选择C7单元格。❷单击"数据"选项卡，❸单击"自文本"按钮，打开"导入文本文件"对话框，如图1-21所示。

Step 02 ❶选择文本保存位置，❷选择"顾客信息随手记.txt"文件，❸单击"导入"按钮，如图1-22所示。

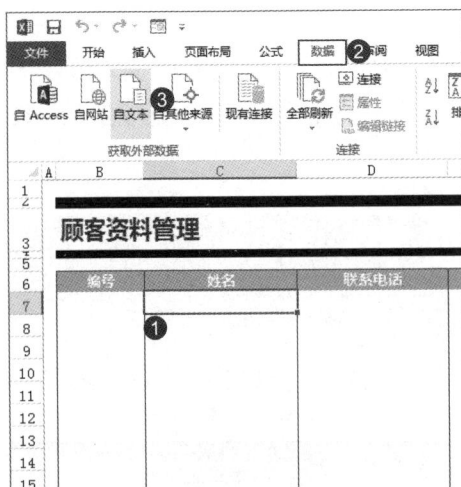

图1-21

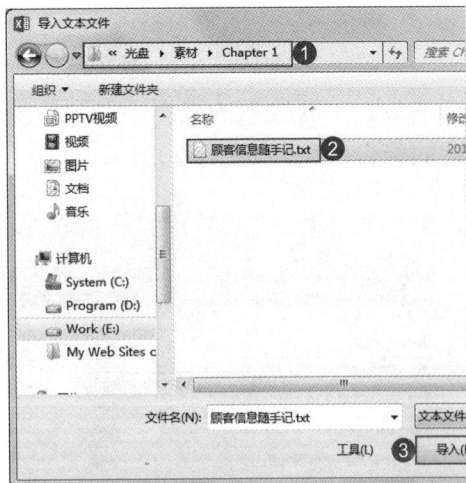

图1-22

Step 03 打开"文本导入向导-第1步，共3步"对话框，❶选中"分隔符号"单选按钮，❷设置"导入起始行"为"1"，❸单击"下一步"按钮，如图1-23所示。

Step 04 打开"文本导入向导-第2步，共3步"对话框，❶选中"Tab键"复选框，❷单击"下一步"按钮，如图1-24所示。

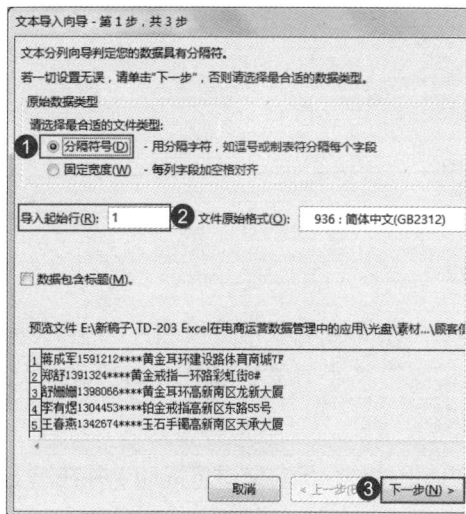

图1-23

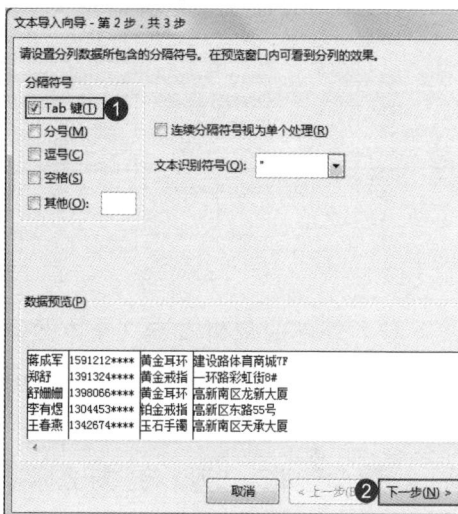

图1-24

Step 05 打开"文本导入向导-第3步，共3步"对话框，❶选中"常规"单选按钮，❷单击"下一步"按钮，如图1-25所示。

Step 06 系统自动打开"导入数据"对话框，保持默认设置不变，直接单击"确定"按钮，如图1-26所示。

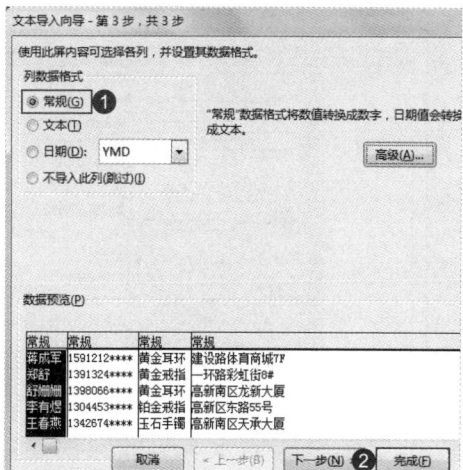

图1-25

图1-26

Step 07 系统自动将数据导入表格中，效果如图1-27所示。

图1-27

导入外部的记事本TXT文本数据后，系统自动适应内容宽度，导致原先的列变窄，使"顾客资料"表格整体样式变得"小气"，如图1-27所示，这时，我们可通过调整列宽来解决这个问题。

Step 01 ❶选择C～E列（将鼠标光标移到列号上按住鼠标左键进行拖动）并在其上右击，❷选择"列宽"命令，打开"列宽"对话框，如图1-28所示。

Step 02 ❶在"列宽"文本框中输入"18"，❷单击"确定"按钮确认设置，如图1-29所示。

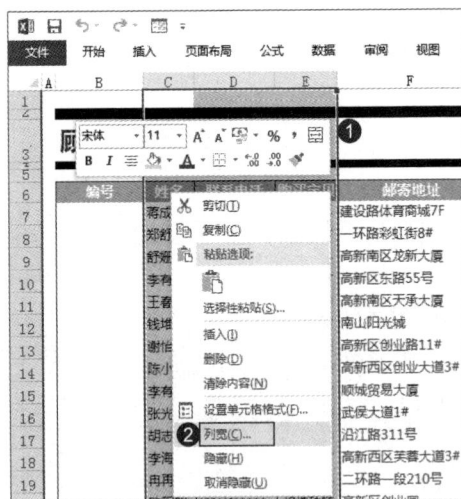

图1-28

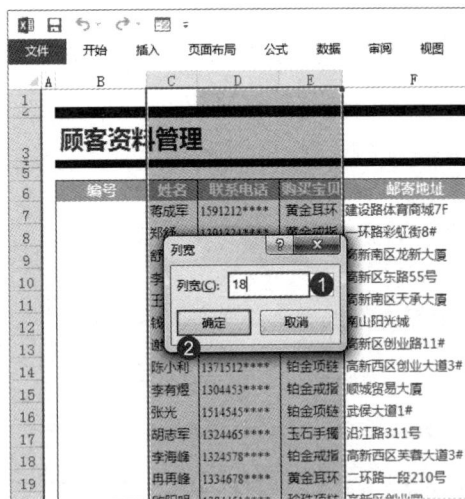

图1-29

Step 03 将鼠标光标移动到F列和G列交界处，当鼠标光标变成水平双向箭头时，按住鼠标左键不放进行拖动，直到调整为合适列宽时释放鼠标，如图1-30所示。

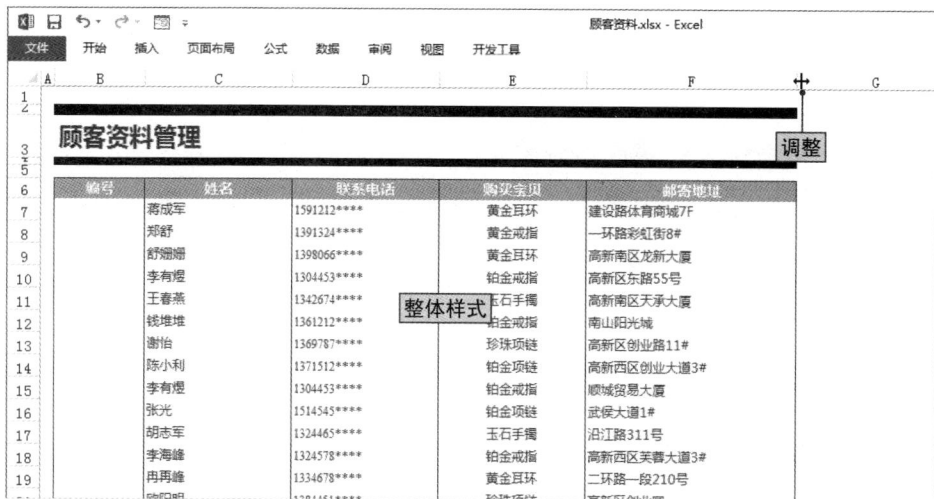

图1-30

1.2.2
直接从网站复制顾客资料

作为淘宝店铺卖家，我们可以直接从淘宝卖家后台进行顾客资料的获取，也就是从网站上将数据复制到表格中，然后进行整理。

下面以在"顾客资料1"工作簿中直接从下单数据中获取顾客的名称、联系电话、邮寄地址和邮编数据为例，其具体操作如下。

分析实例 从淘宝卖家后台获取顾客数据

素材文件	◎素材\Chapter 1\顾客资料1.xlsx
效果文件	◎效果\Chapter 1\顾客资料1.xlsx

Step 01 进入自家店铺后台页面，单击"已卖出的宝贝"超链接，在订单区域中单击"详情"超链接，如图1-31所示。

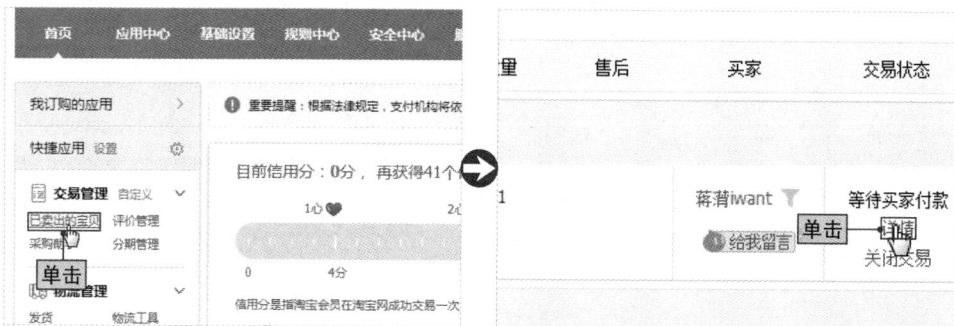

图1-31

Step 02 ❶单击"收货和物流信息"选项卡，❷在"收货地址"项目后复制需要的数据信息，如图1-32所示。

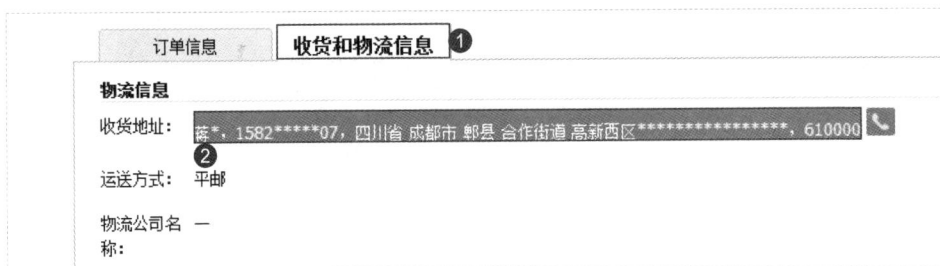

图1-32

Step 03 打开"顾客资料1"素材，❶选择A7单元格，❷单击"粘贴"下拉按钮，❸选择"选择性粘贴"命令，如图1-33所示。

Step 04 在打开的"选择性粘贴"对话框中选择"Unicode文本"选项，然后单击"确定"按钮，如图1-34所示。

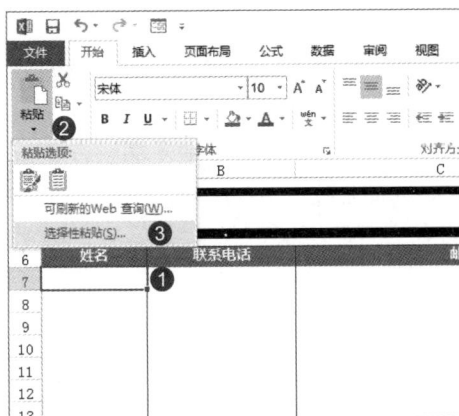

图1-33

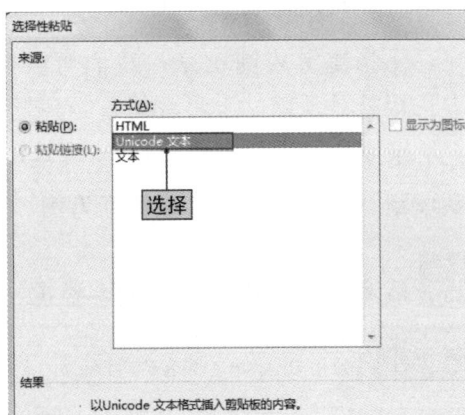

图1-34

Step 05 ❶选择A7单元格，❷单击"数据"选项卡，❸单击"分列"按钮，如图1-35所示。

Step 06 打开"文本分列向导-第1步，共3步"对话框，❶选中"分隔符号"单选按钮，❷单击"下一步"按钮，如图1-36所示。

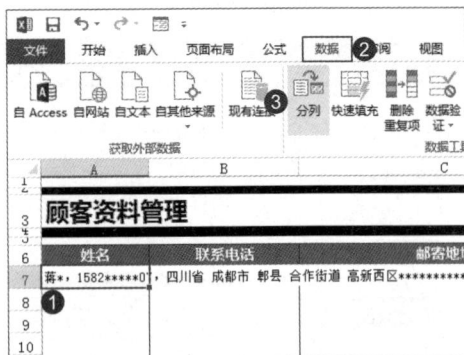

图1-35

Step 07 打开"文本分列向导-第2步，共3步"对话框，❶取消选中"Tab键"复选框，❷选中"其他"复选框，并在其后的文本框中输入分隔符，这里输入中文状态下的逗号"，"，❸单击"下一步"按钮，如图1-37所示。

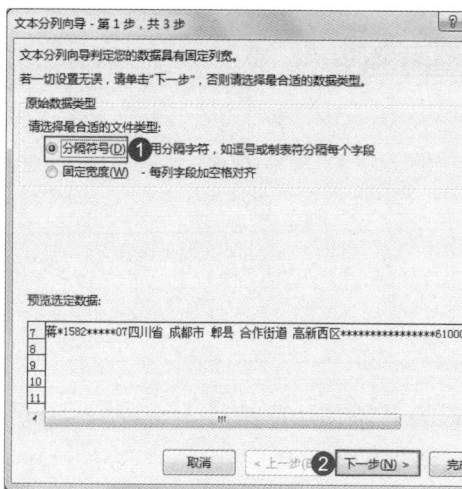

图1-36

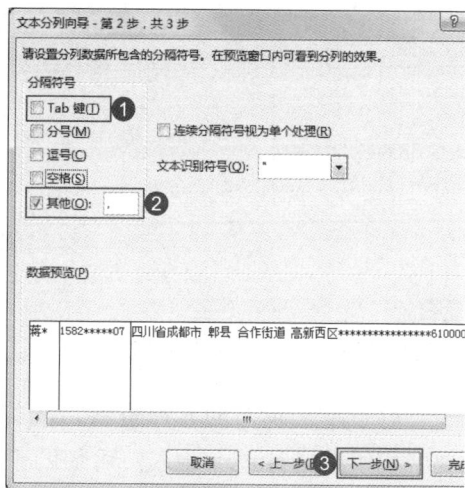

图1-37

Step 08 打开"文本分列向导-第3步，共3步"对话框，❶单击"目标区域"文本框后的"折叠"按钮，折叠对话框，❷在表格中选择A7:D7单元格区域，❸单击"展开"按钮，打开对话框，❹单击"完成"按钮，如图1-38所示。

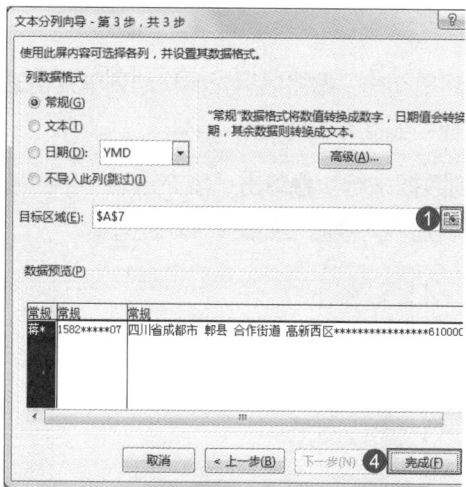

图1-38

Step 09 系统自动按照逗号进行分割，并将数据放置在对应的单元格中，效果如图1-39所示（再次将网页中其他顾客数据选择性粘贴到表格中，系统会自动按逗号进行分列，完全适应表格）。

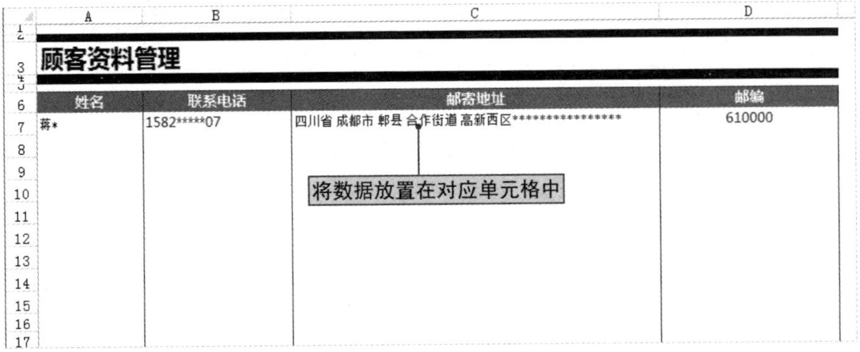

图1-39

1.2.3
快速录入客户编号数据

对于越来越多的客户资料，我们可以为其添加顺序编号，这种编号不需要我们手动进行逐一输入，可借助于填充柄来轻松实现。

下面以在"顾客资料2"工作簿中快速录入客户编号数据为例，其具体操作如下。

分析实例 为序列数据自动编号

素材文件	◎素材\Chapter 1\顾客资料2.xlsx
效果文件	◎效果\Chapter 1\顾客资料2.xlsx

Step 01 打开"顾客资料2"素材，❶选择B7单元格，❷将鼠标光标移动到单元格的右下角，当其形状变成加号形状时，双击鼠标，如图1-40所示。

Step 02 系统自动将编号以序列数据填充到数据末行，❶单击"填充选项"下拉按钮，❷选中"不带格式填充"单选按钮，只填充序列数据，如图1-41所示。

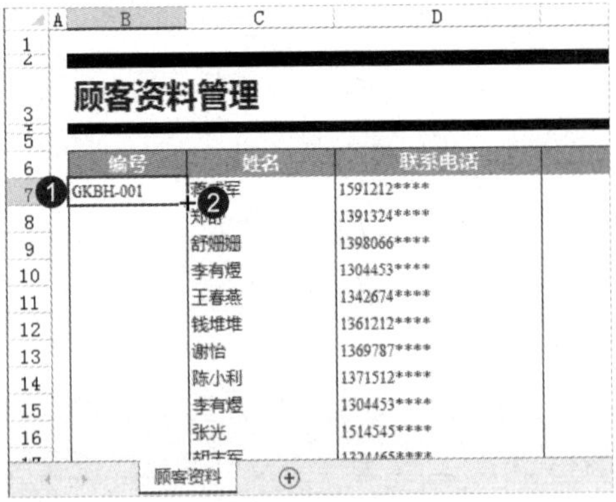

图1-40

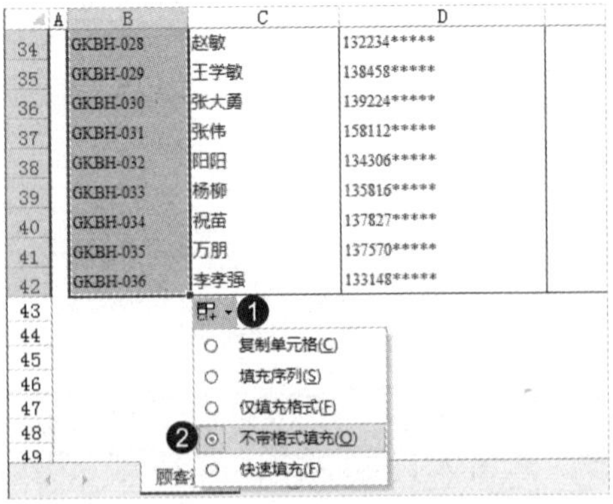

图1-41

Step 03 在表格的"编号"列即可查看通过填充柄快速输入的顾客编号数据，效果如图1-42所示。

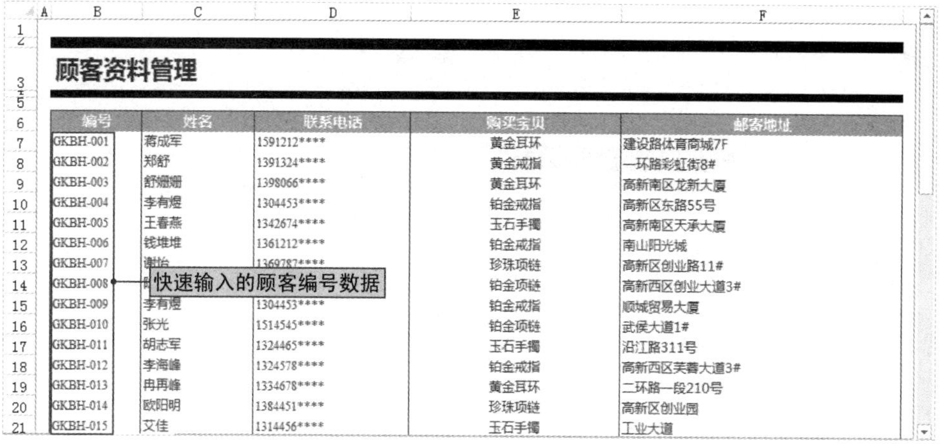

图1-42

1.3 商品资料管理

在淘宝店铺中销售的商品，我们需要对其进行相应地管理，了解供应商是哪家，同类产品的等级，从而做到心中有数。

1.3.1
根据商品类型自动填充默认供货商

我们批发采购商品，都有来源地或相应的供货商，为了方便查看和查找对应商品的供货商信息，可以在每项产品后添加"供应商"列数据，不过，这列数据无须我们手动进行逐一添加，可通过自动查找和引用进行自动设置和填充。

下面以在"商品资料"工作簿中通过使用Vlookup()函数自动查找和引用商品供应商为例，其具体操作如下。

分析实例 数据的精确查找和引用

素材文件	◎素材\Chapter 1\商品资料.xlsx
效果文件	◎效果\Chapter 1\商品资料.xlsx

Step 01 打开"商品资料"素材，单击"新工作表"按钮，新建工作表，如图1-43所示。

Step 02 ❶在工作表标签上双击进入编辑状态，输入"供货商"，按【Enter】键确认，❷在A1:B3单元格中输入商品名称与供货商信息，如图1-44所示。

图1-43

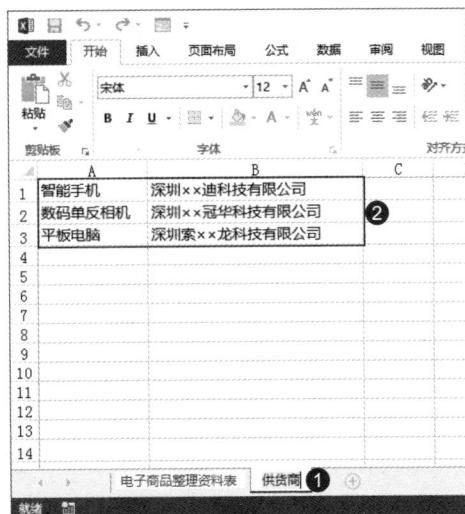

图1-44

Step 03 ❶单击"电子商品整理资料表"工作表标签，❷选择J3单元格，❸单击"公式"选项卡中的"插入函数"按钮，如图1-45所示。

Step 04 打开"插入函数"对话框，❶单击"或选择类别"下拉按钮，❷选择"查找与引用"选项，如图1-46所示。

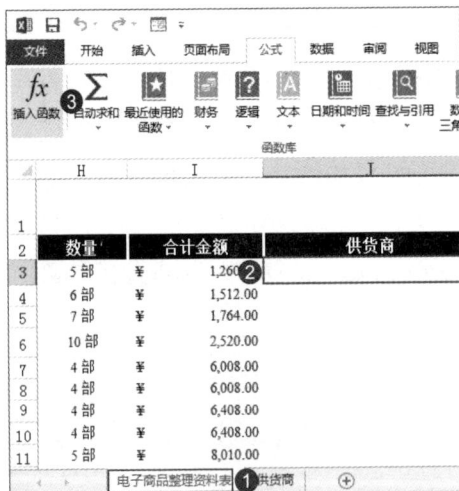

图1-45

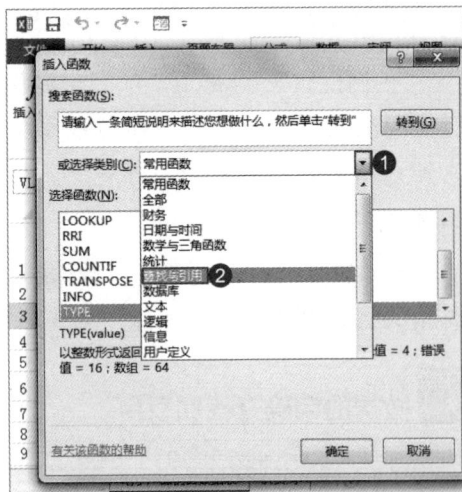

图1-46

Step 05 ❶在"选择函数"列表框中选择"Vlookup"函数选项，❷单击"确定"按钮，如图1-47所示。

Step 06 ❶在"Lookup_value"文本框中输入"C3"，❷单击"Table_array"文本框后的按钮，如图1-48所示。

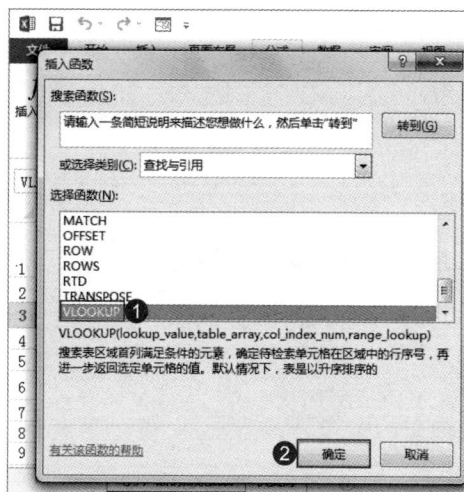

图1-47

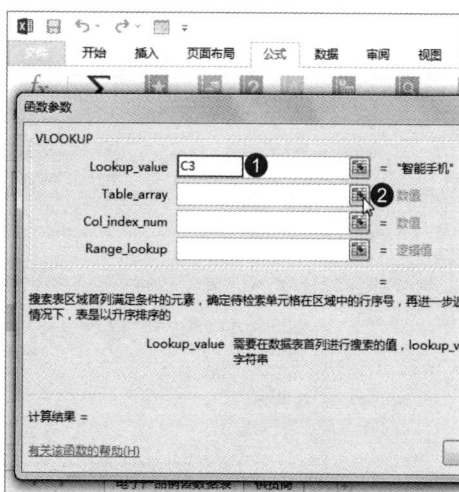

图1-48

Step 07 ❶单击"供货商"工作表标签，❷选择A1:B3单元格区域，❸单击"展开"按钮，如图1-49所示。

Step 08 在"Table_array"文本框中选择整个参数，按【F4】键将其转换为绝对引用，如图1-50所示。

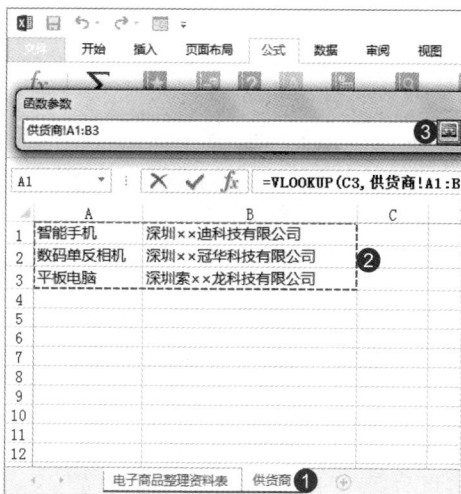

图1-49

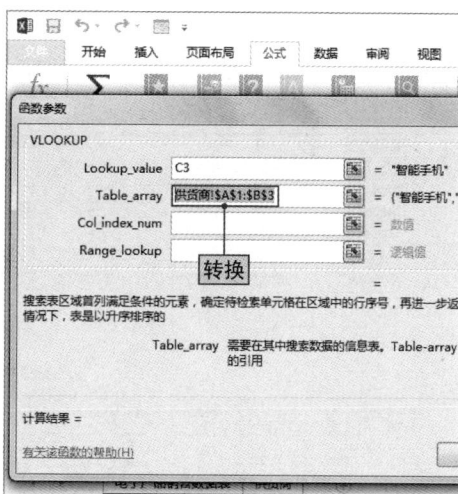

图1-50

Step 09 ❶在"Col_index_num"文本框中输入"2"，❷在"Range_lookup"文本框中输入"0"，❸单击"确定"按钮确认，如图1-51所示。

Step 10 系统会自动切换到商品资料表格中并查找出第一个供应商数据，将鼠标光标移动J3单元格右下角，双击鼠标填充函数，如图1-52所示。

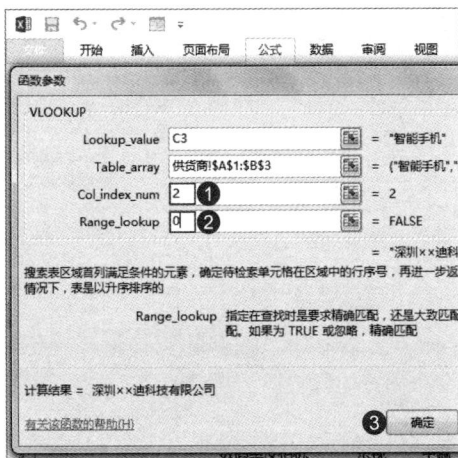

图1-51

图1-52

Step 11 系统自动根据C列中的产品名称来对应查找出供应商的数据，效果如图1-53所示。

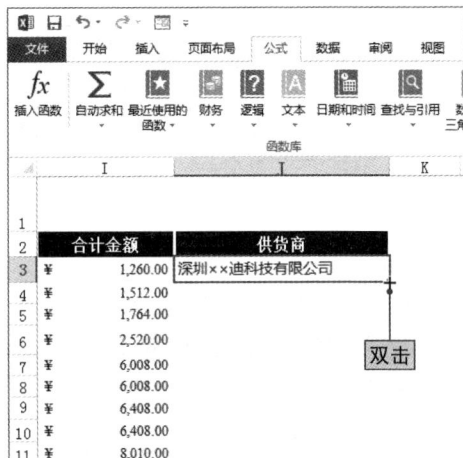

图1-53

TIPS *Vlookup()函数的使用*

    Vlookup()函数有4个参数，其中第1个参数为需要查找的值；第2个参数为查找的单元格区域，该区域的第1列为需要查找的值所在列；第3个参数为查找到对象之后返回该单元格区域第几列的值（注意不是工作表第几列的值）；第4个参数为查找的方式，是逻辑值，当其设置为FALSE时，表示精确查找，即查找到的值必须与所需查找的值完全相等。

1.3.2

筛选指定商品数据

网店中的商品数据较多，需要将一些具体范围数据进行快速显示或查找，靠逐行手动进行查找会浪费很多时间，此时，可以通过高级筛选来轻松搞定。

下面以在"商品资料1"工作簿中快速筛选出在2016/1/15以后采购的三星品牌且合计金额大于10514的商品数据为例，其具体操作如下。

分析实例 指定范围的商品数据精确筛选

素材文件	◎素材\Chapter 1\商品资料1.xlsx
效果文件	◎效果\Chapter 1\商品资料1.xlsx

Step 01 打开"商品资料1"素材，❶在D45:F46单元格区域中输入精确筛选条件，❷选择数据表中的任意单元格，❸单击"数据"选项卡中的"高级"按钮，打开"高级筛选"对话框，如图1-54所示。

Step 02 系统自动获取列表区域参数，单击"条件区域"文本框后的"折叠"按钮，折叠对话框，如图1-55所示。

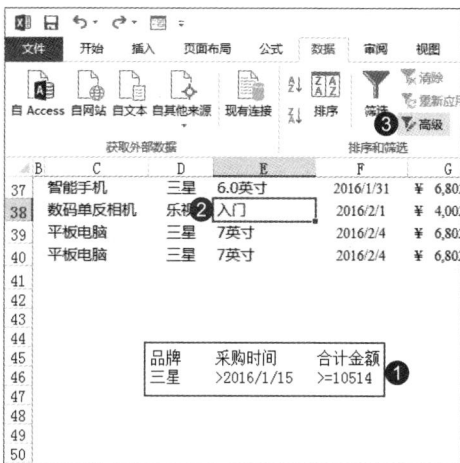

图1-54

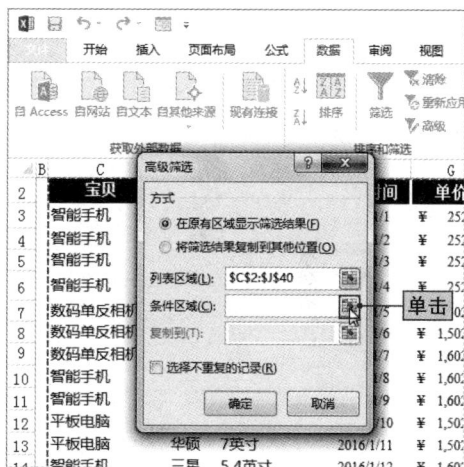

图1-55

Step 03 ❶在表格中选择D45:F46单元格区域，❷单击"展开"按钮，展开对话框，如图1-56所示。

Step 04 ❶选中"将筛选结果复制到其他位置"单选按钮，❷将文本插入点定位到"复制到"文本框，在表格中选择C48单元格，❸单击"确定"按钮确认设置，如图1-57所示。

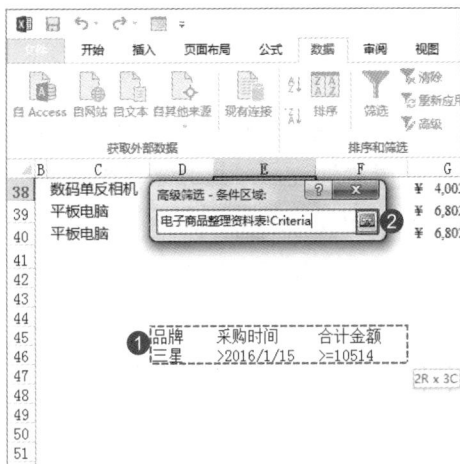

图1-56

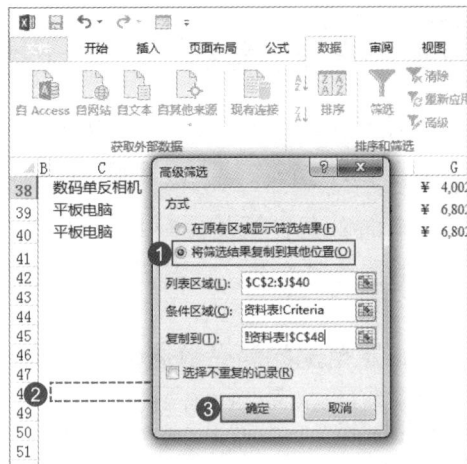

图1-57

Step 05 系统自动将符合条件的数据筛选出来并放置在指定位置，选择D45:F46单元格区域，按【Delete】键将其删除，如图1-58所示。

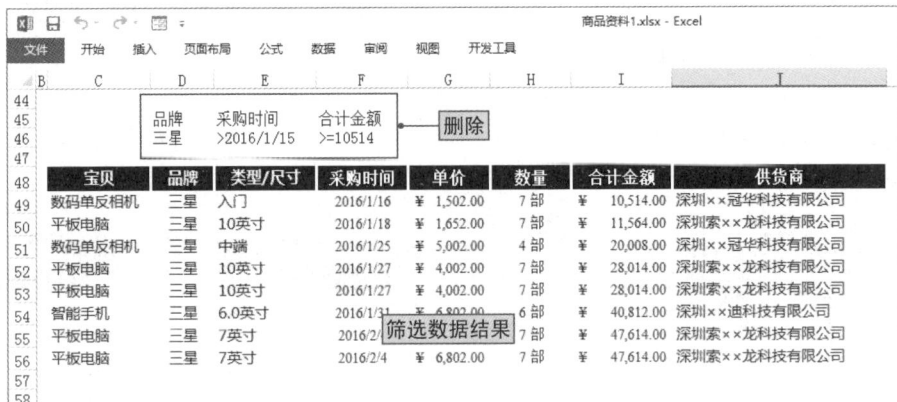

图1-58

1.3.3
按商品属性将供货信息归类

在整理商品资料时，可将相同属性的商品（包括品牌）进行统计归类，从而方便同类型产品的管理和分析，如了解商品是否需要补货、是否处于积货状态等。在Excel中，我们可以通过的分类汇总来轻松实现。

下面以在"商品资料2"工作簿中按型号和尺寸对同类产品信息进行归类为例，其具体操作如下。

对同类商品进行汇总 _____

素材文件	◎素材\Chapter 1\商品资料2.xlsx
效果文件	◎效果\Chapter 1\商品资料2.xlsx

[Step 01] 打开"商品资料2"素材，❶在工作表中选择C3单元格，❷单击"数据"选项卡中的"排序"按钮，打开"排序"对话框，如图1-59所示。

[Step 02] ❶单击"主要关键字"下拉按钮，❷选择"宝贝"选项，❸单击"添加条件"按钮，如图1-60所示。

图1-59

图1-60

[Step 03] ❶单击"次要关键字"下拉按钮，❷选择"类型/尺寸"选项，❸单击"添加条件"按钮，如图1-61所示。

[Step 04] ❶单击"次要关键字"下拉按钮，❷选择"品牌"选项，然后单击"确定"按钮，如图1-62所示。

图1-61

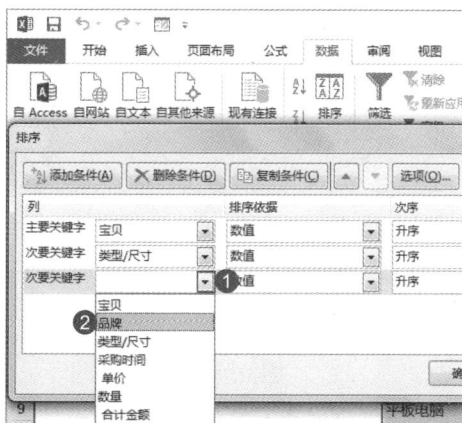

图1-62

Step 05 ❶选择D3单元格，❷单击"数据"选项卡中的"分类汇总"按钮，打开"分类汇总"对话框，如图1-63所示。

Step 06 ❶在"选定汇总项"列表框中选中"数量"复选框，❷单击"确定"按钮，如图1-64所示。

图1-63

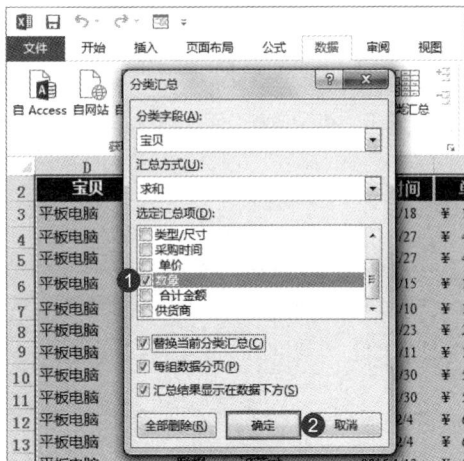

图1-64

Step 07 保持D3单元格选择状态，再次单击"数据"选项卡中的"分类汇总"按钮，打开"分类汇总"对话框，如图1-65所示。

Step 08 ❶单击"分类字段"下拉列表框右侧的下拉按钮，❷选择"类型/尺寸"选项，如图1-66所示。

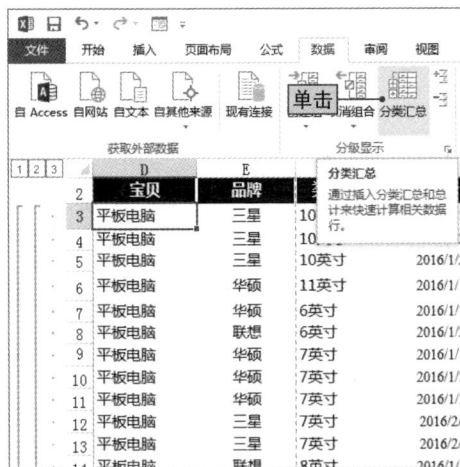

图1-65

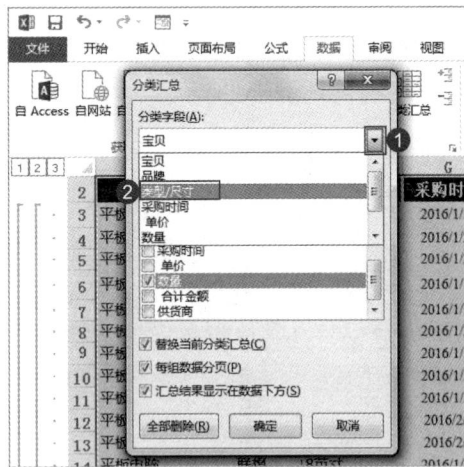

图1-66

Step 09 ❶单击"汇总方式"下拉列表框右侧的下拉按钮，❷选择"计数"选项，如图1-67所示。

Step 10 ❶取消选中"数量"复选框，❷选中"品牌"复选框，❸取消选中"替换当前分类汇总"复选框，❹单击"确定"按钮，如图1-68所示。

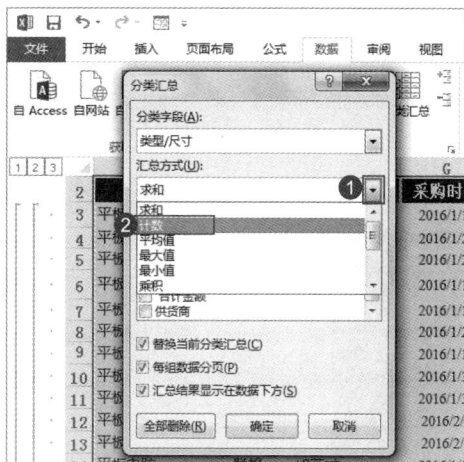
图1-67

图1-68

Step 11 返回工作表中即可查看按照商品属性进行归类的综合效果，如图1-69所示。

	D	E	F	G	H	I	J	K
2	宝贝	品牌	类型/尺寸	采购时间	单价	数量	合计金额	供货商
3	平板电脑	三星	10英寸	2016/1/18	¥ 1,652.00	7 部	¥ 11,564.00	深圳索××龙科技有限公司
4	平板电脑	三星	10英寸	2016/1/27	¥ 4,002.00	7 部	28,014.00	深圳索××龙科技有限公司
5	平板电脑	三星	10英寸	2016/1/27	¥ 4,002.00	7 部	28,014.00	深圳索××龙科技有限公司
6		3	**10英寸 计数**					
7	平板电脑	华硕	11英寸	2016/1/15	¥ 1,502.00	7 部	10,514.00	深圳索××龙科技有限公司
8		1	**11英寸 计数**					
9	平板电脑	华硕	6英寸				012.00	深圳索××龙科技有限公司
10	平板电脑	联想	6英寸	2016/1/23	¥ 2,002.00	7 部	14,014.00	深圳索××龙科技有限公司
11		2	**6英寸 计数**					
12	平板电脑	华硕	7英寸	2016/1/11	¥ 1,502.00	6 部	9,012.00	深圳索××龙科技有限公司
13	平板电脑	华硕	7英寸	2016/1/30	¥ 5,002.00	6 部	30,012.00	深圳索××龙科技有限公司
14	平板电脑	华硕	7英寸	2016/1/30	¥ 5,002.00	6 部	30,012.00	深圳索××龙科技有限公司
15	平板电脑	三星	7英寸	2016/2/4	¥ 6,802.00	7 部	47,614.00	深圳索××龙科技有限公司
16	平板电脑	三星	7英寸	2016/2/4	¥ 6,802.00	7 部	47,614.00	深圳索××龙科技有限公司
17		5	**7英寸 计数**					
18	平板电脑	联想	8英寸	2016/1/13	¥ 1,652.00	6 部	9,912.00	深圳索××龙科技有限公司
19	平板电脑	联想	8英寸	2016/1/19	¥ 1,652.00	7 部	11,564.00	深圳索××龙科技有限公司
20			**8英寸 计数**					
21	**平板电脑 汇总**					86 部		

同一类型/尺寸的品牌计数归类

同一商品汇总

图1-69

1.4 资料数据的打印输出

在经营淘宝店铺的过程中，我们可以将一些重要的资料数据进行打印输出，以方便数据查阅，同时，也可以进一步保证数据的安全。

1.4.1
预览打印效果

我们要将一些资料进行打印输出，首先应做的是对打印效果进行预览，其次确定是否进行其他操作，如纸张的方向、大小、打印范围等。图1-70所示为对供应商资料数据进行打印预览的操作示意图。

图1-70

1.4.2
设置纸张方向和大小

在默认打印环境下，纸张大小为A4纸张，方向为纵向。对于一些数据列较多或宽度较大的表格数据，如前面使用过的"供应商资料"表格，就不能打印在同一页中，而是需要打印在两页纸中。这时，可通过更改纸张的打印方向和大小来解决。

下面以在"供应商资料表4"工作簿中设置纸张方向为"横向"、纸张为

B4大小，现在以供应商资料所有数据打印在同一页中为例，其具体操作如下。

分析实例 让资料数据打印在同一页中

素材文件	◎素材\Chapter 1\供应商资料表4.xlsx
效果文件	◎效果\Chapter 1\供应商资料表4.xlsx

Step 01 打开“供应商资料表4”素材，❶单击“页面布局”选项卡，❷单击“纸张方向”下拉按钮，❸选择“横向”选项，如图1-71所示。

Step 02 ❶单击“纸张大小”下拉按钮，❷选择“B4”纸张大小，如图1-72所示。

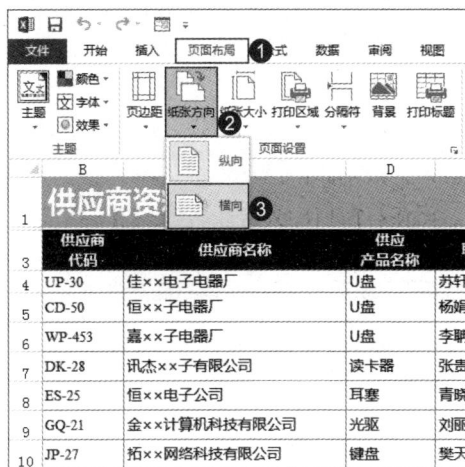

图1-71

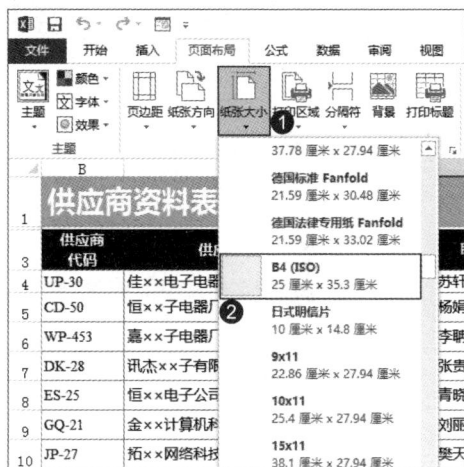

图1-72

Step 03 按【Ctrl+P】组合键切换到“打印”选项卡中，在预览区域即可查看所有数据资料打印在同一页中的效果，如图1-73所示。

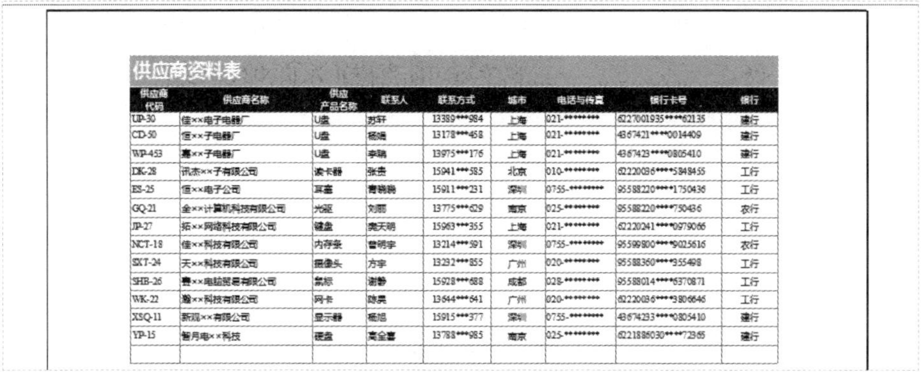

供应商资料表

供应商代码	供应商名称	供应产品名称	联系人	联系方式	城市	电话与传真	银行卡号	银行
UP-30	佳××电子电器厂	U盘	苏轩	13389***984	上海	021-********	6227001935****62135	建行
CD-50	恒××子电器厂	U盘	杨娟	13178***458	上海	021-********	4367421****0014409	建行
WP-453	嘉××子电器厂	U盘	李聃	13975***176	上海	021-********	4367423****0805410	建行
DK-28	讯杰××子有限公司	读卡器	张贵	15941***585	北京	010-********	62220036****5848455	工行
ES-25	恒××电子公司	耳塞	青晓晓	15911***231	深圳	0755-********	95588220****1750436	工行
GQ-21	金××计算机科技有限公司	光驱	刘丽	13775***629	南京	025-********	95588220****750436	农行
JP-27	拓××网络科技有限公司	键盘	樊天明	15963***355	上海	021-********	62220241****0979066	工行
NCT-18	佳××科技有限公司	内存条	曾明宇	13214***591	深圳	0755-********	95599800****9025616	农行
SXT-24	天××科技有限公司	摄像头	方宇	13232***855	广州	020-********	95588360****355498	工行
SHB-26	晋××电脑贸易有限公司	鼠标	谢静	15928***688	成都	028-********	95588014****6370871	工行
WK-22	瀚××科技有限公司	网卡	陈昊	13644***641	广州	020-********	62220036****3806646	工行
XSQ-11	新观××有限公司	显示器	杨旭	15915***377	深圳	0755-********	43674233****0805410	建行
YP-15	智月电××科技	硬盘	高全喜	13788***985	南京	025-********	6221886030****72365	建行

图1-73

还有一种方法，可以将所有资料数据打印在同一页中，在不更改纸张的方向和大小的情况下，通过强制压缩的方式将所有数据压缩在同一页中，不过这样会让数据的打印比例（也就是数据的大小）变小。其大体操作为：❶单击"视图"选项卡中的"分页预览"按钮，进入分页预览视图中，❷拖动其中蓝色的分页虚线，使其与页边距重合，如图1-74所示。

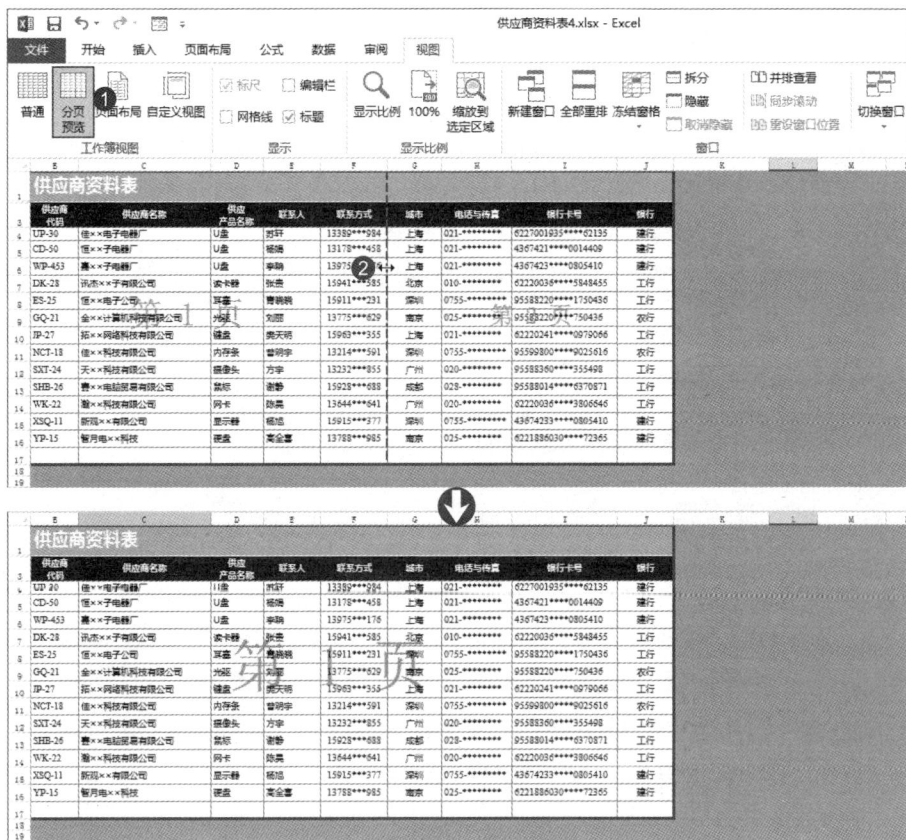

图1-74

通过手动强制将所有内容放置到同一页中打印，数据大小被迫按比例缩小，我们只需单击"对话框启动器"按钮，在打开"页面设置"对话框中即可查看打印的比例大小，如图1-75所示。

图1-75

1.4.3
设置打印范围

我们在打印淘宝店铺资料数据时，不一定要将整个表格中的数据一起打印输出，有时只需打印其中一部分，打印时不是使用将所有数据打印出来后再进行裁剪的笨办法。这里介绍一种简便方法：❶选择要打印输出的数据区域，❷单击"打印区域"下拉按钮，❸选择"设置打印区域"选项，按【Ctrl+P】组合键，在预览区域中即可查看效果，如图1-76所示。

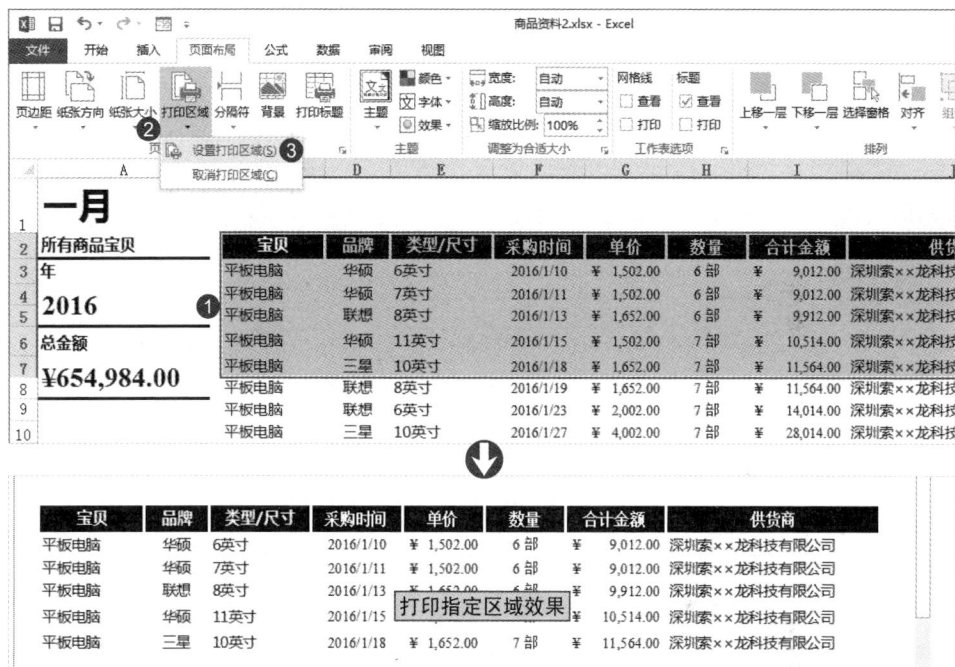

图1-76

1.4.4
将文件转化为不可编辑的PDF文档

我们收集整理的资料经过一系列的设置和操作后，可以使其布局、格式和数据不被轻易更改，同时，还可以在Web上进行免费查看，当然，这不是要将数据进行其他软件程序的重新编辑和设置，只需将其转换为PDF文档。

下面以将"商品资料3"工作簿转换为PDF文档为例，其具体操作如下。

分析实例 将资料工作簿转换为不可编辑的PDF

素材文件	◎素材\Chapter 1\商品资料3.xlsx
效果文件	◎效果\Chapter 1\商品资料.pdf

Step 01 打开"商品资料3"素材,单击"文件"选项卡,进入Backstage界面,
❶单击"导出"选项卡,❷双击"创建PDF/XPS文档"图标按钮,如图1-77所示。

Step 02 打开"发布为PDF或XPS"对话框,❶设置文件保存路径和名称,❷单击
"发布"按钮,如图1-78所示。

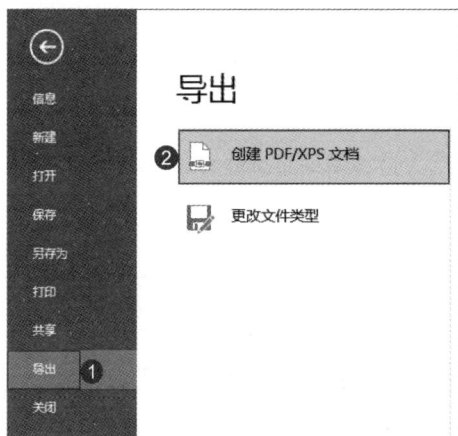

图1-77

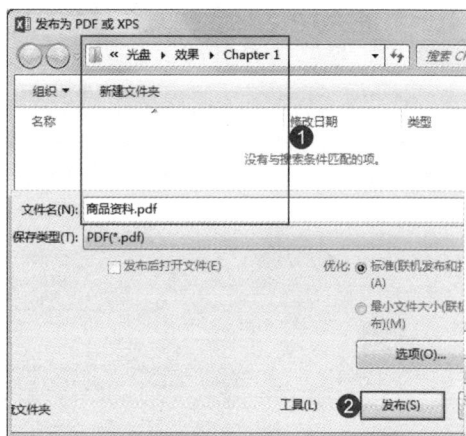

图1-78

从访问量和转化率看店铺人气

访问量表明网店的人气，而转换率则决定网店的成交量。这两个数据是淘宝卖家非常关注和重视的。因为它直接关系到店铺生意的好坏和经营措施是否得当，在本章中我们将会带领淘宝卖家一起来管理和分析这两个数据——访问量和转换率。

2.1 网店访问量分析

我们淘宝店铺生意的好坏，一定程度上要取决于访问量，也就是人气，人气越高，相对于成交量也就越多，访问量在一定程度上也反映了店铺的装修、产品和相应的营销措施是否符合客户心理和需求。下面我们就从访问量IPV和UV流量着手进行分析。

2.1.1
搜索浏览量（IPV）分析

IPV是指商品详细页面的PV访问量，也称为Detail PV，即独立个人搜索访问商品详情页面的浏览数。作为淘宝卖家，每隔一段时间，如一周、一月、季度和年等，都应该对其走势进行分析，以此来判断店铺的人气走势，从而间接反映出店铺上架的商品是否适应当前顾客"口味"，推广活动是否做得到位以及店铺整个经营的方式方法是否得当等。

下面以在"IPV分析"工作簿中使用组合图表来展示和分析5月上半月的搜索浏览量走势为例来讲解相关操作，其具体操作如下。

分析实例 利用图表分析IPV数据

素材文件	◎素材\Chapter 2\IPV分析.xlsx
效果文件	◎效果\Chapter 2\IPV分析xlsx

Step 01 打开"IPV分析"素材，❶选择A2:B16单元格区域，❷单击"插入"选项卡，❸单击折线图下拉按钮，❹选择"带标记的折线图"选项，如图2-1所示。

Step 02 ❶在标题文本框中输入标题文本并选择整个文本框，❷在"字体"和"字号"文本框中输入"微软雅黑"和"12"，❸单击"加粗"按钮，如图2-2所示。

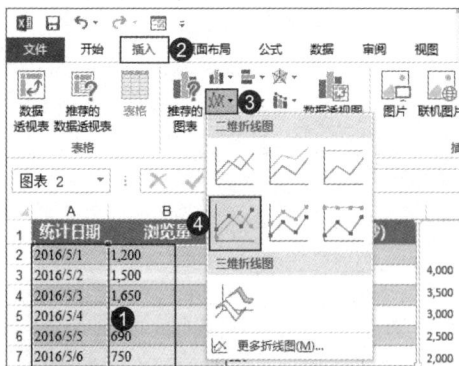

图2-1

图2-2

Step 03 将图表移到合适位置，在横坐标轴上右击，在弹出的快捷菜单中选择"设置坐标轴格式"命令，打开"设置坐标轴格式"窗格，如图2-3所示。

Step 04 ❶单击"坐标轴选项"选项卡。❷展开"数字"下拉选项，❸单击"类型"下拉按钮，❹选择"3月14日"选项，如图2-4所示。

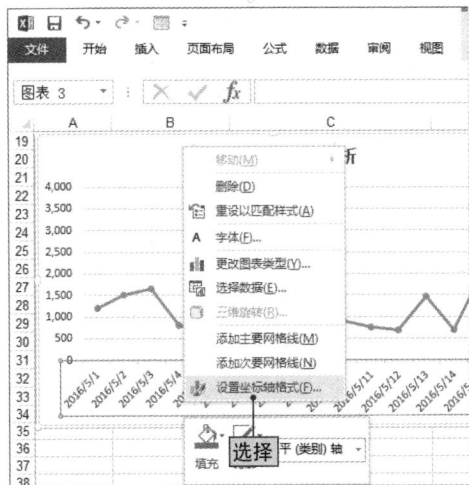

图2-3

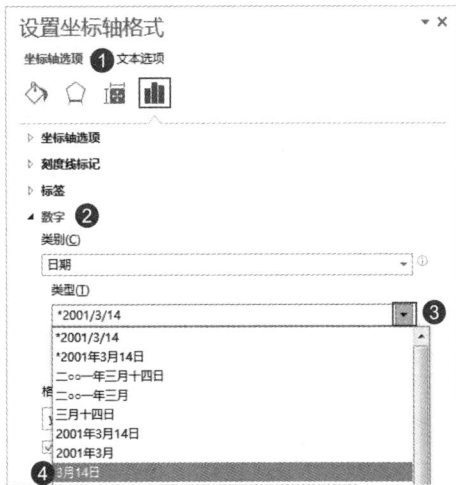

图2-4

Step 05 将鼠标光标移动到图表右边框上，待鼠标光标变成水平双向箭头时，按住鼠标左键不放拖动调整宽度，直到横坐标轴的日期数据全部水平显示完整，如图2-5所示。

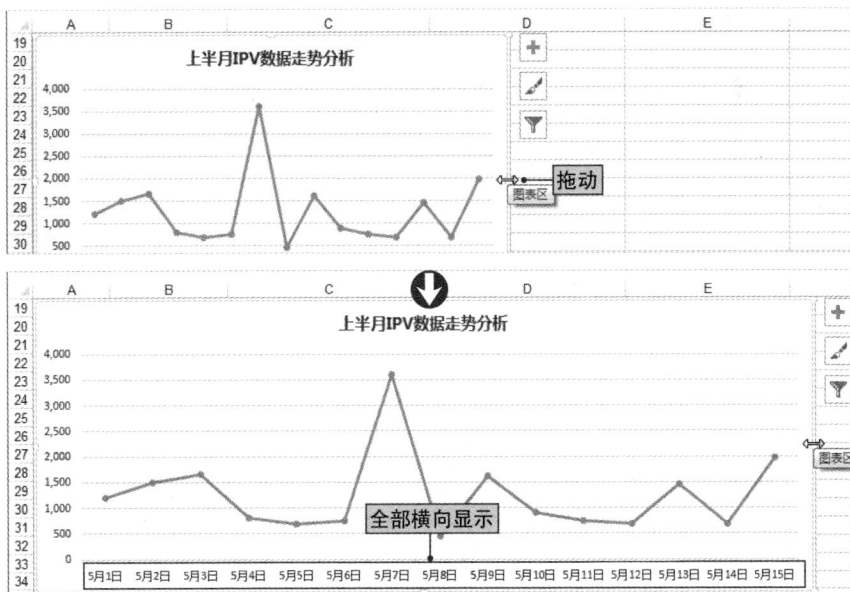

图2-5

Step 06 ❶选择整个图表，❷单击出现的"添加元素"按钮，❸选中"数据标签"复选框，添加显示位置在上方的数据标签，如图2-6所示。

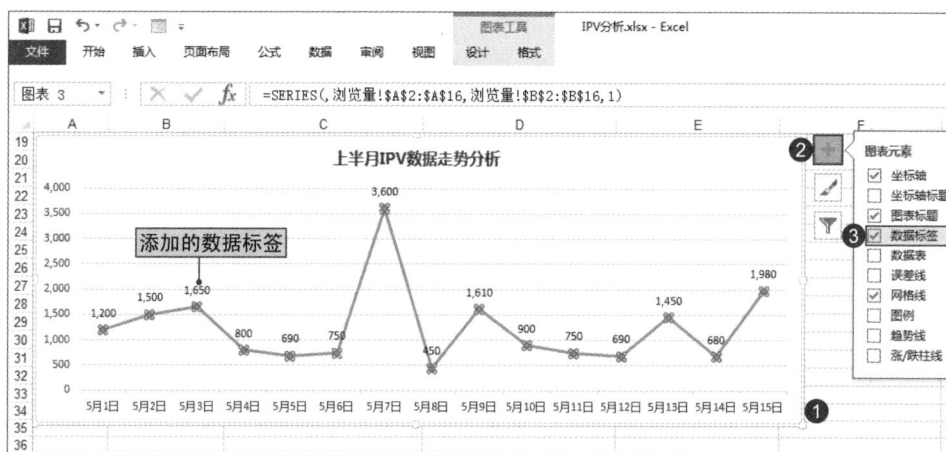

图2-6

Step 07 ❶在G1单元格中输入"日平均浏览量"，❷按【Enter】键确认并选择G3单元格，❸单击"公式"选项卡中的"自动求和"下拉按钮，❹选择"平均值"命令，如图2-7所示。

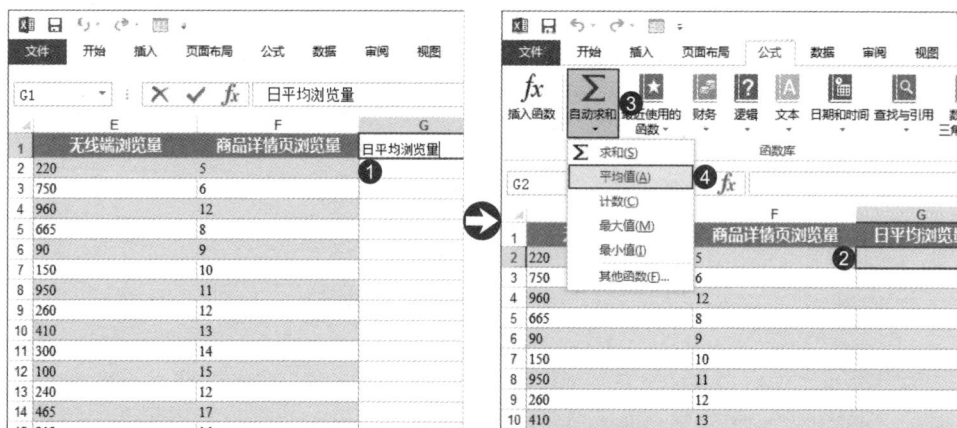

图2-7

Step 08 ❶在编辑栏中选择AVERAGE()函数的默认参数部分，❷在表格中选择B2:B16单元格区域，按【Ctrl+Enter】组合键，系统自动在G2:G16单元格区域填充函数并计算出相应的平均值结果（这里是因为表格应用的表格样式的原因），如图2-8所示。

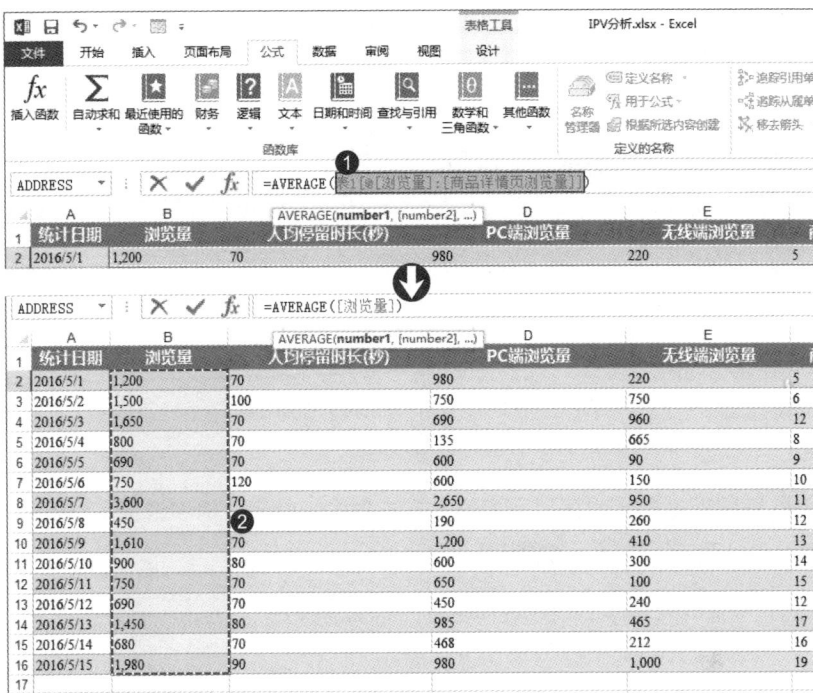

图2-8

Step 09 在图表上右击，❶在弹出的快捷菜单中选择"选择数据"命令，打开"选择数据源"对话框，❷单击"添加"按钮，如图2-9所示。

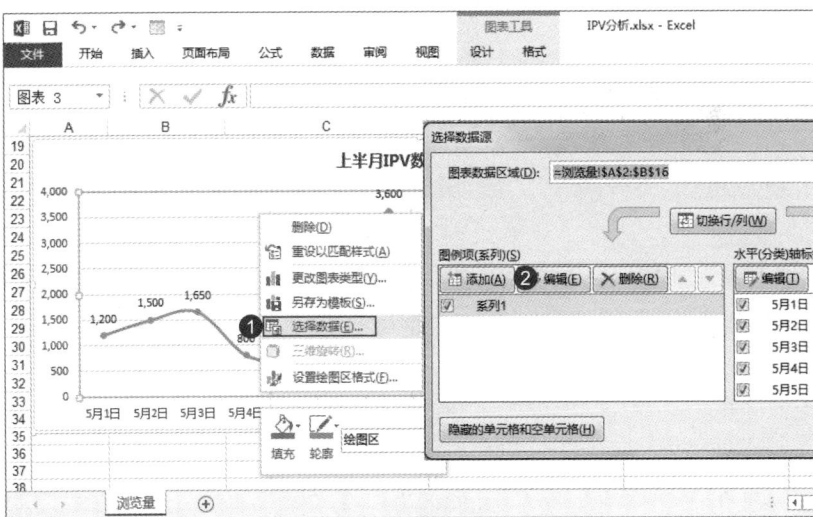

图2-9

Step 10 打开"编辑数据系列"对话框，❶将鼠标光标定位在"系列名称"文本框中，❷在表格中选择G1单元格，如图2-10所示。

图2-10

Step 11 将鼠标光标定位在"系列值"文本框中，❶在表格中选择G2:G16单元格区域，❷单击"确定"按钮，如图2-11所示。

图2-11

Step 12 在新添加的"日平均浏览量"数据系列上右击，在弹出的快捷菜单中选择"更改系列图表类型"命令，如图2-12所示。

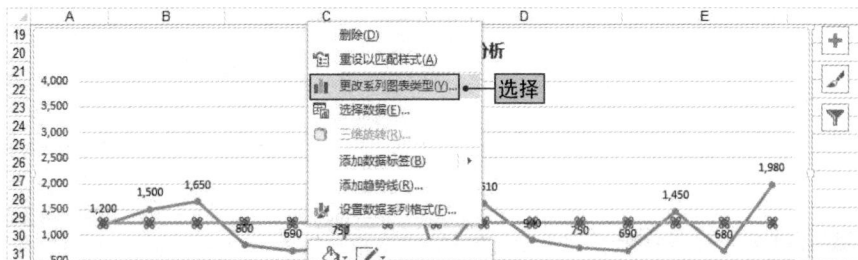

图2-12

Step 13 打开"更改图表类型"对话框，❶单击"组合"选项卡，❷单击"日平均浏览量"选项后的下拉按钮，❸选择"折线图"选项，❹单击"确定"按钮，如图2-13所示。

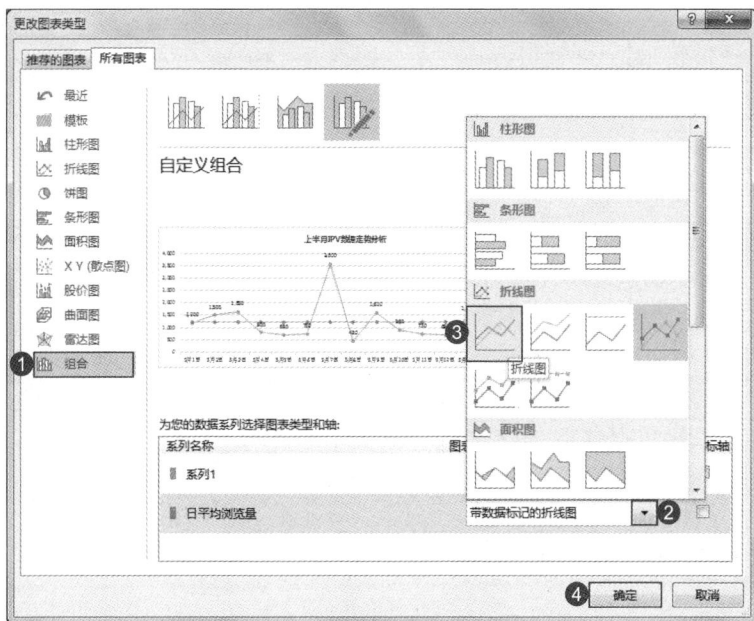

图2-13

Step 14 ❶在"日平均浏览量"数据系列上双击，打开"设置数据系列格式"窗格，❷单击"线条填充"选项卡，❸在"宽度"数值框中输入"1.75磅"，按【Enter】键确认，如图2-14所示。

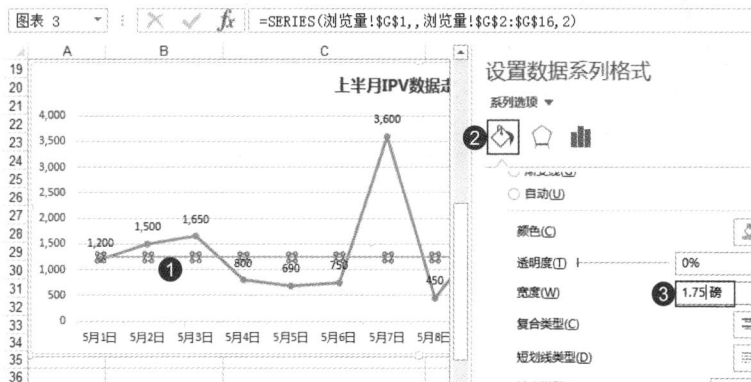

图2-14

Step 15 ❶单击"短画线类型"下拉按钮，❷选择"圆点"选项，更改数据系列线条类型，如图2-15所示。

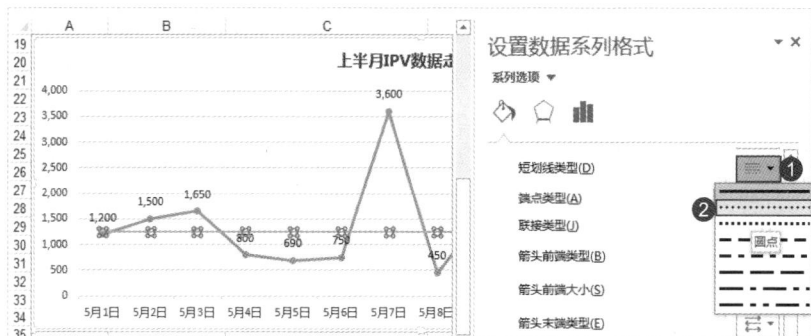

图2-15

Step 16 ❶在图表中选择"系列1"数据系列，在"设置数据系列格式"窗格中，❷选中"平滑线"复选框，如图2-16所示。

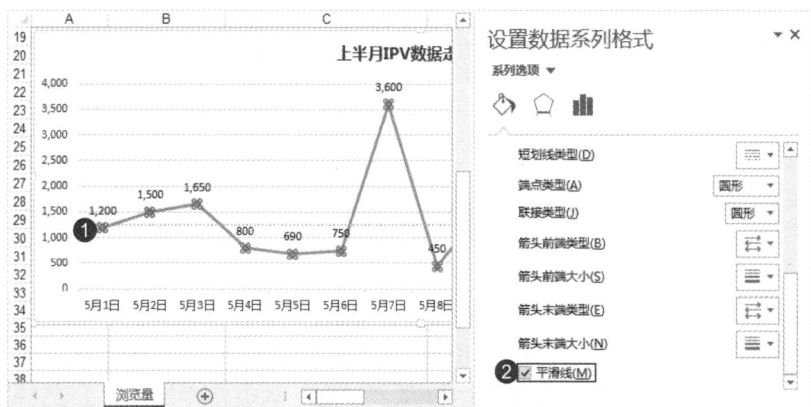

图2-16

Step 17 在表格中即可查看走势分析图表的整体效果，如图2-17所示。

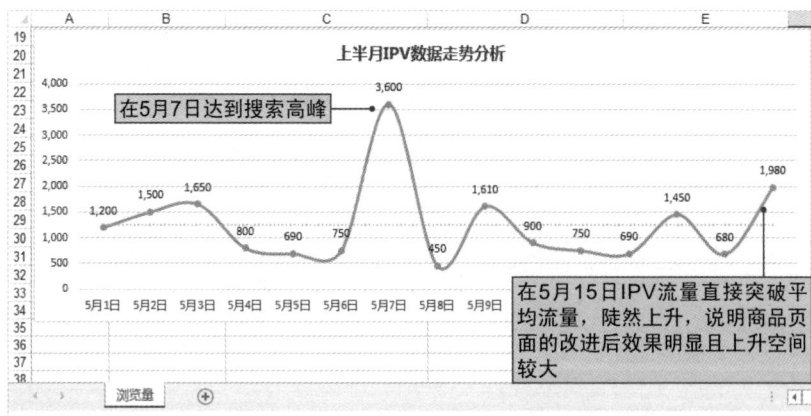

图2-17

2.1.2
付费流量与免费流量的占比关系 _____

客户搜索和访问我们的店铺，都会产生流量，它主要由两部分构成：一是付费流量；二是免费流量。其中，付费流量需要支付一定费用才能获得，成为经营成本的一部分。所以，从成本角度出发，我们应该明白免费流量的重要性，通过分析店铺流量的占比关系来进行经营策略的调整，以实现店铺经营的最大盈利。

下面以在"流量分析"工作簿中使用公式、函数和图表来对流量占比关系进行直观展示和分析为例来讲解相关操作，其具体操作如下。

分析实例 店铺流量比重关系分析 _____

| 素材文件 | ◎素材\Chapter 2\流量分析.xlsx |
| 效果文件 | ◎效果\Chapter 2\流量分析.xlsx |

Step 01 打开"流量分析"素材，❶选择F2单元格区域。❷单击"公式"选项卡中的"数学和三角函数"下拉按钮，❸选择"SUMIF"选项，如图2-18所示。

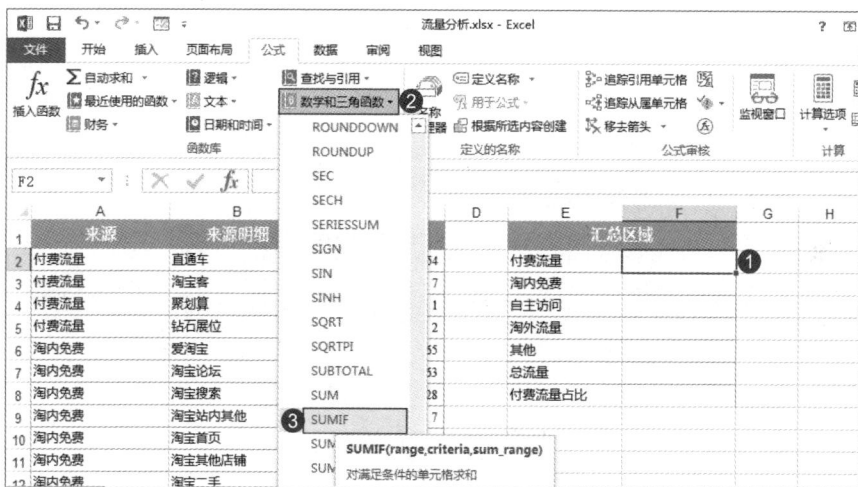

图2-18

Step 02 打开"函数参数"对话框，❶将文本插入点定位在"Range"文本框中，❷在表格中选择A2:A78单元格区域，如图2-19所示。

Step 03 ❶在"Criteria"文本框中输入"付费流量"。❷将文本插入点定位在"Sum_range"文本框中，❸在表格中选择C2:C78单元格区域，然后单击"确定"按钮，如图2-20所示。

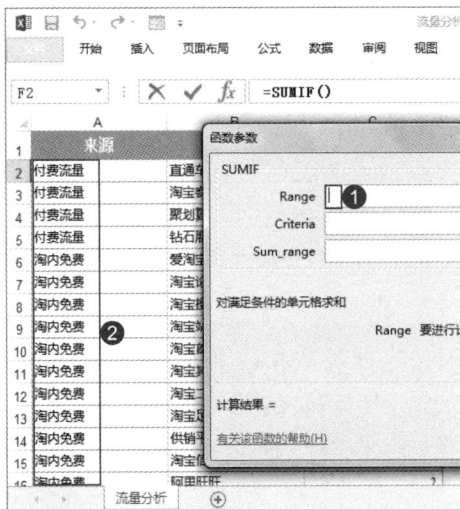

图2-19

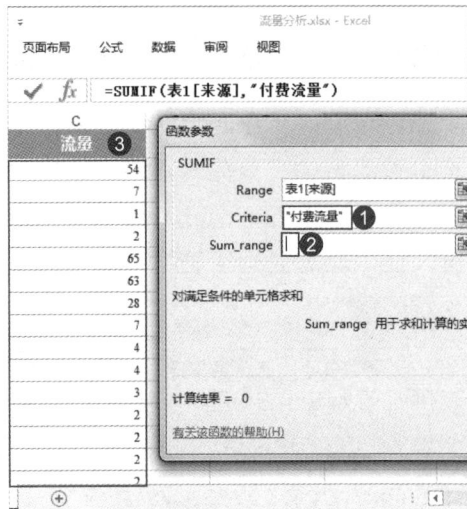

图2-20

Step 04 以同样的方法统计汇总"淘内免费""自主访问""淘外流量"和"其他"流量数据，如图2-21所示。

Step 05 ❶选择E2:F6单元格区域。❷单击饼图下拉按钮，❸选择"复合饼图"选项，如图2-22所示。

图2-21

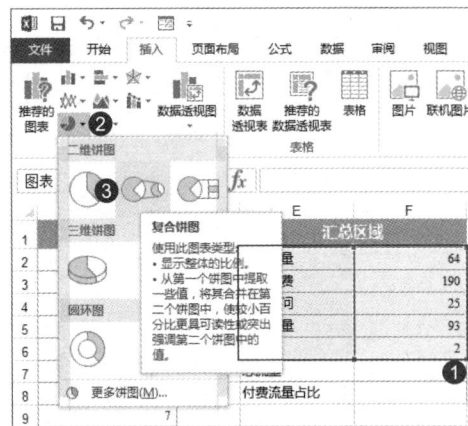

图2-22

Step 06 将图表移动到合适位置，在图表上右击，在弹出的快捷菜单中选择"设置数据系列格式"命令，如图2-23所示。

Step 07 打开"设置数据系列格式"窗格，❶单击"系列选项"选项卡，❷单击"系列分割依据"下拉按钮，❸选择"百分比值"选项，如图2-24所示。

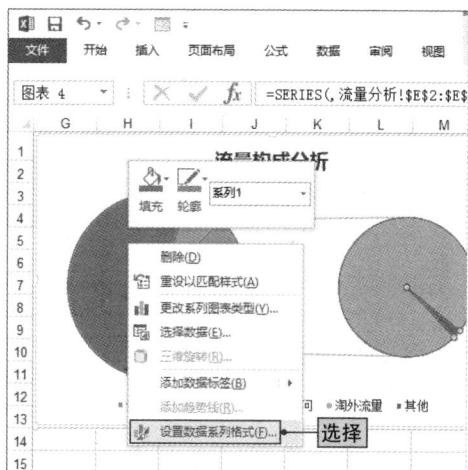

图2-23

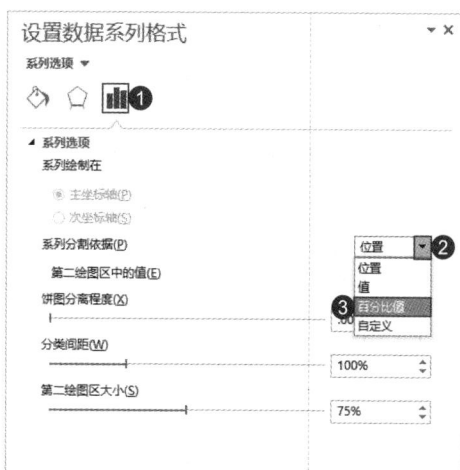

图2-24

Step 08 ❶设置"小于该值的值"为"10％"，❷设置"饼图分离程度"为"1％"，❸设置"第二绘图区大小"为"63％"，如图2-25所示。

Step 09 在饼图扇区上右击，在弹出的快捷菜单中选择"添加数据标签"命令，添加数据标签，如图2-26所示。

图2-25

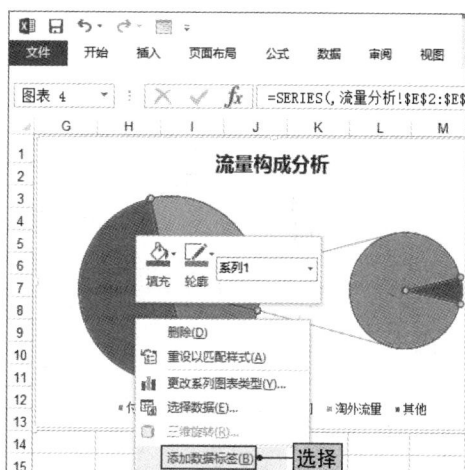

图2-26

Step 10 在添加的数据标签上右击，选择"设置数据标签格式"命令，打开"设置数据标签格式"窗格，如图2-27所示。

Step 11 单击"标签选项"选项卡，❶取消选中"值"复选框，❷选中"百分比"复选框，单击"关闭"按钮，关闭窗格，如图2-28所示。

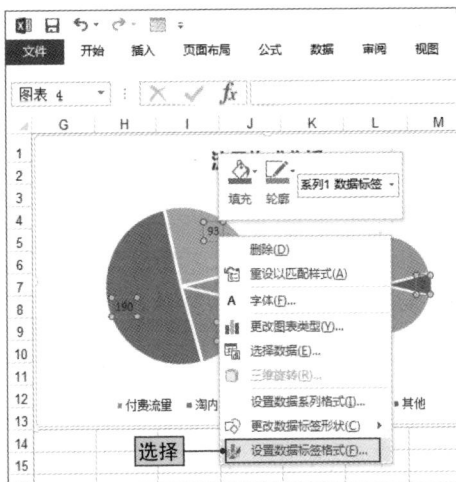

图2-27

图2-28

Step 12 ❶选择A2:C5单元格区域，❷单击饼图下拉按钮，❸选择"二维饼图"选项，如图2-29所示。

Step 13 移动图表到合适位置，❶单击"图表工具 设计"选项卡，❷在"图表样式"列表框中选择"样式11"选项，如图2-30所示。

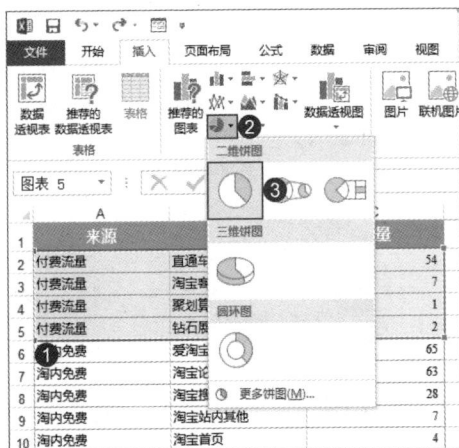

图2-29

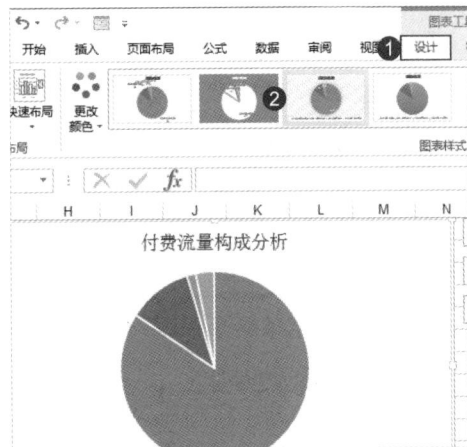

图2-30

Step 14 系统自动为饼图添加白色的数据标签并为饼图应用相应的样式，如图2-31所示。

Step 15 ❶选择F2:F6单元格区域，❷单击"公式"选项卡中的"自动求和"按钮，如图2-32所示。

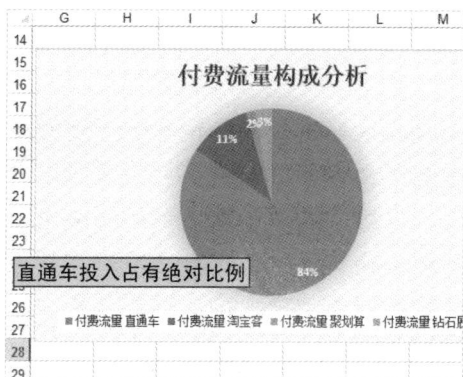

图2-31

图2-32

Step 16 ❶选择F8单元格，❷在编辑栏中输入公式"=F2/F7"，按【Ctrl+Enter】组合键，如图2-33所示。

Step 17 ❶选择F8单元格，❷单击"数字"功能组中的下拉按钮，❸选择"百分比"选项，如图2-34所示。

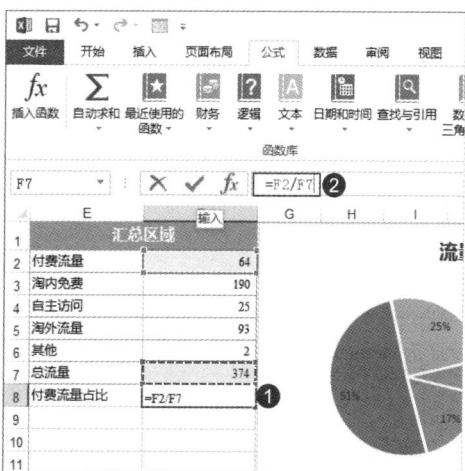

图2-33

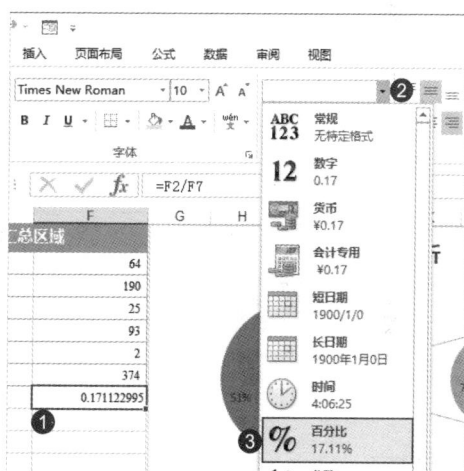

图2-34

Step 18 系统自动将"付费流量占比"对应的数据单元格类型转换为百分比类型，如图2-35所示。

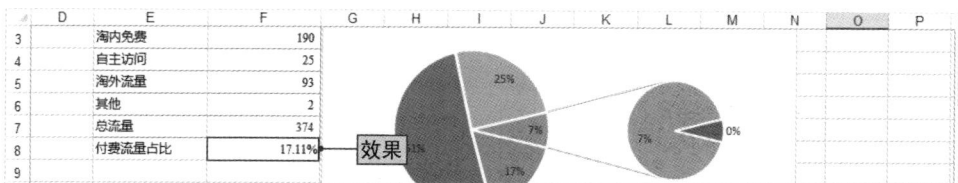

图2-35

2.1.3
访客数（UV）分析

在一定的周期或时间段内，店铺的访问量会影响商品的销售，一定程度上，还会影响店铺的人气，从而进一步影响了顾客下单和购买行为，所以，我们需要对不同渠道的访客数量进行管理和分析，明白访客数量的构成以及占比和增减情况，从而调整推广渠道和方案。访客数量的增减情况可直接使用图标集条件规则来直观展示。而不同渠道的访客占比，使用数据透视表展示更加直观。

下面以在"访客数分析"工作簿中使用条件规则和数据透视表对访客数据进行分析为例来讲解相关操作，其具体操作如下。

分析实例 访客流量分析

素材文件	◎素材\Chapter 2\访客数分析xlsx
效果文件	◎效果\Chapter 2\访客数分析.xlsx

Step 01 打开"访客数分析"素材，❶选择D2:D78单元格区域，❷单击"数字"功能组中的下拉按钮，❸选择"常规"选项，如图2-36所示。

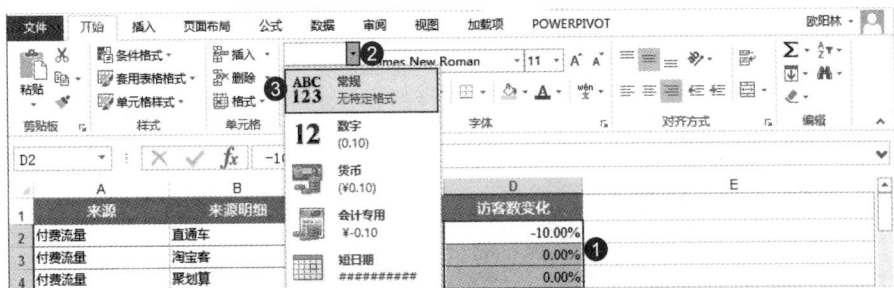

图2-36

Step 02 保持D2:D78单元格区域选择状态，❶单击"条件格式"下拉按钮，❷选择"新建规则"命令，如图2-37所示。

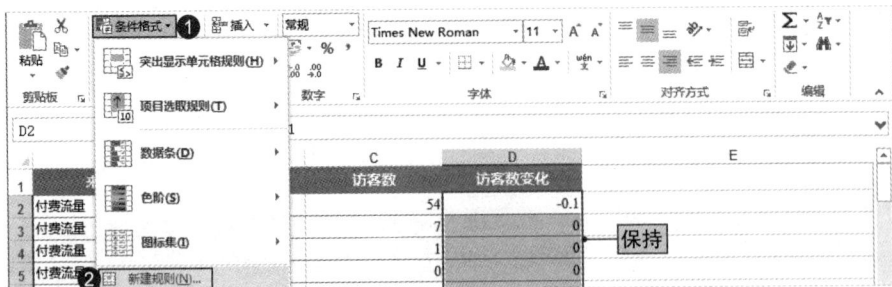

图2-37

Step 03 打开"新建格式规则"对话框，❶单击"格式样式"下拉按钮，❷选择"图标集"选项，如图2-38所示。

Step 04 ❶单击"图标样式"下拉按钮，❷选择"四向箭头（彩色）"选项，如图2-39所示。

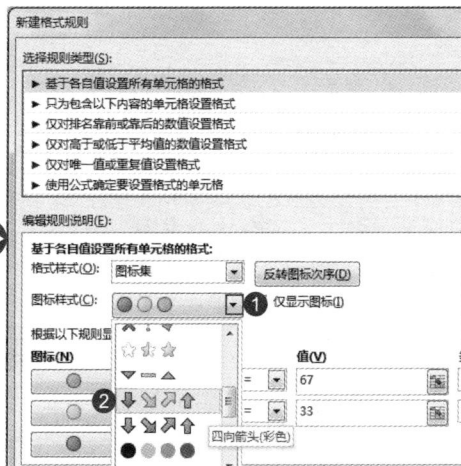

图2-38   图2-39

Step 05 ❶单击"图标"栏中的第一个下拉按钮，❷选择"绿旗"选项，❸单击其对应的"类型"下拉按钮，❹选择"数字"选项，如图2-40所示。

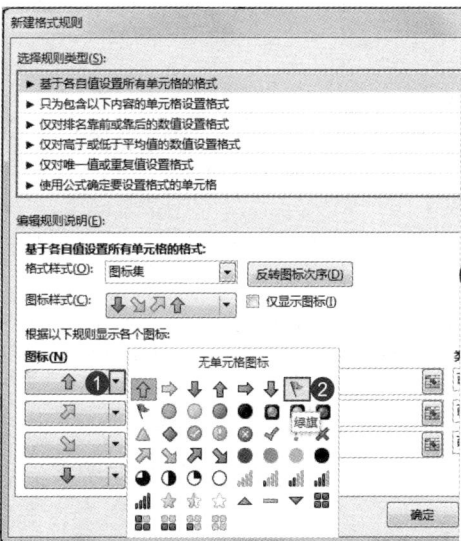

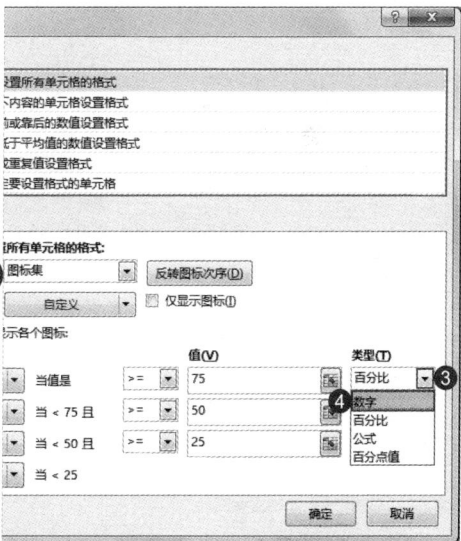

图2-40

Step 06 ❶单击"图标"栏中的第二个下拉按钮，❷选择"纯色三角形"选项，❸设置"类型"为"数字"，"值"为"0.01"，❹单击"确定"命令，如图2-41所示。

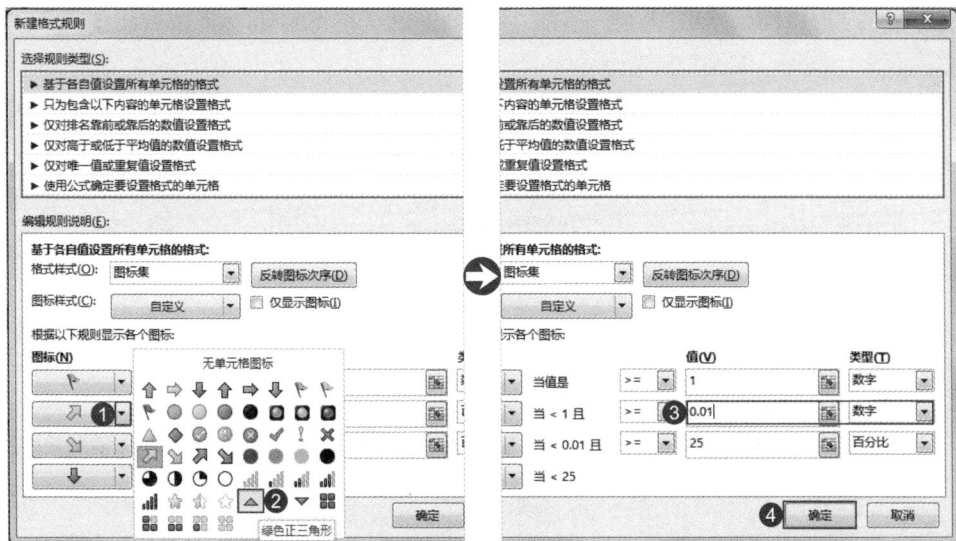

图2-41

Step 07 ❶单击"图标"栏中的第三个下拉按钮，❷选择"黄色虚线三角形"选项，❸设置"类型"为"数字"，"值"为"0"，❹单击第四个下拉按钮，❺选择"红色圆"选项，❻单击"确定"按钮，如图2-42所示。

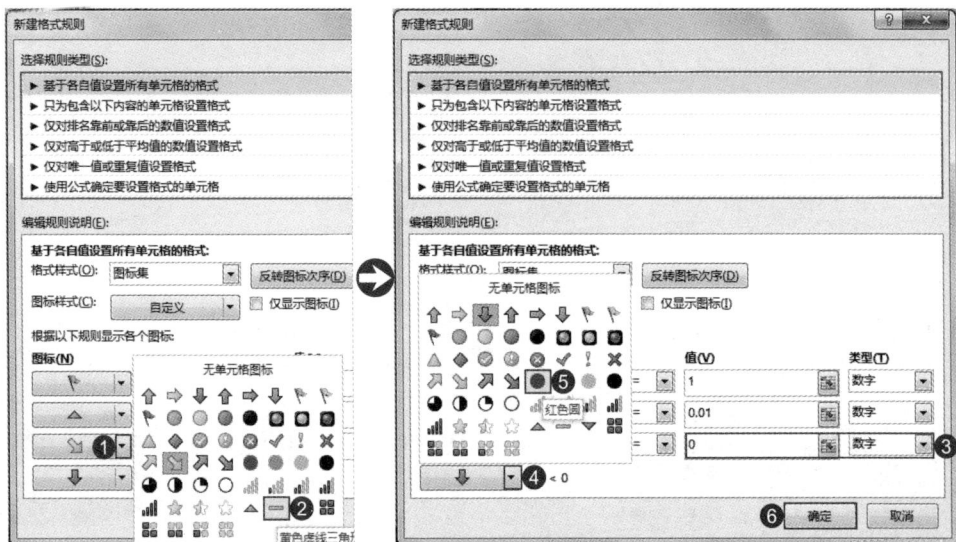

图2-42

Step 08 ❶选择D2:D78单元格区域，❷单击"数字"功能组中的下拉按钮，❸选择"百分比"选项，恢复到百分比显示方式，如图2-43所示。

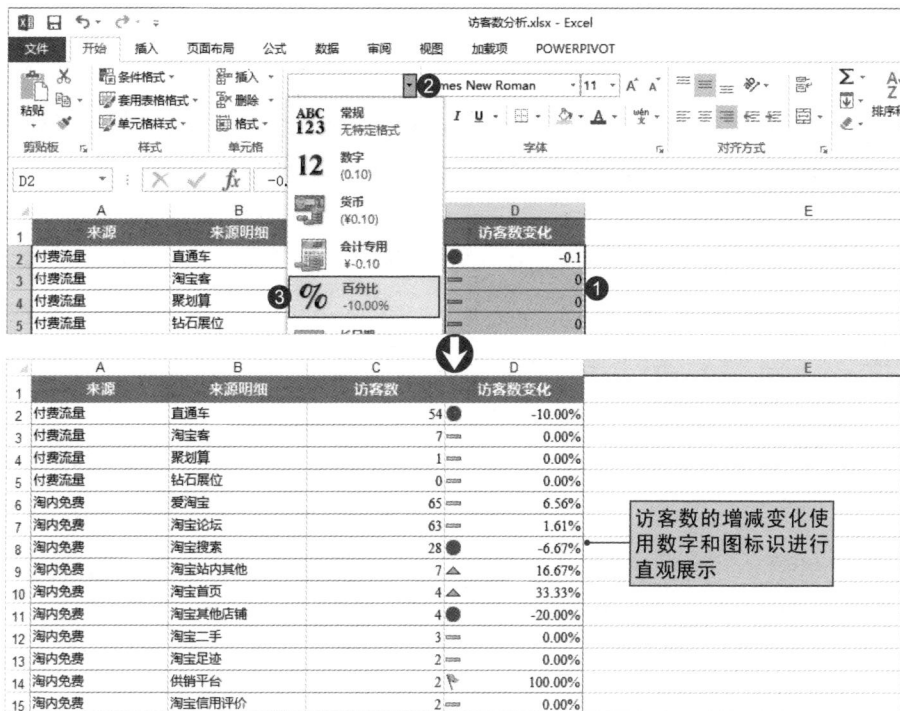

图2-43

Step 09 ❶选择A4单元格，❷单击"插入"选项卡，❸单击"数据透视表"按钮，如图2-44所示。

Step 10 打开"创建数据透视表"对话框，❶选中"现有工作表"单选按钮，❷设置"位置"参数为"F1"（将文本插入点定位在"位置"文本框中，在表格中选择F1单元格），❸单击"确定"按钮，如图2-45所示。

图2-44

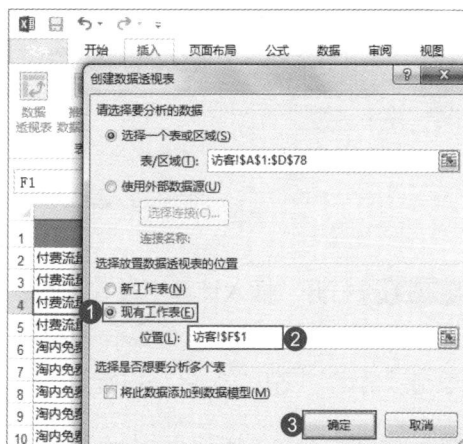

图2-45

Step 11 打开"数据透视表字段"对话框，选中"来源""来源明细"和"访客数"复选框，如图2-46所示。

Step 12 ❶选择F7单元格，并在其上右击，❷在弹出的快捷菜单中选择"移动"命令，❸选择"将'其他'移至末尾"命令，如图2-47所示。

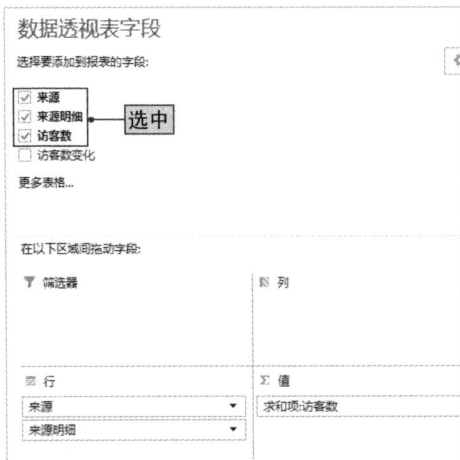

图2-46

图2-47

Step 13 ❶选择G3单元格，❷单击"数据透视表工具 分析"选项卡，❸单击"字段、项目和集"下拉按钮，❹选择"计算字段"命令，如图2-48所示。

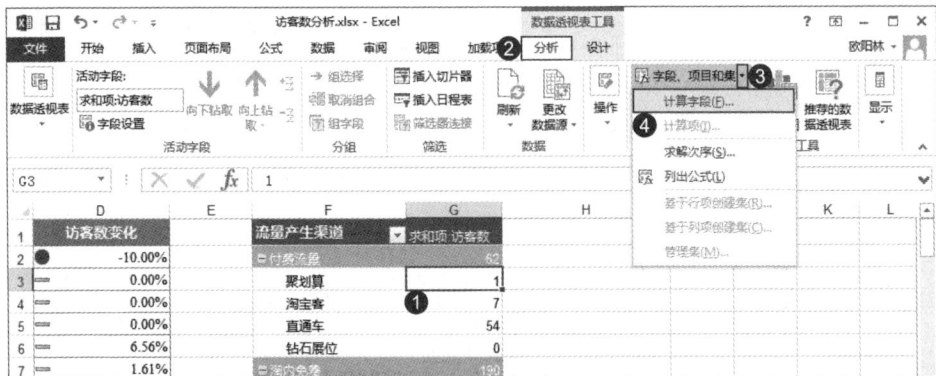

图2-48

Step 14 打开"插入计算字段"对话框，❶在"名称"文本框中输入"渠道访客占比分析"，❷在"字段"列表框中选择"访客数"选项，❸单击"插入字段"按钮，单击"确定"按钮，如图2-49所示。

Step 15 在新添加的字段数据上右击，在弹出的快捷菜单中选择"值显示方式/总计的百分比"命令，如图2-50所示。

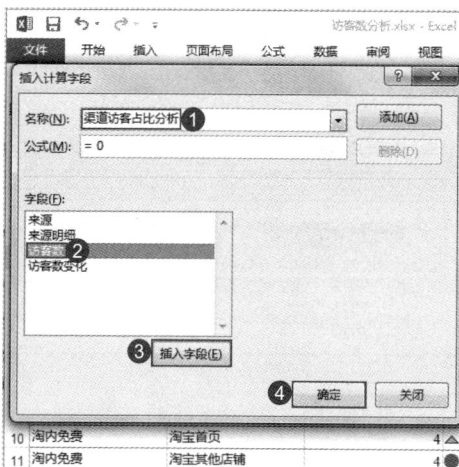

图2-49

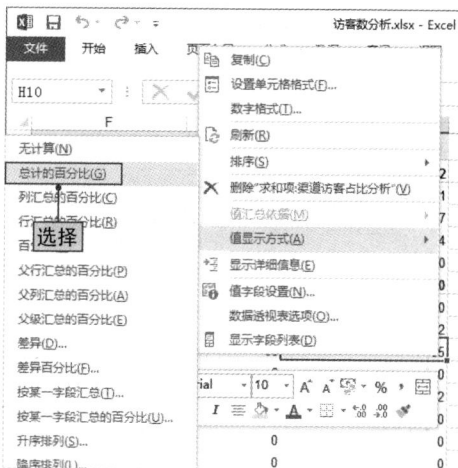

图2-50

Step 16 ❶选择H1单元格，❷在编辑栏中输入"不同渠道访客占比"，按【Ctrl+Enter】组合键确认，如图2-51所示。

Step 17 以同样的方法将F1和G1单元格中标题名称更改为"流量产生渠道"和"访客人数"，如图2-52所示。

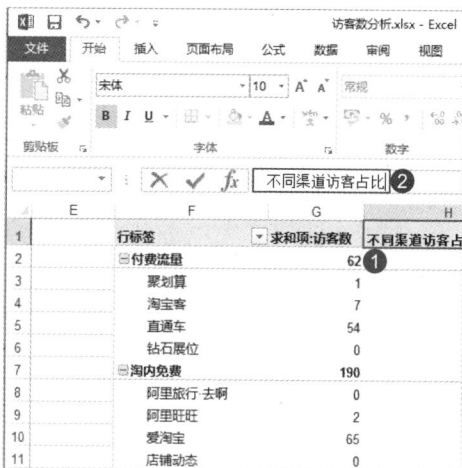

图2-51

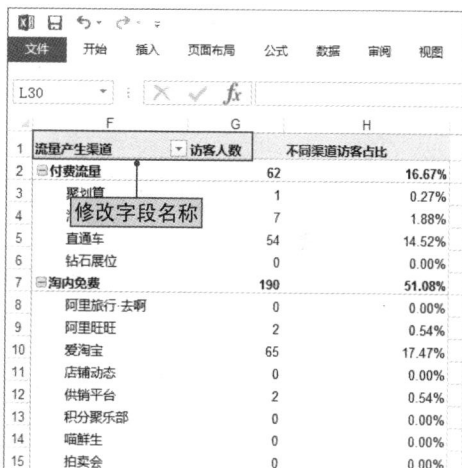

图2-52

Step 18 保持数据透视表选择状态，在"数据透视表样式"列表框中选择"数据透视表样式中等深浅3"选项，如图2-53所示。

Step 19 ❶选择F1:H1单元格区域，❷设置字体为"微软雅黑"，字号为"11"，❸单击"加粗"按钮，如图2-54所示。

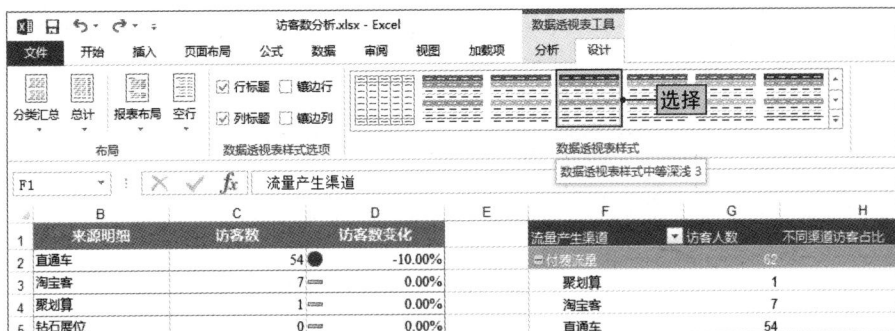

图2-53

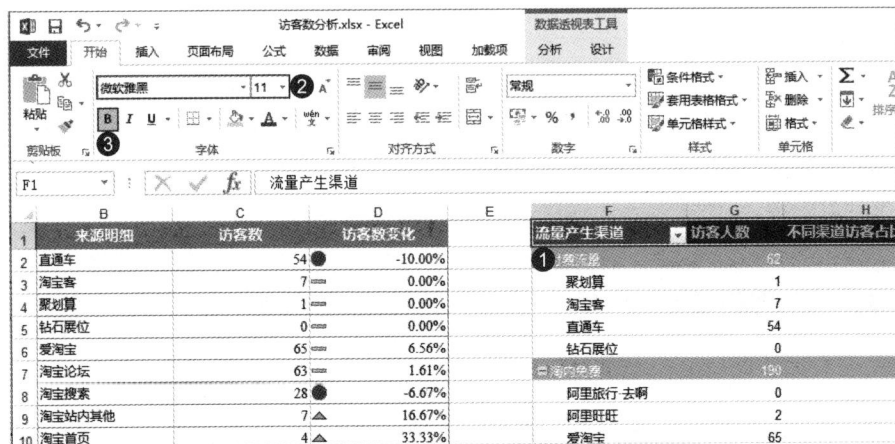

图2-54

我们在为访客变化数据添加条件规则时，常规方法是直接对其进行添加，但这里较为特殊，由于数字有负数和正数，且数字之间差别较大，若直接添加，系统将不能准确辨别，从而导致条件规则的结果错误，如图2-55所示。

图2-55

2.2 成交转化率分析

成交转化率是实际下单购买人数与店铺访问人数的比值，也是卖家最关心的重要指数之一，因为它最能直接反映出店铺商品对顾客的实际吸引力，从而反映出我们的经营策略和方法是否有效。

2.2.1 成交转换率计算

成交转换率，与收益成正比关系，它决定了利润的多少。要计算出成交转换率数据，可直接使用除法公式进行计算，其公式为：“成交转换率=下单人数/访客人数”。

下面以在“下单转换率”工作簿中使用公式计算成交转换率为例来讲解相关操作，其具体操作如下。

分析实例 使用公式计算成交转换率

素材文件	◎素材\Chapter 2\下单转换率.xlsx
效果文件	◎效果\Chapter 2\下单转换率.xlsx

Step 01 打开“下单转换率”素材，❶选择D2单元格，❷在编辑栏中输入“=C2/B2”，如图2-56所示。

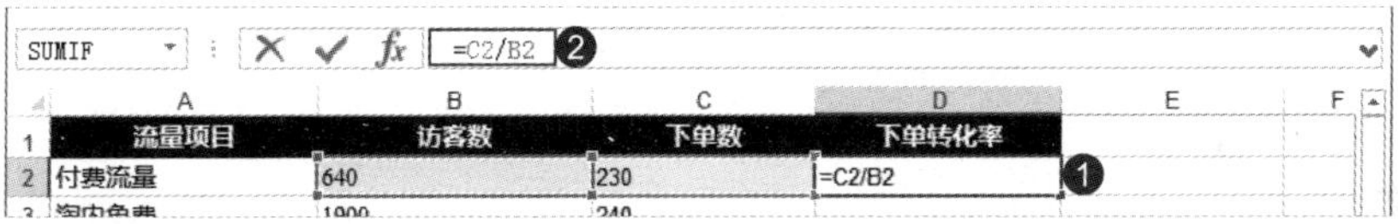

图2-56

Step 02 按【Ctrl+Enter】组合键，计算出付费流量的下单转换率数据并使用填充柄向下填充，如图2-57所示。

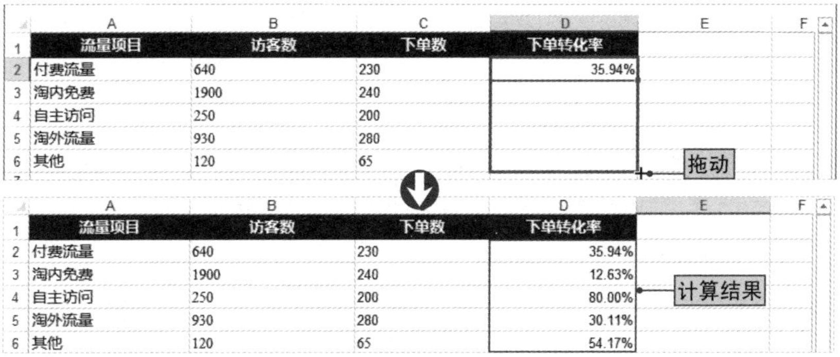

流量项目	访客数	下单数	下单转化率
付费流量	640	230	35.94%
淘内免费	1900	240	
自主访问	250	200	
淘外流量	930	280	
其他	120	65	

流量项目	访客数	下单数	下单转化率
付费流量	640	230	35.94%
淘内免费	1900	240	12.63%
自主访问	250	200	80.00%
淘外流量	930	280	30.11%
其他	120	65	54.17%

图2-57

2.2.2

成交转化率分析

　　成交转换率的计算结果只是一个笼统的数据结果，要想更加详细地知道成交转换率的实际情况和具体形成，同时帮助发现网店存在的问题，指导经营决策，则需要对其进行直观且详细的分析，特别是一对一的对比分析。这里我们可以使用数据系列重叠的图表——温度计图表，来直观形象地展示和分析。

　　下面以在"下单转换率1"工作簿中使用温度计图表来直观展示访客数与下单数的关系为例来讲解相关操作，其具体操作如下。

分析实例 | 使用温度计图表分析成交转换率

素材文件	◎素材\Chapter 2\下单转换率1.xlsx
效果文件	◎效果\Chapter 2\下单转换率1.xlsx

Step 01 打开"下单转换率1"素材，❶选择A1:C6单元格区域，❷单击柱形图下拉按钮，❸选择"簇状柱形图"选项，如图2-58所示。

Step 02 将图表移到合适位置，❶在标题文本框中输入"转化率分析"并将其选择右击，❷选择"字体"命令，打开"字体"对话框，如图2-59所示。

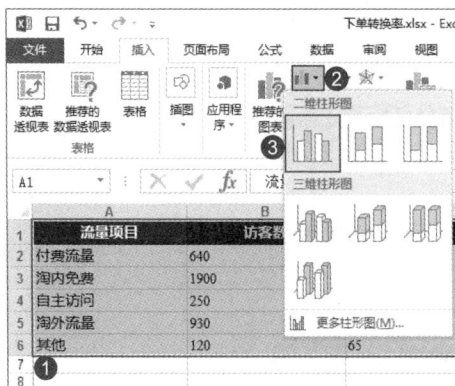

图2-58

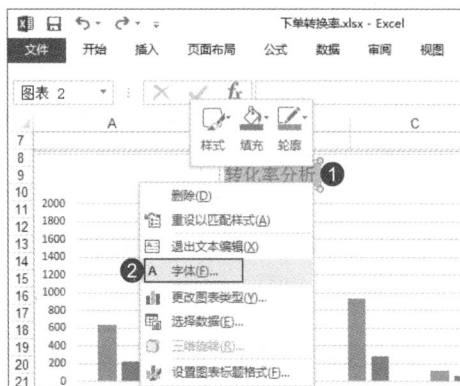

图2-59

Step 03 ❶设置"中文字体"为"微软雅黑"、"字体样式"为"加粗"、大小"为"15"，❷单击"字符间距"选项卡，如图2-60所示。

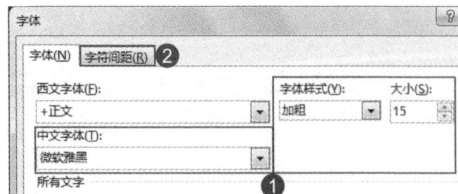

图2-60

Step 04 ❶选择"间距"选项为"加宽",在"度量值"数值框中输入"1",❷单击"确定"按钮,如图2-61所示。

Step 05 在"访客数"数据系列上右击,在弹出的快捷菜单中选择"设置数据系列格式"命令,如图2-62所示。

图2-61

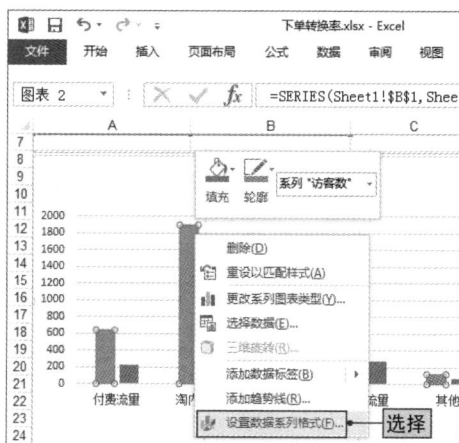

图2-62

Step 06 打开"设置数据系列格式"窗格,❶单击"系列选项"选项卡,❷设置"系列重叠"为"100%","分类间距"为"82%",如图2-63所示。

Step 07 ❶单击"线条填充"选项卡,❷展开"填充"下拉按钮,❸选中"无填充"单选按钮,如图2-64所示。

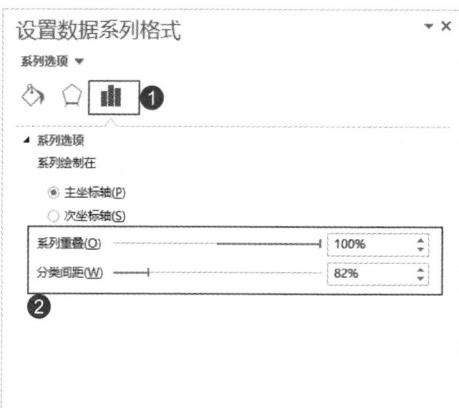

图2-63

图2-64

Step 08 ❶折叠"填充"下拉选项,❷展开"边框"下拉选项,❸选中"实线"单选按钮,❹单击"颜色"下拉按钮,❺选择"橙色,着色2 深色25%"选项,如图2-65所示。

Step 09 ❶设置 "宽度" 为 "1.25磅", ❷展开 "短画线类型" 下拉按钮, ❸选中 "无填充" 单选按钮, 如图2-66所示。

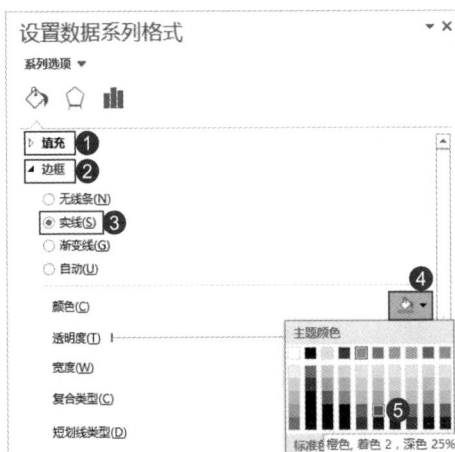

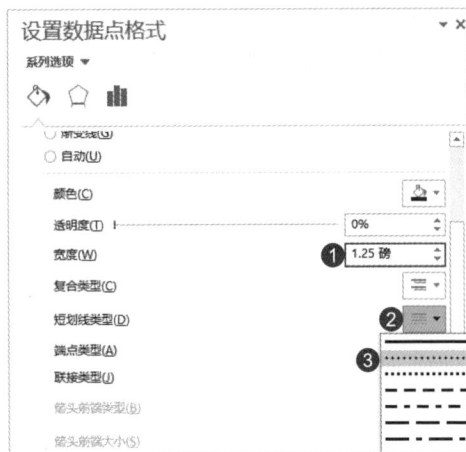

图2-65   图2-66

Step 10 ❶设置 "宽度" 为 "1.25磅", ❷展开 "短画线类型" 下拉按钮, ❸选择 "圆点" 选项, 如图2-67所示。

Step 11 在图表中选择 "下单数" 数据系列, ❶单击 "效果" 选项卡, ❷展开 "柔化边缘" 下拉选项, ❸在 "大小" 数值框中输入 "2.2磅", 如图2-68所示。

图2-67   图2-68

Step 12 ❶单击 "线条填充" 选项卡, ❷单击 "颜色" 下拉按钮, ❸选择 "其他颜色" 命令, 如图2-69所示。

Step 13 打开 "颜色" 对话框, ❶单击 "自定义" 选项卡, ❷在 "透明度" 数值框中输入 "20%", ❸单击 "确定" 按钮, 如图2-70所示。

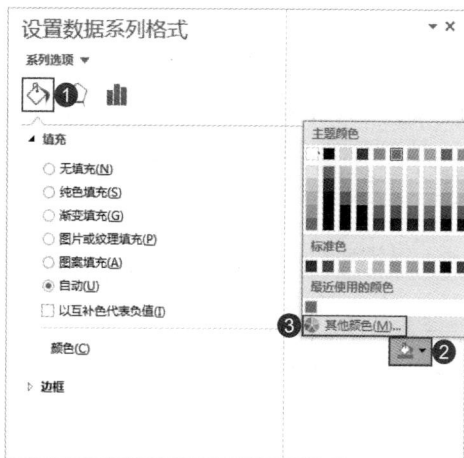

图2-69

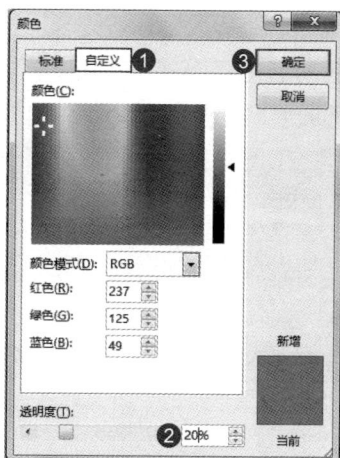

图2-70

Step 14 保持数据系列选择状态，❶单击"图表元素"按钮，❷单击"数据标签"选项后的展开按钮，❸选择"轴内侧"选项，如图2-71所示。

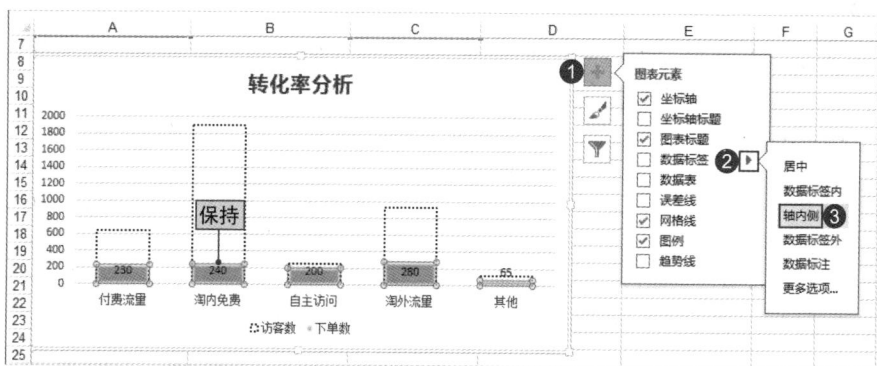

图2-71

Step 15 ❶选择数据标签，❷在"字体"和"字号"文本框中输入"Times New Roman"和"8"，如图2-72所示。

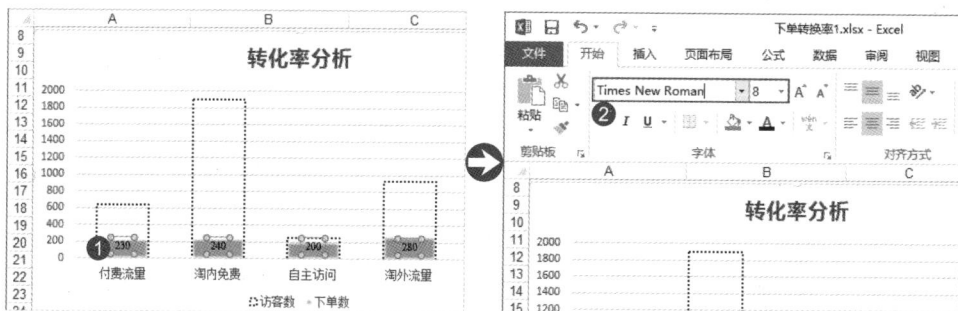

图2-72

Step 16 ❶保持数据标签的选择状态，❷单击"图表工具 格式"选项卡，❸单击"设置所选内容格式"按钮，打开"设置数据标签格式"窗格，❹单击"系列选项"选项卡，❺选中"单元格中的值"复选框，如图2-73所示。

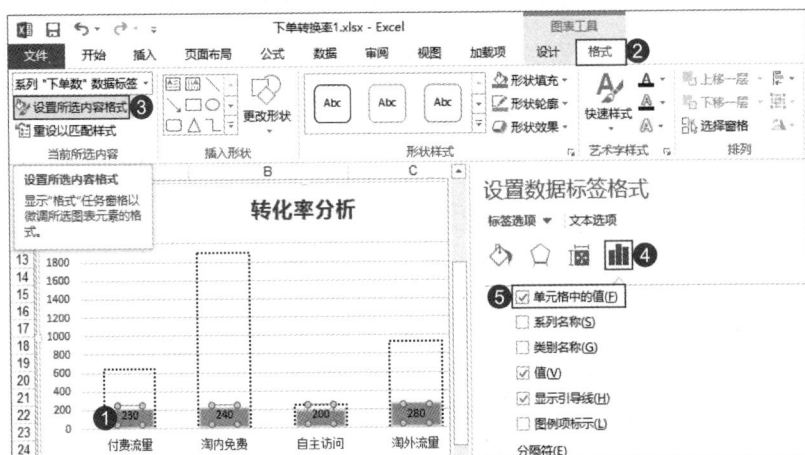

图2-73

Step 17 打开"数据标签区域"对话框，❶将文本框插入点定位在"选择数据标签区域"文本框中，❷在表格中选择D2:D6单元格区域，❸单击"确定"按钮，如图2-74所示。

Step 18 ❶单击"分隔符"下拉按钮，❷选择"分行符"选项，如图2-75所示。

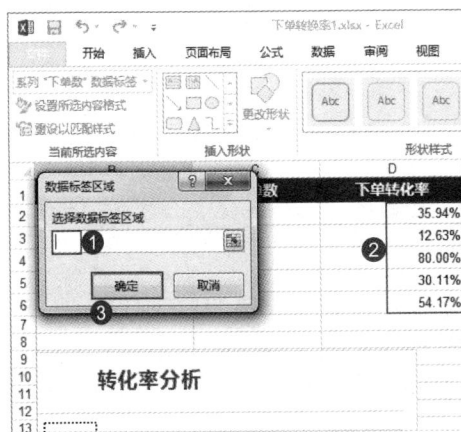

图2-74

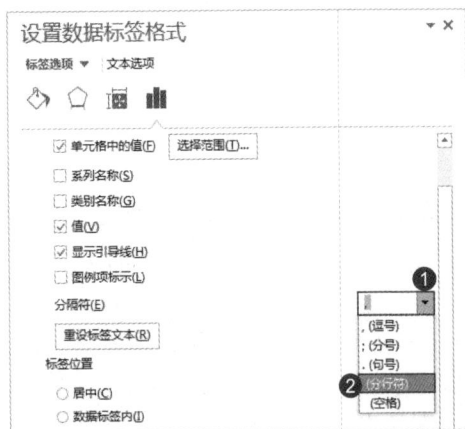

图2-75

Step 19 在图表中选择纵坐标轴，❶单击"坐标轴选项"选项卡，❷选中"对数刻度"复选框，图表的数据系列以对数的方式显示，效果如图2-76所示。

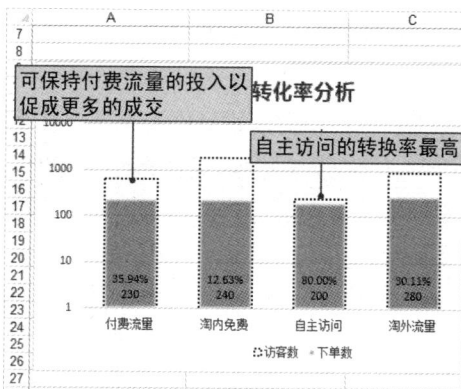

图2-76

2.2.3
根据下单数决定产品投放方案

我们在做商品推广时，一开始是利用广撒网的方式来取得搜索量和访问量，以积攒人气，从而产生交易，在一定时期后，我们就可以根据下单数据，买家的来源渠道，从而找到更好地推广渠道和方式。如付费流量中投入多少，选择哪些推广渠道，免费流量中哪些渠道要重点推广等，以此来促成更多交易，获得更多利润。要直观展示和分析这些投放方案，可用复合饼图来展示和分析。

下面以在"产品投放分析"工作簿中对付费流量和免费流量渠道成交比重和付费流量中各个成交占比情况进行分析为例来讲解相关操作，其具体操作如下。

分析实例 免费流量和付费流量商品推广和投放比例展示分析

素材文件	◎素材\Chapter 2\产品投放分析.xlsx
效果文件	◎效果\Chapter 2\产品投放分析.xlsx

Step 01 打开"产品投放分析"素材，❶选择F2:G6单元格区域，❷单击"插入"选项卡中的饼图下拉按钮，❸选择"复合饼图"选项，如图2-77所示。

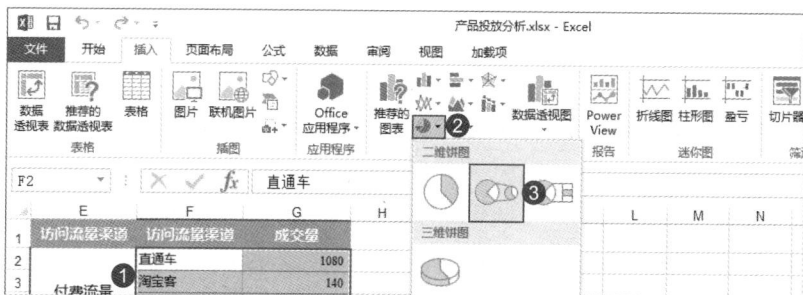

图2-77

Step 02 将图表移动到合适位置，❶单击"图表工具 设计"选项卡，❷在"图表样式"列表框选择"样式11"选项，如图2-78所示。

Step 03 在饼图任意扇区上右击，在弹出的快捷菜单中选择"设置数据系列格式"命令，打开"设置数据系列格式"窗格，如图2-79所示。

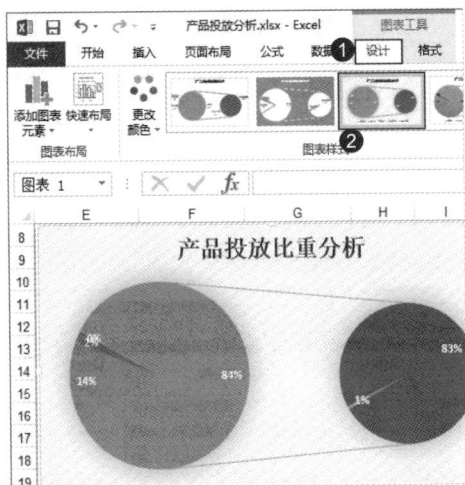

图2-78

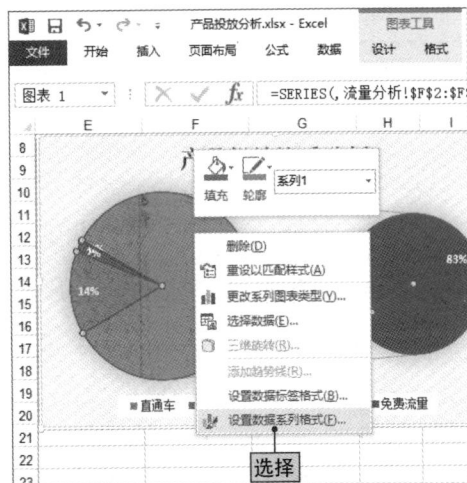

图2-79

Step 04 在"系列选项"选项卡中，❶设置"系列分割依据"为"百分比值"，❷设置"小于该值的值"为"15%"，如图2-80所示。

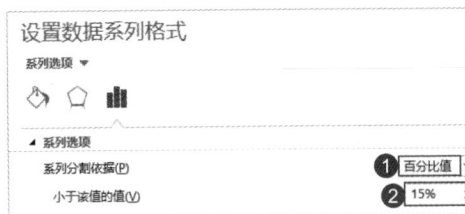

图2-80

Step 05 ❶在图表中选择数据标签，❷在窗格中选中"单元格中的值"复选框，如图2-81所示。

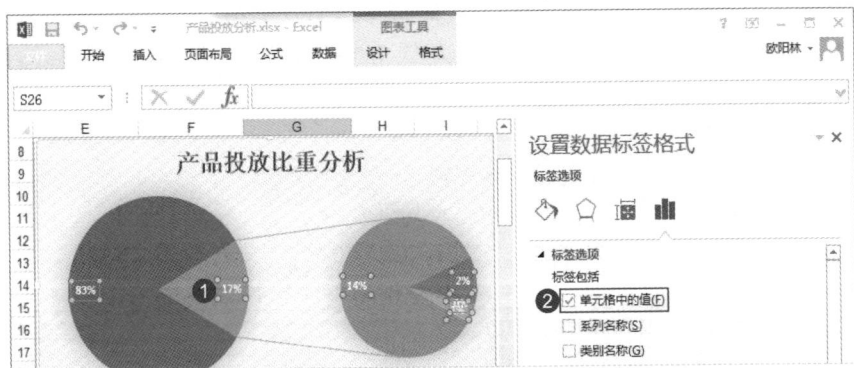

图2-81

Step 06 打开"数据标签区域"对话框，❶将文本插入点定位在"选择数据标签区域"文本框中，然后在表格中选择F2:F6单元格区域，❷单击"确定"按钮，如图2-82所示。

Step 07 返回"设置数据标签格式"窗格中，选中"最佳匹配"单选按钮，如图2-83所示。

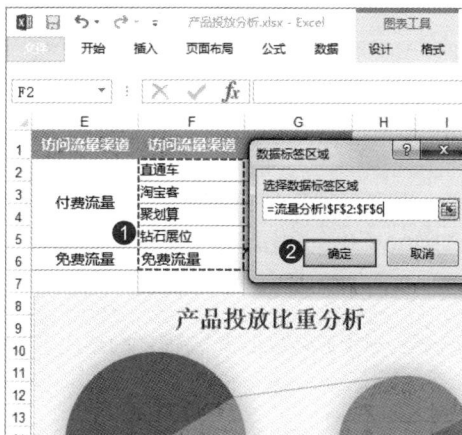

图2-82

图2-83

Step 08 保持数据标签选择状态，❶单击"字体颜色"下拉按钮，❷选择"自动"选项，如图2-84所示。

Step 09 将鼠标光标定位在绿色扇区上的数据标签中，在"17%"数字前添加"付费流量"，按【Enter】键，如图2-85所示。

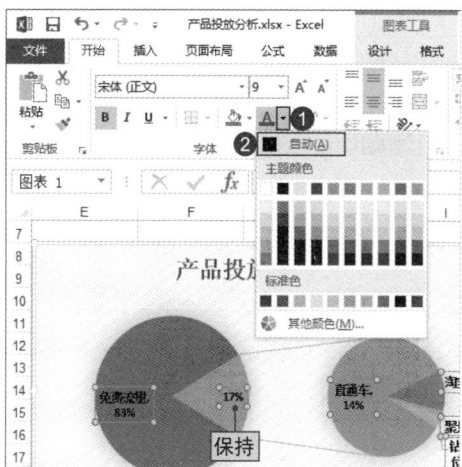

图2-84

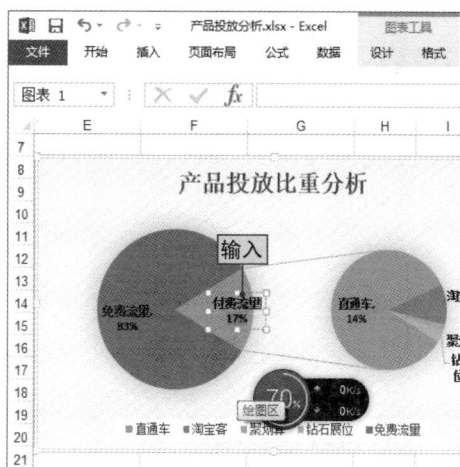

图2-85

通过免费流量产生成交量是我们非常想要的，因为它没有成本，所以希望其能发挥更大的作用，我们可以找出那些产生成交量多的免费流量渠道，然后在其中进行相应比重的商品推广和投放。

下面以"产品投放分析1"工作簿中筛选出前15项达成成交的免费流量渠道并直观展示其构成比重为例来分析应在哪些渠道进行重点推广和产品投放，其具体操作如下。

分析实例 免费流量渠道推广和投放商品比例分析

| 素材文件 | ◎素材\Chapter 2\产品投放分析1.xlsx |
| 效果文件 | ◎效果\Chapter 2\产品投放分析1.xlsx |

Step 01 打开"产品投放分析1"素材，❶选择A6:C6单元格区域，在其上右击，❷在弹出的快捷菜单中选择"插入"命令，如图2-86所示。

Step 02 打开"插入"对话框，❶选中"活动单元格下移"单选按钮，❷单击"确定"按钮，如图2-87所示。

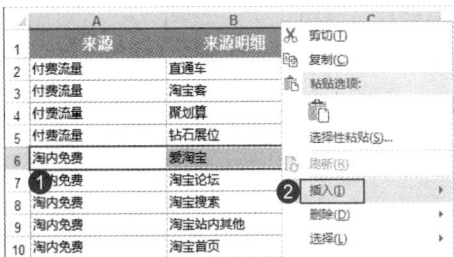

图2-86

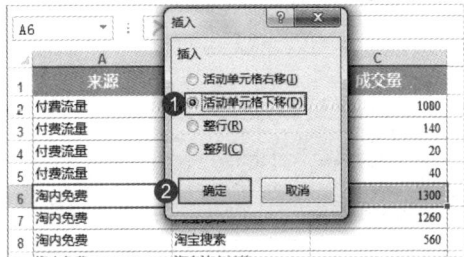

图2-87

Step 03 选择A7单元格，单击"数据"选项卡中的"筛选"按钮，进入筛选状态，如图2-88所示。

Step 04 单击C7单元格右侧的下拉筛选按钮，选择"数字筛选/前10项"命令，如图2-89所示。

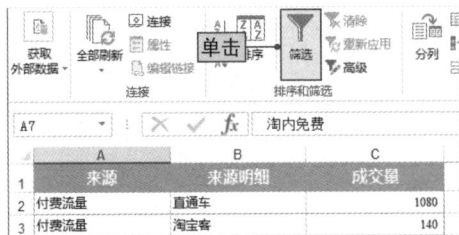

图2-88

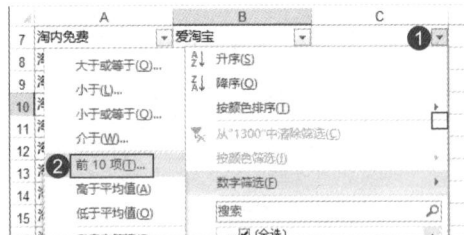

图2-89

Step 05 打开"自动筛选前10个"对话框，❶在中间的数值框中输入"15"，❷单击"确定"按钮，如图2-90所示。

Step 06 ❶选择筛选出来的15个项目数据单元格区域，❷单击饼图下拉按钮，❸选择"符合条饼图"选项，如图2-91所示。

图2-90

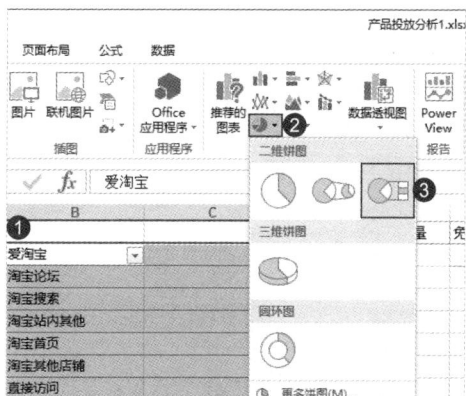

图2-91

Step 07 将图表移动到合适位置并将鼠标光标移到图表右下角，待鼠标光标变成双向箭头时，按住鼠标左键进行拖动，直到合适大小时释放鼠标，如图2-92所示。

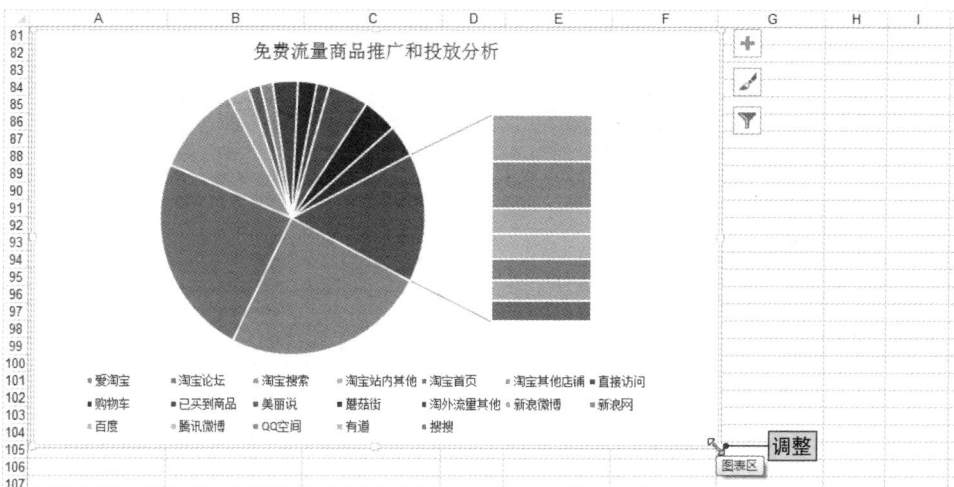

图2-92

Step 08 选择整个图表，在"图表样式"列表框中选择"样式5"选项，❶选中"百分比"复选框，❷选中"最佳匹配"单选按钮，如图2-93所示。

Step 09 在"数据标签格式"窗格的"系列选项"选项卡中，设置"系列分割依据"为"百分比值"，设置"小于该值的值"为"3%"，如图2-94所示。

图2-93

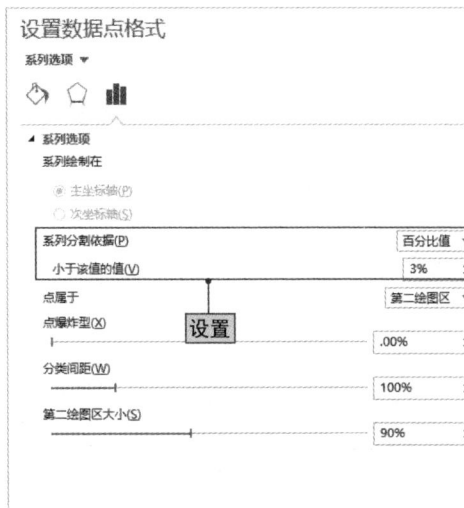

图2-94

Step 10 整个免费流量渠道产生的成交比重构成效果，如图2-95所示。

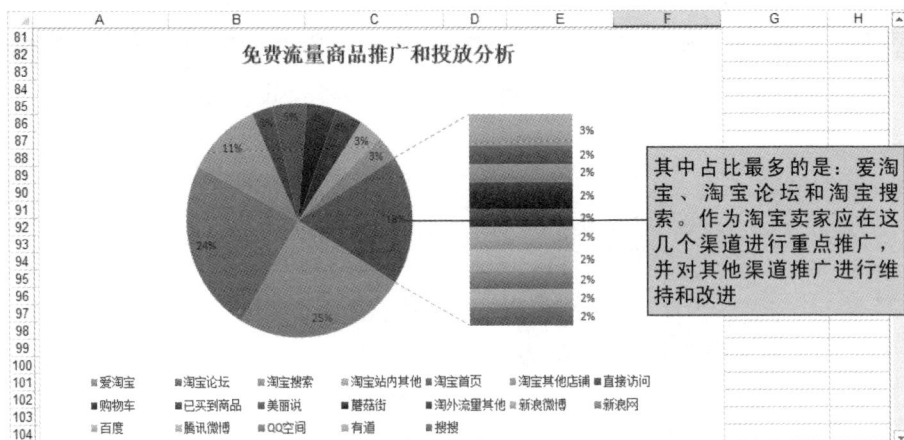

图2-95

热销商品的统计与分析

　　作为淘宝卖家，一定要清楚当前热卖的商品有哪些，从而做出商品上架的选择，同时，要对商品有一个客观合理的定价，除此以外，还要对顾客购买商品后做出的评价加以关注和重视。在本章中我们将从商品热度、定价和评价三个方面进行分析。

3.1 商品热度和名称统计

作为淘宝卖家，特别是新手卖家，在考虑对何种商品宝贝进行销售以及命名前，可选择当前的热卖产品进行采购上架。同时，根据热搜的关键字进行宝贝的命名，这样就能更好地增加搜索量、访问量和下单成交量，从而实现获利。

3.1.1 商品搜索热度数据统计

商品热度搜索数据和指数，能很好地反映出人们搜索商品的方式，这样，我们就可以从中总结出相应的命名规律，然后，通过优化关键词来命名自己的宝贝，让更多的用户容易搜索到自己网店的商品宝贝，从而促进顾客下单，最终达成交易的目的。为了更好地展示和统计出商品搜索的冷热程度，我们可以用直观数据条和图标集来展示对应的数据。

下面以在"关键词搜索排行榜"工作簿中对热搜商品进行统计和分析为例来讲解相关操作，其具体操作如下。

分析实例 商品热搜关键字整理和统计

素材文件	◎素材\Chapter 3\关键词搜索排行榜.xlsx
效果文件	◎素材\Chapter 3\关键词搜索排行榜.xlsx

Step 01 打开"关键词搜索排行榜"素材，❶选择A3单元格，❷单击"公式"选项卡，❸单击"其他函数"下拉按钮，❹选择"统计/RANK.EQ"函数选项，如图3-1所示。

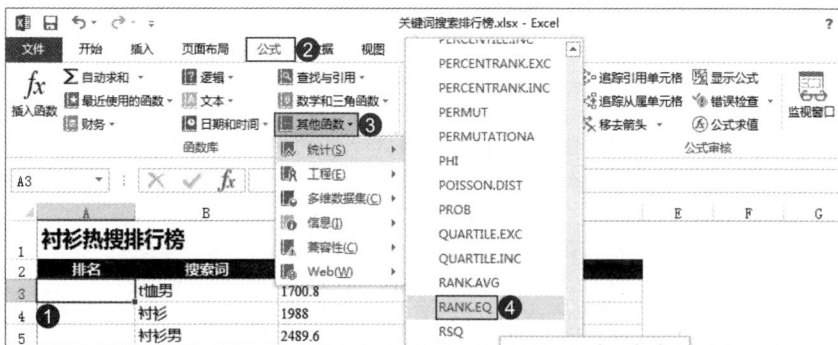

图3-1

Step 02 打开"函数参数"对话框，将文本插入点定位在"Nmuber"文本框中，在表格中选择C3单元格，如图3-2所示。

Step 03 ❶将文本插入点定位在"Ref"文本框中，❷在表格中选择C3:C19单元格区域，如图3-3所示。

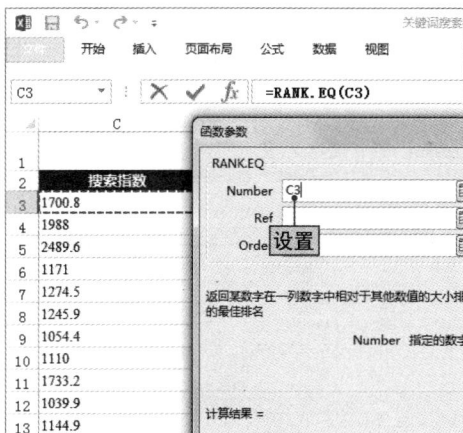

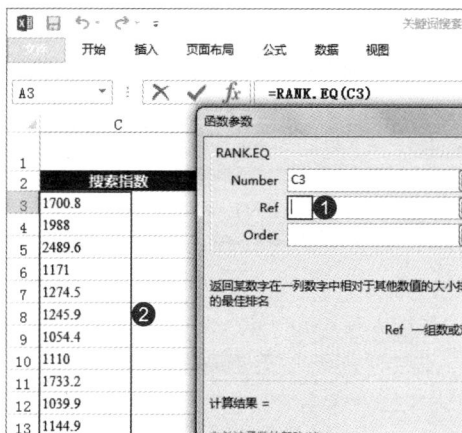

图3-2   图3-3

Step 04 ❶在"Ref"文本框中选择引用的C3:C19，按【F4】键，将其转换为绝对引用，❷在"Order"文本框中输入"0"，❸单击"确定"按钮，如图3-4所示。

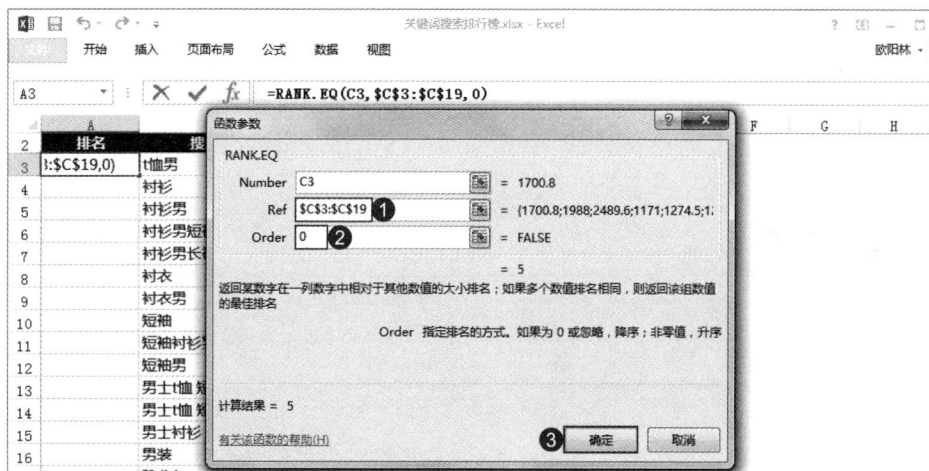

图3-4

TIPS *RANK.EQ()函数语法*

　　RANK.EQ()函数是指返回一列数字的数字排位（如果多个值具有相同的排位，则返回该组值的最高排位），它的语法结构为：RANK.EQ(number,ref,[order])。其中参数number是必需的，表示要找到其排位的数字；ref是必需的，表示数字列表的数组，对数字列表的引用；order为可选参数，指定排序方式，0表示降序，其他数字表示升序。

Step 05 保持A3单元格选择状态，将鼠标光标移动到右下角，待鼠标光标变成加号形状时，双击鼠标，如图3-5所示。

Step 06 系统自动将RANK.EQ()函数填充到C19单元格，并自动根据C列对应的搜索指数，获取当前的排名数据，如图3-6所示。

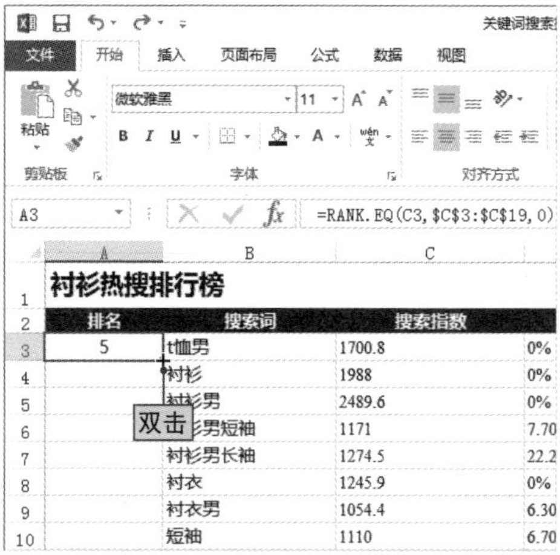

图3-5

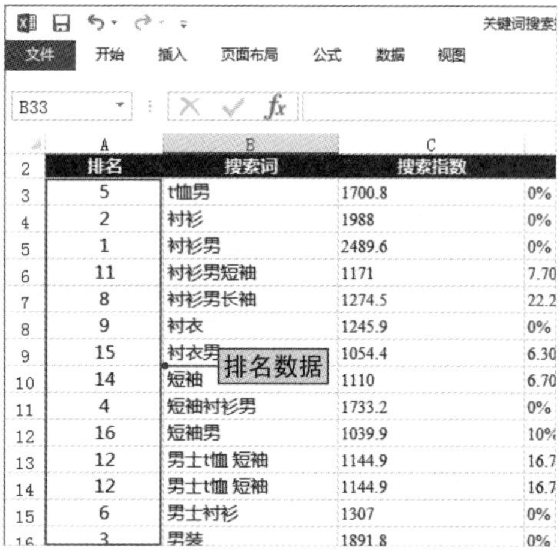

图3-6

Step 07 ❶选择D列，并在其上右击，❷在弹出的快捷菜单中选择"插入"命令插入空白列，如图3-7所示。

Step 08 ❶选择C3:C19单元格区域，按【Ctrl+C】组合键复制，❷选择D3:D19单元格区域，❸单击"粘贴"按钮，粘贴数据，如图3-8所示。

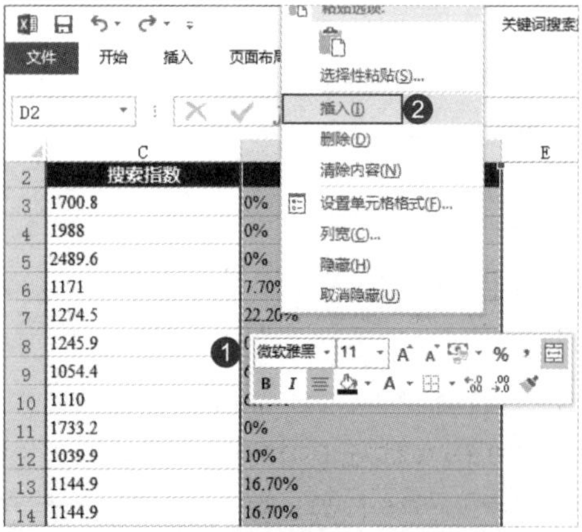

图3-7

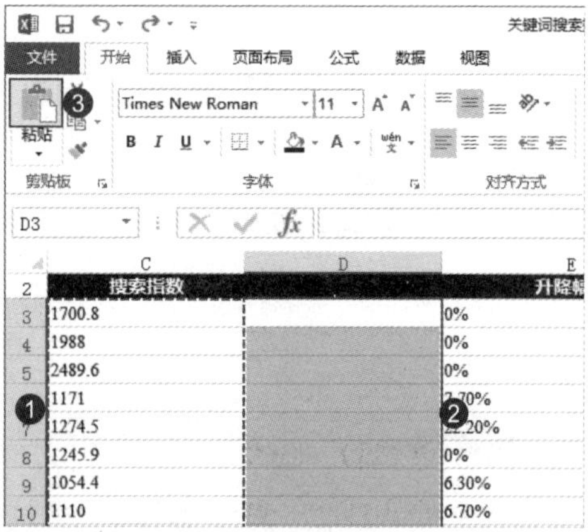

图3-8

Step 09 选择D3:D19单元格区域，❶单击"条件格式"下拉按钮，❷选择"数据条/绿色数据条"选项，如图3-9所示。

Step 10 保持D3:D19单元格区域选择状态，❶单击"条件格式"下拉按钮，❷选择"管理规则"命令，如图3-10所示。

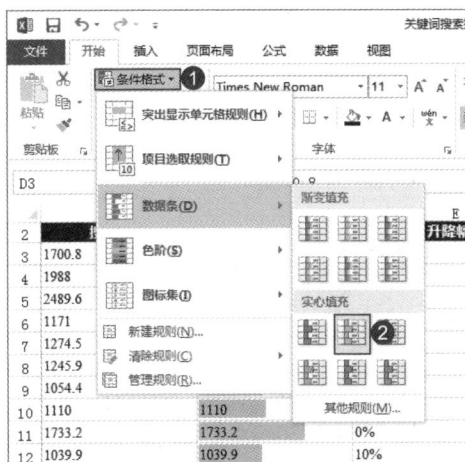

图3-9

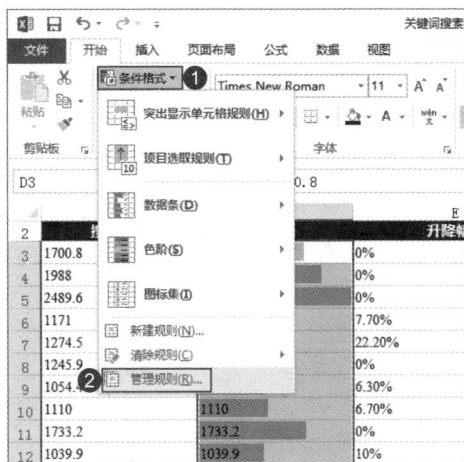

图3-10

Step 11 打开"条件格式规则管理器"对话框，❶选择"数据条"选项，❷单击"编辑规则"按钮，如图3-11所示。

Step 12 打开"编辑格式规则"对话框，❶选中"仅显示数据条"复选框，❷单击"确定"按钮，如图3-12所示。

图3-11

图3-12

Step 13 ❶选择E3:E19单元格区域，❷单击"条件格式"下拉按钮，❸选择"新建规则"命令，如图3-13所示。

Step 14 打开 "新建格式规则" 对话框，❶单击 "格式样式" 下拉按钮，❷选择 "图标集" 选项，如图3-14所示。

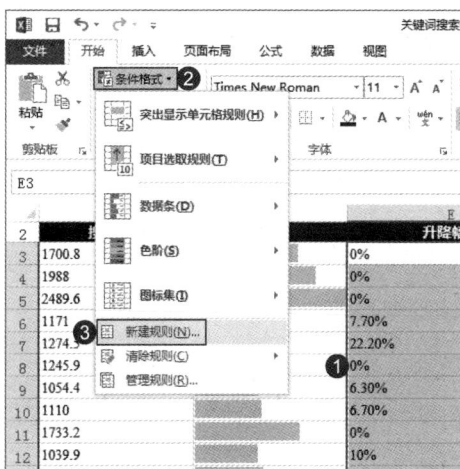

图3-13

图3-14

Step 15 ❶单击 "图标样式" 下拉按钮，❷选择 "3个三角形" 图标样式选项，如图3-15所示。

Step 16 ❶分别在第一个图标和第二个图标对应的 "值" 文本框中输入 "0.001" 和 "0"，❷单击 "确定" 按钮，如图3-16所示。

图3-15

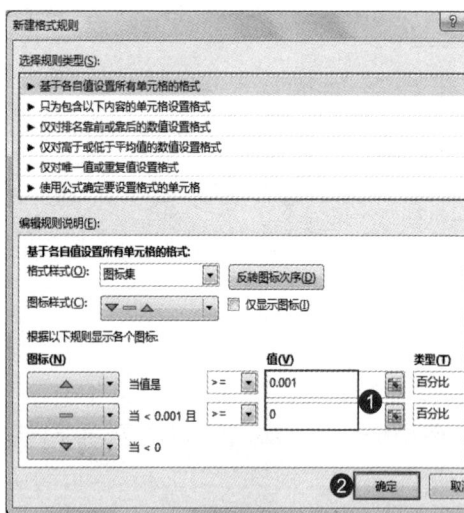

图3-16

Step 17 ❶选择A3:E19单元格区域，❷单击 "升序" 按钮，让整个搜索的数据按照升序方式整理排列，方便关键词的选择和优化，效果如图3-17所示。

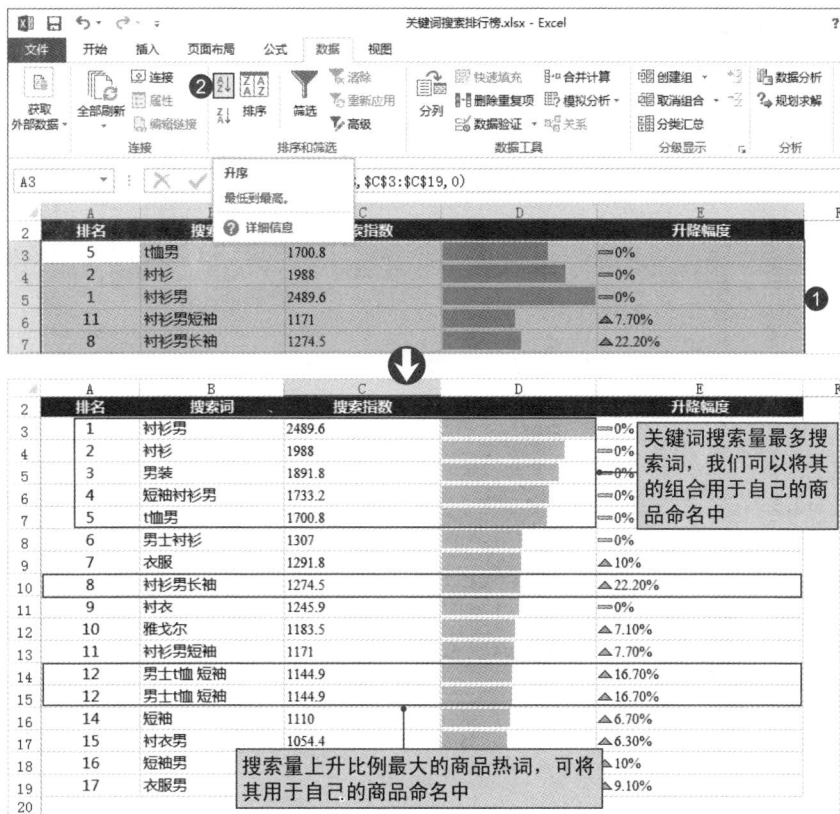

图3-17

TIPS 排序误区 🔍

　　本例中，由于表格中带有空白标题行单元格（D2）和合并单元格（A1），所以，在排序操作中，若选择A列中任意单元格，单击"升序"按钮，则可能出现不能正常排序的情况并打开提示对话框，如图3-18所示。

图3-18

3.1.2
商品关键词的分析

我们在对商品宝贝进行命名前，可以统计和分析同行对同类商品的关键词命名方式，将其中搜索靠前的关键词进行统计和分析，然后，将其用在自己的商品命名上，使商品命名方式符合和满足顾客的搜索习惯和爱好，让商品更容易被顾客搜索到，从而提高搜索量和访问量，促成成交量。要快速按类统计出相应商品的关键词，较为直接的方式是通过数据透视表。

下面以在"宝贝名称统计"工作簿中对热搜的关键词进行统计和分析为例来讲解相关操作，其具体操作如下。

分析实例 商品热搜关键字整理和统计

素材文件	◎素材\Chapter 3\宝贝名称统计.xlsx
效果文件	◎素材\Chapter 3\宝贝名称统计.xlsx

Step 01 打开"宝贝名称统计"素材，❶选择A2单元格，❷单击"插入"选项卡，❸单击"数据透视表"按钮，如图3-19所示。

Step 02 打开"创建数据透视表"对话框，❶选中"现有工作表"单选按钮，❷单击"位置"文本框后的"折叠"按钮，如图3-20所示。

图3-19

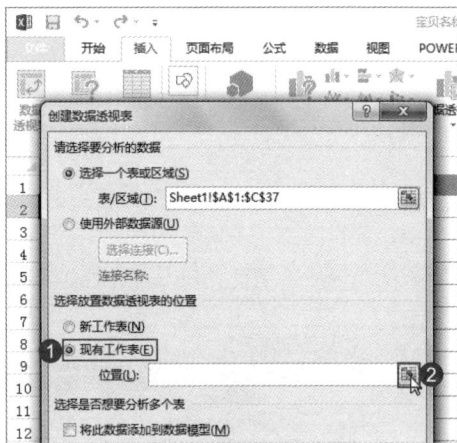

图3-20

Step 03 ❶在表格中选择E1单元格，❷单击"展开"按钮，返回"创建数据透视表"对话框中，单击"确定"按钮，如图3-21所示。

Step 04 在打开的"数据透视表字段"窗格中选中"关键词"和"关注指数"复选框，如图3-22所示。

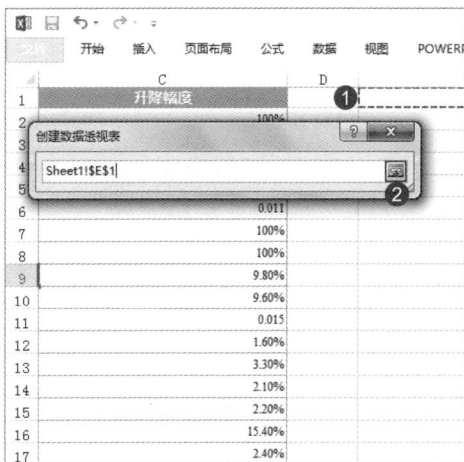

图3-21

图3-22

Step 05 ❶选择E2:F7单元格区域，❷单击"数据透视表工具 分析"选项卡，❸单击"组选择"按钮，如图3-23所示。

Step 06 ❶选择第一个生成的组名称单元格E2，❷在编辑栏中输入"关键词1"，按【Ctrl+Enter】组合键确认，如图3-24所示。

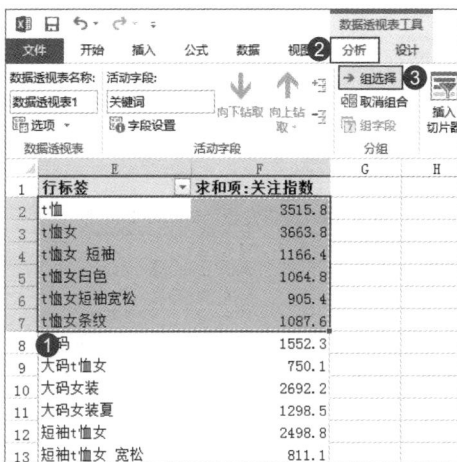

图3-23

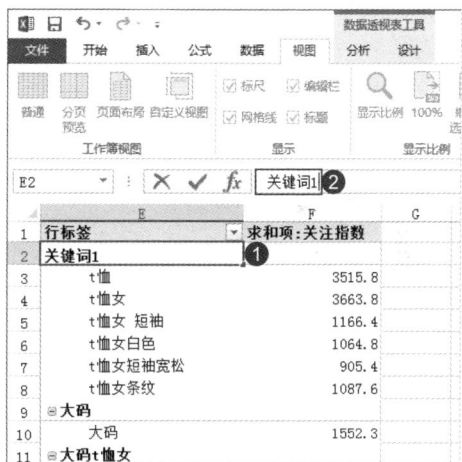

图3-24

Step 07 以同样的方法，将其他同类或相近关键词换分为一组，并对其对应的组名称进行更改，如图3-25所示。

Step 08 ❶选择任意透视表单元格，❷单击"数据透视表工具 设计"选项卡，❸在"数据透视表样式"列表框中选择"数据透视表样式浅色17"选项快速应用透视表样式，如图3-26所示。

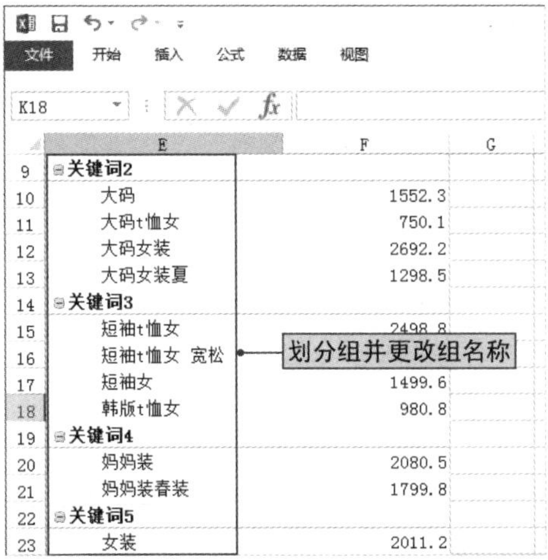

图3-25

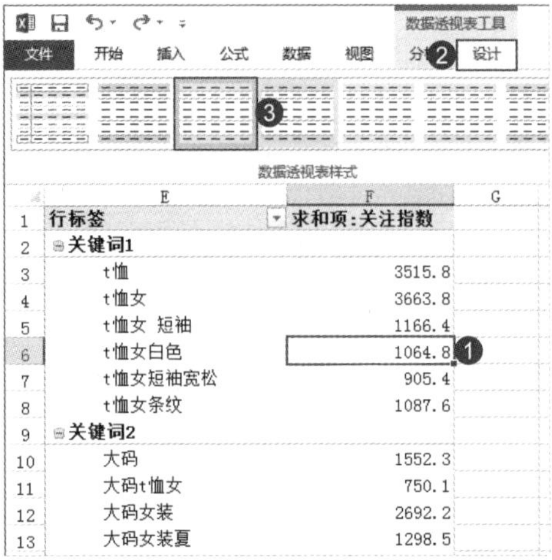

图3-26

Step 09 保持数据透视表单元格的选择状态，❶单击"报表布局"下拉按钮，❷选择"以大纲形式显示"命令，如图3-27所示。

Step 10 ❶单击"分类汇总"下拉按钮，❷选择"在组的底部显示所有分类汇总"命令，如图3-28所示。

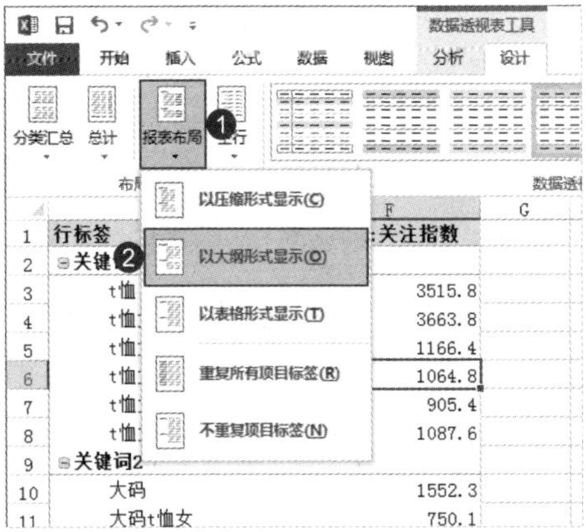

图3-27

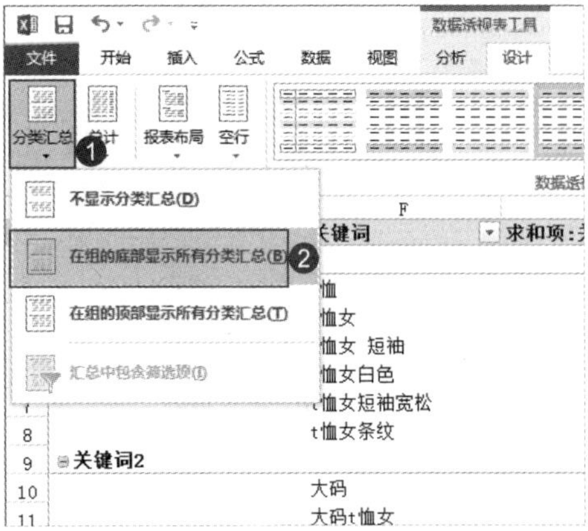

图3-28

Step 11 ❶选择E1单元格，❷在编辑栏中输入"关键词汇总"，按【Enter】键确认，如图3-29所示。

Step 12 ❶单击"数据透视表工具 分析"选项卡，❷单击"字段、项目和集"下拉按钮，❸选择"计算字段"命令，如图3-30所示。

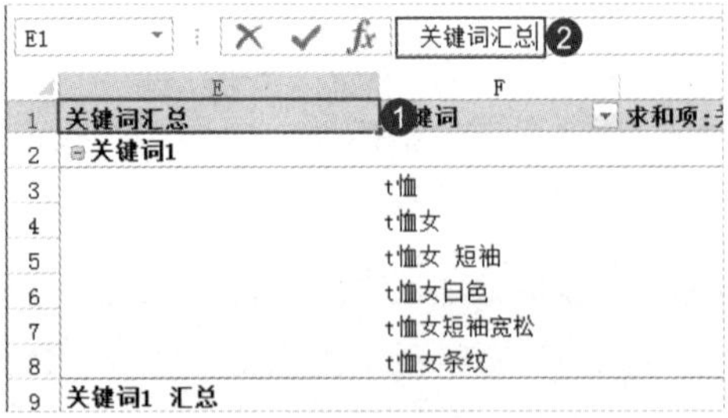

图3-29

Step 13 打开"插入计算字段"对话框，❶在"名称"文本框中输入"同类名称比重"，❷在"字段"列表框中选择"关注指数"选项，❸单击"插入字段"按钮，❹单击"确定"按钮，如图3-31所示。

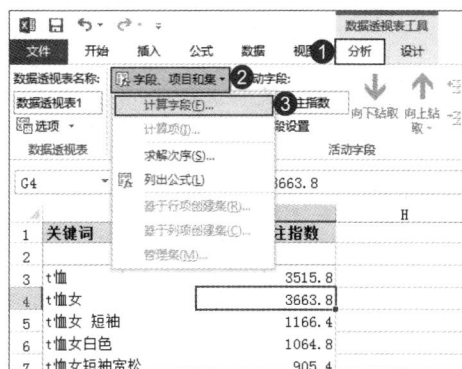

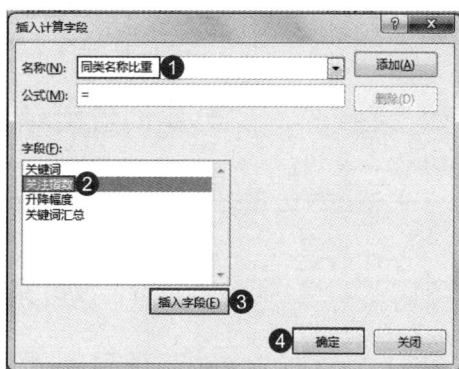

图3-30   图3-31

Step 14 在插入的"同类名称比重"列字段上右击，❶选择"父级汇总的百分比"命令，❷在打开的对话框中单击"基本字段"下拉按钮，❸选择"关键词汇总"选项，然后单击"确定"按钮，如图3-32所示。

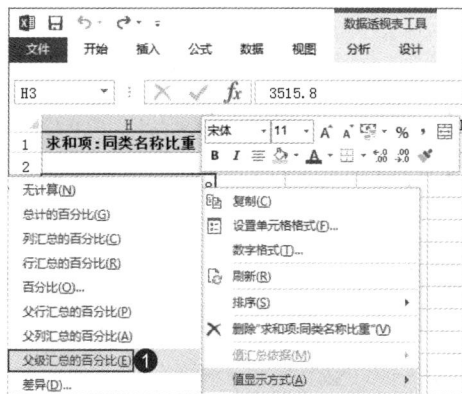

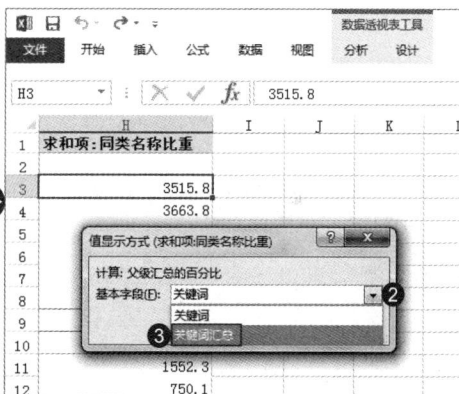

图3-32

Step 15 在插入的"关注指数"列字段上右击，选择"值显示方式/总计的百分比"命令完成操作，最后的效果如图3-33所示。

关键词汇总	关键词	求和项:关注指数	求和项:同类名称比重
⊟ 关键词1			
	t恤	6.44%	30.83%
	t恤女	6.71%	32.13%
	t恤女 短袖	2.14%	10.23%
	t恤女白色	1.95%	9.34%
	t恤女短袖宽松	1.66%	7.94%
	t恤女条纹	1.99%	9.54%
关键词1 汇总		20.89%	100.00%

图3-33

从分析结果中可以得出这样几个热门的关键词：T恤女、大码女装、短袖T恤女、妈妈装、女装夏2016新款、中老年女装。这时我们就可以进行这样一些对女装进行简单组合命名：2016新款女装短袖T恤或2016夏新款中年妈妈T恤装。

3.2 商品定价影响销量

无论是线上还是线下，商品的定价都会影响到销量，所以我们在商品上架前，一定要为其量身定制一个合理的价格，当然这个价格不是凭空想象出来的，而是通过同行的定价以及销量来定制的（这里暂不考虑采购成本）。

3.2.1
行业和竞争对手商品定价范围统计分析

我们在淘宝店铺上售卖商品，面对的不仅是顾客买家，同时，还要考虑到行业和市场竞争，所以，在为商品定价前，我们可以先对行业或竞争对手商品价格以及对应成交量数据进行分析，然后确定商品的定价范围，从而赢得顾客，获得成交。

下面以在"商品定价"工作簿中对热搜商品进行统计和分析为例来讲解相关操作，其具体操作如下。

分析实例 对搜索商品定价进行分析

素材文件	◎素材\Chapter 3\商品定价.xlsx、定价图片.png
效果文件	◎效果\Chapter 3\商品定价.xlsx

Step 01 打开"商品定价"素材，❶在F1:O1单元格区域中输入相应的价格范围数据，这里是以50为单位（根据表格中已有的报价数据确定），❷设置"字体"为"Times New Roman"，字号为"11"，❸单击"加粗"按钮，如图3-34所示。

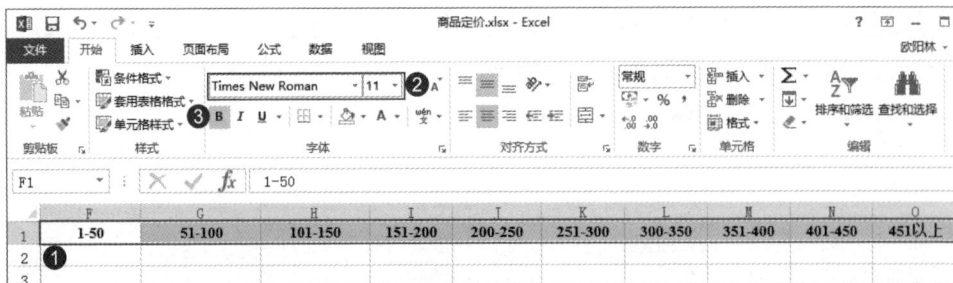

图3-34

Step 02 保持D1:O2单元格区域选择状态，❶单击"填充颜色"下拉按钮，❷选择"橙色,着色,深色25%"选项，如图3-35所示。

Step 03 ❶单击"字体颜色"下拉按钮，❷选择"白色，背景 1"选项 如图 3-36 所示。

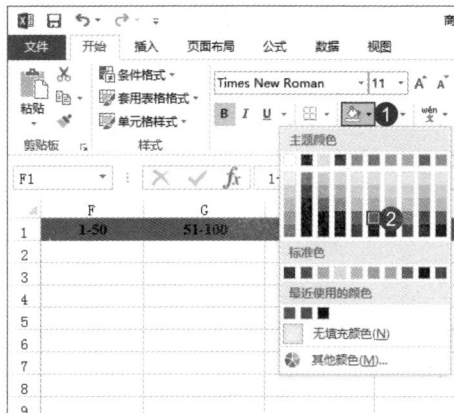

图3-35

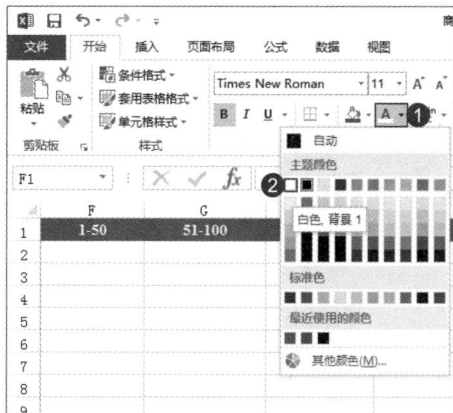

图3-36

Step 04 ❶选择F2单元格，❷单击"公式"选项卡，❸单击"数学和三角函数"下拉按钮，❹选择"SUMIF"选项，如图3-37所示。

Step 05 打开"函数参数"对话框，单击"Range"文本框后的"折叠"按钮，如图3-38所示。

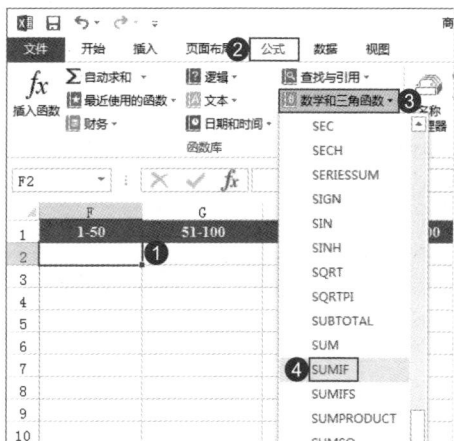

图3-37

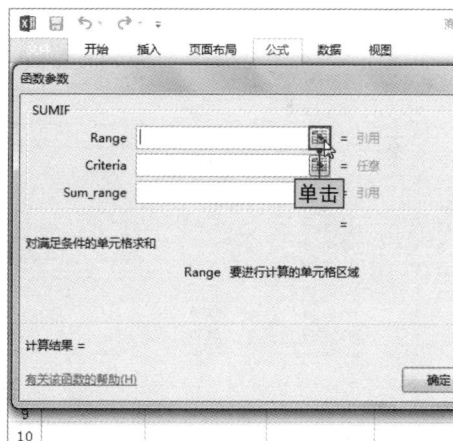

图3-38

Step 06 在表格中选择B2:B32单元格区域，然后单击"展开"按钮展开对话框，如图3-39所示。

Step 07 在"Critical"文本框中输入"<=50"，单击"Sum_range"文本框后的"折叠"按钮，如图3-40所示。

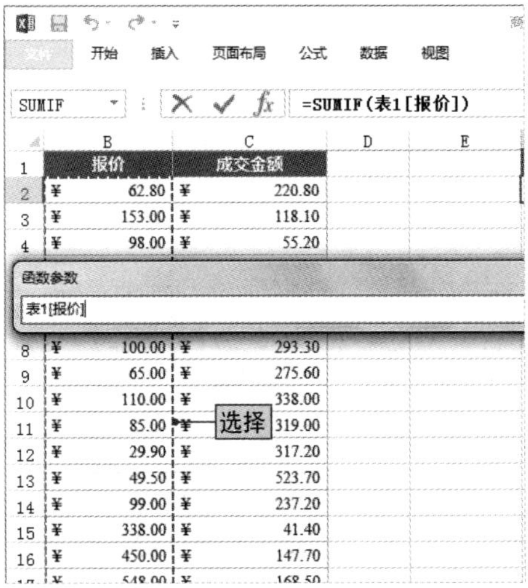

图3-39

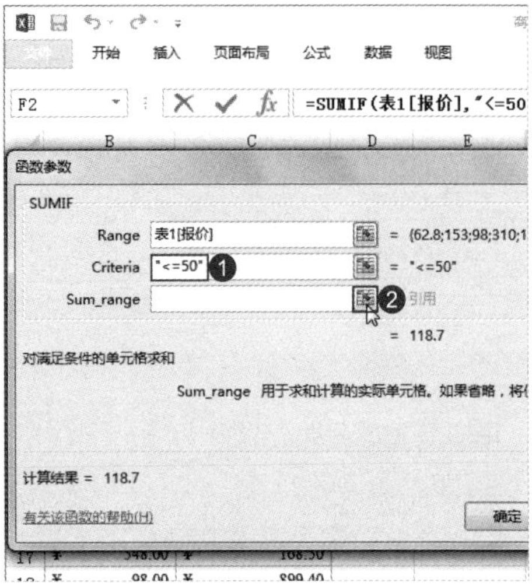

图3-40

Step 08 ❶在表格中选择C2:C32单元格区域，然后单击"展开"按钮展开对话框，❷单击"确定"按钮，如图3-41所示。

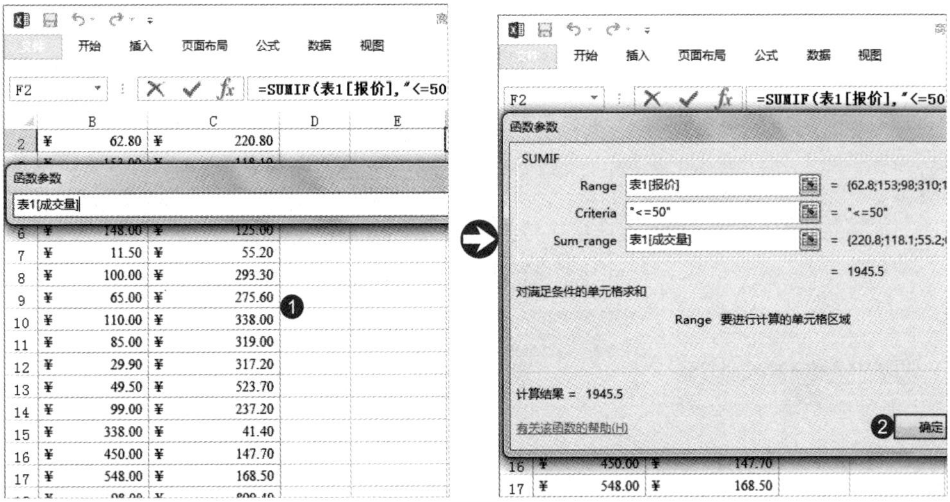

图3-41

Step 09 ❶选择G2单元格，❷单击"数学和三角函数"下拉按钮，❸选择"SUMIFS"选项，如图3-42所示。

Step 10 打开"函数参数"对话框，将文本插入点定位在"Sum_range"文本框中，在表格中选择C2:C32单元格区域，如图3-43所示。

图3-42

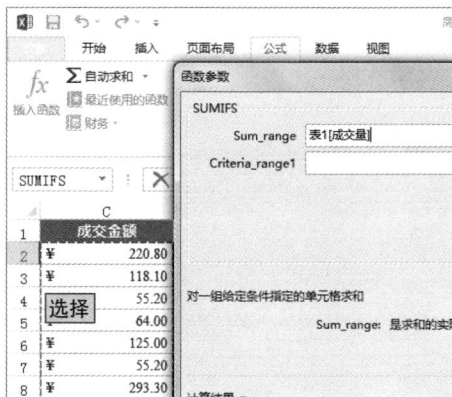

图3-43

Step 11 ❶将文本插入点定位在"Critical_range1"文本框中，❷在表格中选择B2:B32单元格区域，如图3-44所示。

Step 12 ❶设置"Criteria1"参数为">=51"，❷将文本插入点定位在"Critical_range2"文本框中，❸在表格中选择B2:B32单元格区域，如图3-45所示。

图3-44

图3-45

Step 13 ❶在"Criteria2"文本框中输入"<=100"，❷单击"确定"按钮，如图3-46所示。然后以同样的方法计算出其他数据区域对应的成交量数据。

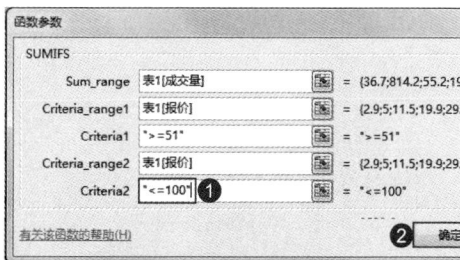

图3-46

Step 14 ❶选择F2:O2单元格区域，❷单击"开始"选项卡，❸单击"数字"功能组中的下拉按钮，❹选择"会计专用"选项，如图3-47所示。

图3-47

Step 15 ❶选择F1:O2单元格区域，❷单击"插入"选项卡，❸单击"插入面积图"下拉按钮，❹选择"二维面积图"选项，如图3-48所示。

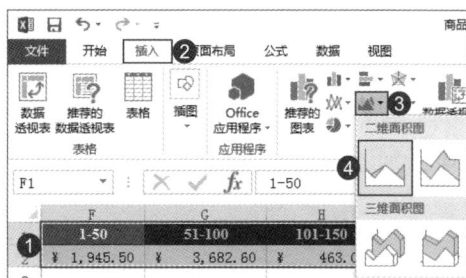

图3-48

Step 16 将图表移动到合适位置，调整图表宽度（将鼠标光标移到右侧的控制柄上，待鼠标光标变成水平双向箭头时，按住鼠标左键不放，拖动调整宽度直到所有横坐标轴的区域数字水平展示完全），如图3-49所示。

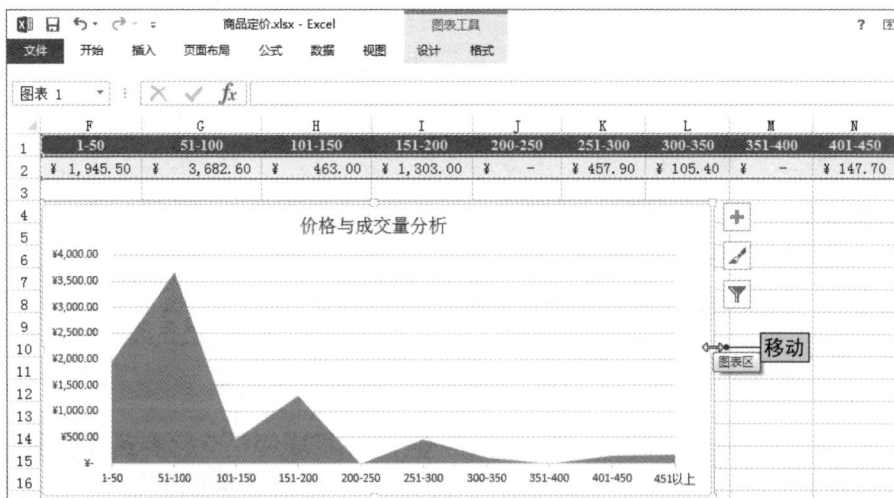

图3-49

Step 17 ❶在图表中输入图表标题，❷选择整个图表，在"图表样式"列表框中选择"样式11"选项，如图3-50所示。

Step 18 ❶双击水平坐标轴，打开"设置坐标轴格式"窗格，❷单击"坐标轴选项"选项卡，❸选中"刻度线之间"单选按钮，如图3-51所示。

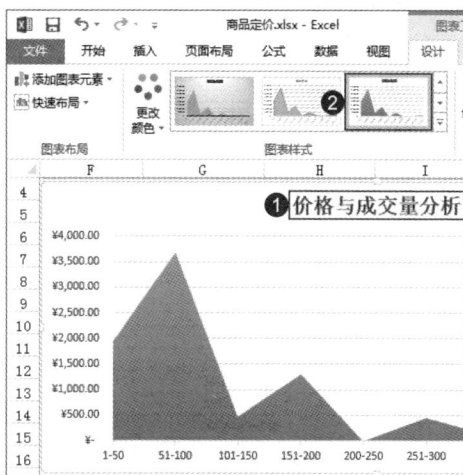

图3-50

图3-51

Step 19 在数据系列上右击，选择"添加数据标签"命令，如图3-52所示。

Step 20 在图表中选择数据系列，窗格名称变成"设置数据系列格式"，❶单击"线条填充"选项卡，❷单击"颜色"下拉按钮，❸选择"橙色,着色2,深色25%"选项，如图3-53所示。

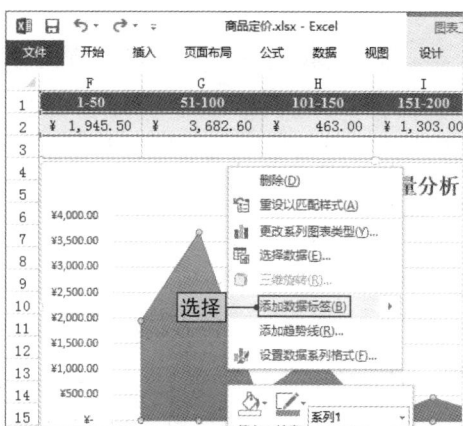

图3-52

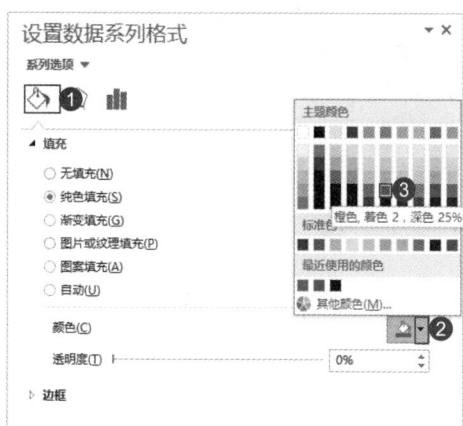

图3-53

Step 21 ❶单击"效果"选项卡，❷单击"顶部棱台"下拉按钮，❸选择"艺术装饰"选项，❹设置"高度"和"宽度"为"3磅"和"2.5磅"，如图3-54所示。

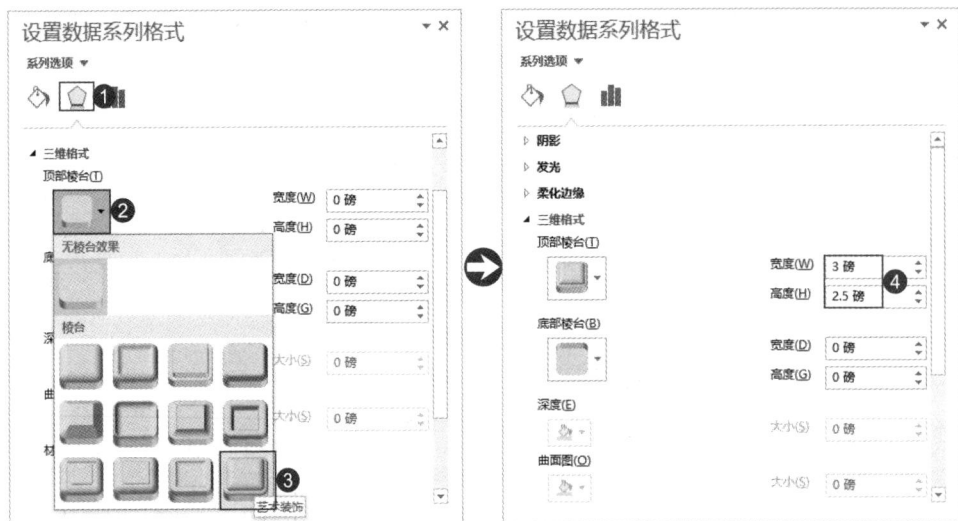

图3-54

Step 22 选择整个图表，❶单击"图表工具 设计"选项卡中的"添加图表元素"下拉按钮，❷选择"网格线/主轴主要垂直网格线"选项，如图3-55所示。

Step 23 ❶单击"图表工具 设计"选项卡中的"添加图表元素"下拉按钮，❷选择"网格线/主轴主要水平网格线"选项，如图3-56所示。

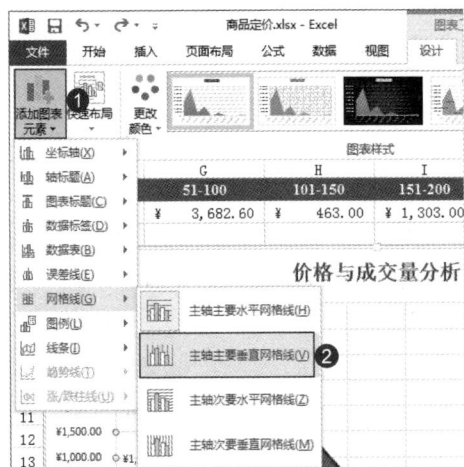

图3-55

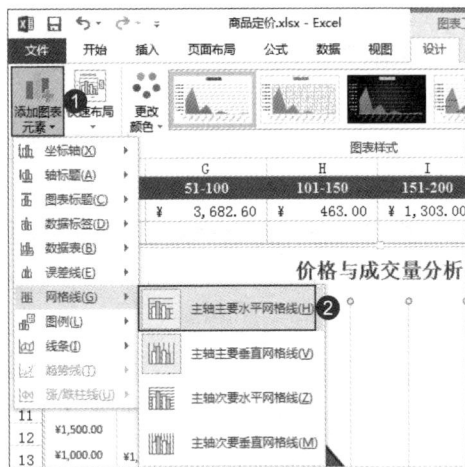

图3-56

Step 24 在图表中选择主要垂直网格线，并右击，选择"设置网格线格式"命令，如图3-57所示。

Step 25 打开"设置主要网格线格式"窗格，❶单击"填充线条"选项卡，❷展开"线条"下拉选项，❸选中"渐变线"单选按钮，如图3-58所示。

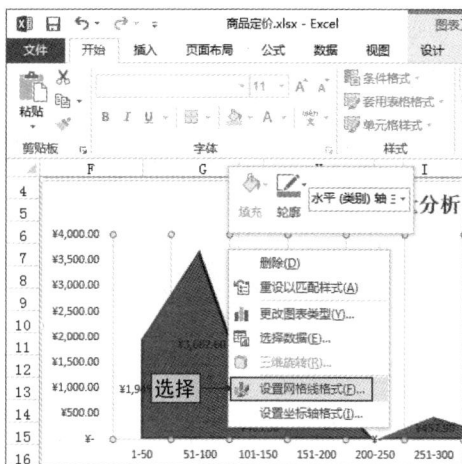

图3-57

图3-58

Step 26 ❶选择最右侧的颜色滑块，❷单击"颜色"下拉按钮，❸选择"红色"选项，如图3-59所示。

Step 27 将鼠标光标移动滑块上，按住鼠标左键不放，向上或向下拖动，将其删除，如图3-60所示（以通用的方法删除其他颜色滑块）。

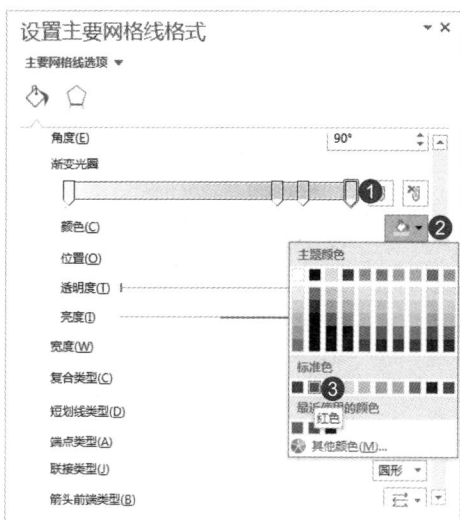

图3-59

图3-60

Step 28 ❶单击"短画线类型"下拉按钮，❷选择"短画线"选项更改线条类型，如图3-61所示。

Step 29 在图表中选择数据系列，在"填充线条"选项卡中设置填充"透明度"为"69%"，如图3-62所示。

图3-61 图3-62

Step 30 ❶单击"插入"选项卡，❷单击"图片"按钮，打开"插入图片"对话框，❸选择"定价图片"文件，❹单击"插入"按钮，如图3-63所示。

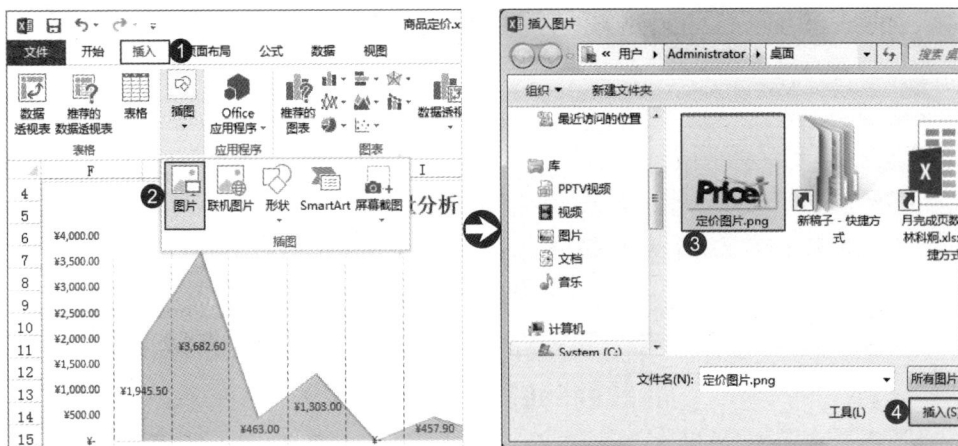

图3-63

Step 31 调整图片大小并将其移动到合适位置，如图3-64所示。

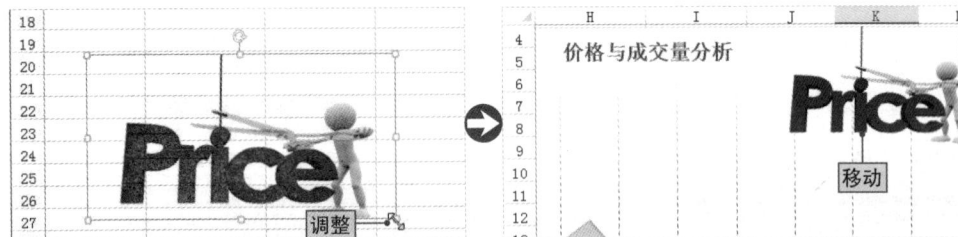

图3-64

Step 32 ❶选择B2单元格，❷单击"数据"选项卡，❸单击"升序"按钮，让报价数据形成明显阶段区域，如图3-65所示。

Step 33 ❶选择B1:C7单元格区域，❷单击面积图下拉按钮，❸选择"二维面积图"选项，如图3-66所示。

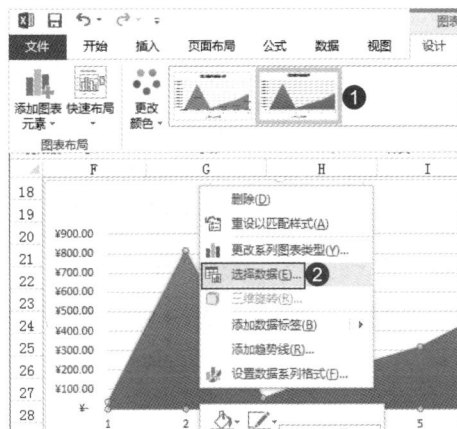

图3-65

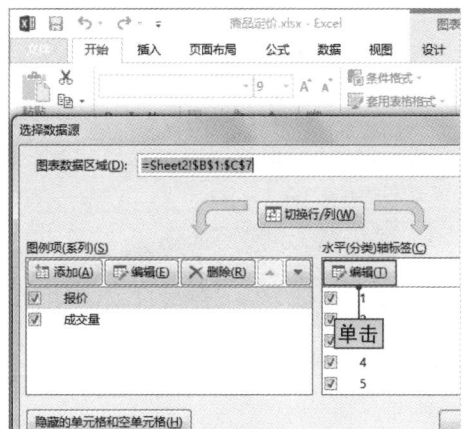

图3-66

Step 34 输入图表标题，❶在"图表样式"列表框中选择"样式11"选项，在图表上任意位置右击，❷选择"选择数据"命令，如图3-67所示。

Step 35 打开"选择数据源"对话框，单击"水平（分类）轴坐标"区域中的"编辑"按钮，如图3-68所示。

图3-67

图3-68

Step 36 ❶将文本插入点定位在"轴标签区域"文本框中，在表格中选择B2:B7单元格区域，❷单击"确定"按钮，如图3-69所示。

Step 37 返回"选择数据源"对话框中，❶选择"报价"选项，❷单击"删除"按钮，然后单击"确定"按钮，如图3-70所示。

图3-69 图3-70

Step 38 以同样的方法创建其他报价区域的面积图，部分效果如图3-71所示。

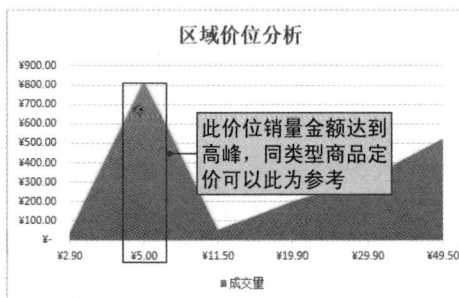

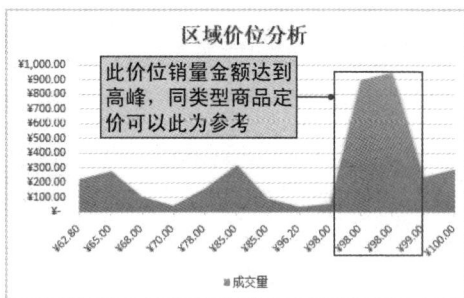

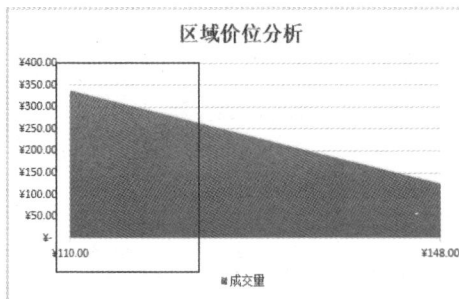

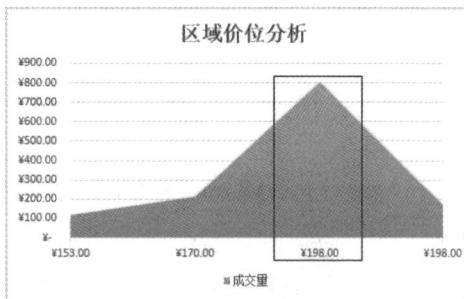

图3-71

3.2.2
同一类商品售卖价格带的分析

我们在对商品进行定价时，除了考虑采购、人力和时间成本外，还需要考虑整个行业或竞争对手对同类商品的定价，定价过低，会遭到同行排挤且无盈利利润空间；定价过高，则会导致价格高于普遍价格，顾客不能接受，从而影响成交量。这时，我们可对行业或竞争对手的售价数据进行统计分析，采用其中最普遍的定价。

下面以在"同类商品价格带分析"工作簿中对睡袋这类产品的价格分布进行分析为例来讲解相关操作，其具体操作如下。

分析实例 同类商品价格分析

素材文件	◎素材\Chapter 3\同类商品价格带分析.xlsx
效果文件	◎效果\Chapter 3\同类商品价格带分析.xlsx

Step 01 打开"同类商品价格带分析"素材，根据C列的商品售价数据，进行价格字段范围区域的划分，如图3-72所示。

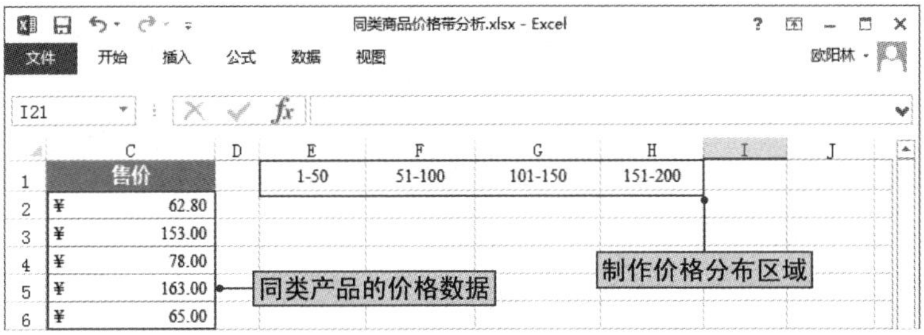

图3-72

TIPS 区域数据最大值的快速确定

我们在确定"售价"数据最大值或上限值时，可使用MAX()函数快速得出，这样就不需要人工进行统计了，如图3-73所示。

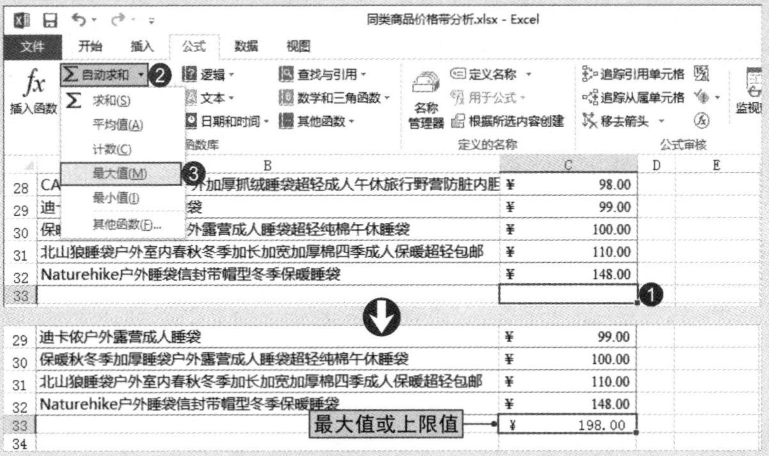

图3-73

Step 02 ❶选择E2单元格，❷单击"公式"选项卡，❸单击"插入函数"按钮，如图3-74所示。

Step 03 打开"插入函数"对话框，❶设置"或选择类别"为"统计"，❷选择"COUNTIF"选项，❸单击"确定"按钮，如图3-75所示。

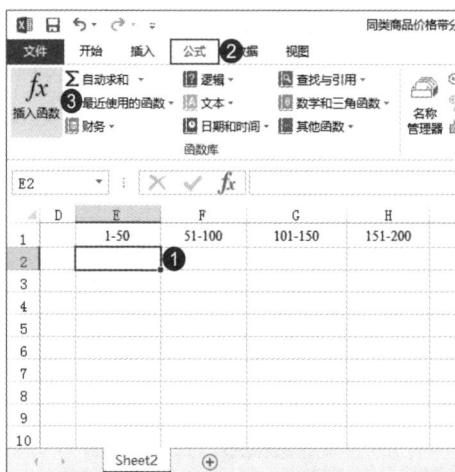

图3-74

图3-75

Step 04 打开"函数参数"对话框，❶将文本插入点定位在"Range"文本框中，❷在表格中选择C2:C32单元格区域，如图3-76所示。

Step 05 ❶在"Criteria"文本框中输入"<=50"，❷单击"确定"按钮，如图3-77所示。

图3-76

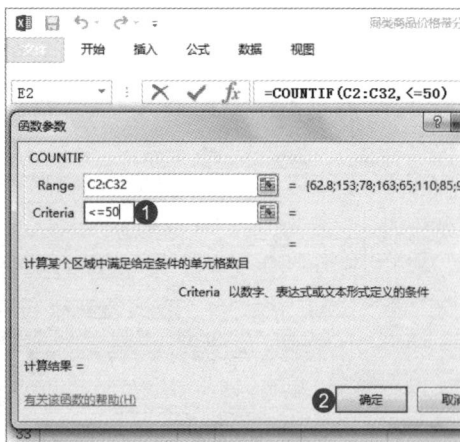

图3-77

Step 06 ❶选择F2单元格，❷单击"公式"选项卡，❸单击"插入函数"按钮，如图3-78所示。

Step 07 打开"插入函数"对话框，❶设置"或选择类别"为"统计"，❷选择 "COUNTIFS"选项，❸单击"确定"按钮，如图3-79所示。

图3-78

图3-79

Step 08 打开"函数参数"对话框，❶设置COUNTIFS()参数，❷单击"确定"按钮，如图3-80所示。

Step 09 以同样的方法，统计出其他数据区域的个数数据，如图3-81所示。

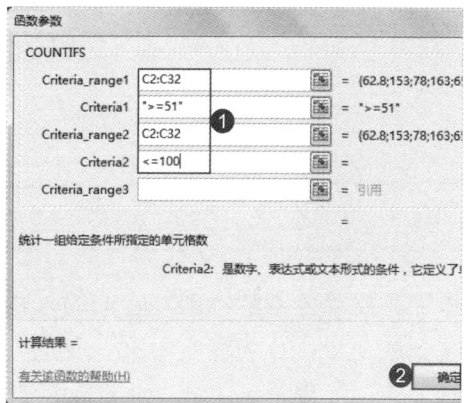

图3-80

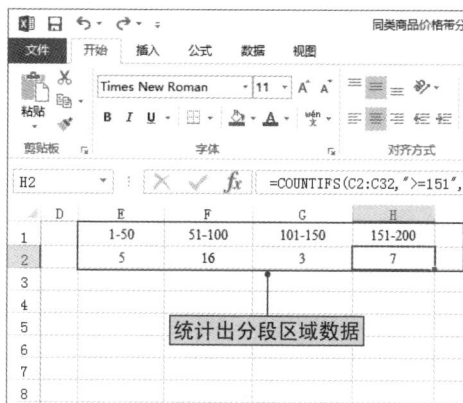

图3-81

Step 10 ❶选择E1:H2单元格区域，❷单击"插入"选项卡中的饼图下拉按钮，❸选择"圆环图"选项，如图3-82所示。

Step 11 移动整个图表到合适位置，并将其图表标题修改为"商品售价分析"，在"图表样式"列表框中选择"样式3"选项，如图3-83所示。

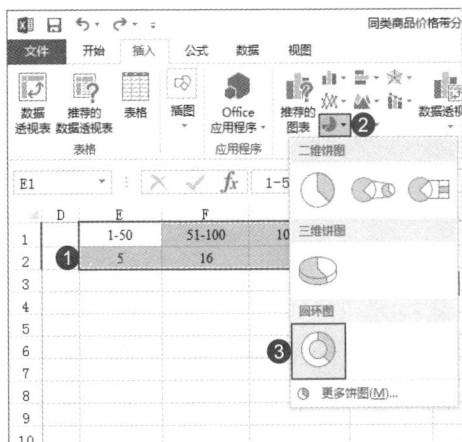

图3-82

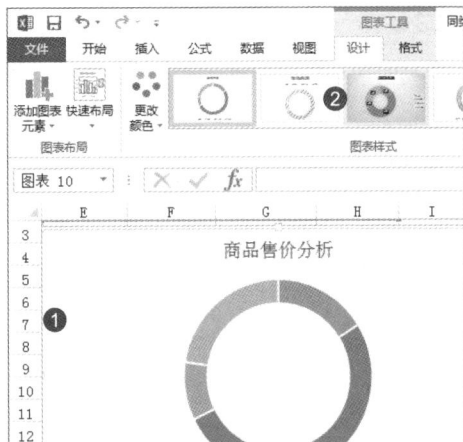

图3-83

Step 12 整个商品售价带分布的图表效果，如图3-84所示。

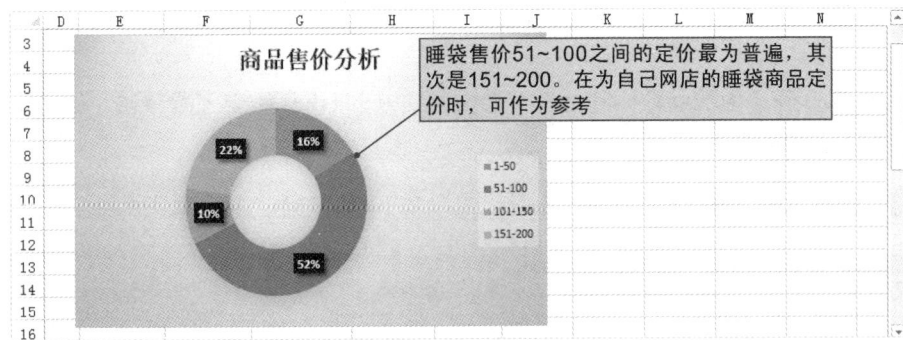

图3-84

售价与成交量的关系

同类产品由于进货渠道、运输成本和生产商等因素的不同，它们的采购成本也会不同，从而导致售价不同，影响到成交量，作为淘宝卖家，我们可以根据不同价位成交量的统计数据，进行采购商品渠道、方式及生产商的选择，从而上架更多成交量高的商品。在对商品售价和成交量的关系进行分析时，可以使用走势折线图来分析。

下面以在"商品价格与成交量关系"工作簿中使用两组折线图走势来直观展示和分析商品价格和成交量正比关系为例来讲解相关操作，其具体操作如下。

分析实例 商品价格与成交量关系分析

素材文件	◎素材\Chapter 3\商品价格与成交量关系.xlsx
效果文件	◎效果\Chapter 3\商品价格与成交量关系.xlsx

Step 01 打开"商品价格与成交量关系"素材，❶选择B1:C32单元格区域，按【Ctrl+C】组合键复制，❷选择E1单元格，❸单击"粘贴"下拉按钮，❹选择"选择性粘贴"命令，如图3-85所示。

Step 02 在打开的"选择性粘贴"对话框中，❶选中"数值"单选按钮，❷选中"转置"复选框，❸单击"确定"按钮，如图3-86所示。

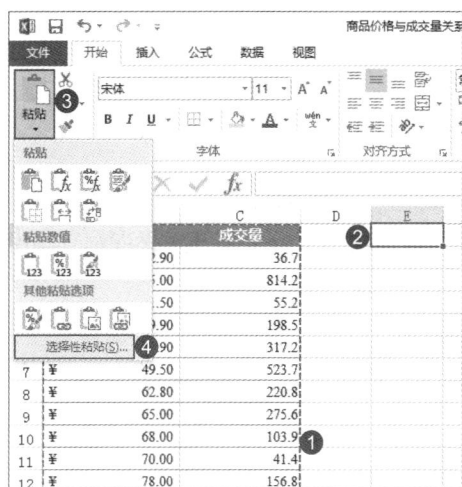

图3-85

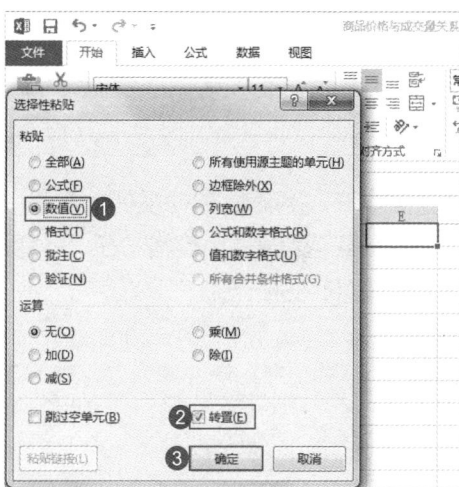

图3-86

Step 03 ❶选择转置的E1:AJ1单元格区域，❷单击"插入"选项卡中的折线图下拉按钮，❸选择"带数据标记的折线图"选项，插入折线图，如图3-87所示。

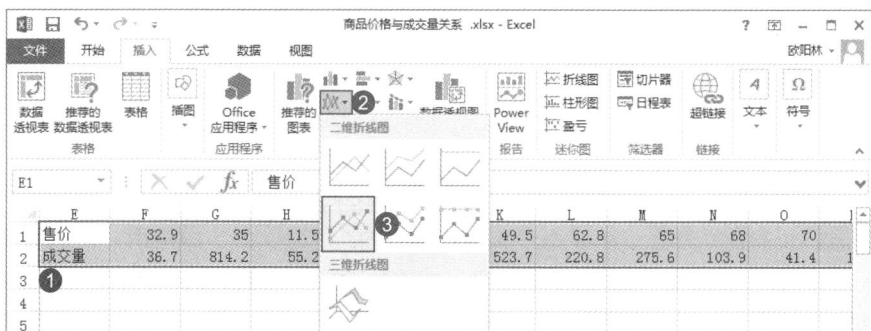

图3-87

Step 04 将图表移到合适位置，然后输入图表标题，拖动调整图表的宽度，如图3-88所示。

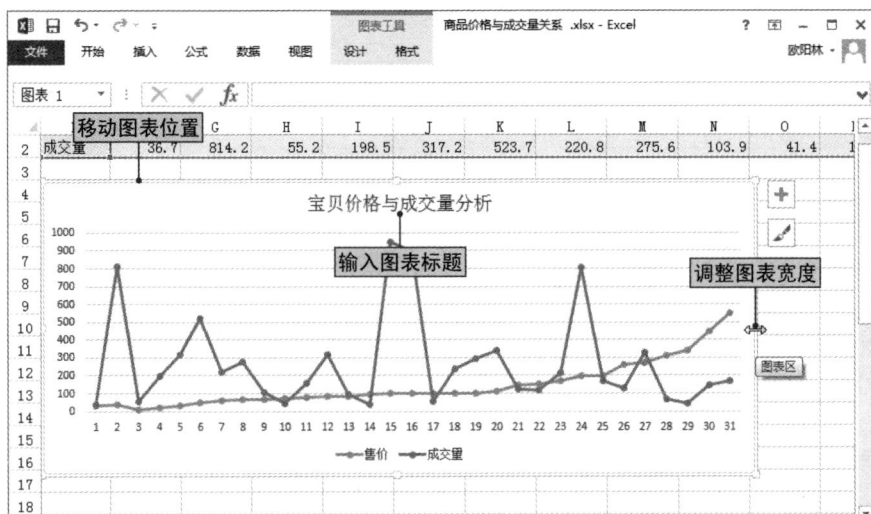

图3-88

Step 05 在"利润"数据系列上右击，❶选择"设置数据系列格式"命令，打开"设置数据系列格式"窗格，在"系列选项"选项卡中，❷选中"次坐标轴"单选按钮，如图3-89所示。

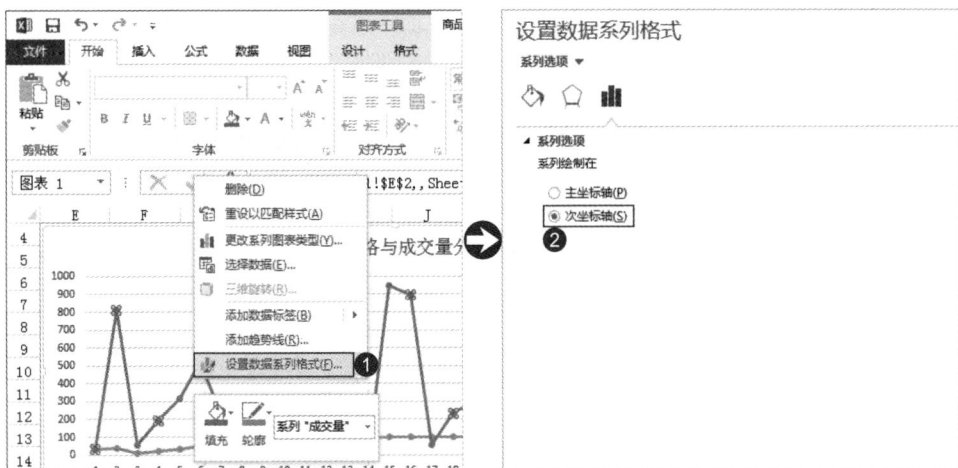

图3-89

Step 06 选择整个图表，❶单击"图表工具 设计"选项卡，❷单击"添加图表元素"下拉按钮，❸选择"轴标题/主要纵坐标轴"选项，如图3-90所示。

Step 07 ❶在主要纵坐标轴的左侧出现的标题文本框中输入"宝贝售价"并选择整个文本框，❷设置其字体和字号为"微软雅黑"和"8"，❸单击"加粗"按钮，如图3-91所示。

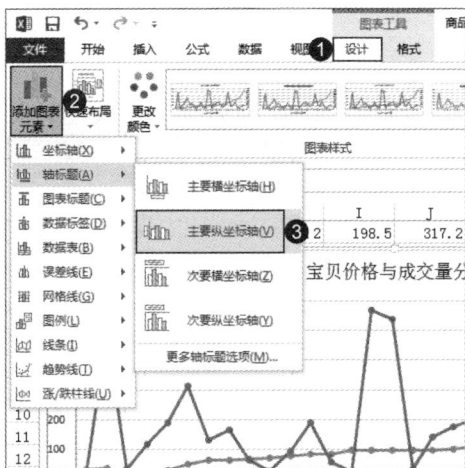

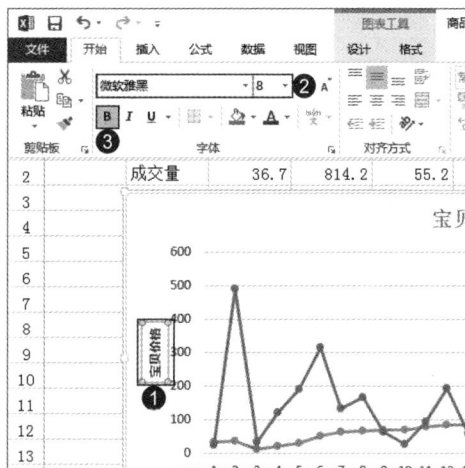

图3-90   图3-91

Step 08 ❶选择添加的次要坐标轴，❷单击出现的"添加元素"按钮，❸单击"坐标轴标题"扩展按钮，❹选中"次要坐标轴"复选框，如图3-92所示。

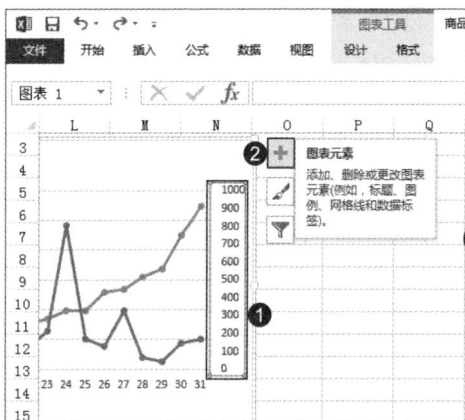

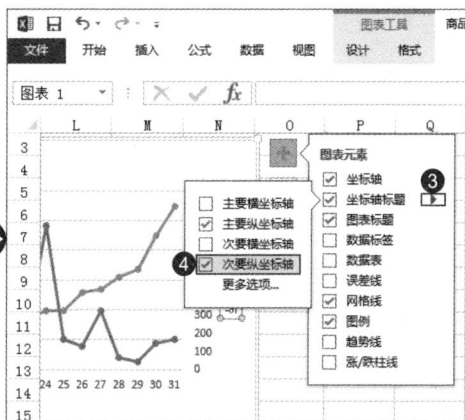

图3-92

Step 09 ❶在主要纵坐标轴的左侧出现的标题文本框中输入"宝贝成交量数据"并选择整个文本框，❷设置其字体和字号为"微软雅黑"和"8"，如图3-93所示。

Step 10 在整个图表中即可查看商品售价与成交量之间整体走势和局部关系，效果如图3-94所示。

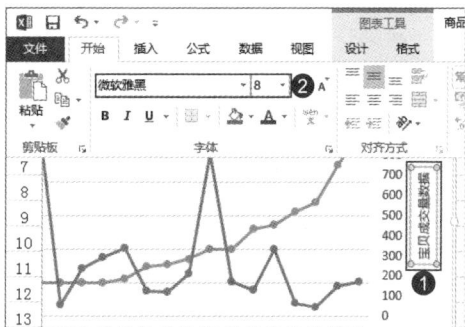

图3-93

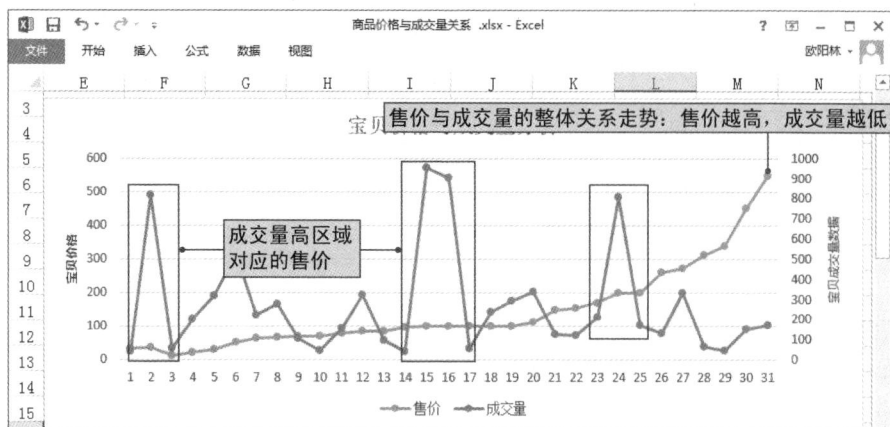

图3-94

3.2.4
商品成本与收益关系

　　获得收益是我们经营店铺的直接目的，其中商品成本直接影响到收益的多少，而成本与收益的关系分析要从两个方面着手：一是单件商品的成本与收益关系，也就是卖出一件产品获得的收益（售价与进货成本数据关系）；二是多件商品卖出获得的收益（成交量参与其中）。这里可以使用百分比堆积积分图表来分析。

　　下面以在"成本与利润关系"工作簿中使用两种百分比堆积柱形图来分析成本与利润两组数据关系为例来讲解相关操作，其具体操作如下。

分析实例 直观展示成本与利润的分层比例

素材文件	◎素材\Chapter 3\成本与利润关系.xlsx
效果文件	◎效果\Chapter 3\成本与利润关系.xlsx

Step 01 打开"成本与利润关系"素材，❶选择B1:D32单元格区域，❷单击"插入"选项卡中的"柱形图"下拉按钮，❸选择"百分比堆积柱形图"选项，如图3-95所示。

Step 02 将图表移到合适位置，并对其图表标题名称进行更改，调整图表的宽度和高度到合适，效果如图3-96所示。

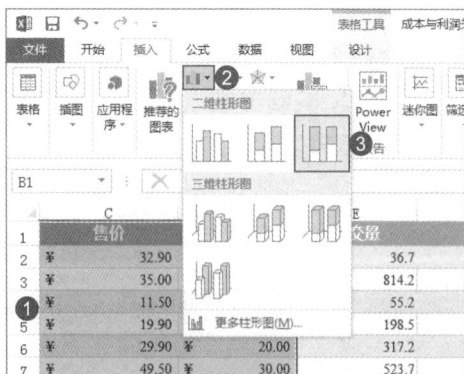

图3-95

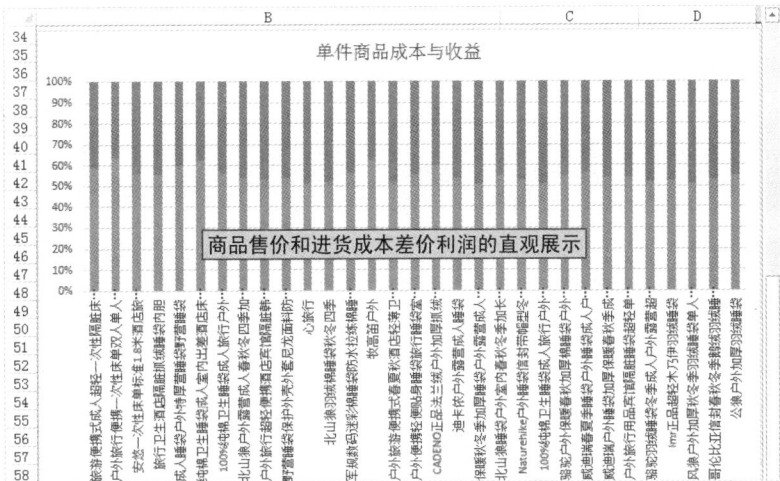

图3-96

Step 03 ❶选择F2单元格，❷在编辑栏中输入公式"=E2*D2"，按【Ctrl+Enter】组合键计算出"成本"列数据，如图3-97所示。

Step 04 ❶选择G2单元格，❷在编辑栏中输入公式"=E2*C2"，按【Ctrl+Enter】组合键计算出"销售额"列数据，如图3-98所示。

图3-97

图3-98

Step 05 ❶选择H2单元格，❷在编辑栏中输入公式"=G2-F2"，按【Ctrl+Enter】组合键计算出"利润"列数据，如图3-99所示。

Step 06 按住【Ctrl】键，❶选择B1:B32，F1:F32和H1:H32单元格区域，❷单击"插入"选项卡中的"柱形图"下拉按钮，❸选择"百分比堆积柱形图"选项，如图3-100所示。

图3-99

Step 07 将图表移到合适位置，并对其图表标题名称进行更改，调整图表的宽度和高度到合适，如图3-101所示。

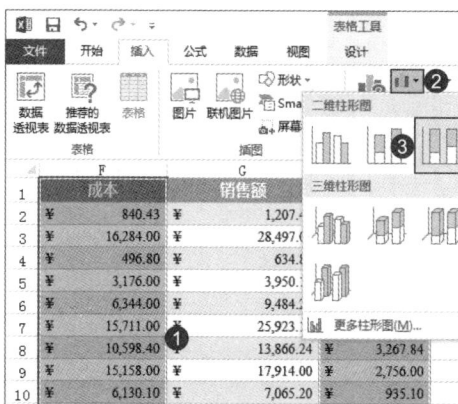

图3-100

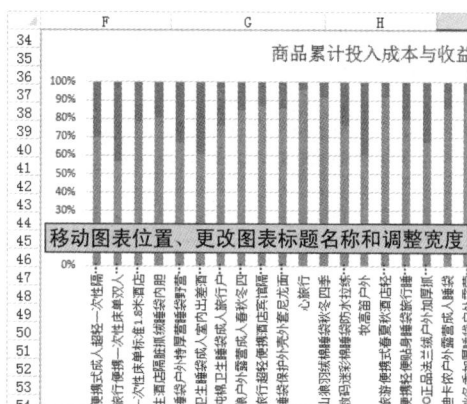

图3-101

Step 08 在表格中❶选择E1:E32单元格区域，❷单击"复制"按钮，❸选择图表，❹单击"粘贴"按钮，如图3-102所示。

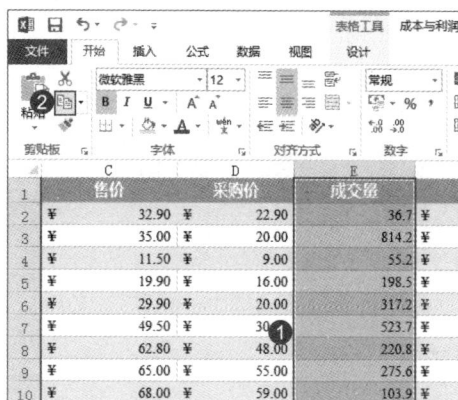

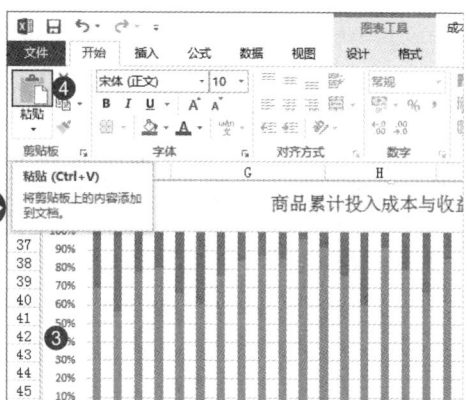

图3-102

Step 09 ❶选择"成交量"数据系列在其上右击，❷选择"更改系列图表类型"命令，如图3-103所示。

Step 10 在打开的"更改图表类型"对话框中，❶单击"组合"选项卡，❷单击"成交量"系列后的下拉按钮，❸选择"面积图"选项，❹选中"次要坐标轴"复选框，❺单击"确定"按钮，如图3-104所示。

图3-103

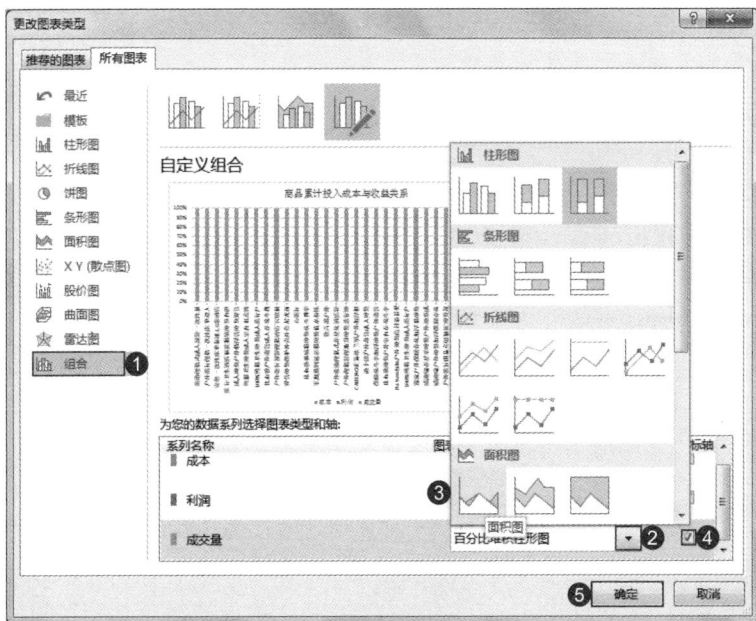

图3-104

Step 11 返回工作表中即可查看成交量参与的成本与收益之间的关系（可以明显看出每一类产品对应成交量、成本与利润这3组数据的关系，特别是成本与利润的数据关系），效果如图3-105所示。

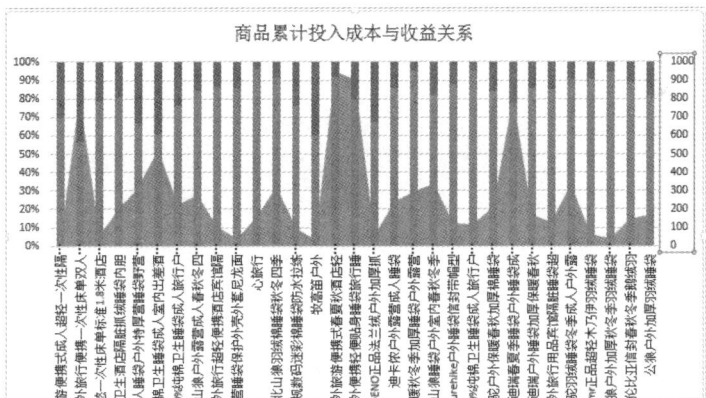

图3-105

3.3 商品评价统计分析

作为淘宝卖家，顾客对商品的评价是必须要看重的，因为在这些评价中我们可以清楚了解到顾客对本店经营和商品情况的一个及时反馈，从而调整经营方式、策略以及商品的属性等，为吸引新顾客和回头客做好相应准备。

3.3.1
统计好评、中评和差评数据占比情况

要统计和分析顾客对商品或服务的满意情况等信息，我们可以通过饼图来轻松展示和分析（在其中既可以展示出各种评价的数据，还能分析占比情况），当然，我们事先需对各种评价，如好评，进行自动统计，这里主要会使用到COUNTIF()函数。

下面以在"商品评价统计分析"工作簿中对最近一周的评价进行数据统计和分析为例来讲解相关操作，其具体操作如下。

分析实例 对好、中、差评价进行统计分析

素材文件	◎素材\Chapter 3\商品评价统计分析.xlsx
效果文件	◎效果\Chapter 3\商品评价统计分析.xlsx

Step 01 打开"商品评价统计分析"素材，❶选择F2单元格，❷在"公式"选项卡中单击"其他函数"下拉按钮，❸选择"统计/COUNTIF"函数选项，打开"函数参数"对话框，如图3-106所示。

Step 02 ❶将文本插入点定位在"Range"文本框中，❷在表格中选择B2:B32单元格区域，如图3-107所示。

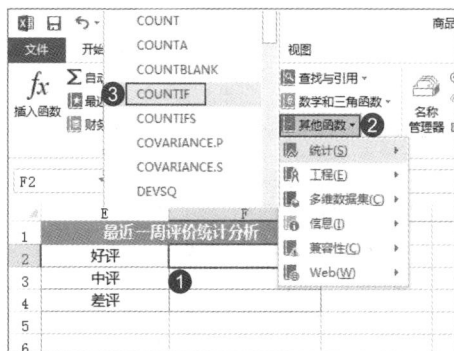

图3-106

图3-107

Step 03 ❶在"Range"文本框中选择引用的B2:B32参数，按【F4】键转换为绝对引用。❷在"Critical"文本框中输入"好评"，❸单击"确定"按钮，如图3-108所示。

Step 04 返回工作表中，使用填充柄填充函数到F4单元格（将鼠标光标移到F2单元格右下角，待光标变成加号形状时按住鼠标左键进行拖动），如图3-109所示。

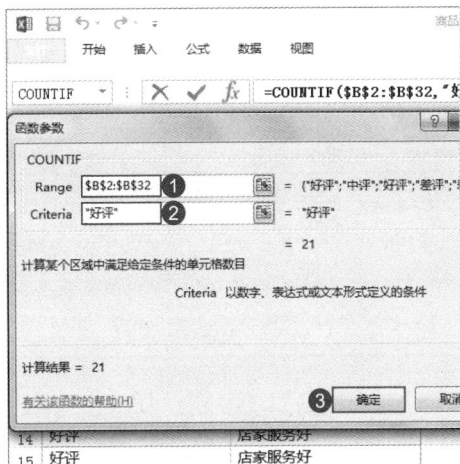

图3-108

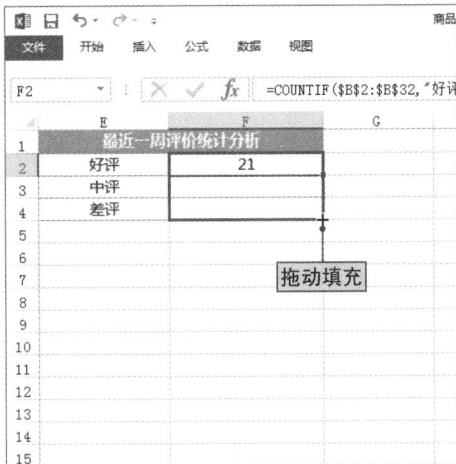

图3-109

Step 05 ❶选择F3单元格，❷在编辑栏中将"Critical"参数更改为"中评"（也就是第二个参数），按【Enter】键系统自动选择F4单元格，❸在编辑栏中将"Critical"参数更改为"差评"，按【Ctrl+Enter】组合键，如图3-110所示。

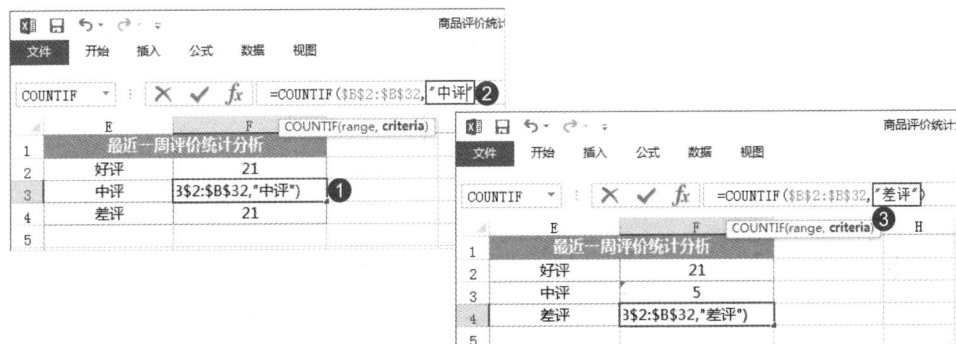

图3-110

Step 06 ❶选择E2:F4单元格区域，❷单击饼图下拉按钮，❸选择"二维饼图"选项，如图3-111所示。

Step 07 将图表移动到合适位置，❶选择图表标题文本框，❷在编辑栏中输入"=sheet2!$E$1"，❸在表格中选择E1单元格，如图3-112所示。

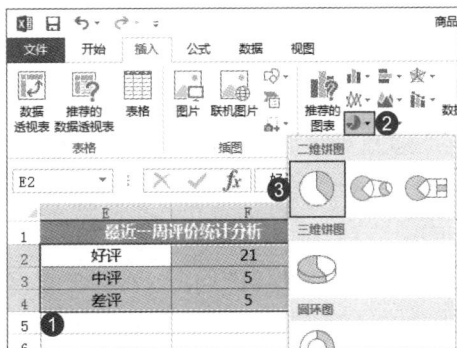

图3-111

Step 08 选择整个图表，在"图表工具 设计"选项卡的"图表样式"列表框中选择"样式11"选项，如图3-113所示。

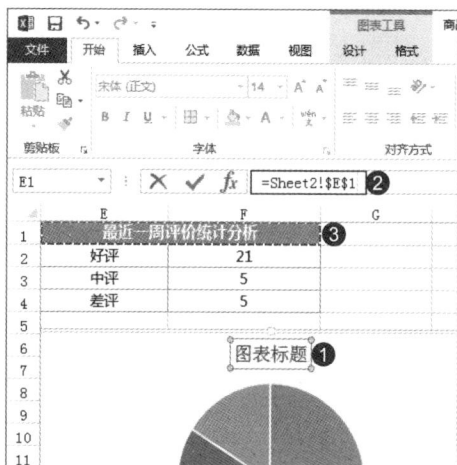

图3-112

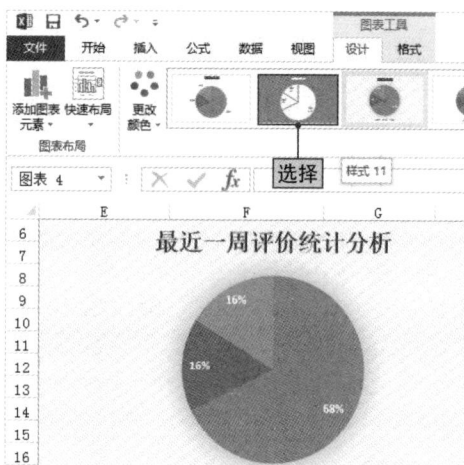

图3-113

Step 09 在数据标签上双击打开"设置数据标签格式"窗格，❶选中"单元格中的值"复选框（若打开过，则需单击"选择范围"按钮），打开"数据标签区域"对话框，❷在表格中选择F2:F4 单元格区域，❸单击"确定"按钮，如图3-114所示。

图3-114

Step 10 ❶单击"分隔符"下拉按钮，❷选择"（分行符）"选项，如图3-115所示。

Step 11 在表格中选择F2:F4 单元格区域，按【F1】键打开"设置单元格格式"对话框，如图3-116所示。

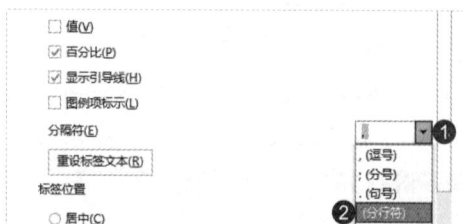

图3-115

Step 12 ❶单击"数字"选项卡，❷选择"自定义"选项，❸在"类型"文本框中输入"G/通用格式 "个""，❹单击"确定"按钮，如图3-117所示。

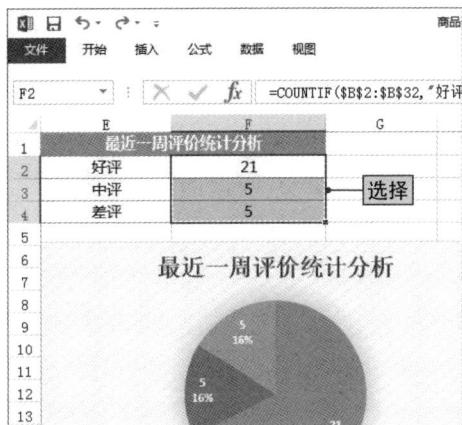

图3-116

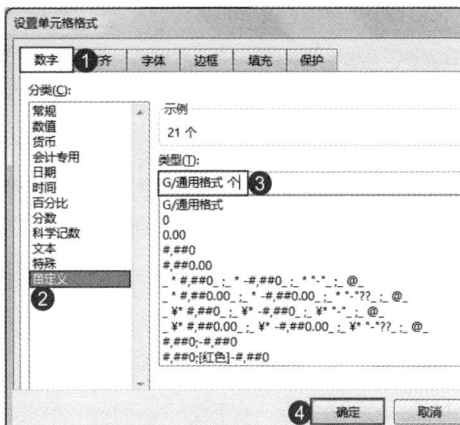

图3-117

Step 13 返回工作表中即可查看评价图表的综合样式效果，如图3-118所示。

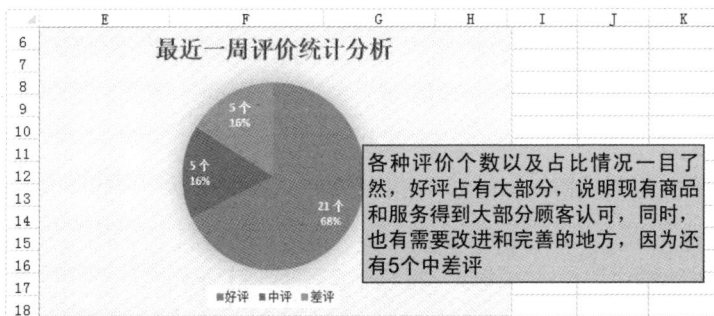

图3-118

3.3.2

根据各个评价数据进行相应分析

顾客对商品或店铺的评价是卖家值得分析的一大数据，因为我们可以根据其中反映的问题进行相应的整改和提高，从而赢得更多的顾客，特别是回头客，也让我们的经营日趋完善，达到成熟。

我们在实际分析中最好的方式是将评价明细和评价类型结合起来分析，如统计构成好评的评价占比情况，这时可使用饼图和圆环图结合的图表来轻松搞定。

下面以在"商品评价统计分析1"工作簿中对最近一周评价构成占比进行

数据统计和分析为例来讲解相关操作，其具体操作如下。

分析实例 统计和分析顾客评价

素材文件	◎素材\Chapter 3\商品评价统计分析1.xlsx
效果文件	◎效果\Chapter 3\商品评价统计分析1.xlsx

Step 01 打开"商品评价统计分析1"素材，❶选择D37单元格，❷在编辑栏中输入函数"=COUNTIFS(C2:C32,"店家服务好",B2:B32,"好评")"，按【Ctrl+Enter】组合键，如图3-119所示。

图3-119

Step 02 以同样的方法统计出其他"评价明细"对应的数据，如图3-120所示。

Step 03 ❶选择A37:A39单元格区域，❷单击"合并并居中"按钮合并单元格，在打开的提示对话框中❸单击"确定"按钮，如图3-121所示。

图3-120

图3-121

Step 04 以同样的方法合并其他对应单元格区域为一个单元格，如图3-122所示。

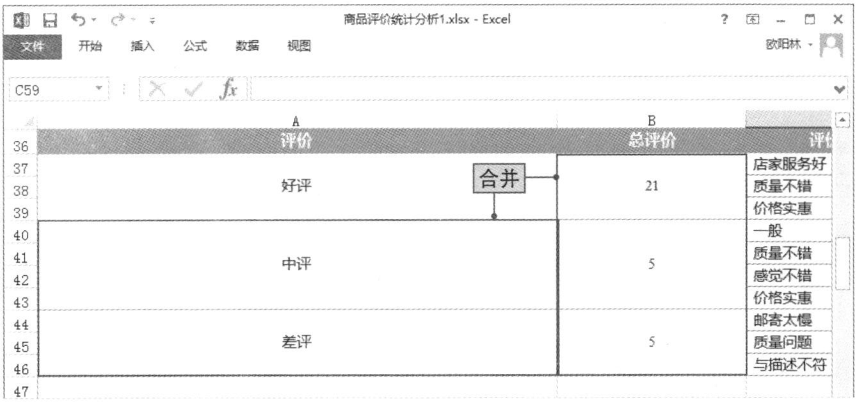

图3-122

Step 05 ❶选择A36:B46单元格区域，❷单击饼图下拉按钮，❸选择"圆环图"选项，如图3-123所示。

Step 06 ❶选择C36:D46单元格区域，❷单击"复制"按钮，然后选择图表按【Ctrl+V】组合键粘贴数据，如图3-124所示。

图3-123

图3-124

Step 07 选择"总评价"数据系列并其上右击，选择"更改系列图表类型"命令，打开"更改图表类型"对话框，如图3-125所示。

Step 08 ❶单击"总评价"系列后的下拉按钮，❷选择二维饼图选项，❸单击"确定"按钮，如图3-126所示。

图3-125

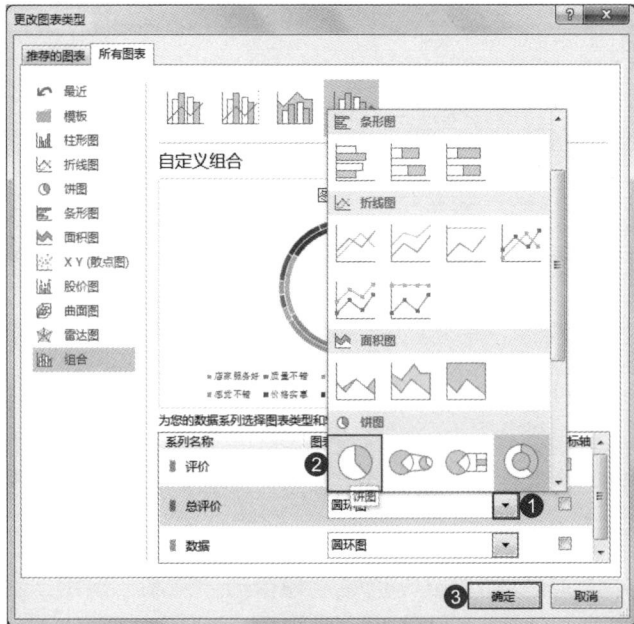

图3-126

Step 09 应用"样式8"图表样式，然后添加相应数据标签并对格式进行设置，最后效果如图3-127所示。

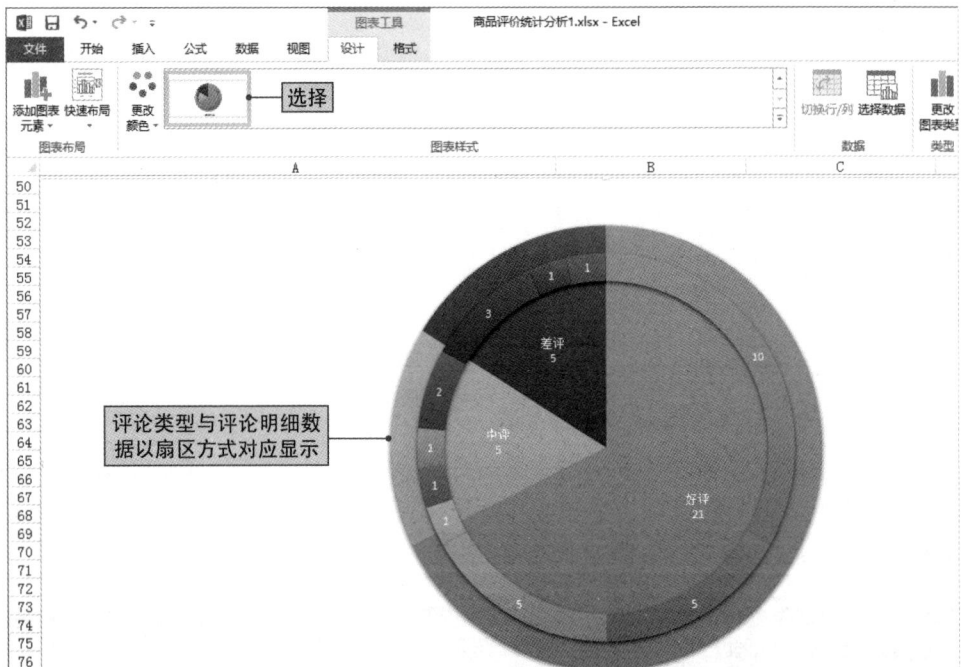

图3-127

顾客购买情况的分析

作为电商卖家，我们的"目标"是顾客或潜在的顾客，所以，我们需要对他们进行全方位、多视角的了解，做到"知彼知己"，达到商品销售的目的，实现获利。

4.1 顾客总体消费情况分析

在网店经营的过程中，我们需要对自己店铺顾客的消费情况进行分析，来了解线上店铺的经营情况，从而制定出相应的应对措施和方案，使网店发展得更好。

4.1.1
新老客户人数变化走势分析

店铺经营一段时间后，我们可以对客户数量的走势情况进行分析，从而判断店铺生意的好坏，以及对顾客的吸引力。当然，其中最为简单的分析方法就是对客户人数的数据变化进行分析，如新客户人数不断增加，则表示店铺经营不错，受到人们的欢迎，老客户人数的增加，则表示店铺的商品、服务得到了老客户的肯定。我们在分析过程中要更加直观的展示和分析出这些信息，使用折线图是最佳选择。

下面以在"新老客户数量"工作簿中对京东店铺开张的第1～6月的新老客户人数走势进行折线展示和分析为例来讲解相关操作，其具体操作如下。

分析实例 新老客户人数数据变化

| 素材文件 | ◎素材\Chapter 4\新老客户数量.xlsx |
| 效果文件 | ◎效果\Chapter 4\新老客户数量.xlsx |

Step 01 打开"新老客户数量"素材，❶选择A2:C32单元格区域，❷单击"插入"选项卡，❸单击"插入折线图"下拉按钮，❹选择"折线图"选项，如图4-1所示。

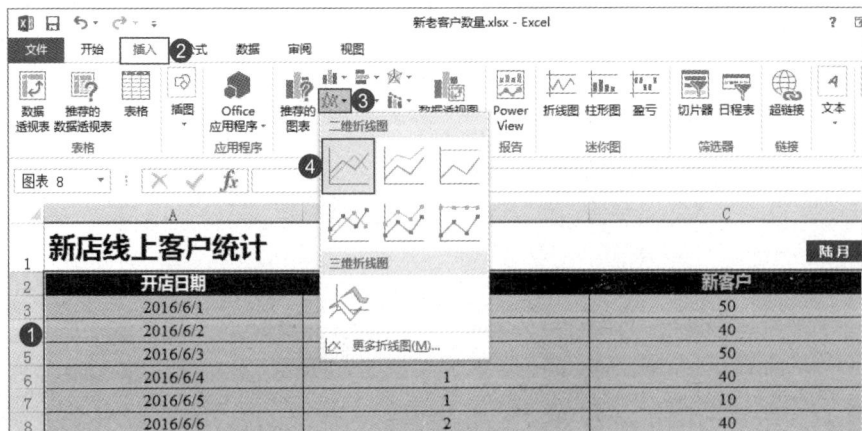

图4-1

Step 02 ❶将图表移到合适位置，❷在图表标题文本框中输入"新老客户人数走势"，❸将鼠标光标移到图表的右侧控制柄上，待鼠标光标变成水平双向箭头时，按住鼠标左键不放进行拖动调整宽度，将水平坐标轴上的所有日期显示出来，如图4-2所示。

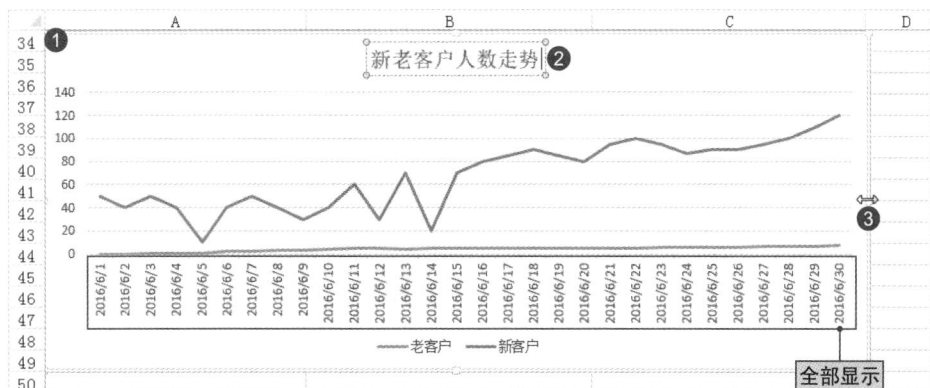

图4-2

Step 03 ❶选择整个图表，❷单击"图表工具 设计"选项卡，❸在"图表样式"列表框中选择"样式4"选项，❹在"老客户"数据系列上双击，打开"设置数据系列格式"窗格，如图4-3所示。

Step 04 ❶单击"系列选项"选项卡，❷选中"次坐标轴"单选按钮，添加次要坐标轴，如图4-4所示。

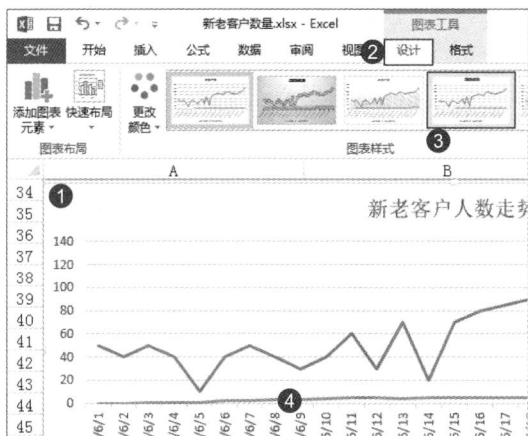

图4-3

图4-4

Step 05 ❶单击"线条填充"选项卡，❷选中"平滑线"复选框，将"老客户"数据系列线条平滑显示，如图4-5所示，同时对"新客户"数据系列进行相同的操作（在图表中选择"新客户"数据系列，重复该步操作）。

Step 06 在图表中选择添加的次要坐标轴，切换到"设置坐标轴格式"窗格中，❶单击"坐标轴选项"选项卡，❷将"最小值"设置为"0"，如图4-6所示。

图4-5

图4-6

Step 07 在图表中即可查看新老客户的人数走势同步走高，效果如图4-7所示。

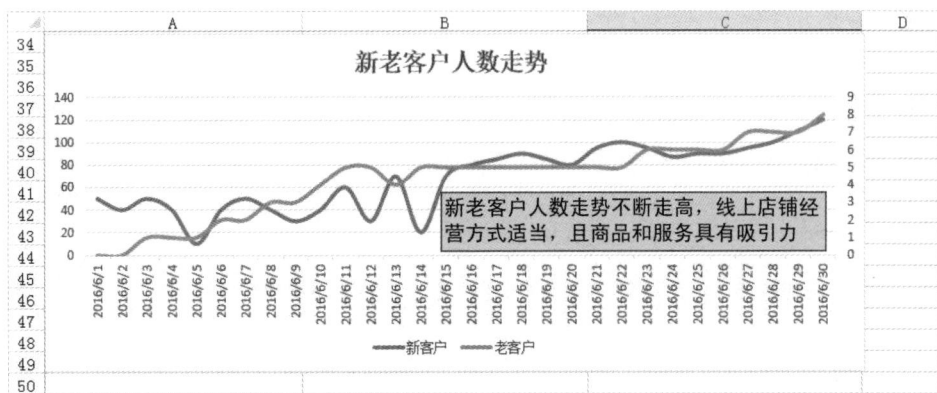

图4-7

4.1.2
老客户销量和销售额所占比重

　　新客户和老客户都是我们重要的资源，是我们店铺生意得以生存发展的保证，同时，新客户和老客户的存在也并不冲突，而且我们都希望更多的新客户能变成老客户，最终变成忠实客户。在经营过程中，老客户的维护不是一个必选项，而是要根据老客户对店铺的销量和销售额的重要性来选择，若占有比例较大，则必须维护，若太小，则顺其自然。在统计过程中，有较多的销售记录，新老客户的数据可用条件规则和筛选功能进行归类，用SUBTOTAL()函数进行统计，最后用饼图机型比重来展示和分析。

下面以在"新老客户购物数据"工作簿中对2016年5月的前8天的新老客户购物数量和金额进行统计和分析为例来讲解相关操作，其具体操作如下。

分析实例 新老顾客在销售量和销售额的占比关系分析

| 素材文件 | ◎素材\Chapter 4\新老客户购物数据.xlsx |
| 效果文件 | ◎效果\Chapter 4\新老客户购物数据.xlsx |

Step 01 打开"新老客户购物数据"素材，❶选择B2:B20单元格区域，❷单击"条件格式"下拉按钮，❸选择"突出显示单元格规则/重复值"命令，打开"重复值"对话框，保持默认设置不变，❹单击"确定"按钮，如图4-8所示。

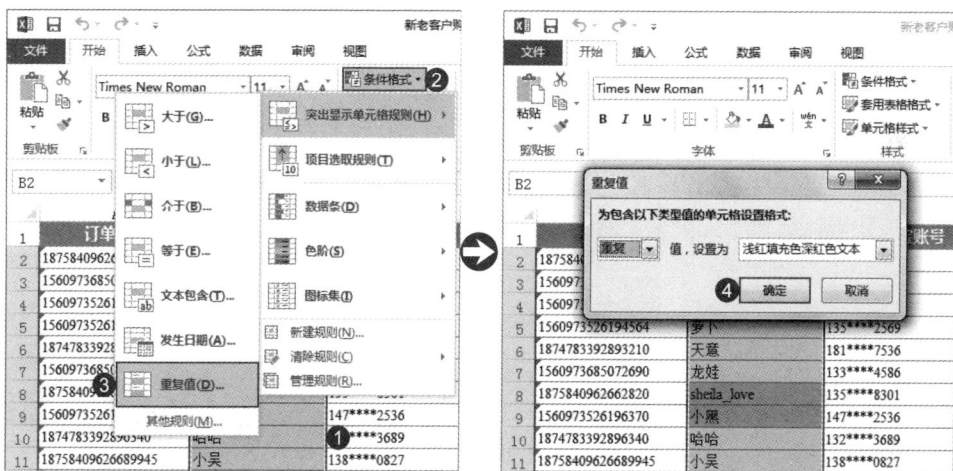

图4-8

Step 02 ❶选择B2单元格，❷单击"数据"选项卡，❸单击"筛选"按钮，进入自动筛选状态，如图4-9所示。

Step 03 ❶单击"买家会员名"下拉筛选按钮，❷选择"按颜色筛选"选项，❸选择浅红色选项，如图4-10所示。

Step 04 ❶选择B23单元格，❷单击"公式"选项卡，❸单击"数学和三角函数"下拉按钮，❹选择"SUBTOTAL"选项，如图4-11所示。

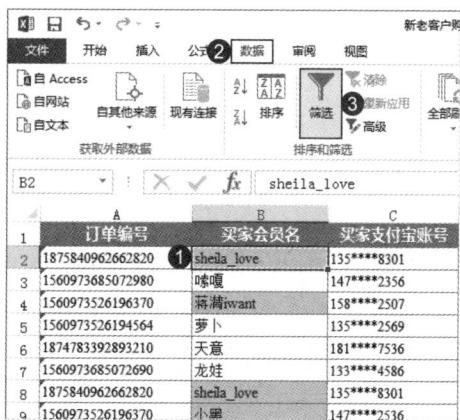

图4-9

图4-10

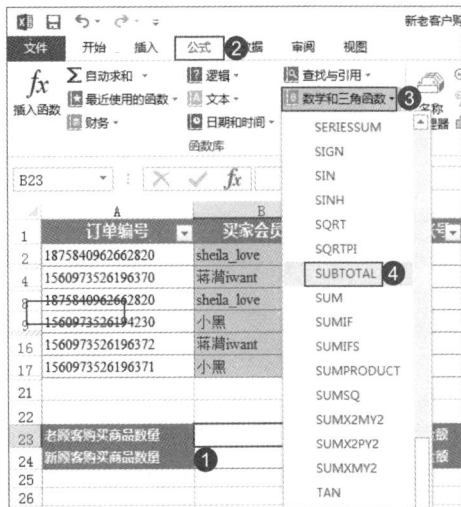

图4-11

Step 05 打开"函数参数"对话框，❶在"Function_num"文本框中输入"109"（SUBTOTAL函数中109表示求和），❷单击"Ref1"文本框后的"折叠"按钮，❸在表格中选择H2:H17单元格区域，❹单击"展开"按钮展开对话框，❺单击"确定"按钮确认设置，如图4-12所示。

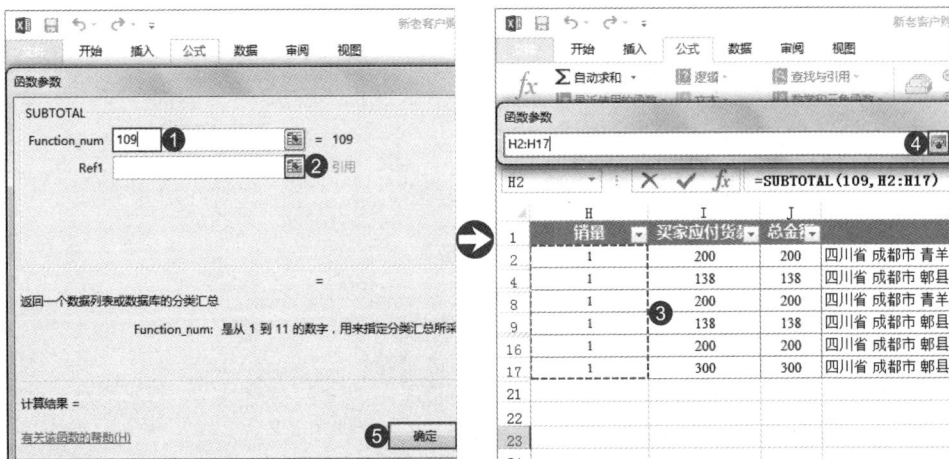

图4-12

Step 06 复制B23单元格中的函数，粘贴到D23单元格中，并将"Ref1"参数更改为"I2:I17"，按【Ctrl+Enter】组合键确认，如图4-13所示。

Step 07 ❶选择B23单元格，按【Ctrl+C】组合键复制，❷单击"粘贴"下拉按钮，❸选择"值"选项，将函数转换为数值（避免随着筛选的切换，数据会随着发生变化），如图4-14所示。

图4-13

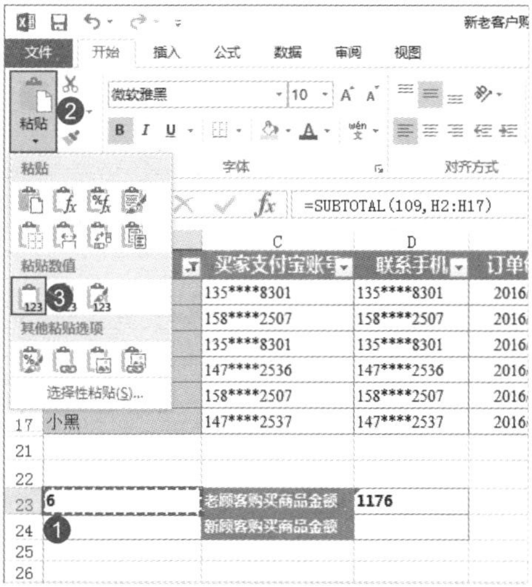

图4-14

Step 08 ❶选择D23单元格，按【Ctrl+C】组合键复制，❷单击"粘贴"下拉按钮，❸选择"值"选项，将函数转换为数值，如图4-15所示。

Step 09 ❶单击"买家会员名"下拉筛选按钮，❷选择"按颜色筛选"选项，❸选择"无填充"选项，如图4-16所示。

图4-15

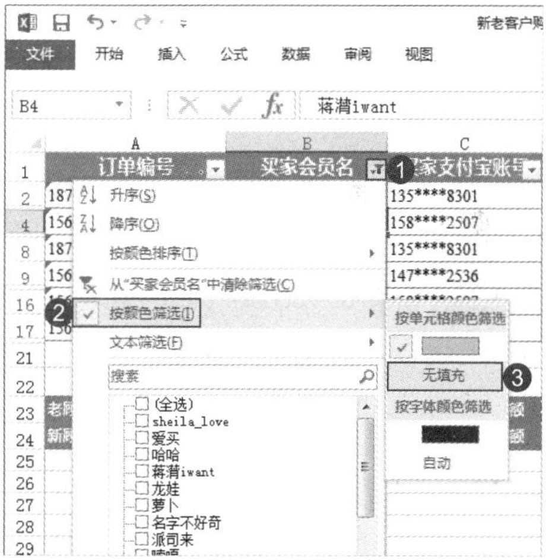

图4-16

Step 10 ❶选择B24单元格，❷在编辑栏中输入函数"=SUBTOTAL(109,H3:H20)"按【Ctrl+Enter】组合键确认，如图4-17所示。

Step 11 ❶选择D24单元格，❷在编辑栏中输入函数"=SUBTOTAL(109,J3:J20)"按【Ctrl+Enter】组合键确认，如图4-18所示。

图4-17　　　　　　　　　　　　　　　　图4-18

Step 12 按照第7步或第8步的操作，将B24和D24单元格中函数转换为数值，如图4-19所示。

图4-19

Step 13 ❶选择A23:B24单元格区域，❷单击"插入饼图"下拉按钮，❸选择"饼图"选项，❹移动图表位置，更改图表标题，❺应用"样式11"图表样式，如图4-20所示。

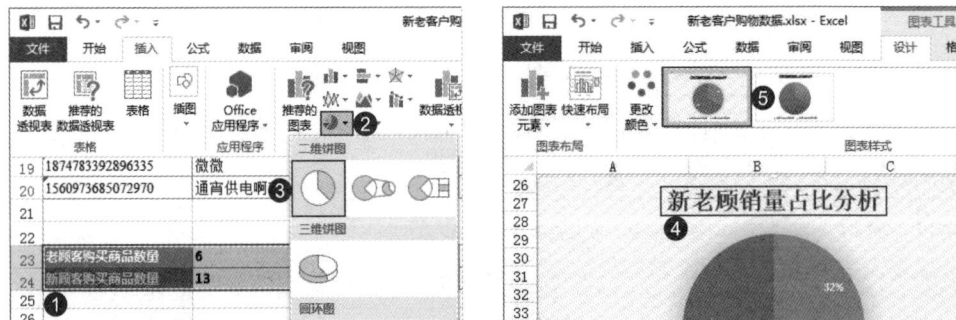

图4-20

Step 14 在两张图表中即可查看老顾客与新顾客在销量和销售额方面所占的比例，如图4-21所示。

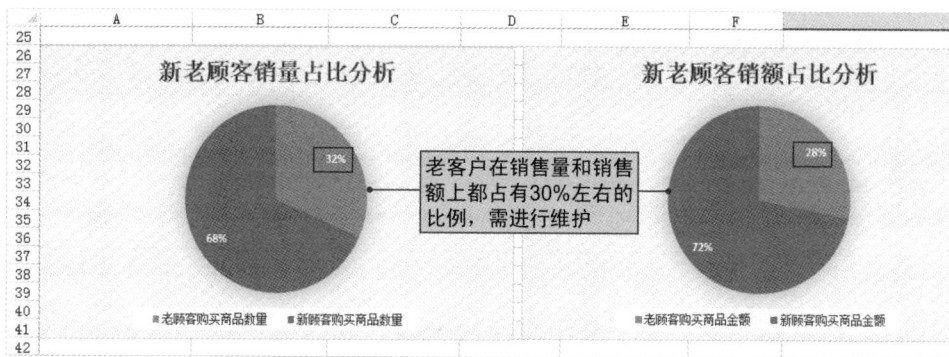

新老顾客销量占比分析

新老顾客销额占比分析

老客户在销售量和销售额上都占有30%左右的比例，需进行维护

图4-21

4.2 顾客的需求情况分析

作为电商卖家，我们的目标是将自家的商品售卖给顾客实现获利，这就意味着顾客是我们要"拿下的目标"，因此要求我们必须了解这个"目标"，掌握他们的喜好、习惯和需求，进行迎合，从而让他们高高兴兴地将口袋中的钱，掏出来购买我们的商品。下面我们就对顾客的常规需求情况进行分析。

4.2.1 访问和成交客户的性别分析

在网店经营一段时间后，可以根据已有的访问和成交数据信息，来对客户对象进行分析，其中，最直接的就是对性别进行分析，这样我们就可以有针对性的采购和上架指定类型的商品，若女性顾客较多，则可多上架或促销一些女性需要的商品；若男性较多，则多上架或促销一些男性需要的商品。从而提高访问量和成交量，增加人气和收益。对于访问和成交的顾客性别占比，我们可用圆环图表来直观展示和分析。

下面以在"顾客性别统计"工作簿中对访客和成交顾客的男女比例进行分析为例来讲解相关操作，其具体操作如下。

分析实例 展示和分析顾客性别比例为店铺商品选择做数据支撑

素材文件	◎素材\Chapter 4\顾客性别统计.xlsx
效果文件	◎效果\Chapter 4\顾客性别统计.xlsx

Step 01 打开 "顾客性别统计" 素材，❶选择D15:E15单元格区域。❷单击 "公式" 选项卡，❸单击 "自动求和" 按钮，如图4-22所示。

Step 02 按住【Ctrl】键，❶选择D12:E12和D15:E15单元格区域，❷单击 "插入" 选项卡，❸单击 "插入饼图" 下拉按钮，❹选择 "图表上方" 选项，如图4-23所示。

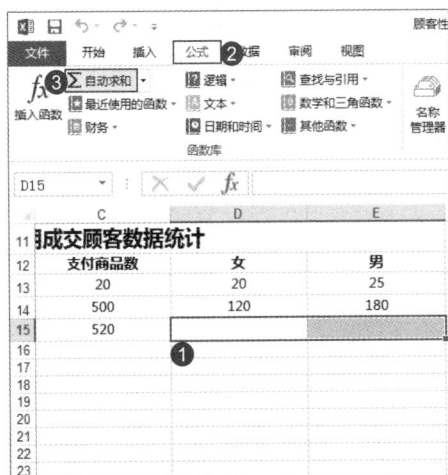

图4-22

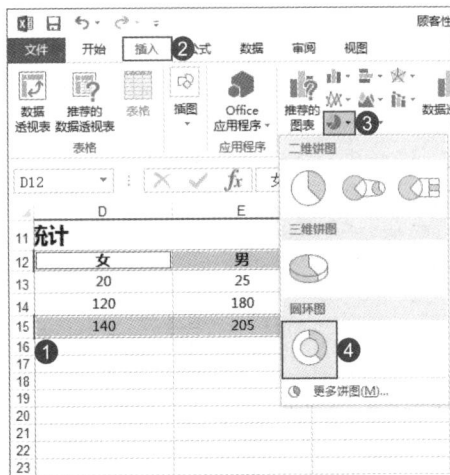

图4-23

Step 03 ❶移动图表到合适位置并更改图表标题为 "成交顾客性别占比"，❷单击 "图表工具 设计" 选项卡，❸在 "图表样式" 列表框中选择 "样式10" 选项，如图4-24所示。

Step 04 ❶单击 "插入" 选项卡，❷单击 "形状" 下拉按钮，❸选择 "燕尾形" 选项，如图4-25所示。

图4-24

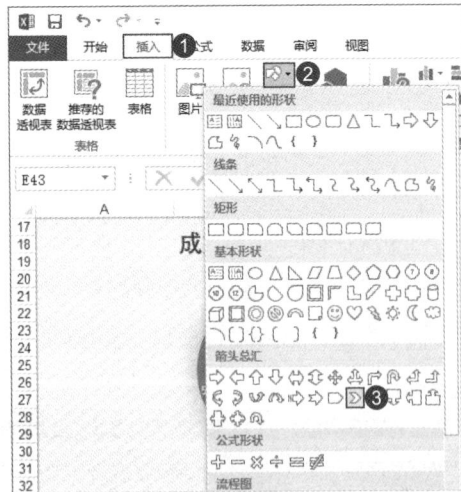

图4-25

Step 05 ❶按住鼠标左键不放，在图表上绘制的"燕尾形"形状，❷将鼠标光标移到形状的旋转控制柄上，按住鼠标左键不放进行方向和角度的调整，直到合适位置释放鼠标，如图4-26所示。

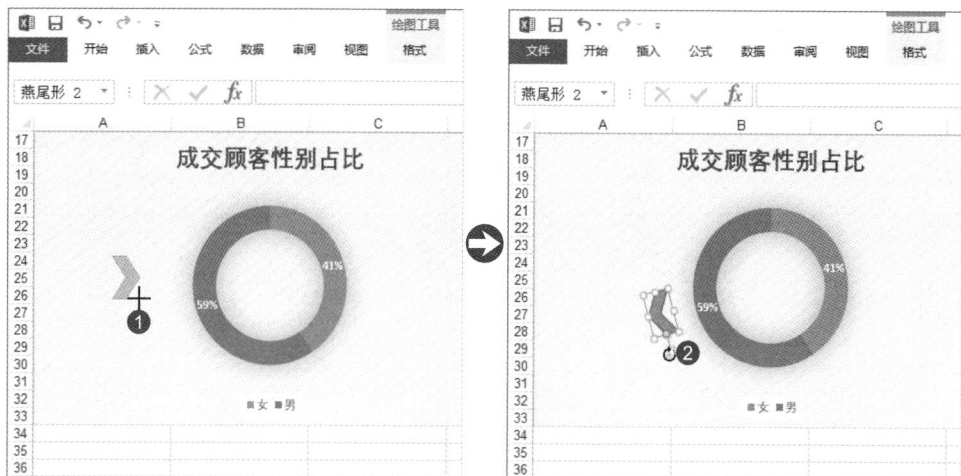

图4-26

Step 06 ❶单击"形状"下拉按钮，❷选择"矩形"选项，❸在"燕尾形"形状的右侧绘制矩形并进行旋转，如图4-27所示。

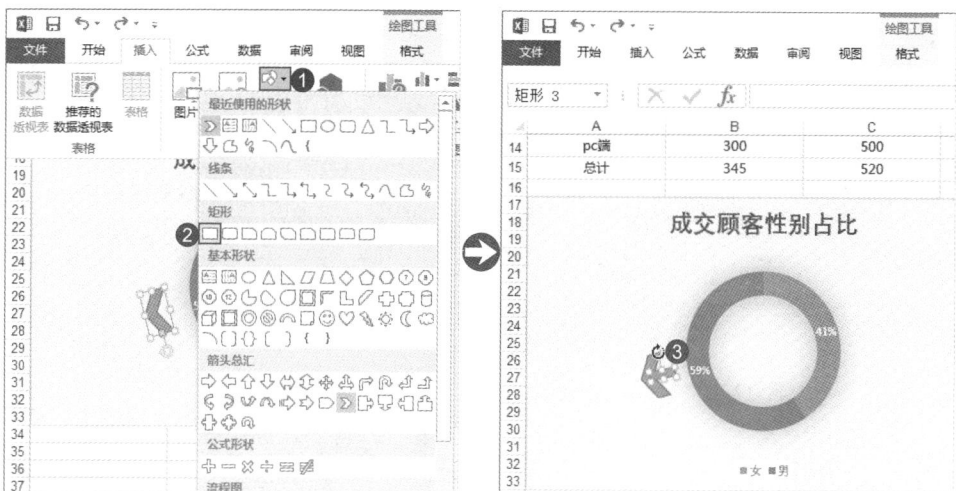

图4-27

Step 07 ❶按住【Ctrl】键，选择绘制的"燕尾形"和"矩形"形状，并在其上右击，❷选择"组合"命令，如图4-28所示。

Step 08 将鼠标光标移到旋转控制柄上，按住鼠标左键不放调整组合形状的方向和角度，如图4-29所示。

图4-28

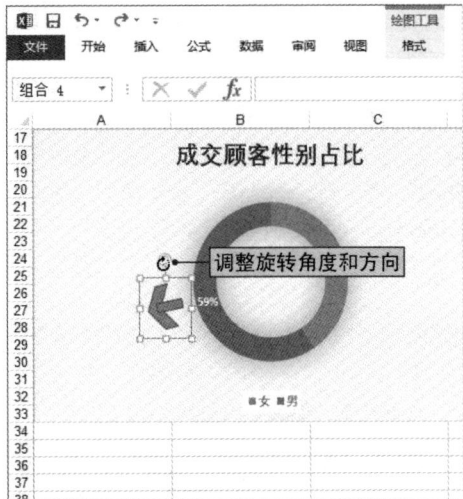

图4-29

Step 09 将鼠标光标移到组合形状上，待鼠标光标变成 ✛ 形状时，按住鼠标左键不放进行拖动，将其移到圆环的外环边上，如图4-30所示。

Step 10 保持形状的选择状态，❶单击"绘图工具 格式"选项卡，❷单击"形状填充"下拉按钮，❸选择"橙色,着色2"选项，如图4-31所示。

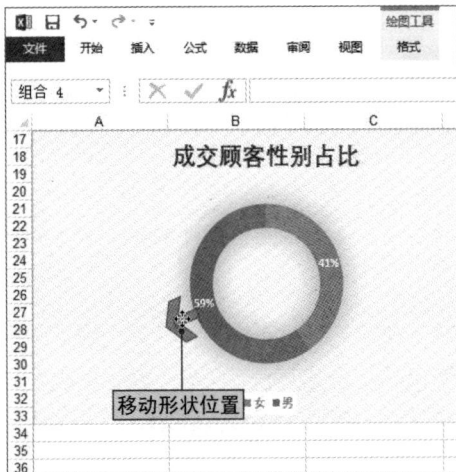

图4-30

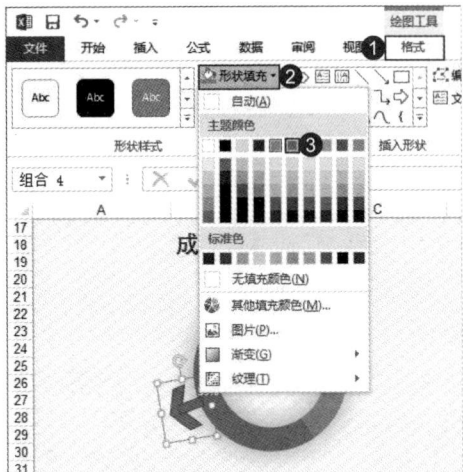

图4-31

Step 11 保持形状的选择状态，❶单击"形状轮廓"下拉按钮，❷选择"无轮廓"命令，如图4-32所示。

Step 12 以同样的方法绘制和设置女性的标识（它是由两个矩形组成），并将其移到合适位置，如图4-33所示。

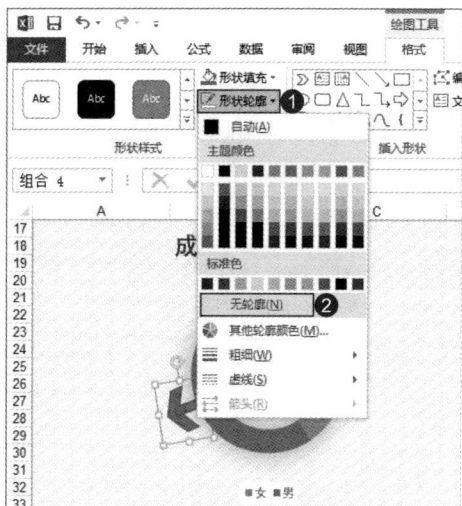

图4-32

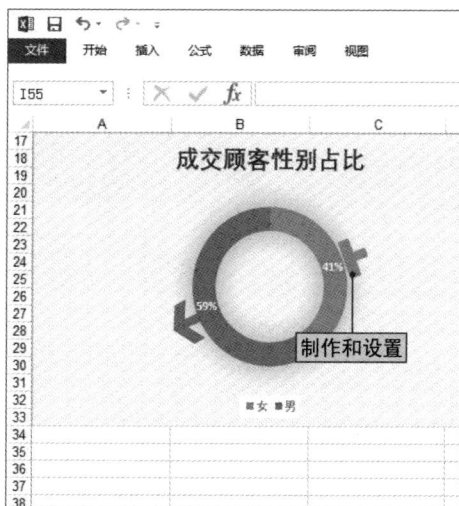

图4-33

Step 13 以同样的方法绘制和设置访问顾客性别占比的圆环图和相对应的男女性别标识组合形状，如图4-34所示。

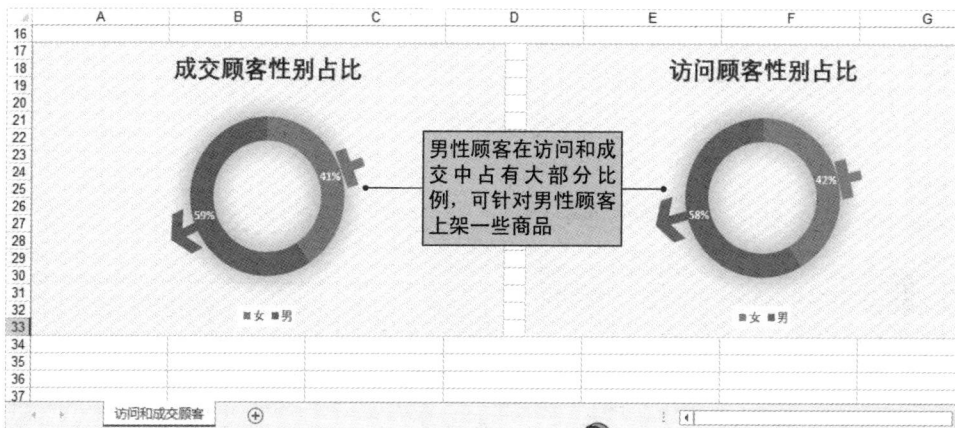

图4-34

在图表中添加男女性别标识的组合形状，是为了让整个图表对性别占比分析的结果更加直观、形象和生动，不过，由于形状和图表是两个相互独立的对象，所以，要对图表位置进行移动，他们之间的相对位置就会发生错位，这时，为了保证效果，我们可以将他们组合。

其操作为：❶按住【Ctrl】键选择形状和图表，并在其上右击，❷选择"组合/组合"命令，如图4-35所示。

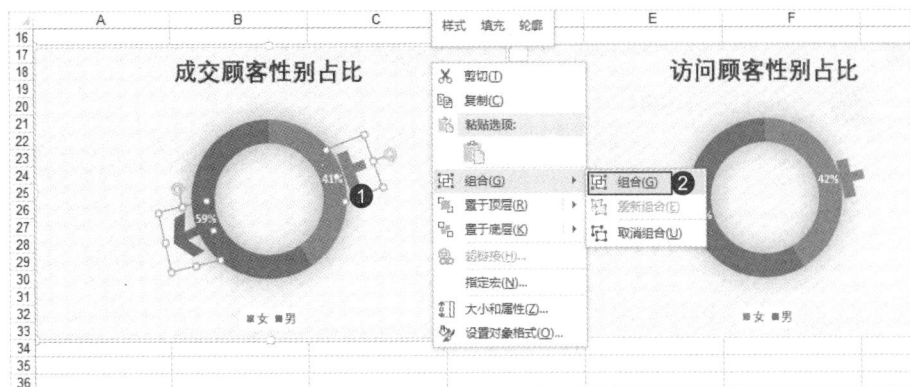

图4-35

4.2.2
访问和成交客户的年龄分析

　　要对线上店铺访客和成交顾客进行分析，不仅要对性别进行分析，还需要对其年龄段进行分析，从而更好地定位自己店铺主要的顾客人群，做到"对症下药"，增加访问量和成交量，吸引回头客和增加收益。对电商顾客年龄段分布进行分析，可使用气泡图。

　　下面以在"年龄段分布"工作簿中对访客和成交顾客的男女比例进行分析为例来讲解相关操作，其具体操作如下。

分析实例 展示和分析顾客年龄分布情况

素材文件	◎素材\Chapter 4\年龄段分布.xlsx
效果文件	◎效果\Chapter 4\年龄段分布.xlsx

Step 01 打开"年龄段分布"素材，❶选择A11单元格，❷单击"插入"选项卡，❸单击"插入散点图/气泡图"下拉按钮，❹选择"三维气泡图"选项，如图4-36所示。

Step 02 在插入的空白图表上右击，❶选择"选择数据"命令，打开"选择数据源"对话框，❷单击"添加"按钮，如图4-37所示。

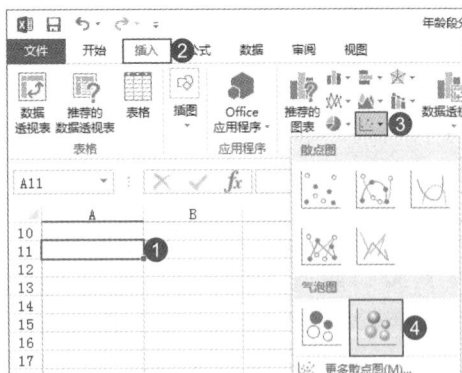

图4-36

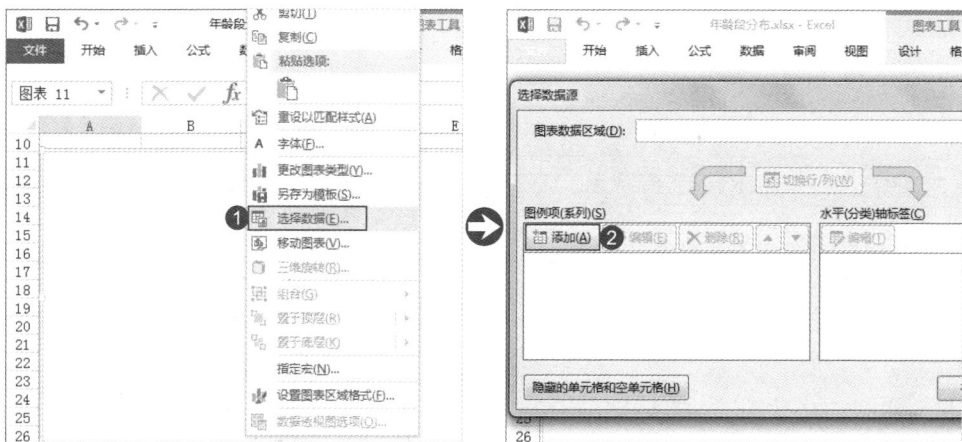

图4-37

Step 03 打开"编辑数据系列"对话框，❶设置"系列名称"为A1单元格，❷单击 "X轴系列值"文本框后的"折叠"按钮，❸在表格中选择A3:A9单元格区域，❹单 击"展开"按钮，如图4-38所示。

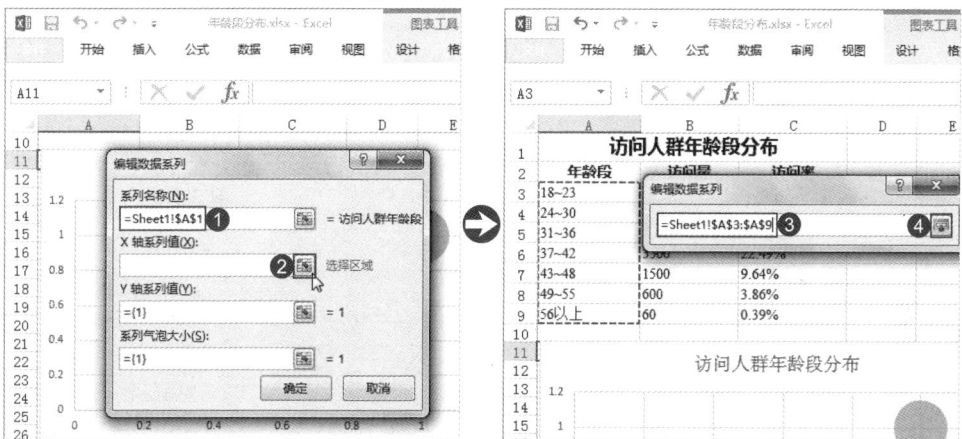

图4-38

Step 04 ❶选择"Y轴系列值"文本框 中的"{1}"，❷单击其后的"折叠"按 钮，如图4-39所示。

Step 05 ❶在表格中选择B3:B9单元格 区域，❷单击"展开"按钮，如图4-40 所示。

图4-39

Step 06 ❶以同样的方法设置"系列气泡大小"为C3:C9单元格区域，❷单击"确定"按钮，如图4-41所示。

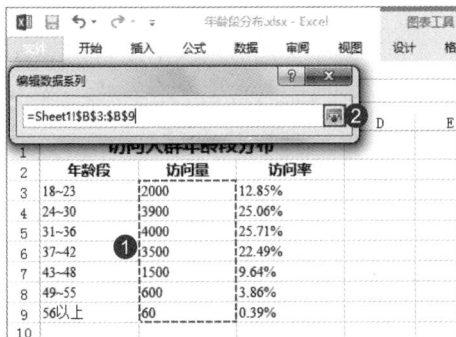

图4-40

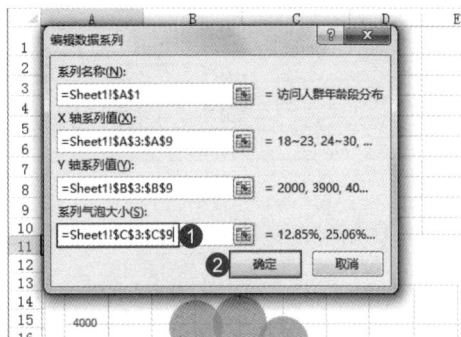

图4-41

Step 07 将图表移到合适位置，❶选择图表标题文本框，❷在"字体"文本框中输入"微软雅黑"，❸单击"加粗"按钮，如图4-42所示。

Step 08 ❶在数据系列上右击，❷选择"设置数据系列格式"命令，打开"设置数据系列格式"窗格，如图4-43所示。

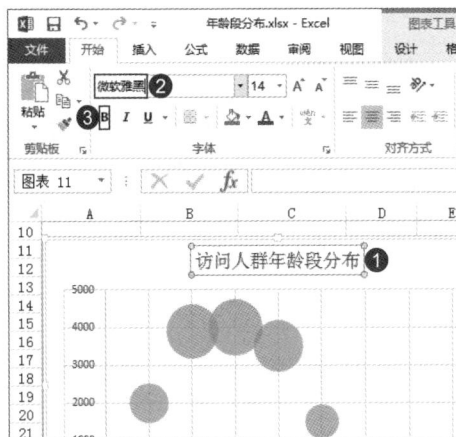

图4-42

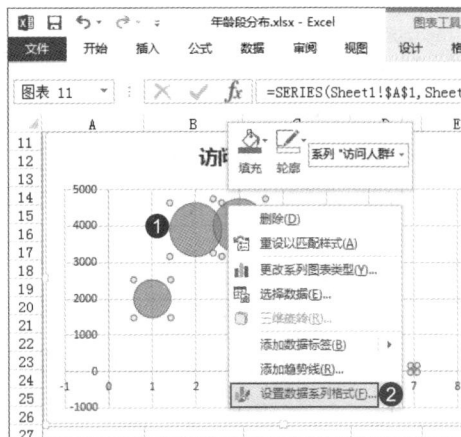

图4-43

Step 09 ❶单击"填充线条"选项卡，❷展开"填充"下拉按钮，❸选中"依数据点着色"复选框，如图4-44所示。

Step 10 ❶单击"效果"选项卡，❷单击"顶部棱台"下拉按钮，❸选择"圆"选项，如图4-45所示。

图4-44

Step 11 ❶设置"宽度"为"13磅"，❷设置"高度"为"11.5磅"，❸单击"关闭"按钮关闭窗格，如图4-46所示。

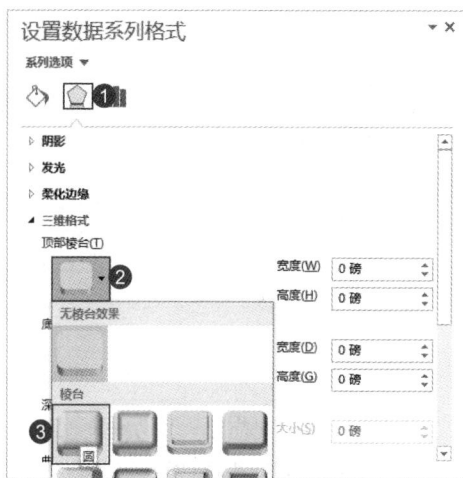

图4-45　　　　　　　　　　　　　　　　图4-46

Step 12 ❶在任意气泡上右击，选择"添加数据标签/添加数据标签"命令，❷在添加的数据标签上右击，选择"设置数据标签格式"命令，如图4-47所示。

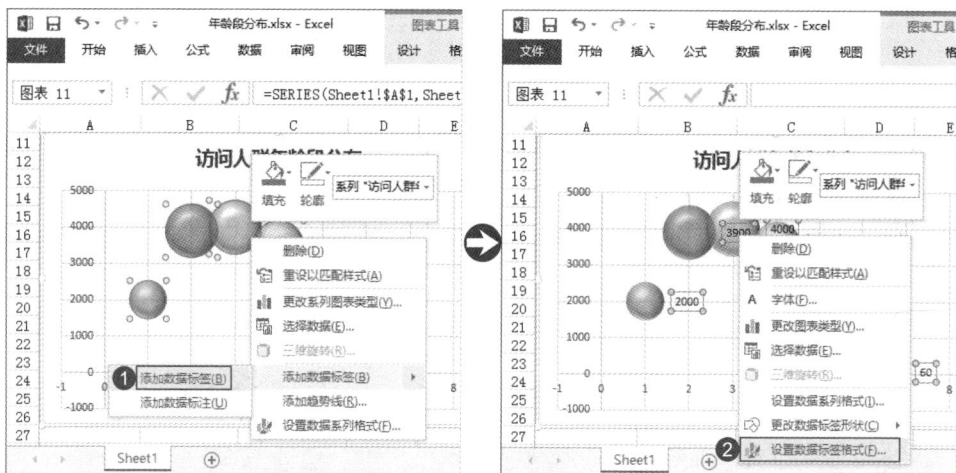

图4-47

Step 13 ❶选中"X值"和"气泡大小"复选框，取消选中"Y值"复选框，❷单击"分隔符"下拉按钮，❸选择"分行符"选项，❹选中"居中"单选按钮，如图4-48所示。

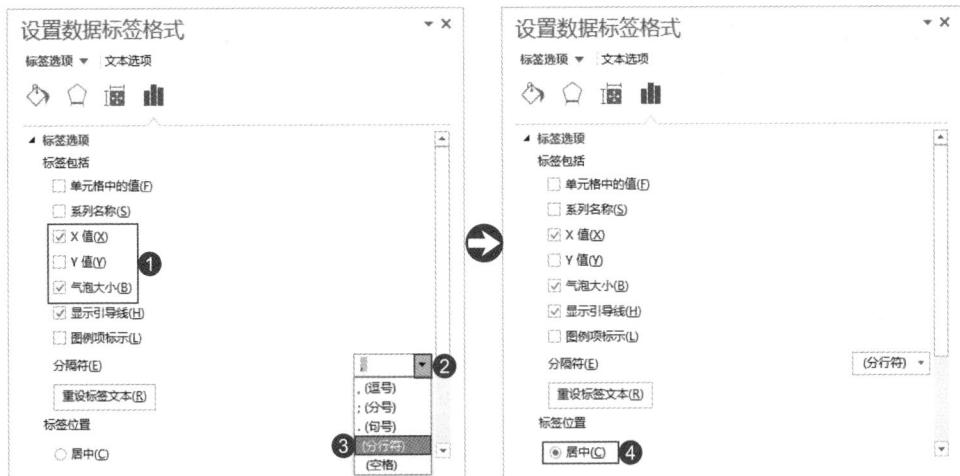

图4-48

Step 14 在图表最右边的两个数据标签上单击两次鼠标左键，将其单一选择，并将其拖动到合适位置，并以同样的方法创建和设置"成交人群年龄段分布"气泡图，效果如图4-49所示。

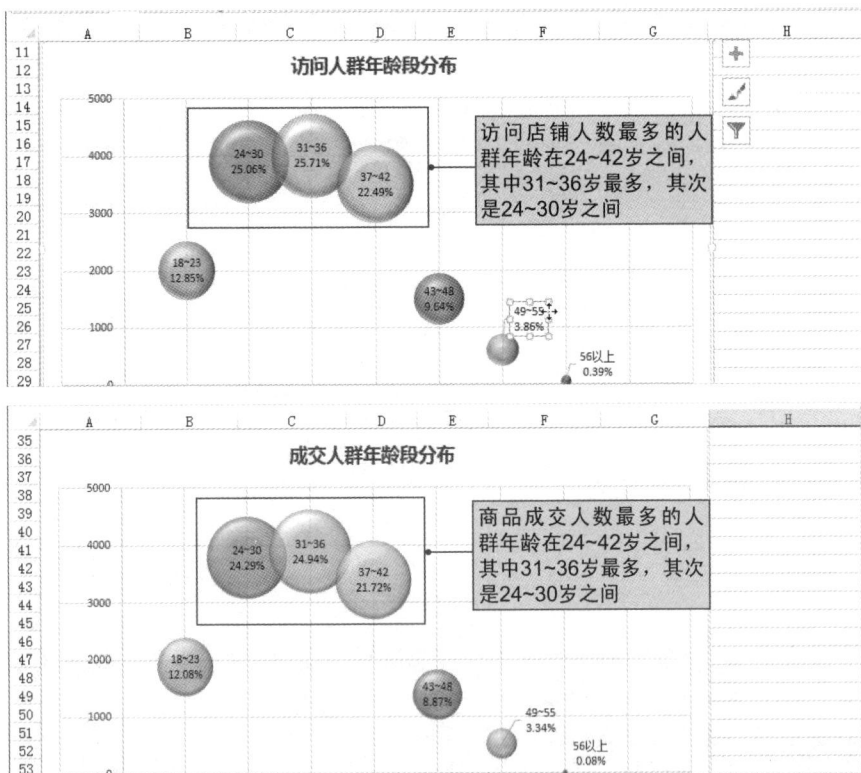

图4-49

不同城市/区域访问和成交数据分析

虽然我们的网上店铺，面向的区域是全国，但我们并不能让每个城市和区域的用户都知道、认可和接收我们，不过，我们可通过已有的数据来对访问量和成交量较多的城市/区域进行统计和分析，找到我们的顾客集中城市或区域，然后针对这些城市和区域人群特性实施相应的经营、服务或促销手段，从而提高成交量，增加转化率，实现更大的获利。对城市/区域访问和成交数据的展示和分析最直接的方法就是使用数据条。

下面以在"城市访问和成交情况"工作簿中使用蓝色数据条来直观展示和分析访问量和成交量的集中城市或区域为例来讲解相关操作，其具体操作如下。

分析实例 对访问和成交人群所在的城市/区域数据进行展示和分析

素材文件	◎素材\Chapter 4\城市访问和成交情况.xlsx
效果文件	◎效果\Chapter 4\城市访问和成交情况.xlsx

Step 01 打开"城市访问和成交情况"素材，❶选择B3:B14单元格区域。❷单击"条件格式"下拉按钮，❸选择"数据条"选项，❹在"实心填充"栏中选择"蓝色数据条"选项，如图4-50所示。

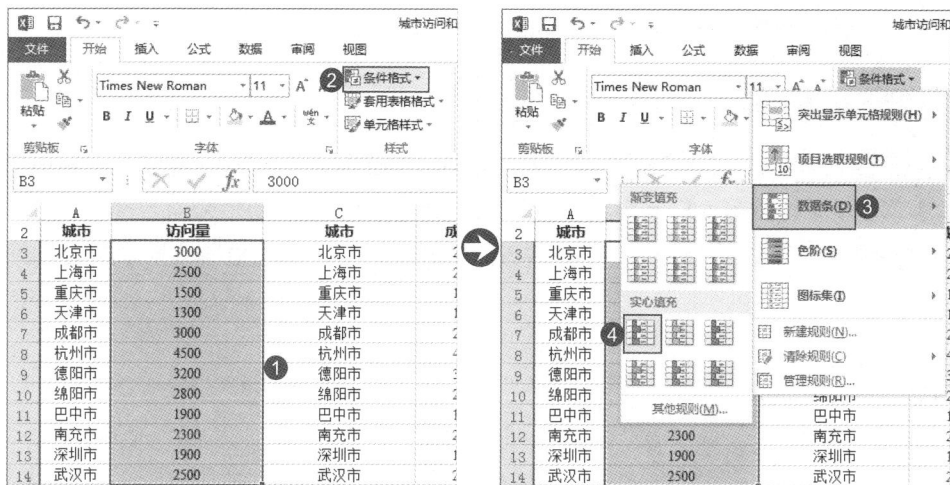

图4-50

Step 02 系统自动根据城市/区域的访问量数据进行数据条的绘制和展示，以同样的方法用绿色的数据条绘制和展示的城市/区域的成交量大小，如图4-51所示。

	A	B		C	D	E	F	G	H
2	城市	访问量		城市	成交量				
3	北京市	3000		北京市	2880				
4	上海市	2500		上海市	2380				
5	重庆市	1500		重庆市	1380				
6	天津市	1300		天津市	1180				
7	成都市	3000		成都市	2880				
8	杭州市	4500		杭州市	4380				
9	德阳市	3200		德阳市	3800				
10	绵阳市	2800		绵阳市	2680				
11	巴中市	1900		巴中市	1780				
12	南充市	2300		南充市	2180				
13	深圳市	1900		深圳市	1800				
14	武汉市			武汉市	2380				

杭州市、北京市、德阳市和成都市成交量最高

杭州市、北京市、德阳市和成都市访问量最高

图4-51

对顾客喜欢的促销活动进行分析

促销是电商卖家经常使用的营销手段，如包邮、折扣、赠送礼物等，作为普通的电商卖家，我们可以根据调查数据来分析出顾客喜欢的促销方式，然后再进行促销活动，来让顾客更加容易接受和喜欢网店的促销方式，增加购物的热情，从而促进快速下单和成交，提高转化率。

下面以在"顾客喜欢促销方式"工作簿中使用条形图来直观展示和分析顾客接受/喜欢的促销方式为例来讲解相关操作，其具体操作如下。

分析实例 了解掌握网上购物用户喜欢的促销方式

素材文件	◎素材\Chapter 4\顾客喜欢的促销方式.xlsx
效果文件	◎效果\Chapter 4\顾客喜欢的促销方式.xlsx

Step 01 打开"顾客喜欢的促销方式"素材，❶选择A2:G3单元格区域，❷单击"条形图"下拉按钮，❸选择"簇状条形图"选项，如图4-52所示。

Step 02 将图表移到合适位置，并更改其标题，在其中即可查看效果，如图4-53所示。

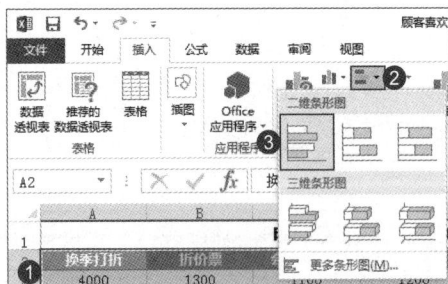

图4-52

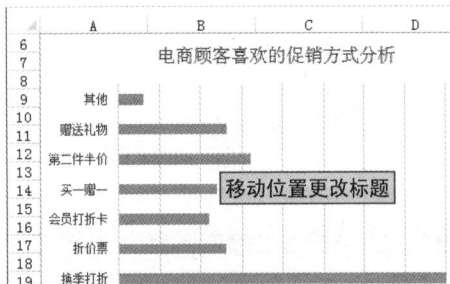

图4-53

　　为了让整个条形图看起来更加的直观和具体，我们继续为其数据源进行行数据的升序排列。

Step 03 ❶选择A2:G3单元格区域，❷单击"数据"选项卡，❸单击"排序"按钮，打开"排序"对话框，❹单击"选项"按钮，如图4-54所示。

图4-54

Step 04 打开"排序选项"对话框，❶选中"按行排序"单选按钮，❷单击"确定"按钮，返回"排序"对话框中，❸单击"主要关键字"下拉按钮，❹选择"行3"选项，然后单击"确定"按钮，如图4-55所示。

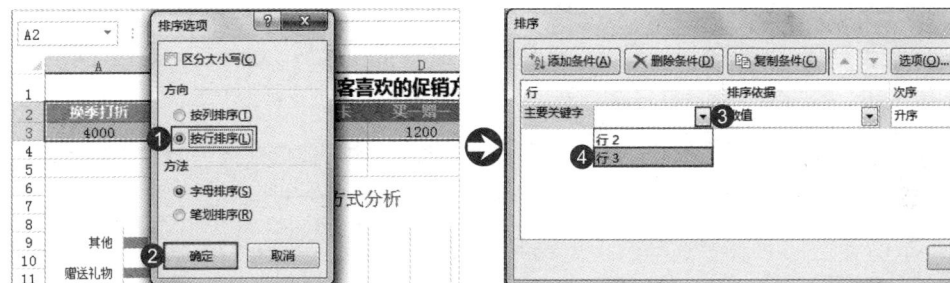

图4-55

Step 05 返回表格中即可查看图表排序后的效果，如图4-56所示。

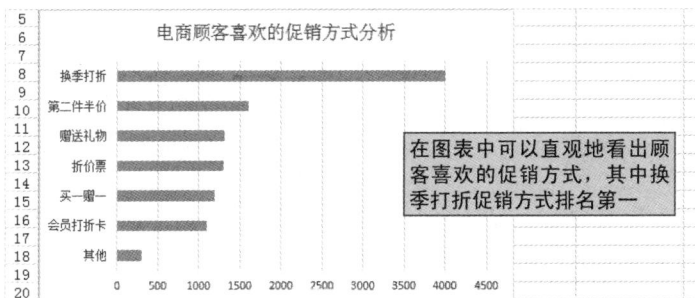

在图表中可以直观地看出顾客喜欢的促销方式，其中换季打折促销方式排名第一

图4-56

4.3 顾客下单现状分析

为了更好地了解客户，我们可对已下单，但还没有付款的用户进行分析，如星座、消费等级、下单的原因等，从而发现和找到一些宝贵的信息，帮助我们更加合理有效地进行经营和开展促销活动。

4.3.1 下单客户的消费等级分析

我们的店铺要做到更好地定位和发展，就需要了解顾客的消费等级，也就是消费能力，从而调整我们的商品价位、质量和类型，这样就可以更加接近顾客的需要，促进更多的成交。这种消费等级/层级分析较为简单，使用带数据标签的柱形图即可。

下面以在"消费等级"工作簿中对店铺下单客户的消费等级/层级进行分析为例来讲解相关操作，其具体操作如下。

分析实例 线上店铺顾客消费等级/层级展示分析

素材文件	◎素材\Chapter 4\消费等级.xlsx
效果文件	◎效果\Chapter 4\消费等级.xlsx

Step 01 打开"消费等级"素材，❶选择A1:B6单元格区域，❷单击"插入柱形图"下拉按钮，❸选择"簇状柱形图"选项，如图4-57所示。

Step 02 在数据系列上右击，选择"添加数据标签/添加数据标签"命令，图表的最后效果如图4-58所示。

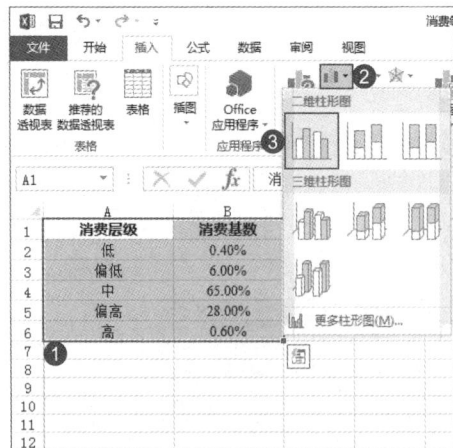

图4-57

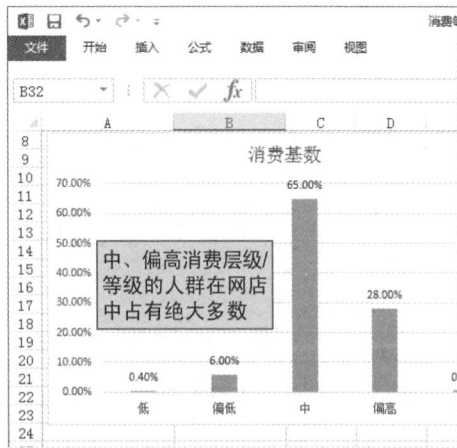

图4-58

4.3.2
下单客户的星座分析

星座，是现在很多年轻人非常感兴趣的话题，一些人甚至将自己的前途、命运和爱好等与星座联系在一起，作为淘宝卖家，我们可以利用年轻一族的这个心理，进行星座促销活动，如推出星座主题T恤、项链等商品，并进行开展相应的促销活动，在进行这一营销活动之前，可先统计分析出线上店铺下单用户星座的情况，这样才能提高转化率。

下面以在"下单用户星座数据"工作簿中使用饼图直观展示和分析下单用户的星座占比情况为例来讲解相关操作，其具体操作如下。

分析实例 线上店铺顾客星座展示分析

素材文件	◎素材\Chapter 4\下单用户星座数据.xlsx
效果文件	◎效果\Chapter 4\下单用户星座数据.xlsx

Step 01 打开"下单用户星座数据"素材，❶选择A1:B13单元格区域，❷单击"插入饼图"下拉按钮，❸选择"饼图"选项，如图4-59所示。

Step 02 ❶单击"图表工具 设计"选项卡，❷单击"快速布局"下拉按钮，❸选择"布局4"选项，如图4-60所示。

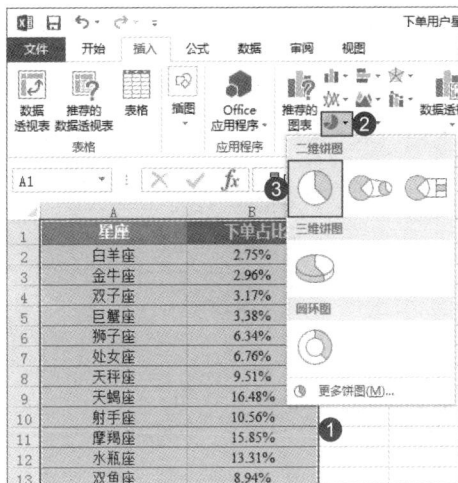

图4-59

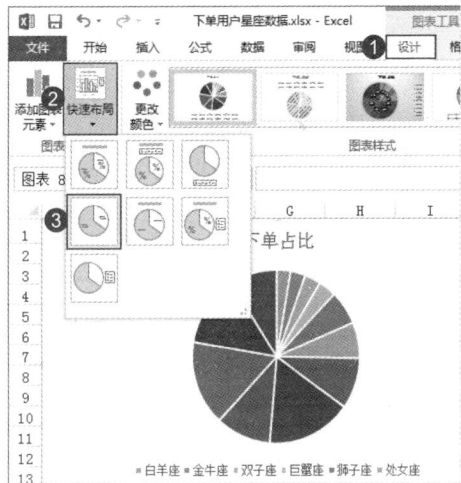

图4-60

Step 03 ❶单击"图表工具 设计"选项卡，❷在"图表样式"列表框中选择"样式9"选项，然后手动拖动调整图表大小直到所有星座名称以及对应的下单率百分比数据全部显示出来，如图4-61所示。

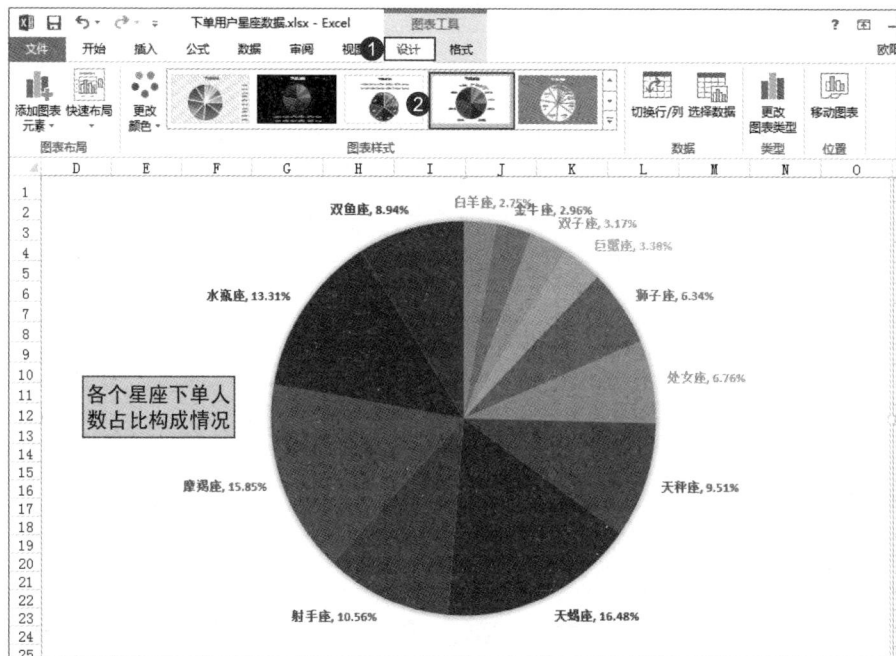

图4-61

4.3.3
下单原因分析

　　顾客在访问我们的线上商品时，很多时候是被我们的促销活动或服务态度等打动，如包邮、店家服务到位、7天包退等，作为一名网店管理者，我们也需要明白其中是哪些原因打动或最打动用户，促使了顾客下单。图4-62所示为一张分析顾客下单原因的饼图。在其中可以看出打动用户，并促成下单的原因所占比例。

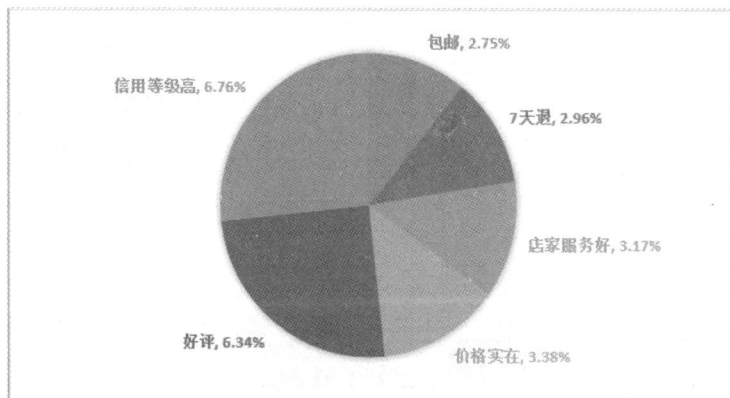

图4-62

竞争对手的现状分析

　　与我们一直同行的人，不只是朋友、亲人、爱人和兄弟姐妹，还有竞争对手。在商海中竞争无处不在，对手无处不是，在本章中我们将会介绍一些"摸清"对手的常用方法。

5.1 竞争对手销售情况分析和对比

电商平台上，售卖同一类或相似商品的网店有很多，这样顾客可选择的卖家对象也会很多，同时，卖家也会采取相应手段吸引和留住客户，这样就导致了同行竞争。要在激烈的竞争中生存和发展，就需要了解和分析对手，并进行相应的对比，找到自身的不足和优势。

5.1.1 竞争对手同类商品销量情况分析

要了解竞争对手，最直接的方式之一就是查看竞争对手在同类商品的销量情况以及走势。然后将自己的同类商品销量情况进行对比，明确自己与同行之间的差距，从而产生竞争优劣的紧迫感，迫使自己更加努力地追赶或超越，保证自己不被淘汰或被追赶上。对竞争对手的销量情况和走势以及自身与其的优劣进行对比，可用一张带有趋势线的柱形图来轻松搞定。

下面以在"5月上半月酱油销量"工作簿中对京东店铺中5月上半月某一酱油销量对比和走势进行分析为例来讲解相关操作，其具体操作如下。

分析实例 同类商品销量的对比分析以及其走势

素材文件	◎素材\Chapter 5\5月上半月酱油销量.xlsx
效果文件	◎效果\Chapter 5\5月上半月酱油销量.xlsx

Step 01 打开"5月上半月酱油销量"素材，按住【Ctrl】键❶选择A2:A18、C2:C18和G2:G18单元格区域，❷单击"插入"选项卡，❸单击"插入柱形图"下拉按钮，❹选择"簇状柱形图"选项，如图5-1所示。

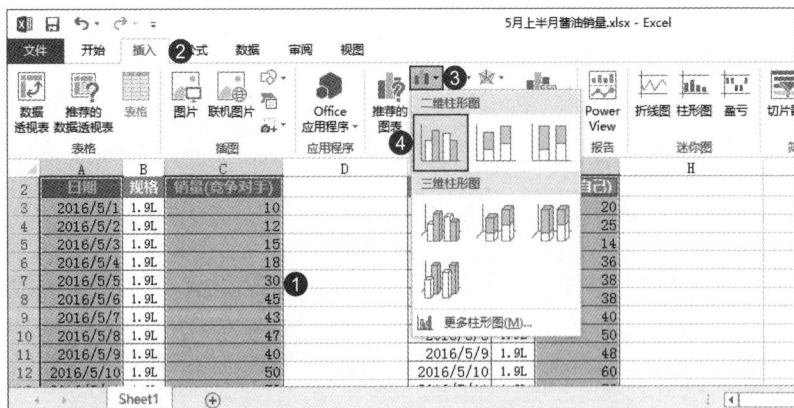

图5-1

Step 02 将图表移到合适位置，❶在图表标题中输入"商品销量对比分析"，❷选择整个图表，❸将鼠标光标移到图表的右侧控制柄中心位置，当鼠标光标变成水平箭头时，按住鼠标左键不放，进行拖动，直到合适大小，如图5-2所示。

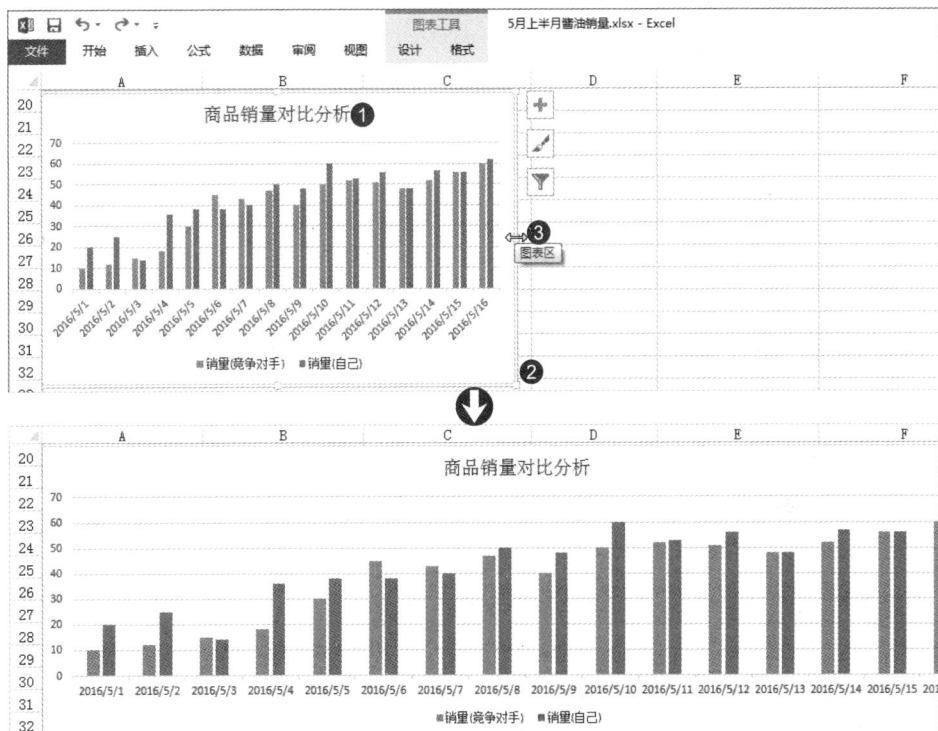

图5-2

Step 03 ❶选择"销量(竞争对手)"数据系列，并在其上右击，❷选择"添加趋势线"命令，打开"设置趋势线格式"窗格，❸单击"趋势线选项"选项卡，❹选中"多项式"单选按钮，❺设置"顺序"为"5"，如图5-3所示。

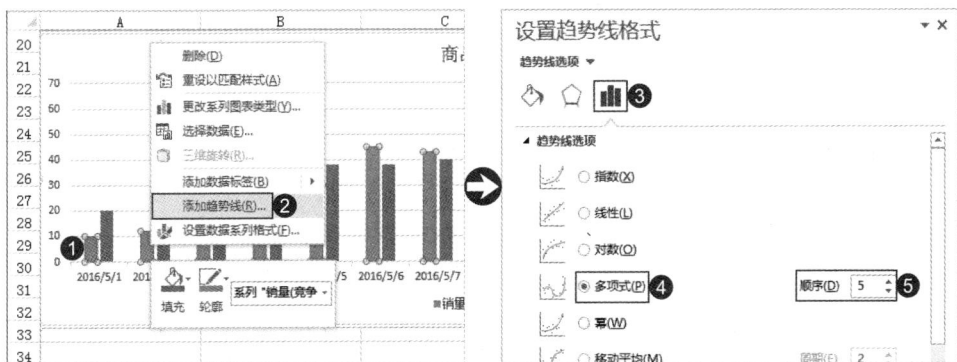

图5-3

Step 04 ❶单击"填充线条"选项卡，❷单击"链接类型"下拉按钮，❸选择"燕尾箭头"选项，如图5-4所示。

Step 05 ❶单击"箭头末端大小"下拉按钮，❷选择"右箭头9"选项，❸单击"关闭"按钮，如图5-5所示。

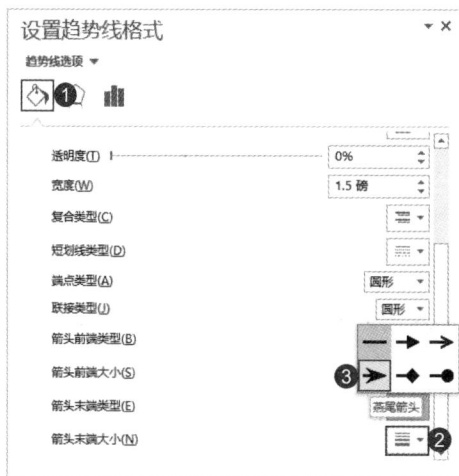

图5-4

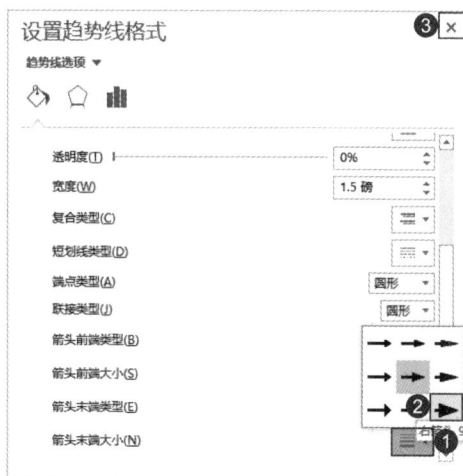

图5-5

Step 06 在表格中即可查看图表的最终效果，如图5-6所示。

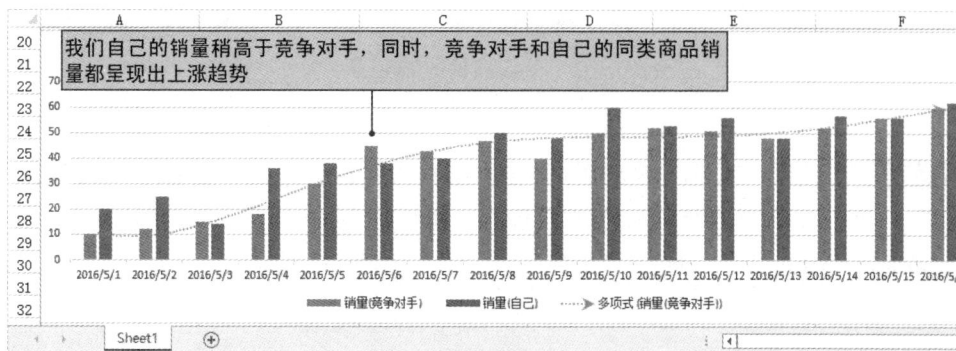

图5-6

5.1.2

竞争对手商品类型数量和销售额

要摸清竞争对手，首先应该知道其线上店铺的货物类型——也就是卖哪些商品，再了解其总销售额是多少，这样，我们就能大概知道竞争对手的实力和经营范围，从而做到"对症下药"和"有的放矢"，开展更有力度地进攻或防守，使自己处于有利的地位。

在事先获取竞争对手的销量和销售额数据后（可通过购买的方式获取），在Excel中可通过删除重复项获取商品类型，然后再通过SUM()函数来获取商品的总销量和总销售额。

下面以在"线上对手售卖商品数据"工作簿中对竞争对手5月第一周的售卖商品类型、总销量和销售总额进行统计为例来讲解相关操作，其具体操作如下。

分析实例 销量商品类型对比及走势分析

| 素材文件 | ◎素材\Chapter 5\线上对手售卖商品数据.xlsx |
| 效果文件 | ◎效果\Chapter 5\线上对手售卖商品数据.xlsx |

Step 01 打开"线上对手售卖商品数据"素材，❶选择B2:B32单元格区域，❷单击"数据"选项卡，❸单击"删除重复项"按钮，打开"删除重复项警告"对话框，❹选中"以当前选定区域排序"单选按钮，❺单击"删除重复项"按钮，如图5-7所示。

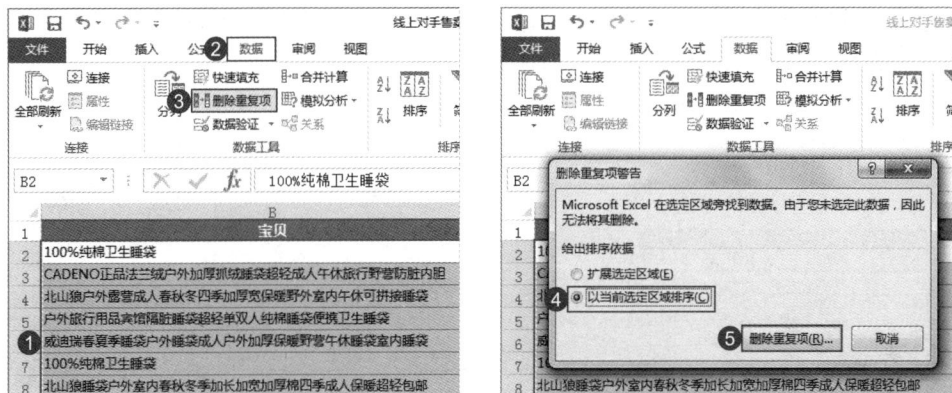

图5-7

Step 02 打开"删除重复项"对话框，❶单击"全选"按钮，❷单击"确定"按钮，在打开的提示对话框中可以清晰看出有24个唯一值，表明竞争对手经营的商品类有24类，❸单击"确定"按钮，如图5-8所示。

Step 03 ❶单击"撤销"按钮，恢复删除重复项前的数据样式，❷在G2单元格中输入"24"，如图5-9所示。

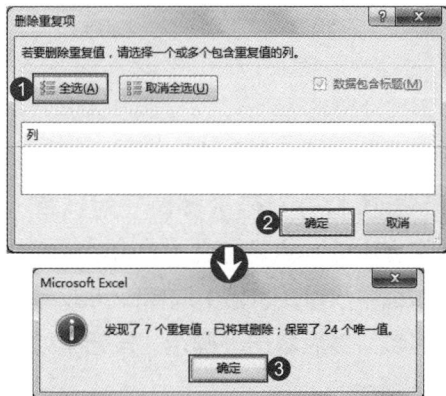

图5-8

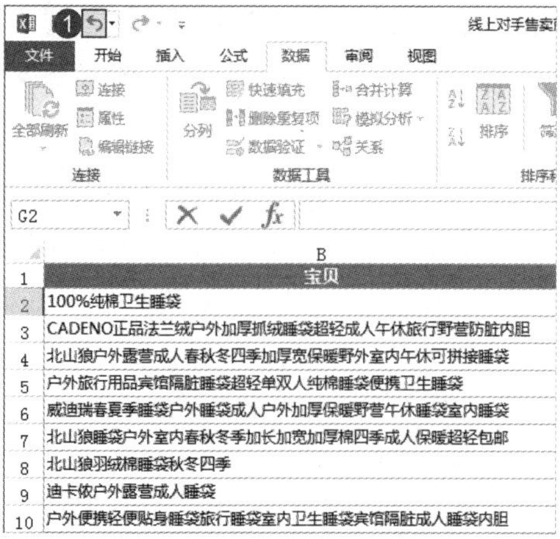

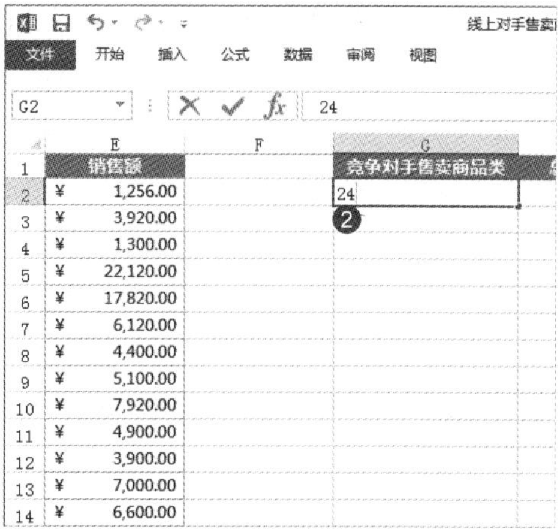

图5-9

Step 04 ❶选择E2:E32单元格区域，❷在编辑栏中输入公式"=G2*D2"，按【Ctrl+Enter】组合键确认，如图5-10所示。

Step 05 ❶选择I2单元格，❷单击"公式"选项卡中的"数学和三角函数"下拉按钮，❸选择"SUM"选项，如图5-11所示。

图5-10

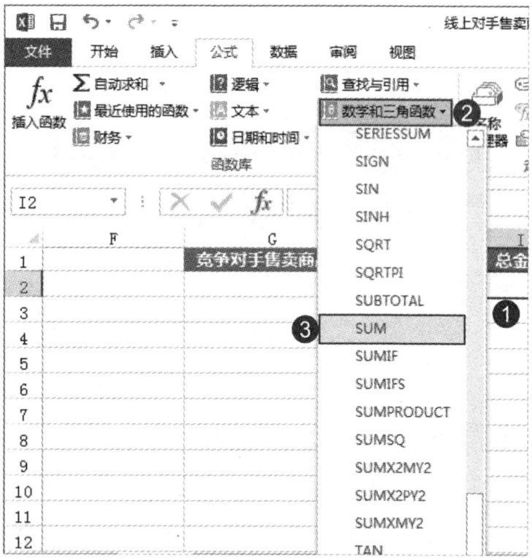

图5-11

Step 06 打开"函数参数"对话框，❶将文本插入点定位在"Number1"文本框中，❷在表格中选择E2:E32单元格区域，然后单击"确定"按钮，如图5-12所示。

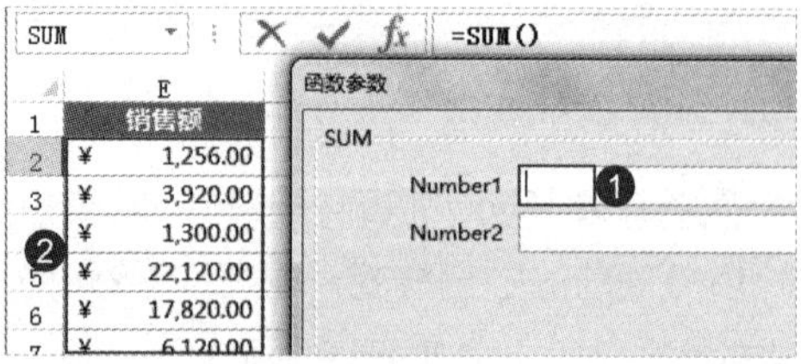

图5-12

Step 07 将鼠标光标移到I3单元格右下角，待其变成加号形状时，按住鼠标左键不放，拖动到H3单元格，释放鼠标，系统自动填充SUM()函数并得到"总销量"计算数据，如图5-13所示。

图5-13

5.1.3
竞争对手回头客统计

回头客对于线上或线下卖家来说，都是非常重要的资源，因为它意味着本店经营的商品和服务得到了客户的认可、接受，拥有稳定的客户资源和市场份额，为了更好地经营店我们对自己线上竞争对手的回头客情况进行统计分析，将其了解得更透彻一些。

下面以在"竞争对手回头客统计"工作簿中对竞争对手5月回头客统计分为例来讲解相关操作，其具体操作如下。

分析实例 **竞争对手回头客人数和占比分析**

素材文件	◎素材\Chapter 5\竞争对手回头客统计.xlsx
效果文件	◎效果\Chapter 5\竞争对手回头客统计.xlsx

Step 01 打开"竞争对手回头客统计"素材，❶选择F2单元格，❷单击"公式"选项卡中的"其他函数"下拉按钮，❸选择"统计/COUNTA"选项，如图5-14所示。

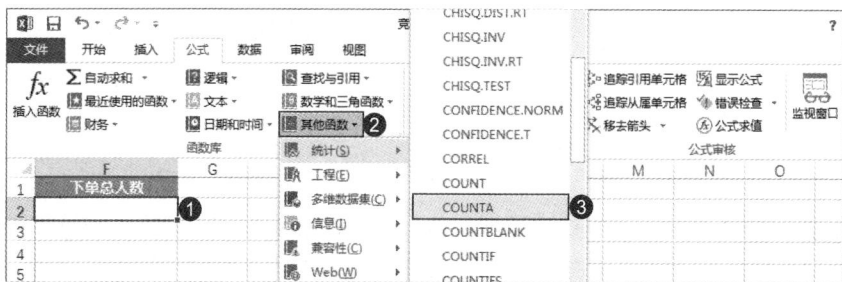

图5-14

Step 02 打开"函数参数"对话框，❶将文本插入点定位在"Value1"文本框中，❷在表格中选择B2:B32单元格区域，然后单击"确定"按钮，如图5-15所示。

Step 03 ❶选择E2单元格，❷在编辑栏中输入公式"=F2-SUM(1/COUNTIF (C2:C32,C2:C32))"，按【Ctrl+Shift+Enter】组合键，如图5-16所示。

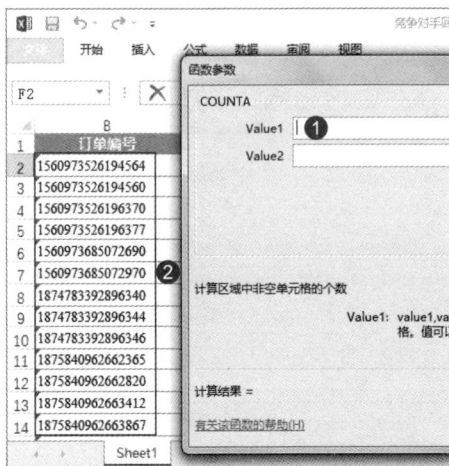

图5-15

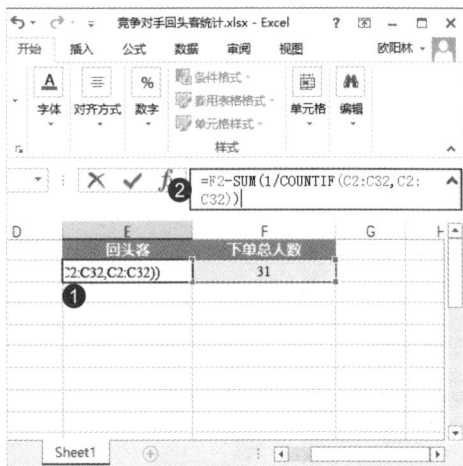

图5-16

Step 04 ❶选择E1:F2单元格区域，❷单击"插入"选项卡，❸单击"推荐的图表"按钮，打开"插入图表"对话框，❹选择饼图样式的图表选项，单击"确定"按钮，如图5-17所示。

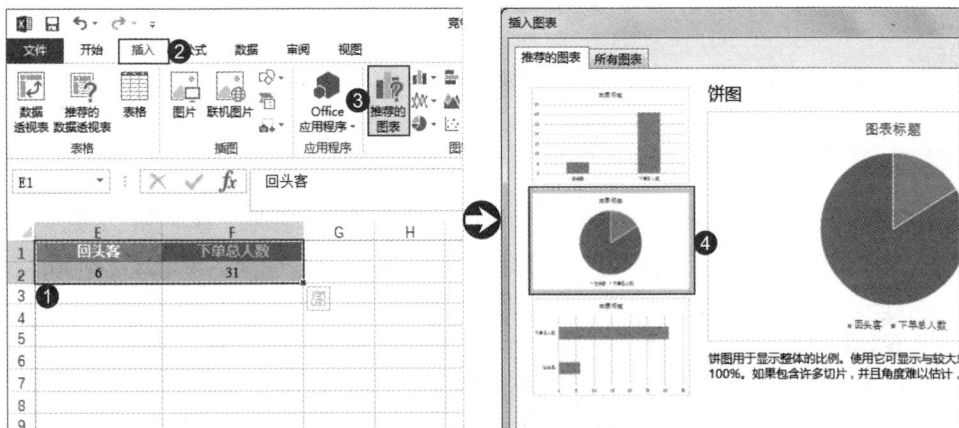

图5-17

Step 05 将图表移到合适位置，更改图表标题为"回头客占比分析"，选择整个图表，❶单击激活的"图表工具 设计"选项卡，❷在"图表样式"列表框中选择"样式3"，如图5-18所示。

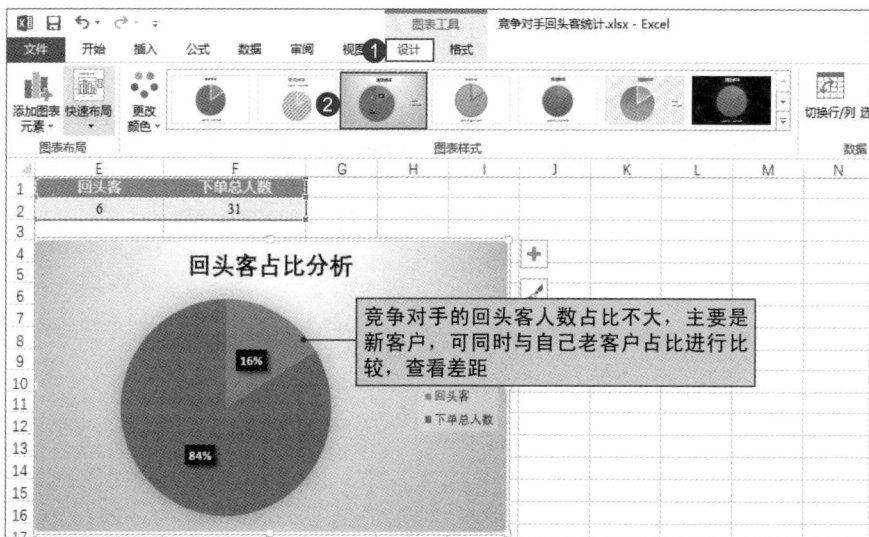

图5-18

5.1.4
竞争对手下单转换率情况分析

下单转化率是我们自己和竞争对手都非常关心的参数值（计算公式：下单用户数据/访问人数），对于淘宝卖家来说，需要知道竞争对手各个渠道的下单转换率的情况以及总体情况，从而进行模仿和学习，使自己在竞争中位于不败之地。

下面以在"竞争对手访客和成交数据"工作簿中对竞争对手下单转换率进行分析为例来讲解相关操作，其具体操作如下。

分析实例 竞争对手访问和成交数据分析

| 素材文件 | ◎素材\Chapter 5\竞争对手访客和成交数据.xlsx |
| 效果文件 | ◎效果\Chapter 5\竞争对手访客和成交数据.xlsx |

Step 01 打开"竞争对手访客和成交数据"素材，❶选择B2:C6单元格区域，❷单击"自动求和"按钮，计算出访客数和下单数总和，如图5-19所示。

Step 02 ❶选择D7单元格，❷在编辑栏中输入"=C7/B7"，按【Ctrl+Enter】组合键，如图5-20所示。

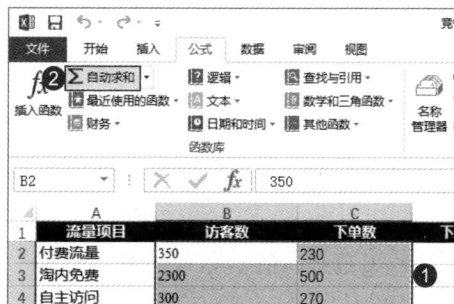

图5-19

Step 03 ❶选择A1:C6单元格区域，❷单击"插入柱形图"下拉按钮，❸选择"二维柱形图"选项，如图5-21所示。

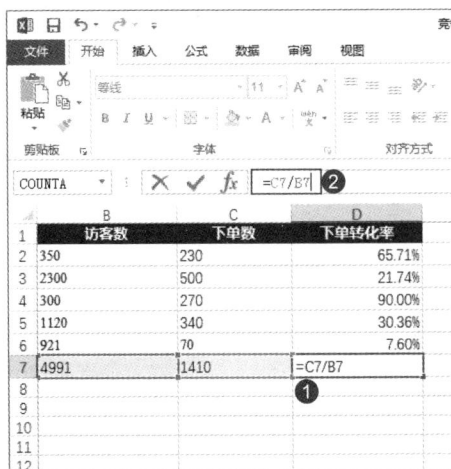

图5-20

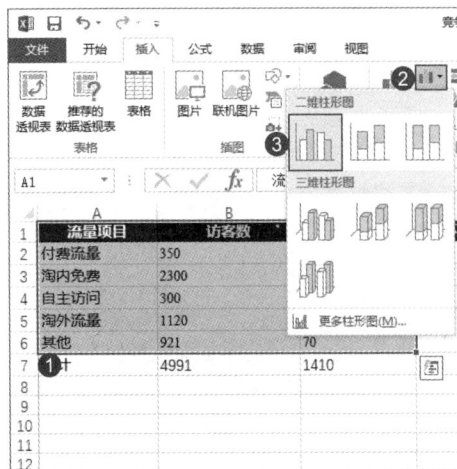

图5-21

Step 04 ❶在"下单数"数据系列上右击，选择"添加数据标签"命令，❷在添加的数据标签上右击，选择"设置数据标签格式"命令，如图5-22所示。

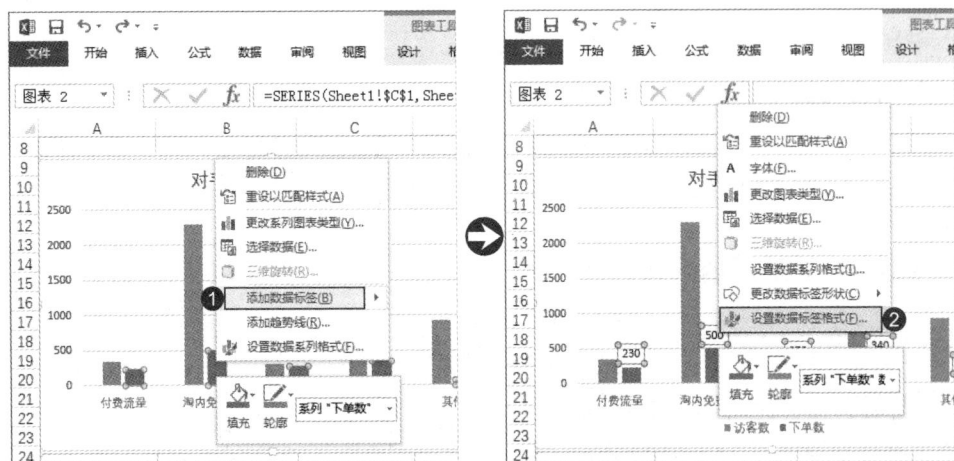

图5-22

Step 05 打开"设置数据标签格式"窗格，❶单击"标签选项"选项卡，❷取消选中"显示引导线"复选框，❸选中"单元格中的值"复选框，如图5-23所示。

Step 06 打开"数据标签区域"对话框，❶在表格中选择D2:D7单元格区域，❷单击"确定"按钮，如图5-24所示。

图5-23

图5-24

Step 07 返回"设置数据标签格式"窗格中，取消选中"值"复选框，然后单击"关闭"按钮关闭窗格，如图5-25所示。

图5-25

Step 08 连续单击两次左侧第一个数据标签将其单独选择，然后将鼠标光标定位在数据标签文本框的开始位置，输入"下单转化率"，单击图表其他位置退出编辑状态，如图5-26所示。

Step 09 再次选择该数据标签，将鼠标光标移到其边框上，当鼠标光标变成♣形状时，按住鼠标左键不放将其拖动到一组数据系列的中间合适位置，如图5-27所示。

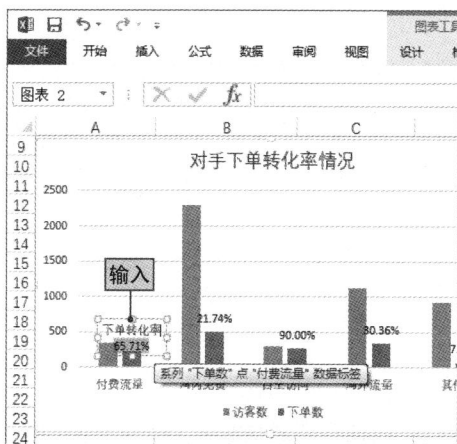

图5-26

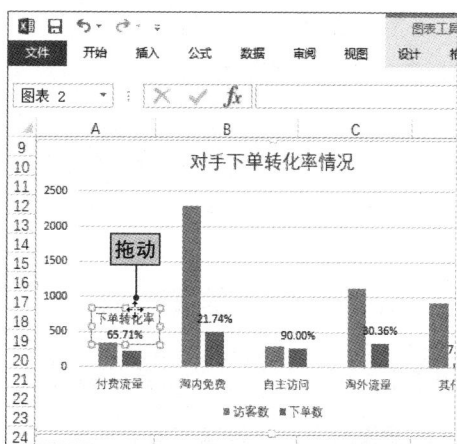

图5-27

Step 10 以同样的方法在其他数据标签文本框中添加"下单转换率"文本，然后依次将他们移到合适位置，如图5-28所示。

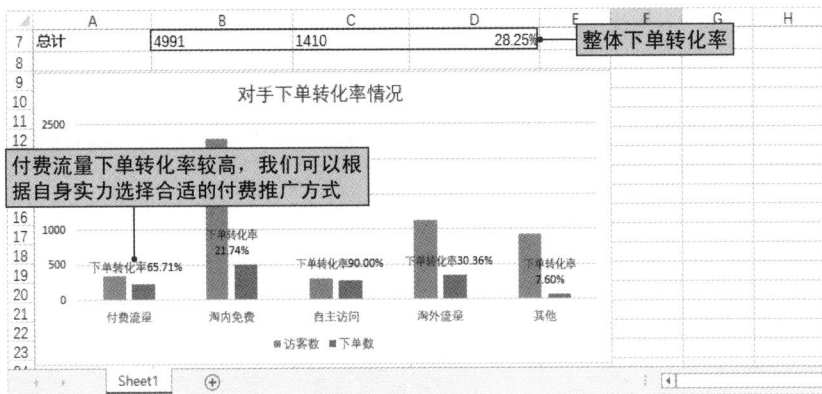

图5-28

5.2 同行状况的分析和对比

除了对个别竞争对手的分析对比外，我们还需对整个行业进行对比分析，找到自己经营店铺的位置，与同行之间的差距，从而有个清晰的定位，然后实施相应的弥补和追赶措施。

5.2.1 同行信用等级整体情况

在经营过程中，不仅要关注直接的竞争对手，同时，还要关注整个行业的大局，也就是同行的整体状况，从而知道自己在行业中的位置，从而指导以后的经营活动，如自己网店信用等级高，那么就可以采用稳中有进的经营方式；若自己等级较低是新手，则要采用积极的进取经营方式，从而在行业中站位脚跟。

下面以在"信用级别数据"工作簿中通过对收集的行业卖家等级数据进行分析为例来讲解相关操作，其具体操作如下。

分析实例 对同行的信用等级进行分析，找准定位

素材文件	◎素材\Chapter 5\信用级别数据.xlsx
效果文件	◎效果\Chapter 5\信用级别数据.xlsx

Step 01 打开"信用级别数据"素材，❶选择A2:B6单元格区域，❷单击"插入饼图"下拉按钮，❸选择"饼图"选项，如图5-29所示。

Step 02 将图表移动到合适位置，❶更改图表标题，❷添加数据标签并在其上双击鼠标，如图5-30所示。

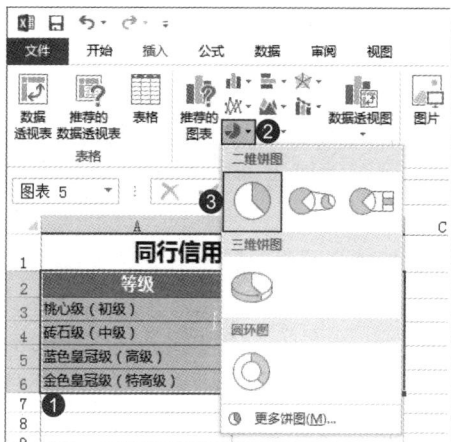

图5-29

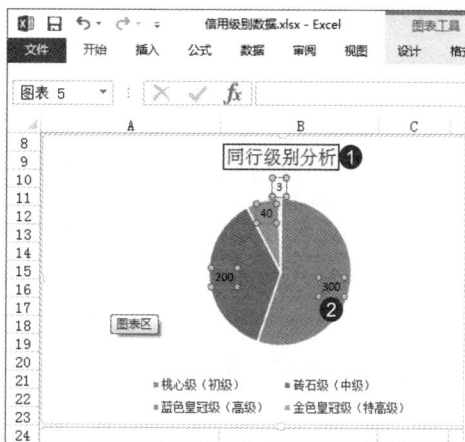

图5-30

Step 03 打开"设置数据标签格式"窗格，❶选中"百分比"复选框，❷取消选中"值"复选框，如图5-31所示。

Step 04 在表格中即可直观地查看同行不同级别的占比情况（可以清楚看出初级和中级卖家占有绝大多数），如图5-32所示。

图5-31

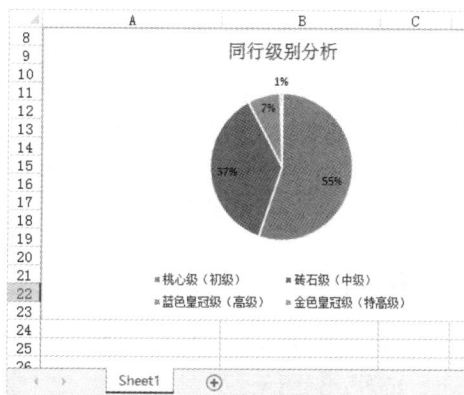

图5-32

5.2.2
行业热卖区域分布

　　作为电商卖家，特别是新手卖家，对产品广告的投放或推送，不是特别清楚，有时候会出现广告投入后，没有多大的反响或效果，这是因为我们没有对行业热卖的区域进行统计分析，没有搞清楚哪些城市或区域是商品投放的最佳区域，从而出现白"烧钱"的情况。行业热卖区域的统计分析，首先需要收集相关数据，如淘宝卖家可在阿里指数中收集，其次对进行热卖程度划分，表明出特别热卖的地区，最后进行商品广告的投放或促销等活动的有效开展。

下面以在"行业热卖区域"工作簿中使用三种颜色：红色（最热）、黄色（较热）和绿色（普通）来表明行业商品热卖区域分布为例来讲解相关操作，其具体操作如下。

分析
实例 **行业商品热卖地区分布展示**

素材文件	◎素材\Chapter 5\行业热卖区域.xlsx
效果文件	◎效果\Chapter 5\行业热卖区域.xlsx

Step 01 打开"行业热卖区域"素材，❶选择B2:B16单元格区域，❷单击"条件格式"下拉按钮，❸选择"色阶/其他规则"命令，如图5-33所示。

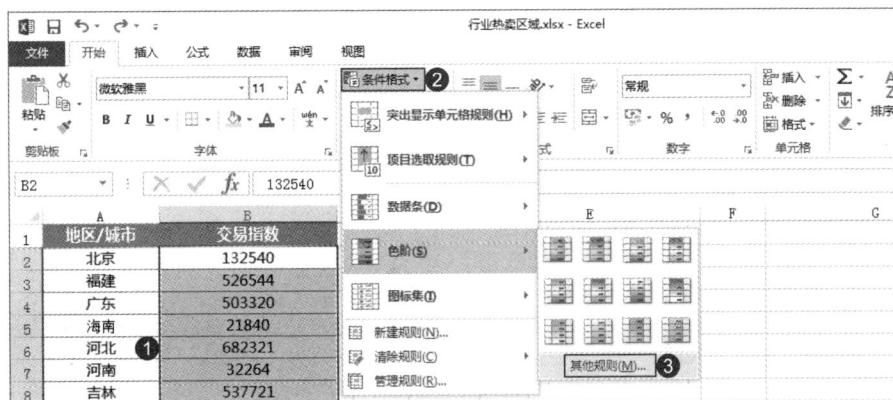

图5-33

Step 02 打开"新建格式规则"对话框，❶单击"格式样式"下拉按钮，❷选择"三色刻度"选项，❸单击"最小值"对应的"颜色"下拉按钮，❹选择"绿色"选项，如图5-34所示。

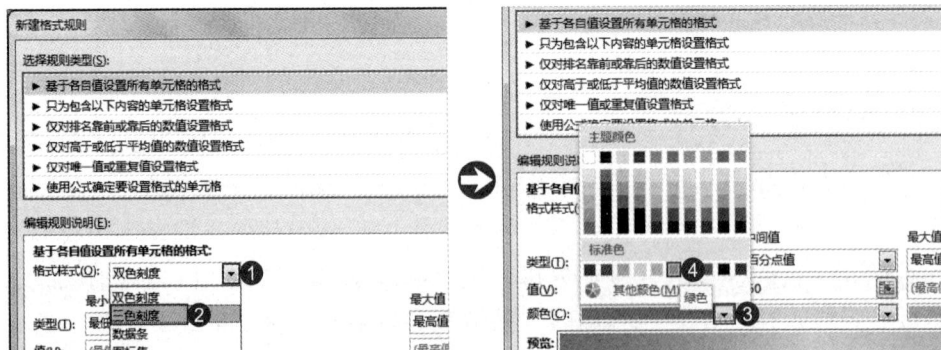

图5-34

Step 03 ❶以同样的方法设置"最大值"对应的"颜色"为"红色"，❷单击"确定"按钮，如图5-35所示。

Step 04 ❶选择B2单元格，❷单击"数据"选项卡，❸单击"升序"按钮，如图5-36所示。

图5-35

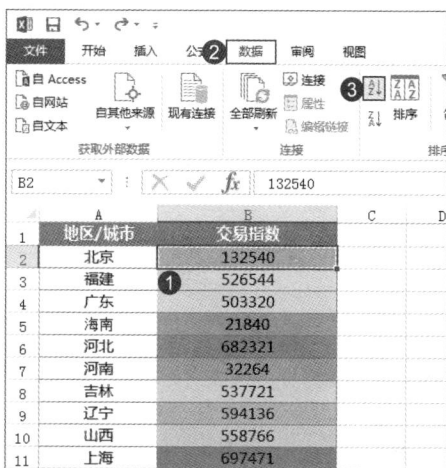

图5-36

Step 05 在表格中即可查看行业商品热卖的区域分布情况，如图5-37所示。

	A	B	C	D	E	F	G
1	地区/城市	交易指数					
2	海南	21840					
3	云南	22056					
4	新疆	22697					
5	河南	32264					
6	四川	39126					
7	北京	132540					
8	广东	503320					
9	福建	526544					
10	吉林	537721	热度较高区域，可进行适当的推广和促销活动				
11	天津	542409					
12	山西	558766					
13	辽宁	594136					
14	河北	682321	热度最高区域，可开展重点的推广和促销活动				
15	上海	697471					
16	重庆	893361					

图5-37

5.2.3 同行数量发展趋势

在经营的过程中，有新的卖家加入，也有卖家退出或转型，这时，我们可以做一个大体的统计和分析，找到同行卖家数量变化，从而反映出相应的信息，如同行不断增多，竞争加大，市场份额相对缩小。若同行数量不断减少，可以从侧面反映市场难做，根据实际商品的销量和收益情况，考虑是否进行促销或转型等。图5-38所示为2016年售卖电子产品的电商同行数量走势。

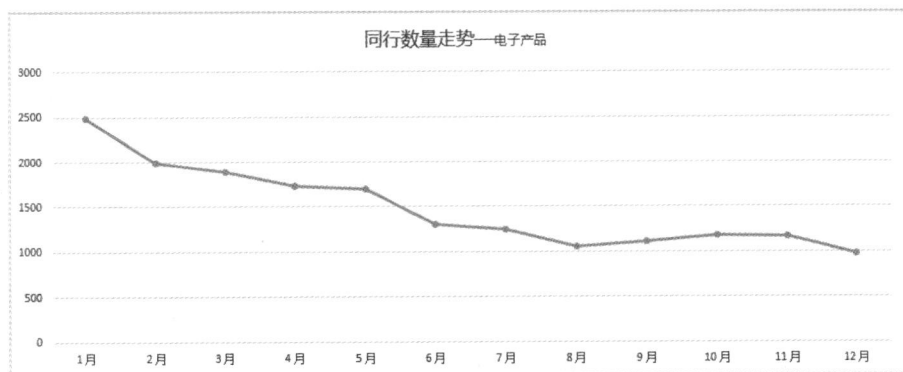

图5-38

行业发展情况的分析

　　作为电商卖家的一员，行业的发展情况与我们个体卖家有着紧密的关系，整体趋势良好，个体商家经营就会比较轻松，反之压力则大。怎样来判定行业大局的发展情况呢？在本章中将会进行相应讲解。

6.1 分析同类产品搜索和涨幅情况

进入电商行业后，不仅要关注自己的"一亩三分田"，还要对整个行业的情况进行实时关注和分析，并保持警惕。这样，才能根据行业的"大局"，来做好"小局"的安排，从而让自己经营的"小舟"平稳前行。

6.1.1 搜索排行数据导入表格中

行业商品排行、涨幅或是搜索等数据，我们都需要进行了解和掌握，在一些电商平台上会有专门的网站对该类大数据进行提供（一些更加详细的数据，则需要付费），如淘宝的阿里指数、京东的京东数据罗盘等，用户可进入行业网页，读取相应的数据，或是直接将相应行业商品数据导入到表格中，进行相似的分析。

下面以我们从淘宝正在使用的阿里指数网页上，将手机配件的搜索数据导入到"导入行业数据"工作簿中为例来讲解相关操作，其具体操作如下。

分析实例 将网页中的行业数据导入到表格中

素材文件	◎素材\Chapter 6\导入行业数据.xlsx
效果文件	◎效果\Chapter 6\导入行业数据.xlsx

Step 01 打开"导入行业数据"素材，打开搜索引擎，❶在地址栏中输入"https://alizs.taobao.com"，❷单击"搜索"按钮，进入阿里指数页面，❸单击"行业指数"超链接，如图6-1所示。

图6-1

Step 02 打开登录方式选择界面，单击右上角的电脑图标按钮，切换到电脑端的登录方式页面，如图6-2所示。

图6-2

Step 03 ①分别输入淘宝账号和密码，②单击"登录"按钮，如图6-3所示。

图6-3

Step 04 进入"行业指数"页面，①单击商品类下拉按钮，②在文本框中输入"手机"，在出现的选项中，③选择需要的配件选项，这里选择"3CS数码配件/车载手机配件"选项，如图6-4所示。

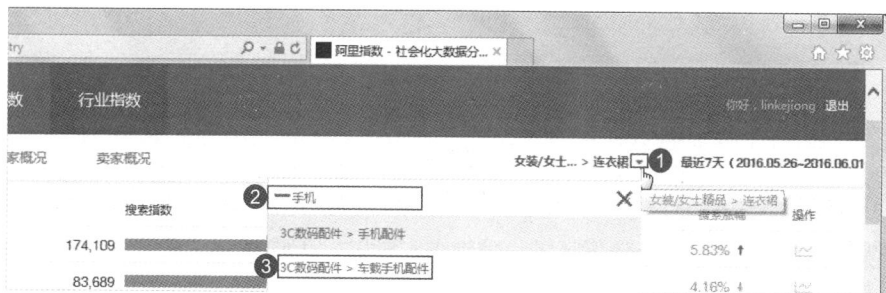

图6-4

Step 05 ❶在数据区域中拖动选择将相应数据，并在其上右击，❷选择"复制"命令复制数据，如图6-5所示。

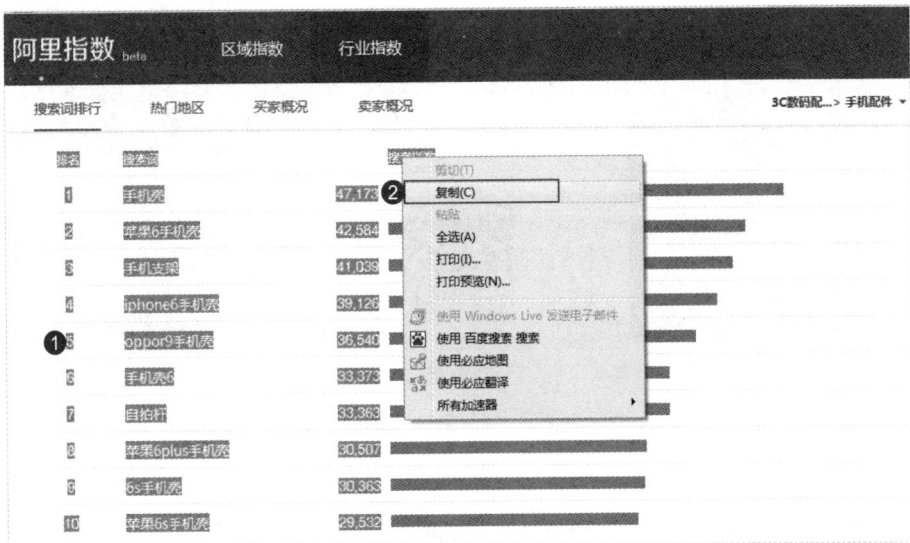

图6-5

Step 06 ❶在表格中按【Ctrl+V】组合键粘贴数据，❷选择A1:A5单元格区域并按【Ctrl+C】组合键复制，❸选择C1单元格，❹单击"粘贴"下拉按钮，❺选择"转置"选项，如图6-6所示。

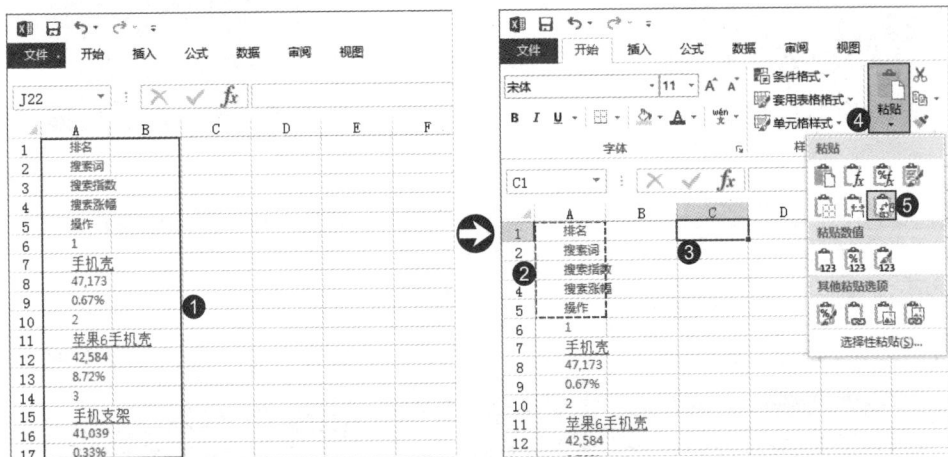

图6-6

Step 07 ❶选择C1:G1单元格区域，❷单击"居中"按钮，如图6-7所示。

Step 08 ❶选择A6:A9单元格区域，❷单击"粘贴"下拉按钮，❸选择"选择性粘贴"命令，如图6-8所示。

图6-7

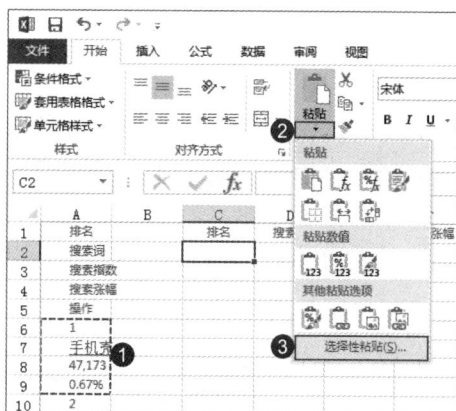

图6-8

Step 09 打开"选择性粘贴"对话框，❶选中"数值"单选按钮，❷选中"转置"复选框，❸单击"确定"按钮，如图6-9所示。

Step 10 以同样的方法将其他数据选择性粘贴到对应单元格中，❶选择A~B列并在其上右击，❷选择"删除"命令，如图6-10所示。

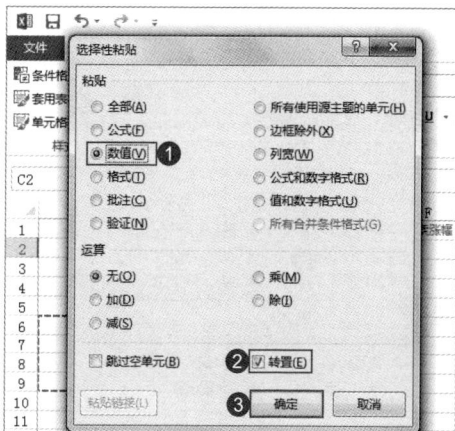

图6-9

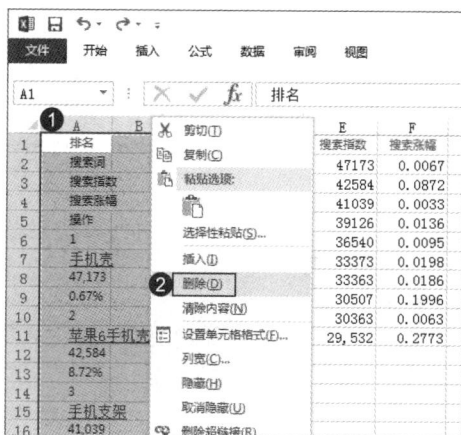

图6-10

Step 11 对数据进行字体、字号的设置，然后套用相应的表格样式，对数据进行快速美化，其效果如图6-11所示。

	A	B	C	D	E	F
1	排名	搜索词	搜索指数	搜索涨幅	操作	
2	1	手机壳	47173	0.67%		
3	2	苹果6手机壳	42584	8.72%		
4	3	手机支架	41039	0.33%		
5	4	iphone6手机壳	39126	1.36%		
6	5	oppor9手机壳	36540	0.95%		
7	6	手机壳6	33373	1.98%		
8	7	自拍杆	33363	1.86%		

图6-11

6.1.2
标识商品搜索指数处于上升/下降状态

我们在分析行业数据时，如商品的搜索热度，也就是人气，不仅可以直接从网页中看到已有的上升或下降状态。同时，我们也可以自己设定一个上升或下降的一个参数值，这样来保证我们的分析结果更加符合当前的实际需要，从而保证我们做出的决策更加明智。要实现这样的状态标识，最直接的方式就是通过图标集条件规则。

下面以在"导入行业数据1"工作簿中自定义参数值来表示搜索数据的上升或下降状态为例来讲解相关操作，其具体操作如下。

分析实例 使用图标集分析商品搜索指数的状态

素材文件	◎素材\Chapter 6\导入行业数据1.xlsx
效果文件	◎效果\Chapter 6\导入行业数据1.xlsx

Step 01 打开"导入行业数据1"素材，❶选择D2:D11单元格区域，❷单击"条件格式"下拉按钮，❸选择"3个三角形"选项，如图6-12所示。

图6-12

Step 02 ❶保持D2:D11单元格区域的选择状态，❷单击"条件格式"下拉按钮，❸选择"管理规则"命令，打开"条件格式规则管理器"对话框，如图6-13所示。

Step 03 ❶选择条件规则选项，❷单击"编辑规则"按钮，如图6-14所示。

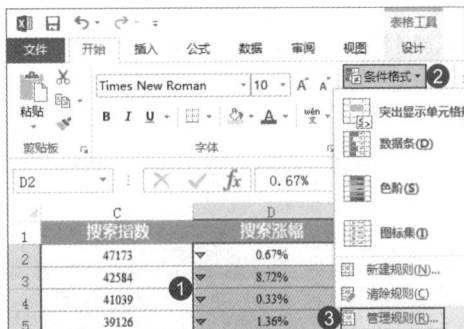

图6-13

Step 04 打开"编辑格式规则"对话框，❶分别设置值为"6"和"0.001"，❷单击"确定"按钮，如图6-15所示。

图6-14

图6-15

Step 05 返回工作表中即可查看自定义参数值的搜索数据上升/下降状态，如图6-16所示。

	A	B	C		D	E	F	G
1	排名	搜索词	搜索指数		搜索涨幅	操作		
2	1	手机壳	47173	=	0.67%			
3	2	苹果6手机壳	42584	▲	8.72%			
4	3	手机支架	41039	▼	0.33%			
5	4	iphone6手机壳	39126	=	1.36%			
6	5	oppor9手机壳	36540	=	0.95%			
7	6	手机壳6	33373	=	1.98%			
8	7	自拍杆	33363	=	1.86%			
9	8	苹果6plus手机壳	30507	▲	19.96%			
10	9	6s手机壳	30363	=	0.63%			
11	10	苹果6s手机壳	29532	▲	27.73%			
12								

图6-16

6.1.3

分析商品搜索走势大体情况

商品搜索走势，能直观反映出该类商品的热度和生命力，最常用的展示日期段是以周或月为单位，从而为卖家的采购或促销等提供数据支撑。我们在线下对其搜索（搜索人气）数据走势进行分析，最常用的方式是使用折线图，不过常规的折线图要同时显示出一个月的数据，有些拥挤。若添加数据标签后，更是密密麻麻，不利于查阅，看起来也不美观。这时，我们借助函数和控件，来动态分期分段的展示。

下面以在"搜索人气走势分析"工作簿中对收集的6月背带裙的搜索走势为例来讲解相关操作，其具体操作如下。

分析实例 | 分段动态的展示和分析搜索人气数量

素材文件	◎素材\Chapter 6\搜索人气走势分析.xlsx
效果文件	◎效果\Chapter 6\搜索人气走势分析.xlsx

Step 01 打开"搜索人气走势分析"素材，❶复制B2:C2单元格区域，❷选择E2单元格，❸单击"粘贴"按钮，如图6-17所示。

图6-17

Step 02 ❶选择E2:F9单元格区域，❷单击"公式"选项卡，❸单击"查找与引用"下拉按钮，❹选择"OFFSET"选项，如图6-18所示。

Step 03 打开"函数参数"对话框，❶分别设置相应的参数，❷单击"确定"按钮，然后按【Ctrl+Shift+Enter】组合键，如图6-19所示。

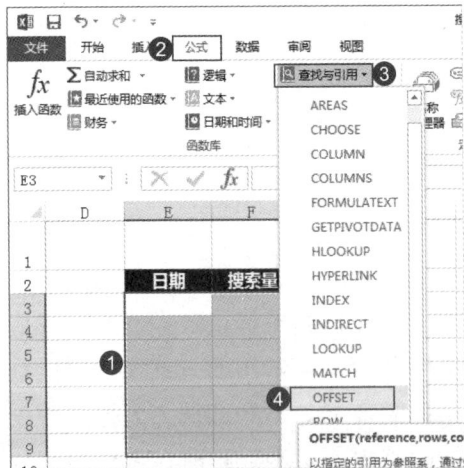

图6-18

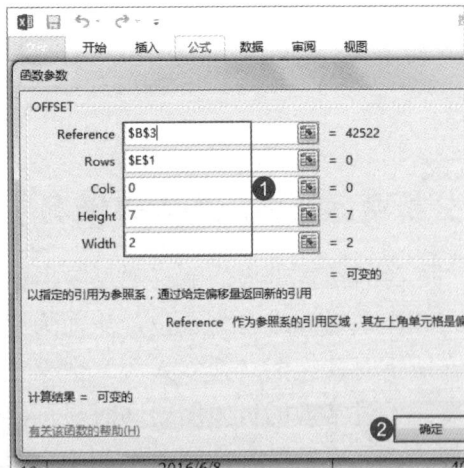

图6-19

Step 04 ❶选择B3:B9单元格区域，❷单击"数字"功能组中的下拉按钮，❸选择
"短日期"选项，如图6-20所示。

Step 05 ❶选择B2:F9单元格区域，❷单击"插入折线图"下拉按钮，❸选择"带数
据标签的折线图"选项，如图6-21所示。

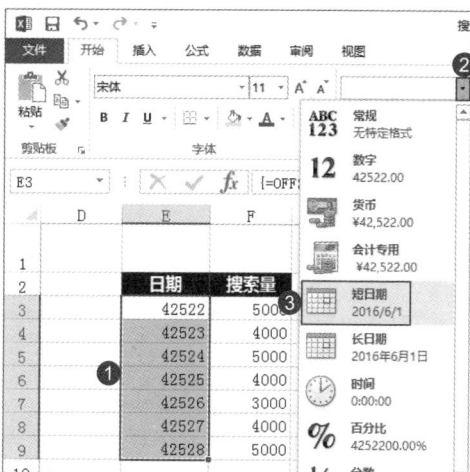

图6-20

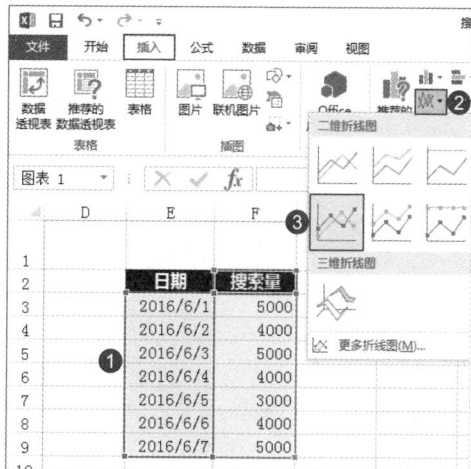

图6-21

Step 06 ❶将图表移动到合适位置，❷在功能区上右击，并选择"自定义功能区"
命令，打开"自定义功能区"对话框，❸选中"开发工具"复选框，❹单击"确定"
按钮，如图6-22所示。

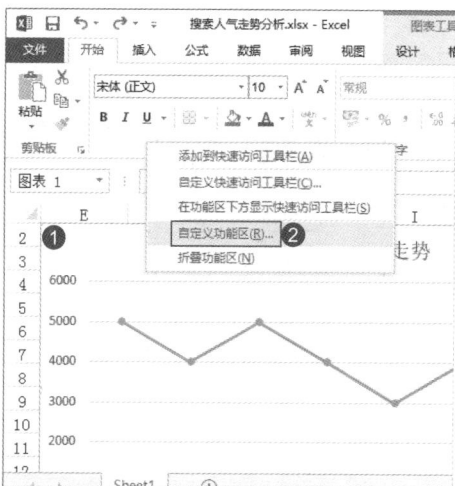

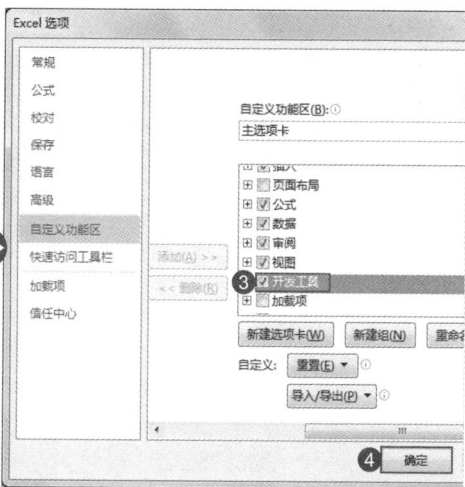

图6-22

Step 07 ❶单击添加的"开发工具"选项卡，❷单击"插入"下拉按钮，❸选择
"滚动条（窗体控件）"选项，如图6-23所示。

Step 08 在图表标题下方和绘图区上方的位置，按住鼠标左键不放进行拖动绘制，如图6-24所示。

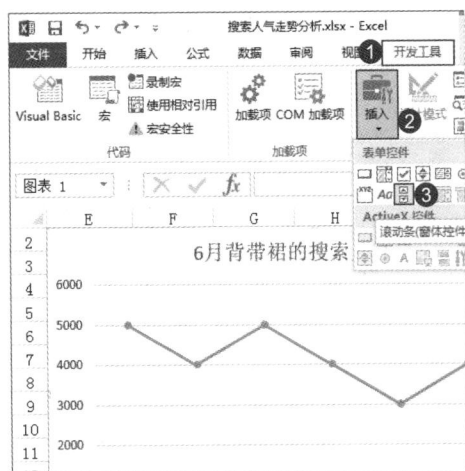

图6-23

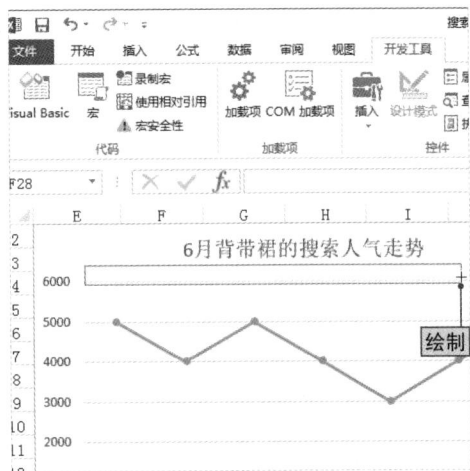

图6-24

Step 09 将鼠标光标移到滑动条的下边框上，待鼠标光标变成↕形状时，按住鼠标左键不放，拖动调整滑动条高度，如图6-25所示。

Step 10 在绘图区单击鼠标将其选择，将鼠标光标移到上方的控制柄上，向下拖动鼠标调低绘图区高度，调整出稍许空间用来放置滑动条，如图6-26所示。

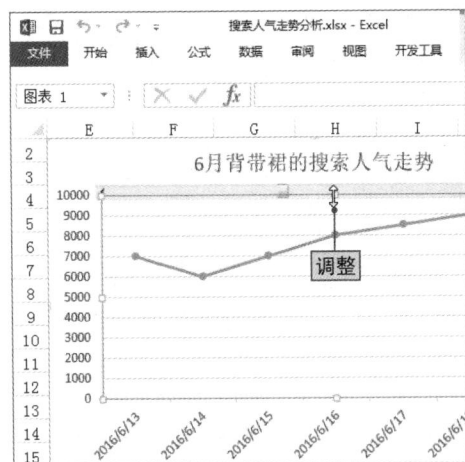

图6-25

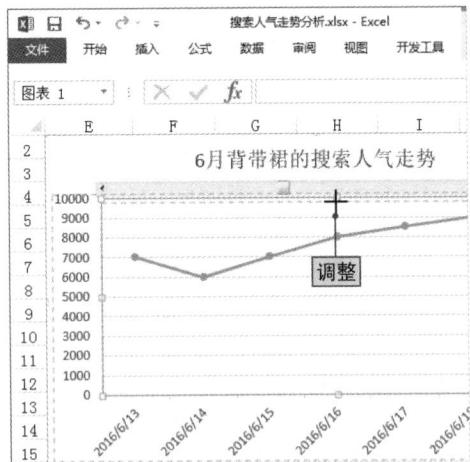

图6-26

Step 11 在绘制的滑动条上右击，❶选择"设置控件格式"命令，打开"设置控件格式"对话框，❷分别设置当前值、最小值、最大值、步长、页步长和单元格链接参数，❸单击"确定"按钮，如图6-27所示。

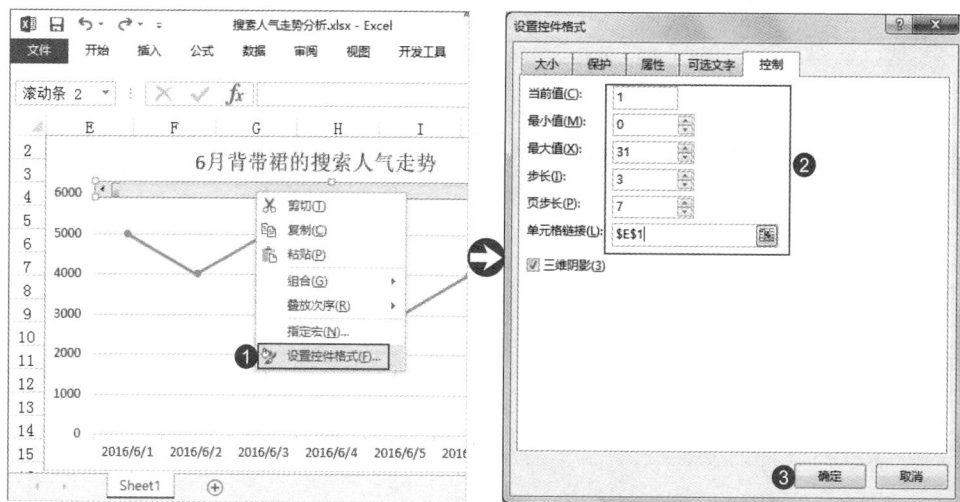

图6-27

Step 12 在纵坐标轴上双击，打开"设置坐标轴格式"窗格，设置"最大值"为"15 000"，"最小值"为"0.0"，如图6-28所示。

Step 13 在图表上选择数据系列，切换到"设置数据系列格式"窗格，❶单击"填充与线条"选项卡，❷选中"平滑线"复选框，如图6-29所示。

图6-28

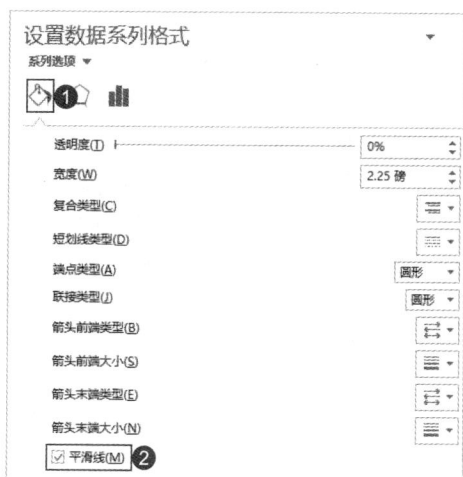

图6-29

Step 14 ❶选择图表，❷单击出现的"添加元素"按钮，❸展开"数据标签"下拉选项，❹选择"上方"选项，在数据标记点方添加相对应的数据标签，直观展示人气搜索量，如图6-30所示。

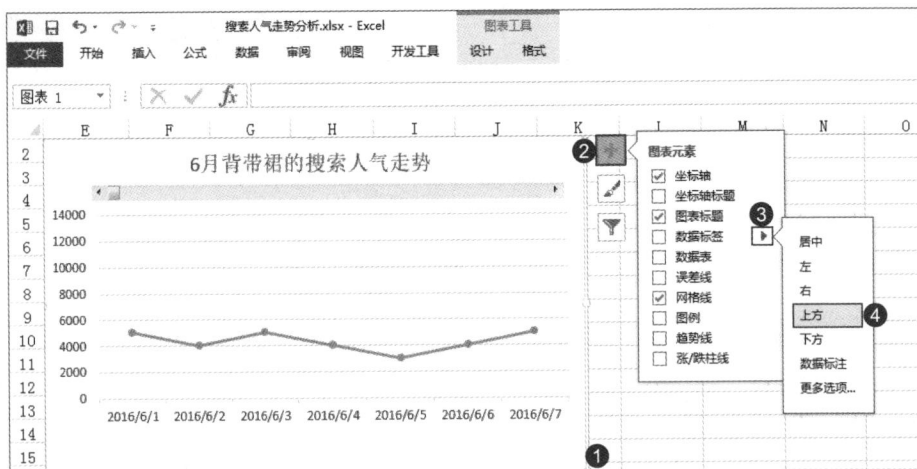

图6-30

Step 15 拖动滑动条上的滑块，或在滑动条的目标位置单击，绘图区中就会自动绘制出相应日期的搜索人气走势，如图6-31所示。

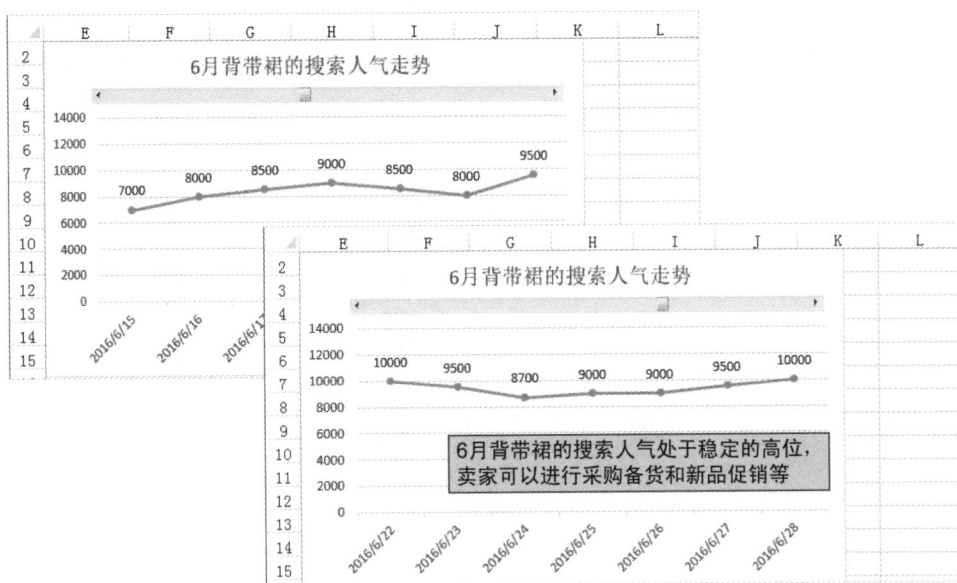

图6-31

由于滚动条控件和图表是两个相对独立的对象，为了将它们组合成一个整体，我们可以通过组合功能将它们"捆绑"成一个整体，由于滚动条控件不容易被选择，这里可借助于对象选择窗格，其大体操作如下。

Step 01 ❶在"开始"选项卡中单击"选择和查找"下拉按钮，❷选择"选择窗格"选项，如图6-32所示。

Step 02 打开"选择"窗格，按住【Ctrl】键，选择"Scroll Bar 2"和"图表 1"选项，如图6-33所示。

图6-32

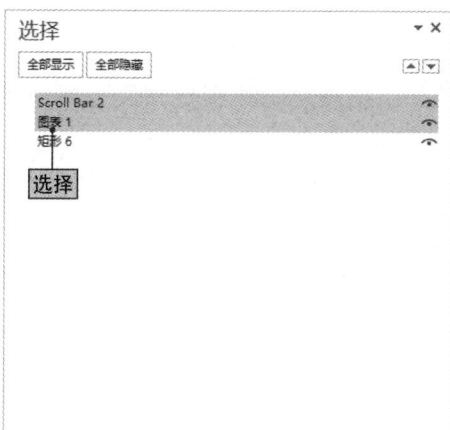

图6-33

Step 03 系统自动将表格中滑动条和图表对象选择，❶单击"绘图工具 格式"选项卡，❷单击"组合"下拉按钮，❸选择"组合"选项，使图表与滑动条控件捆绑在一起，成为一个整体，如图6-34所示。

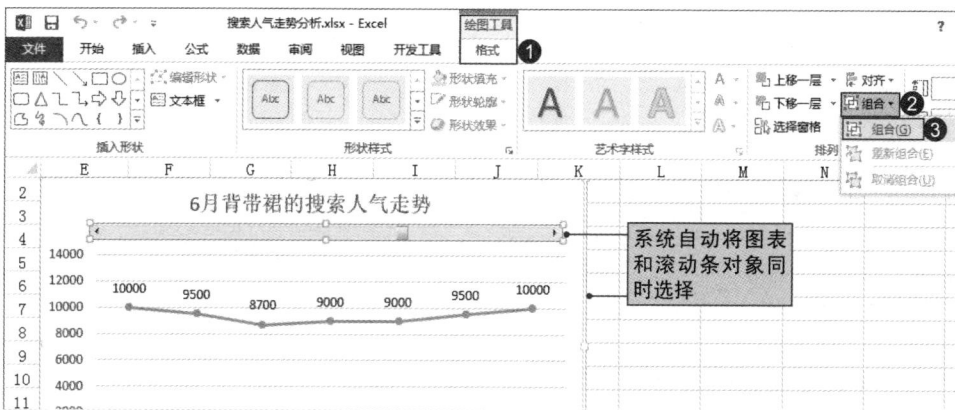

图6-34

6.1.4 查看最热销售商品的销量数据与走势

　　行业最热销售的商品，也就是行业排名靠前的几十项，要对它们进行查看并展示分析其走势情况，不是逐一进行数据的整理查看，再使用图表进行逐一分析，因为这样会耗费大量的时间。同时，也不利于我们对热销商品数据整体的把握和分析，这时可以通过使用动态切换图表来轻松解决。其中，只需借助于数据验证、图表和LOOKUP()函数。

下面以在"行业热销产品销量情况"工作簿中动态切换和展示手机配件的销量和走势为例来讲解相关操作，其具体操作如下。

分析 实例 热销商品的销量展示和走势分析

| 素材文件 | ◎素材\Chapter 6\行业热销产品销量情况.xlsx |
| 效果文件 | ◎效果\Chapter 6\行业热销产品销量情况.xlsx |

Step 01 打开"行业热销产品销量情况"素材，❶选择A1:G1单元格区域，按【Ctrl+C】组合键复制，❷选择A13:G13单元格区域，❸单击"粘贴"下拉按钮，❹选择"保留源列宽"选项，如图6-35所示。

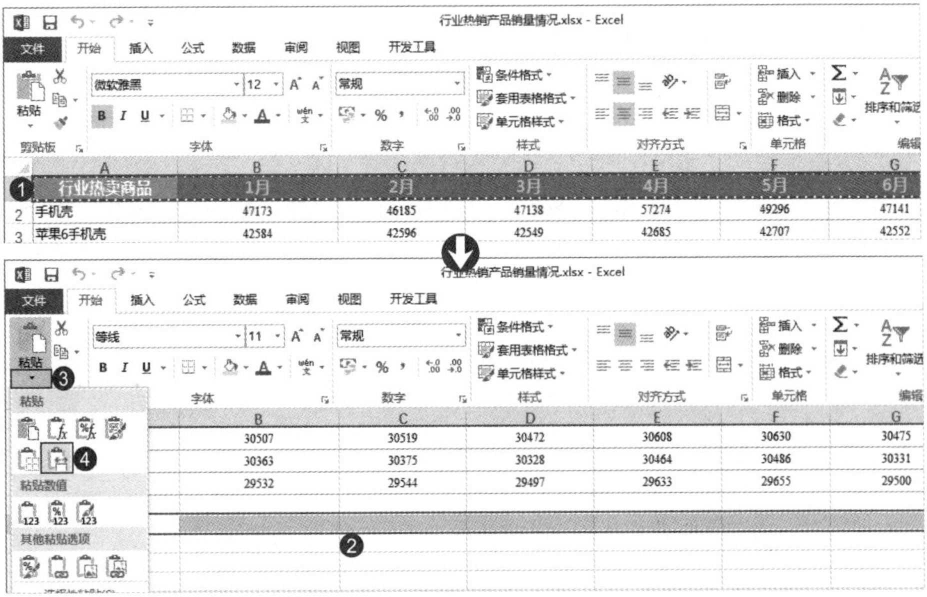

图6-35

Step 02 ❶选择A14单元格，❷单击"数据"选项卡，❸单击"数据验证"按钮，如图6-36所示。

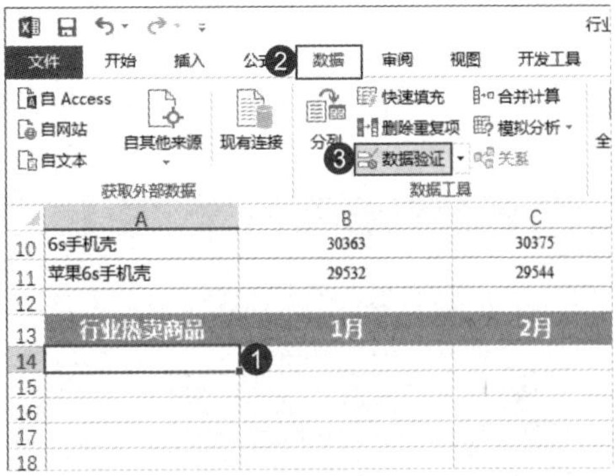

Step 03 打开"数据验证"对话框，❶选择"允许"选项为"序列"，❷设置"来源"参数为 A2:A11 单元格区域（将文本插入点定位在"来源"文本框中，在表格中选择 A2:A11 单元格区域），❸单击"确定"按钮，如图 6-37 所示。

图6-36

Step 04 ❶选择D14单元格，❷单击编辑栏中的"插入函数"按钮，打开"插入函数"对话框，如图6-38所示。

图6-37 图6-38

Step 05 ❶在"搜索函数"文本框中输入"Vlookup"，❷单击"转到"按钮，❸在"选择函数"列表框中选择"VLOOKUP"选项，❹单击"确定"按钮，如图6-39所示。

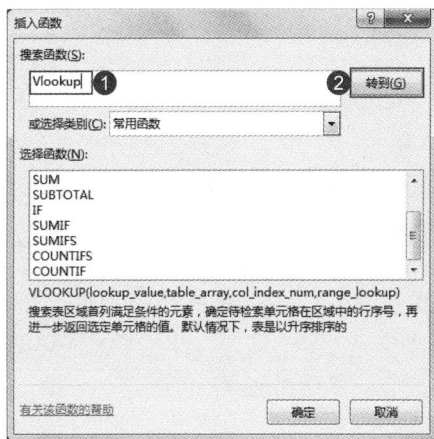

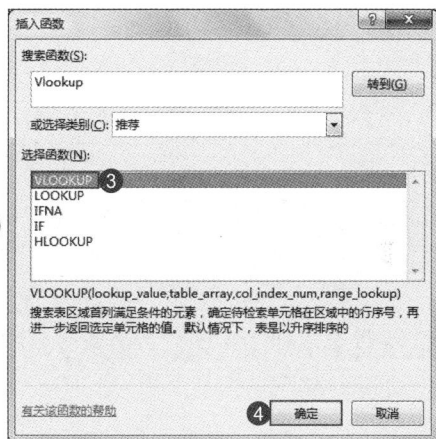

图6-39

Step 06 打开"函数参数"对话框，分别设置VLOOKUP()函数的对应参数，然后单击"确定"按钮，如图6-40所示。

Step 07 使用填充并填充函数到G14单元格并，依次更改Col_index_num参数为3，4，5，6，7，如图6-41所示。

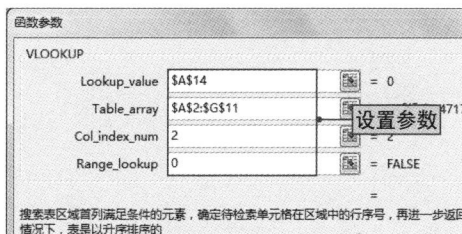

图6-40

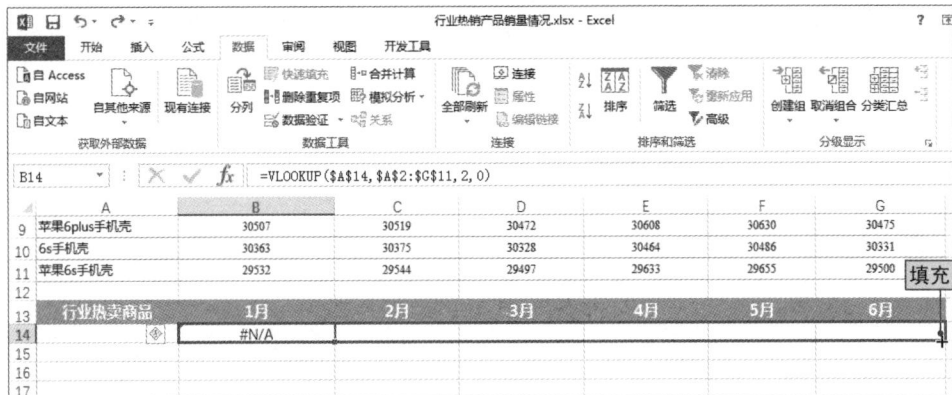

图6-41

Step 08 ❶选择A14单元格，❷单击右侧出现的下拉选项按钮，❸选择任意选项，这里选择"手机支架"选项，如图6-42所示。

Step 09 ❶选择A13:G14单元格区域，❷单击"插入柱形图"下拉按钮，❸选择"簇状柱形图"选项，如图6-43所示。

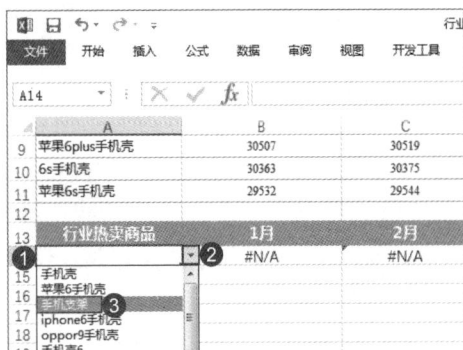

图6-42

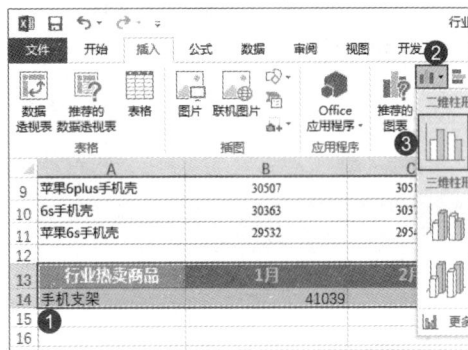

图6-43

Step 10 ❶移动图表到合适位置，❷应用图表样式"样式2"，❸手动调整图表宽度，如图6-44所示。

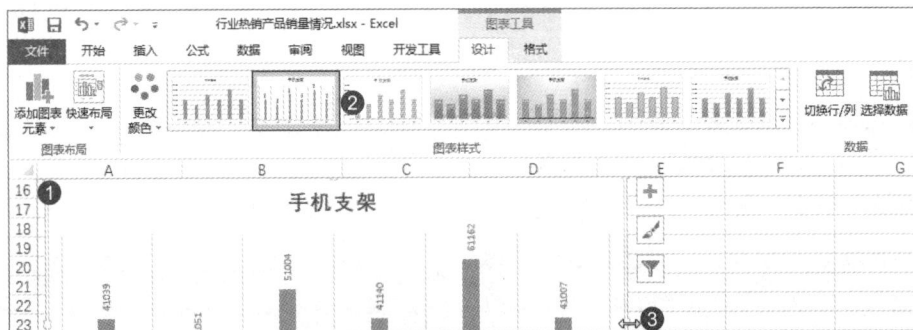

图6-44

Step 11 ❶在数据系列上右击，选择"添加趋势线"命令，系统自动打开"设置趋势线格式"窗格，❷选中"多项式"单选按钮，❸设置"顺序"值为"4"，如图6-45所示。

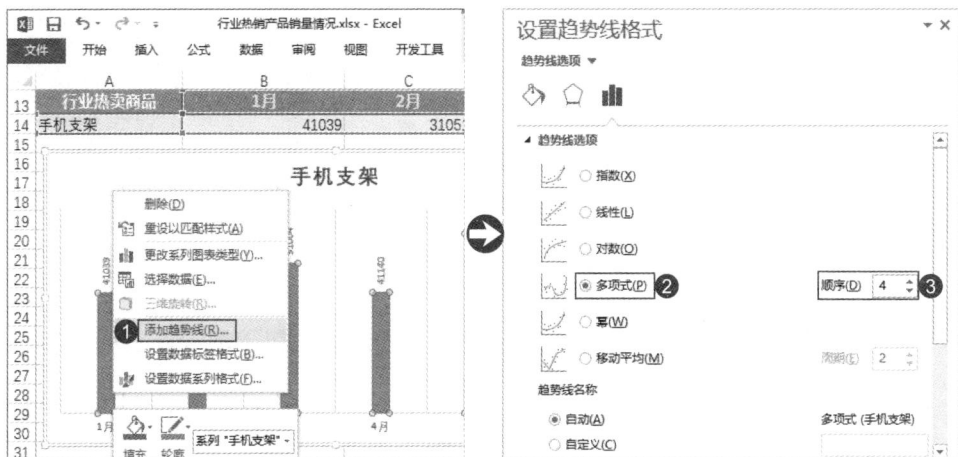

图6-45

Step 12 ❶在图表中选择数据系列，系统自动切换到"设置数据系列格式"窗格中，❷单击"填充与线条"选项卡，❸展开"填充"下拉选项，❹选中"依数据点着色"复选框，如图6-46所示。

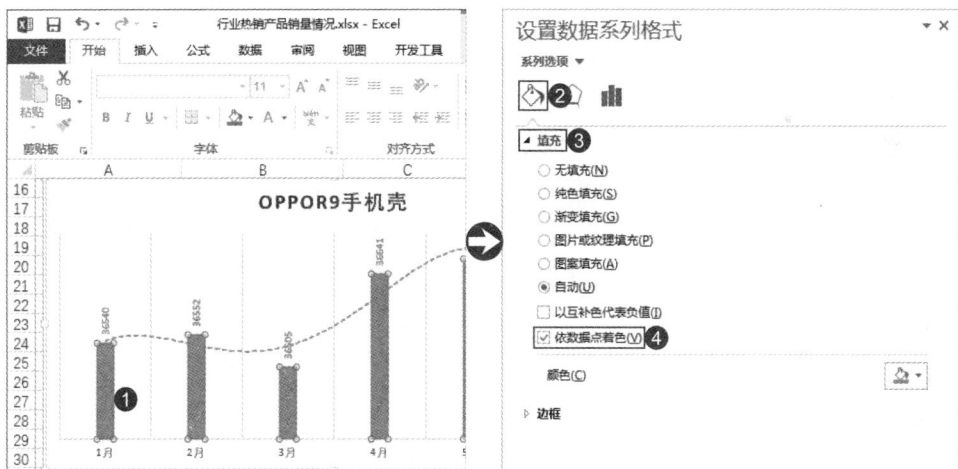

图6-46

Step 13 ❶选择A14单元格并单击右侧出现的下拉选项按钮，❷选择其他热销商品选项，这里选择"oppor9手机壳"选项，系统自动切换到oppor9手机壳商品的销量数据并在图表中直观的绘制出2016年上半年销量以及走势情况，如图6-47所示。

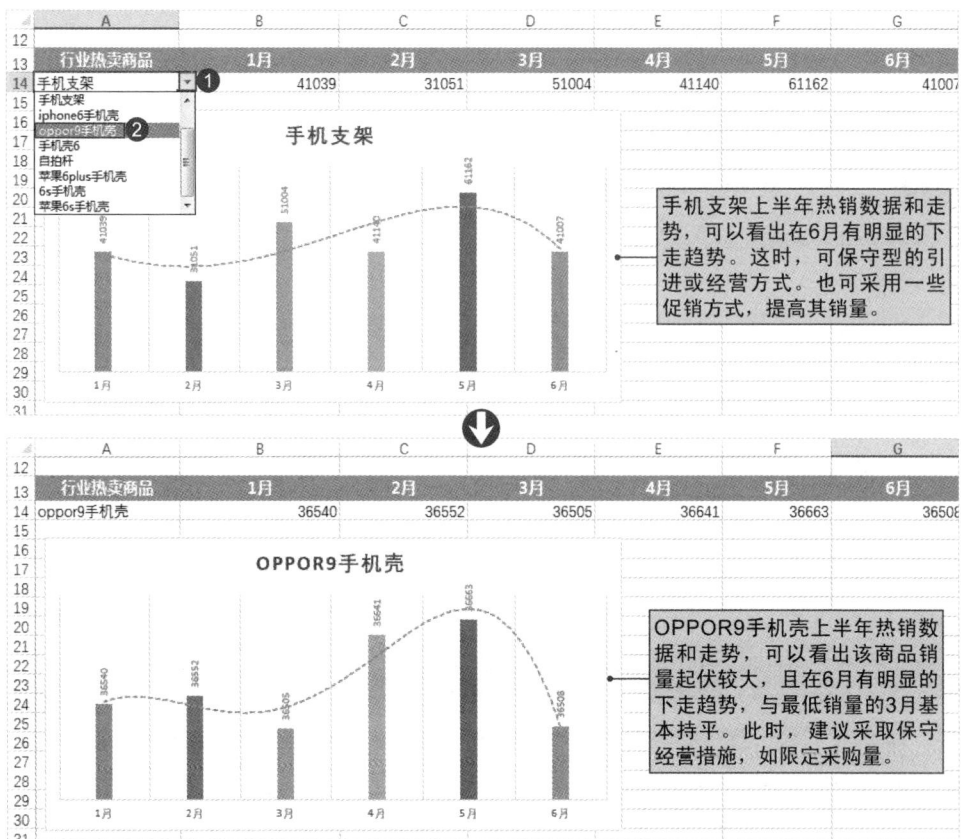

图6-47

6.2 行业卖家和买家情况分析

除了对行业同类商品的销量和销售额进行统计和分析外，对整个行业卖家和买家情况进行分析，有助于我们对行业卖家主体和行业买家进行了解和掌握，做到心中有数，从而对经营方式和策略进行调整和完善。

6.2.1 行业卖家经营阶段的分析

对于同行业卖家，也是我们的竞争对手，只是不像直接的竞争对手那样，处于"针尖对麦芒"的竞争。不过，作为其中一员，也需要了解整个行业的经营情况，以及整个行业卖家的定位，从而确定自己的"位置"，所处的阶段，有个直观清晰的比较，让我们时刻保持头脑清晰，做出理智的经营方法和策略。

　　下面以在"行业卖家经营阶段分析"工作簿中直观展示行业卖家经营阶段为例来讲解相关操作，其具体操作如下。

分析实例 **直观展示行业卖家的经营阶段**

素材文件	◎素材\Chapter 6\行业卖家经营阶段分析.xlsx
效果文件	◎效果\Chapter 6\行业卖家经营阶段分析.xlsx

Step 01 打开"行业卖家经营阶段分析"素材，❶选择A3:A7单元格区域，按【Ctrl+C】组合键，❷选择D2:G2单元格区域，❸单击"粘贴"下拉按钮，❹选择"转置"选项，如图6-48所示。

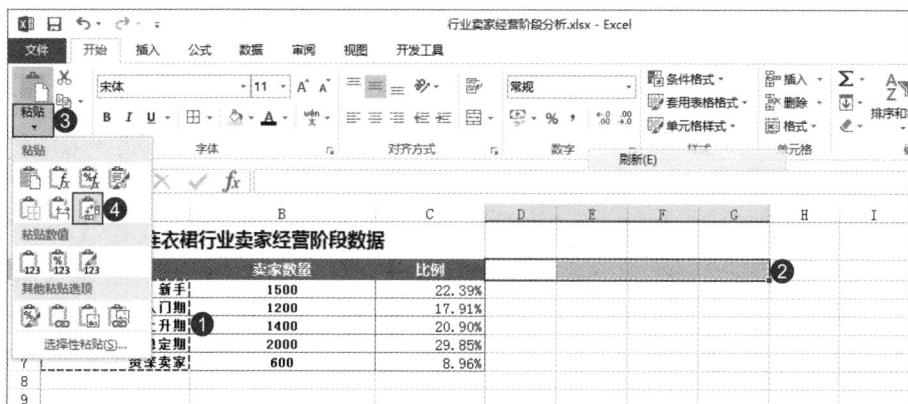

图6-48

Step 02 ❶选择D3单元格，❷单击"公式"选项卡，❸单击"逻辑"下拉按钮，❹选择"IF"选项，打开"函数参数"对话框，❺设置相应参数，❻单击"确定"按钮，如图6-49所示。

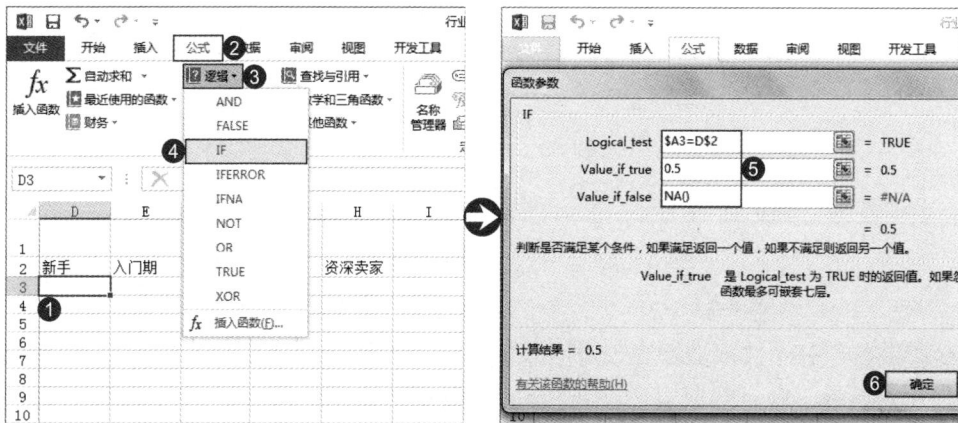

图6-49

Step 03 ❶使用填充柄将D3单元格中的IF函数填充到H3单元格，❷保持整D3:H3单元格区域的选择状态，将鼠标光标移到区域的右下角，待其鼠标光标变成加号形状时，拖动鼠标光标到第8行，填充函数并得出相应的结果，如图6-50所示。

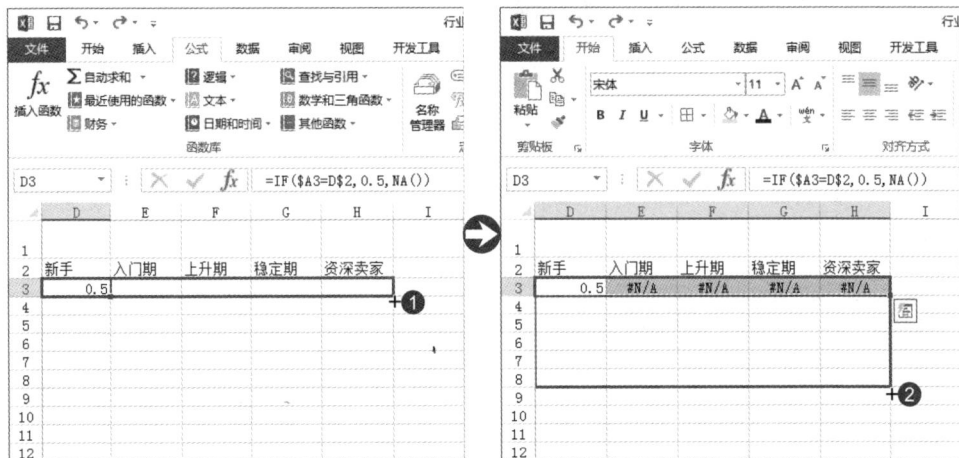

图6-50

Step 04 ❶在表格中选择任意空白单元格，❷单击"插入"选项卡中的"插入散点图或气泡图"下拉按钮，❸选择"散点图"选项，如图6-51所示。

Step 05 ❶将图表移到合适位置，并在其上右击，❷选择"选择数据"命令，如图6-52所示。

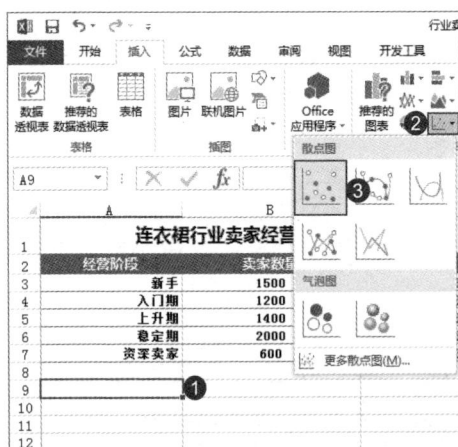

图6-51

图6-52

Step 06 打开"选择数据源"对话框，❶单击"添加"按钮，打开"编辑数据系列"对话框，❷分别设置"系列名称""X轴系列值"和"Y轴系列值"参数，❸依次单击"确定"按钮，如图6-53所示。

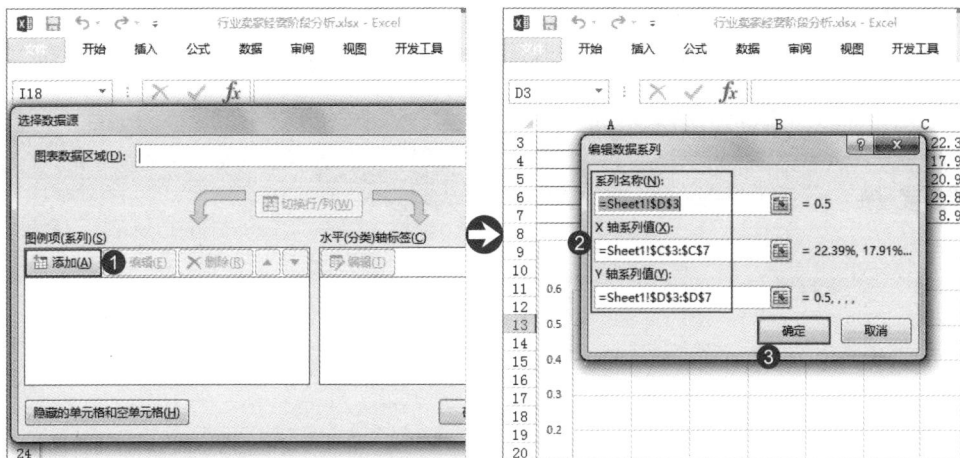

图6-53

Step 07 ❶在图表纵坐标轴上双击，打开"设置坐标轴格式"窗格，❷设置"最大值"为"2.0"，"主要单位"为"0.5"，如图6-54所示。

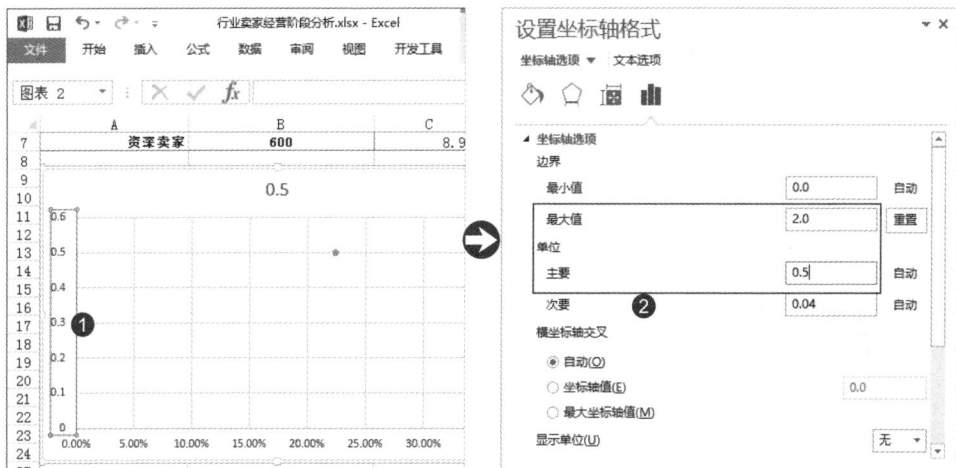

图6-54

Step 08 ❶展开"标签"下拉选项，❷单击"标签位置"下拉按钮，❸选择"无"选项，如图6-55所示。

Step 09 ❶选择整张图表，将鼠标光标移到图表上方的控制柄上，手动拖动调整图表的高度到合适，❷选择绘图区，如图6-56所示。

图6-55

Step 10 此时窗格名称变成"设置绘图区格式",❶展开"填充"下拉选项,❷选中"纯色填充"单选按钮,❸单击"颜色"下拉按钮,❹选择"蓝色,着色5,淡色60%"选项,如图6-57所示。

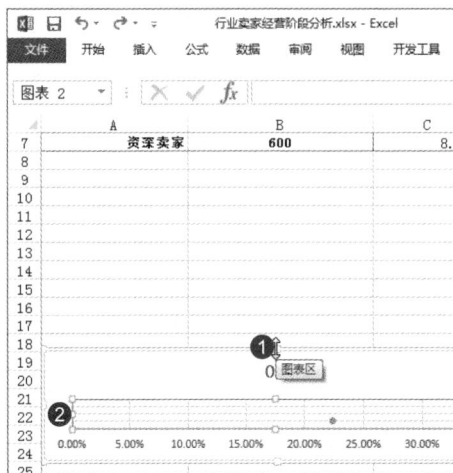

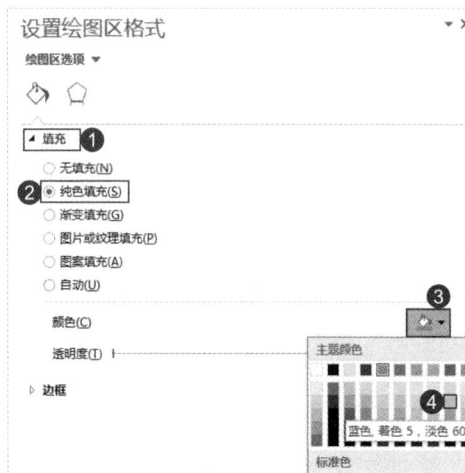

图6-56   图6-57

Step 11 在绘图中的主要横网格线和主要纵网格线上右击,选择"删除"命令,如图6-58所示。

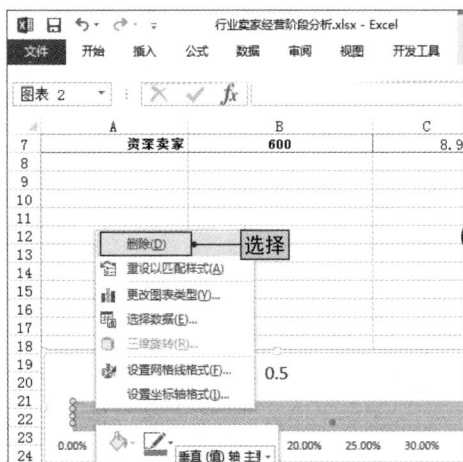

图6-58

Step 12 ❶在图表中选择标题文本框,❷在编辑栏中输入等号"=sheet1!$A$3",然后在表格中选择A3,按【Ctrl+Enter】组合键确认,如图6-59所示。

Step 13 ❶单击"插入"选项卡,❷单击"图片"按钮,打开"插入图片"对话框,如图6-60所示。

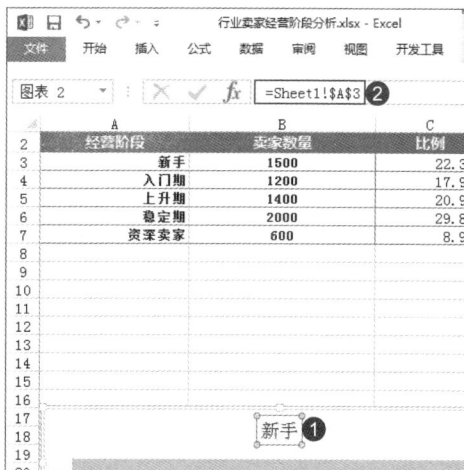

图6-59

图6-60

Step 14 ❶选择图片所放置的位置，❷选择"卡通人物"文件，❸单击"插入"按钮，❹将鼠标光标移到图片控制框的右上角，按住【Ctrl+Shift】组合键，拖动鼠标按比例将其缩小，如图6-61所示。

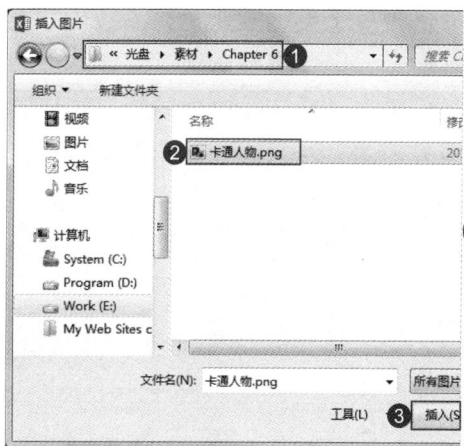

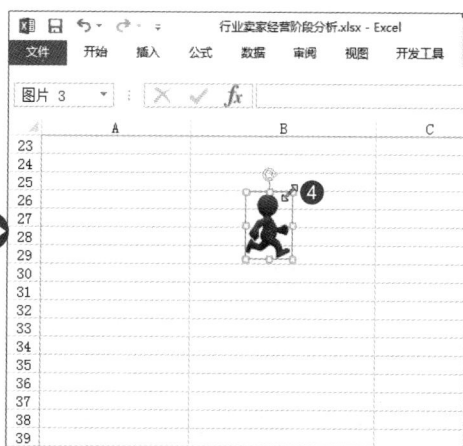

图6-61

Step 15 ❶复制卡通人物图片，❷选择图表中的数据点，按【Ctrl+V】组合键，如图6-62所示。

Step 16 将图表移到合适位置并以同样的方法制作和设置行业卖家其他经营阶段展示图表，如图6-63所示。

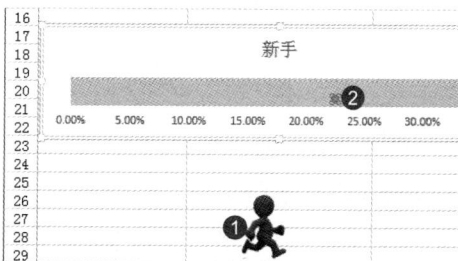

图6-62

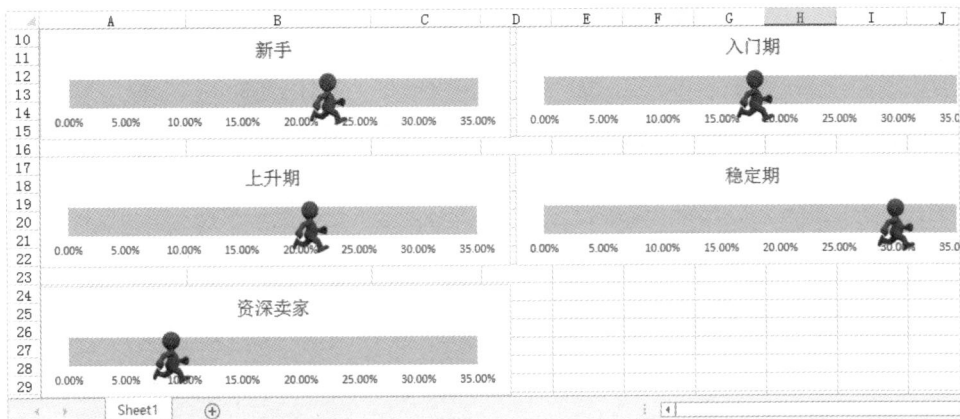

图6-63

6.2.2
PC端与无线端的偏好占比和走势

　　线上店铺通常都有两种访问方式：PC端和无线端。其目的都是最大限度地方便用户的操作和使用，从而增加访问量和成交量。由于两种端口的显示方式和访问快捷上有所不同，如手机单页上相对于电脑端显示商品数量相对较小，可实现随时访问。所以，作为电商卖家一定要清楚知道顾客或访客习惯所选择的方式。要达到目的也很简单，只需将最近一段时间的用户通过两种方式访问或搜索量数据对比（这里使用条形图）并对其大体走势进行分析即可（这里主要是看大体走势，使用折线迷你图表就能满足需要）。

　　下面以"终端偏好占比"工作簿为例来讲解相关操作和分析，其具体操作如下。

分析实例 直观展示顾客喜好的访问终端

素材文件	◎素材\Chapter 6\终端偏好占比.xlsx
效果文件	◎效果\Chapter 6\终端偏好占比.xlsx

Step 01 打开"终端偏好占比"素材，❶选择A1:C8单元格区域，❷单击"插入"选项卡，❸单击"插入条形图"下拉按钮，❹选择"簇状条形图"图表选项，如图6-64所示。

Step 02 ❶将图表移到合适位置，❷单击"图表工具 设计"选项卡，❸在"图表样式"列表框中选择"样式12"选项，如图6-65所示。

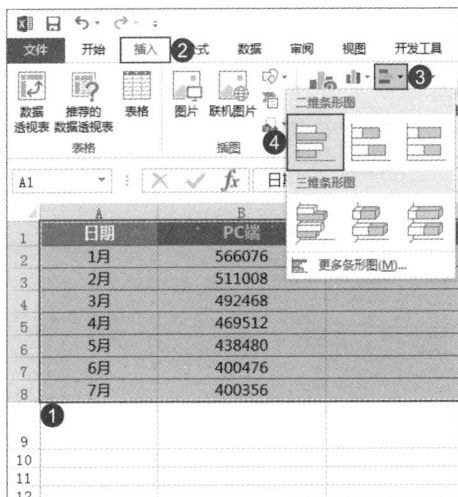

图6-64

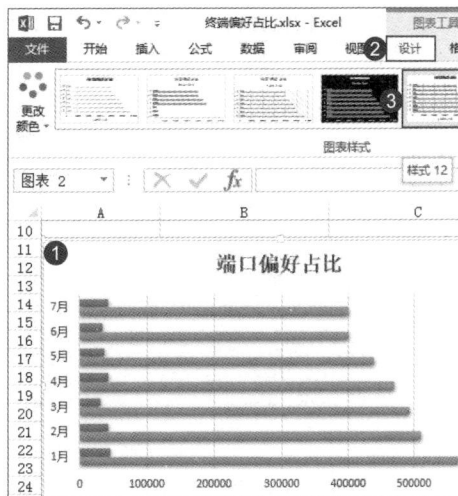

图6-65

Step 03 ❶选择B9:C9单元格区域，❷单击"插入"选项卡中的"折线图"按钮，如图6-66所示。

Step 04 打开"创建迷你图"对话框，❶设置"数据范围"参数为"B2:C8"（将文本插入点定位在"数据范围"文本框中，在表格中选择B2:C8单元格区域），❷单击"确定"按钮，如图6-67所示。

图6-66

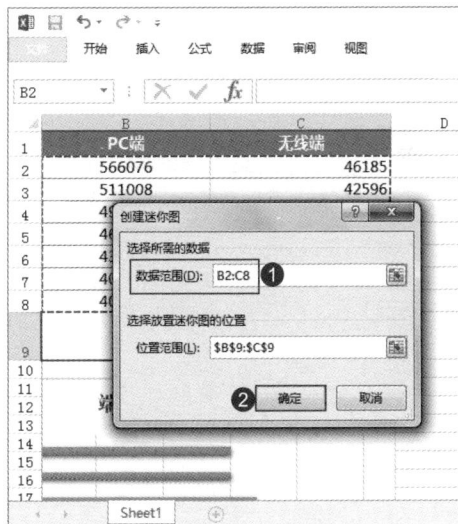

图6-67

Step 05 返回表格中即可查看系统自动根据B2:B8、C2:C8单元格区域数据，分别在B9和C9单元格中创建的折线图迷你图效果，如图6-68所示。

PC端搜索和访问数量呈现下降趋势，且没有反转的势头，作为卖家需对PC端商品展示、布局等进行改善

| | D | E | F | G | H |

7月　400356　43375

无线端段搜索和访问数量，最近呈现上升趋势

端口偏好占比

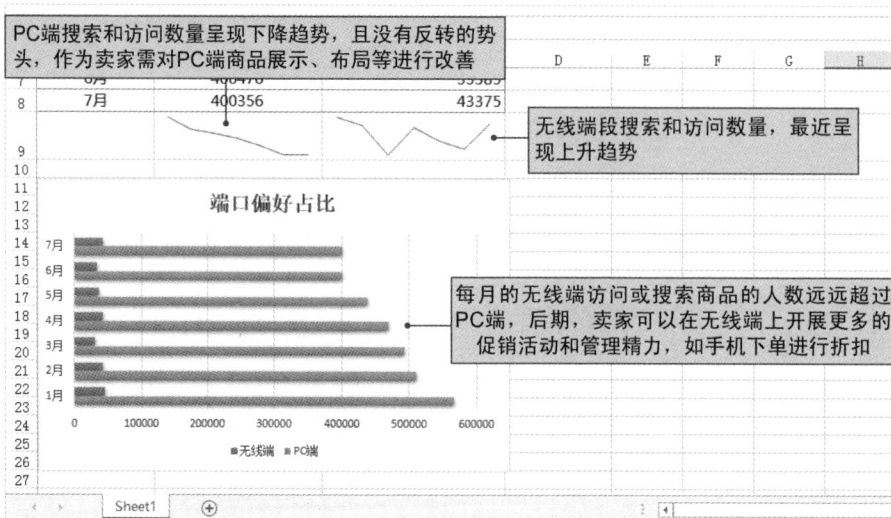

每月的无线端访问或搜索商品的人数远远超过PC端，后期，卖家可以在无线端上开展更多的促销活动和管理精力，如手机下单进行折扣

■无线端 ■PC端

图6-68

采购成本的分析
与控制

　　作为电商经营者，要想获得更多的收益，就必须考虑到前期的投入。其中，占有比重较大的是商品采购成本。所以，我们需要对其进行有效的控制并对其进行相应的分析，使其投入更加有效。

7.1　采购成本数据分析

对于电商经营者而言，采购成本是一个很值得关心的问题，因为它直接影响到投入成本和盈利多少以及采购渠道的选择等。这也要求我们需要对采购成本数据进行相应的分析，得出科学的依据，以为我们制定或采取的措施提供数据支持。

7.1.1
商品采购成本走势分析

在进行商品采购时，由于商品的价格会受到各种因素的影响，如交通、气候等，我们可以在商品价格走低时进行大量采购，节省成本，赚取更大差价，从而获得更多利润。

分析价格走势，一般都是根据已有数据构成的走势折线来分析。此时，只需选择一连串的日期和采购成本数据，创建折线图即可，如图7-1所示。

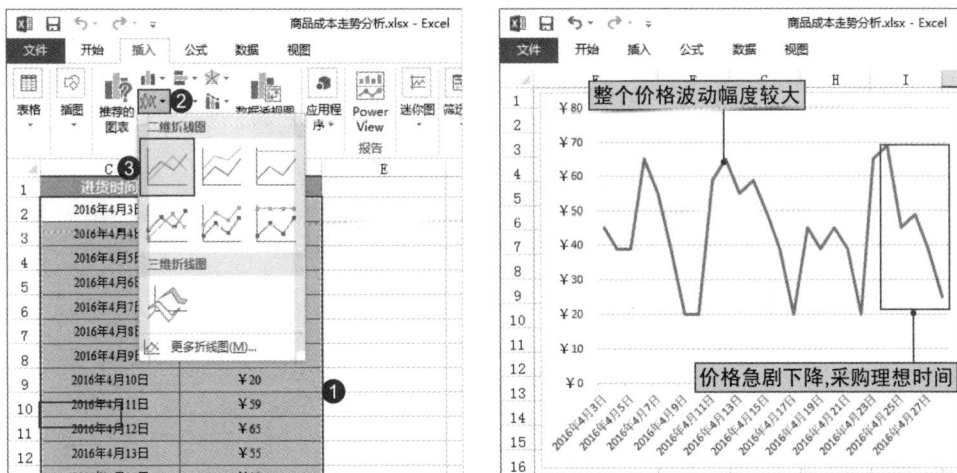

图7-1

若要关心价格最近时间段的走势，以选择最佳的采购时间，可让折线图表只绘制最近时间的最新价格走势，如一周或半月。这时，我们可以借助于定义的名称结合折线图表来实现。

下面以在"商品成本走势分析"工作簿中制作出最近一周动态图表为例来讲解相关操作，其具体操作如下。

分析
实例 **展示分析最近一周商品进价走势**

素材文件	◎素材\Chapter 7\商品成本走势分析.xlsx
效果文件	◎效果\Chapter 7\商品成本走势分析.xlsx

Step 01 打开"商品成本走势分析"素材，❶单击"公式"选项卡，❷单击"定义名称"按钮，打开"新建名称"对话框，如图7-2所示。

Step 02 ❶设置"名称"为"DATA"，❷在"引用位置"文本框中输入函数"=OFFSET(进货成本分析!$D$2,COUNT(进货成本分析!$D:$D)-7,,7)"，❸单击"确定"按钮，如图7-3所示。

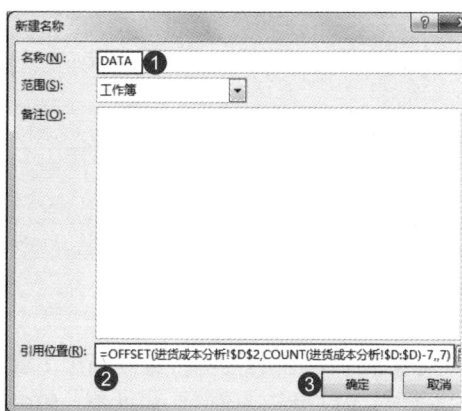

图7-2　　　　　　　　　　　　图7-3

Step 03 ❶单击"定义名称"按钮，打开"新建名称"对话框，❷设置"名称"为"DATA"，❸在"引用位置"文本框中输入函数"=OFFSET(DATA,,-1)"，❹单击"确定"按钮，如图7-4所示。

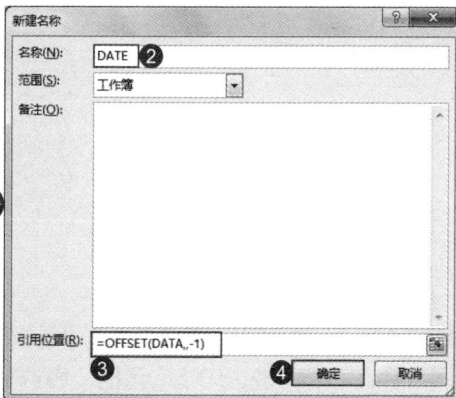

图7-4

Step 04 ❶选择C2:D8单元格区域，❷单击"插入折线图"下拉按钮，❸选择"二维折线图"选项，如图7-5所示。

Step 05 ❶将图表移到合适位置，并输入图表标题为"最近一周价格走势"，❷在"图表样式"列表框中选择"样式2"选项，如图7-6所示。

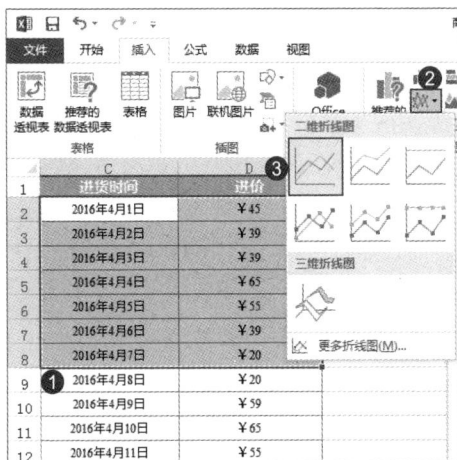

图7-5

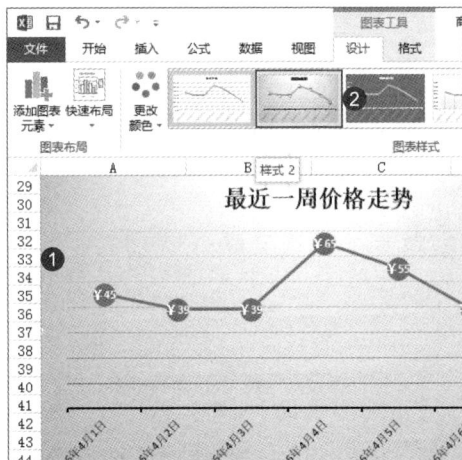

图7-6

Step 06 在图表的任意位置处右击，❶选择"选择数据"命令打开"选择数据源"对话框，❷选中"系列1"复选框，❸单击"编辑"按钮，如图7-7所示。

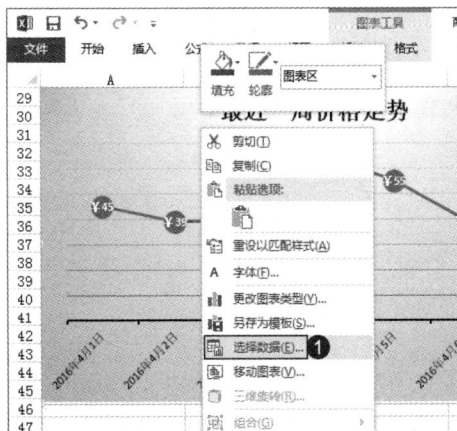

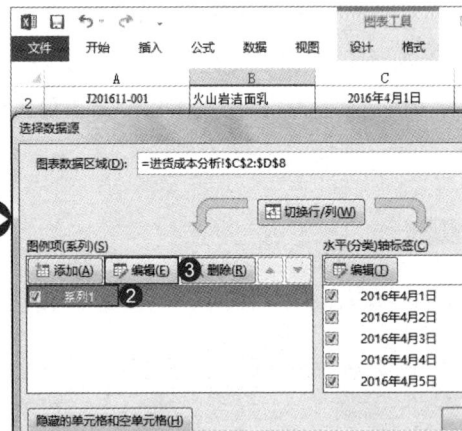

图7-7

Step 07 打开"编辑数据系列"对话框，❶选择"系列名称"文本框中原有的数据，并在表格中选择D2单元格，❷选择"系列值"文本框中引用的单元格区域数据，按【F3】键，打开"粘贴名称"对话框，❸选择"DATA"选项，❹单击"确定"按钮，如图7-8所示。

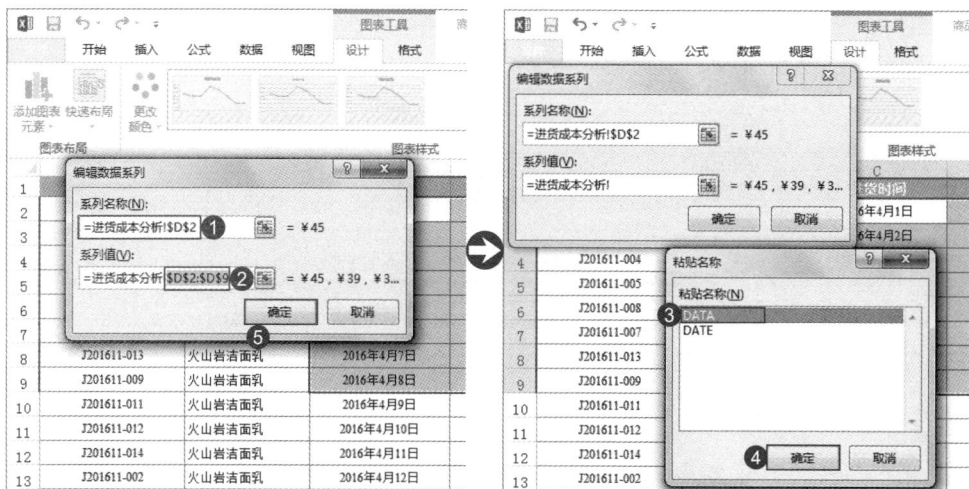

图7-8

Step 08 返回"选择数据源"对话框中，❶单击"水平(分类轴标签)"栏中的"编辑"按钮，打开"轴标签"对话框，❷选择引用的单元格区域，按【Delete】键将其删除，如图7-9所示。

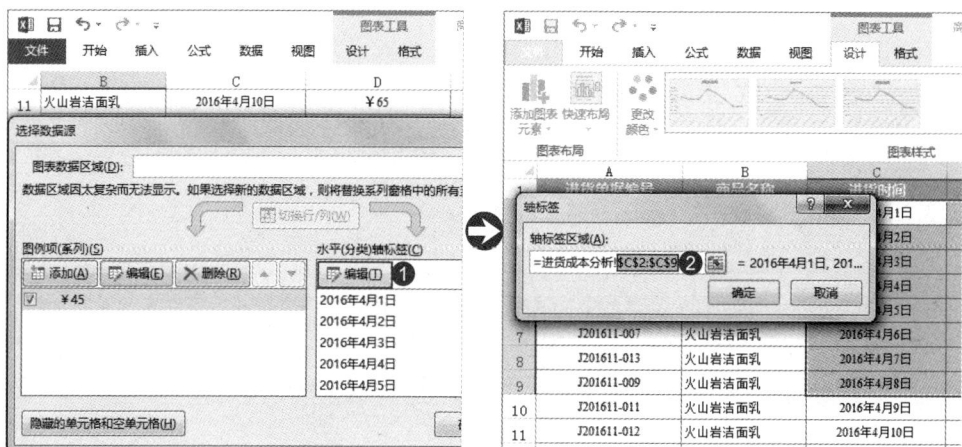

图7-9

Step 09 按【F3】键，打开"粘贴名称"对话框，❶选择"DATE"选项，❷单击"确定"按钮，返回"轴标签"对话框中单击"确定"按钮，然后返回"选择数据源"对话框中再次单击"确定"按钮，如图7-10所示。

图7-10

Step 10 返回表格中即可查看动态的最近一周折线图表效果，如图7-11所示。

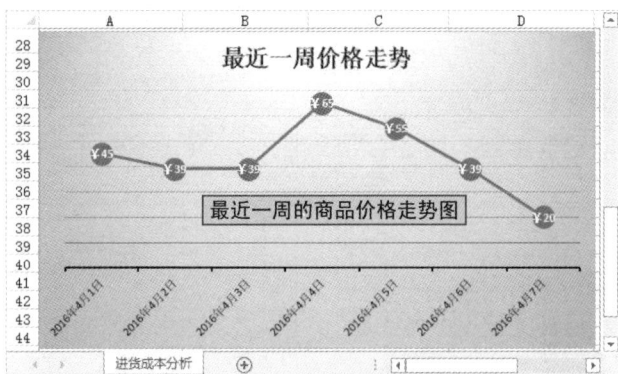

图7-11

若觉得图表中的日期横坐标轴数据长度过长，我们可以对其显示样式进行设置，使其以简化的日期方式显示。其具体操作如下。

Step 01 在日期的横坐标轴上右击，❶选择"设置坐标轴格式"命令，打开"设置坐标轴格式"窗格，❷单击"类型"下拉按钮，❸选择"01/3/14"选项，如图7-12所示。

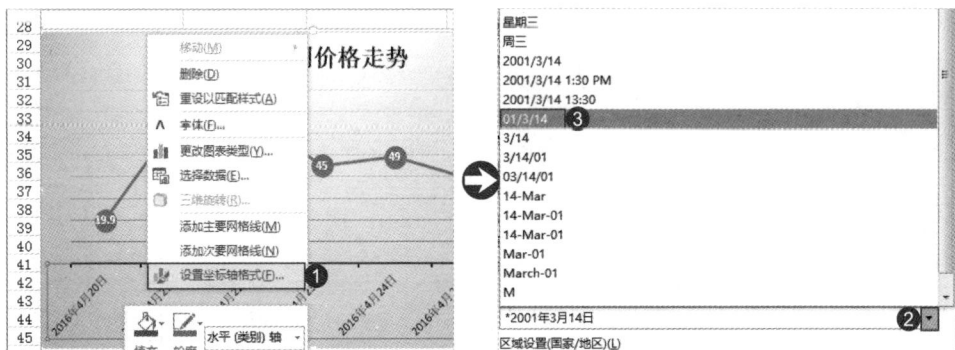

图7-12

Step 02 返回工作表中即可查看短日期的水平坐标轴效果，如图7-13所示。

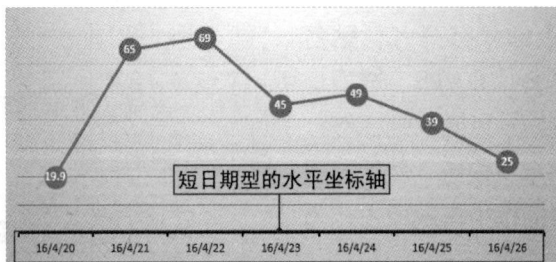

图7-13

7.1.2
各类商品采购金额统计

我们在采购商品时，基本上都会按照一定的大类进行采购，它们之间的区别就是型号或颜色等。所以，在按类对商品进行统计时，只需有大类的商品数据就可直接进行操作。最直接和有效的方式就是分类汇总，对各类商品进行采购成本、数量和总和进行快速统计。

下面以在"各类商品采购金额"工作簿中按商品类名称进行采购成本统计为例来讲解相关操作，其具体操作如下。

分析实例 对各类商品的采购数据分类汇总

素材文件	◎素材\Chapter 7\各类商品采购金额.xlsx
效果文件	◎效果\Chapter 7\各类商品采购金额.xlsx

Step 01 打开"各类商品采购金额"素材，❶选择B4单元格，❷单击"数据"选项卡，❸单击"排序"按钮，打开"排序"对话框，如图7-14所示。

Step 02 ❶单击"主要关键字"下拉按钮，❷选择"货物名称"选项，❸单击"添加条件"按钮，如图7-15所示。

图7-14

图7-15

Step 03 ❶单击"次要关键字"下拉按钮，❷选择"进货成本"选项，❸单击"确定"按钮，如图7-16所示。

Step 04 保持单元格选择状态，单击"分类汇总"按钮，如图7-17所示。

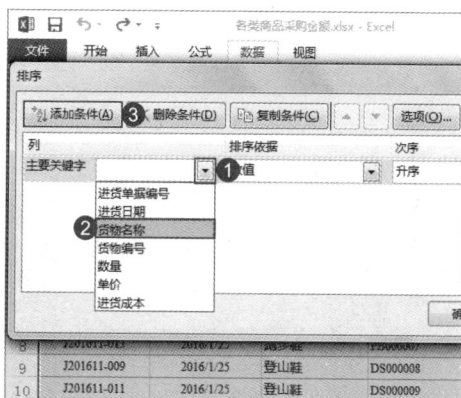

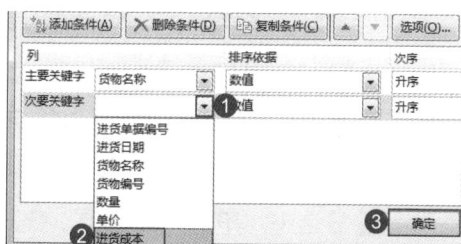

图7-16

Step 05 打开"分类汇总"对话框，❶单击"分类字段"下拉按钮，❷选择"货物名称"选项，如图7-18所示。

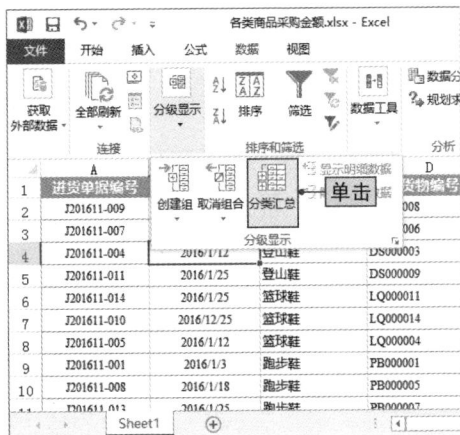

图7-17

图7-18

Step 06 ❶选中"进货成本"复选框，❷单击"确定"按钮，创建第一重商品类汇总，如图7-19所示。

Step 07 返回表格中保持原有单元格选择状态，再次单击"分类汇总"按钮，打开"分类汇总"对话框，如图7-20所示。

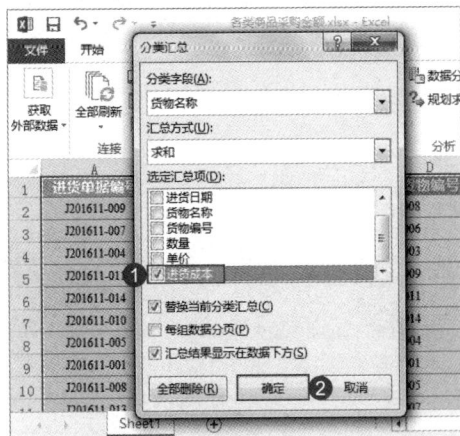

图7-19

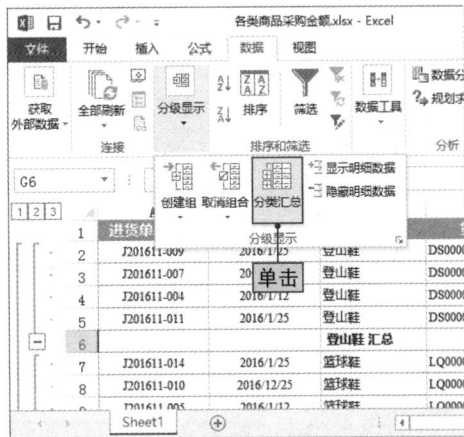

图7-20

Step 08 ❶单击"汇总方式"下拉按钮，❷选择"平均值"选项，❸取消选中"替换当前分类汇总"复选框，如图7-21所示。

Step 09 ❶选中"单价"复选框，❷取消选中"进货成本"复选框，❸单击"确定"按钮，创建第二重分类汇总，如图7-22所示。

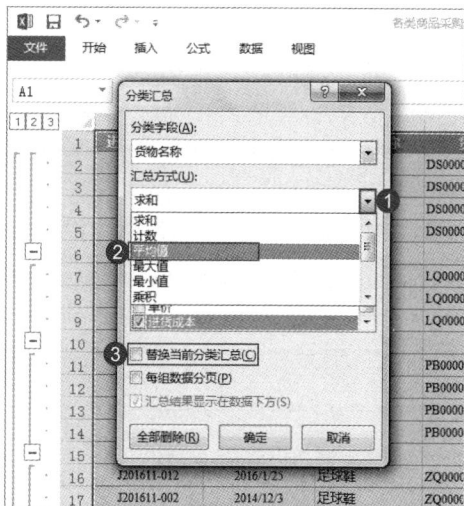

图7-21

图7-22

Step 10 在表格中即可查看各类商品采购成本和平均价格的分类汇总效果，如图7-23所示。

		A	B	C	D	E	F	G	H
1		进货单据编号	进货日期	货物名称	货物编号	数量	单价	进货成本	
2		J201611-009	2016/1/25	登山鞋	DS000008	8	¥ 320.00	¥ 2,560.00	
3		J201611-007	2016/1/18	登山鞋	DS000006	12	¥ 250.00	¥ 3,000.00	
4		J201611-004	2016/1/12	登山鞋	DS000003	14	¥ 220.00	¥ 3,080.00	
5		J201611-011	2016/1/25	登山鞋	DS000009	20	¥ 360.00	¥ 7,200.00	
6	同类商品平均价格			登山鞋 平均值			¥ 287.50		
7				登山鞋 汇总				¥ 15,840.00	
8		J201611-014	2016/1/25	篮球鞋	LQ000011	8	¥ 450.00	¥ 3,600.00	
9		J201611-010	2016/12/25	篮球鞋	LQ000014	12	¥ 350.00	¥ 4,200.00	
10		J201611-005	2016/1/12	篮球鞋	LQ000004	20	¥ 489.00	¥ 9,780.00	
11				篮球鞋 平均值			¥ 429.67		
12				篮球鞋 汇总				¥ 17,580.00	
13		J201611-008	2016/1/18	跑步鞋	PB000005	9	¥ 236.00	¥ 2,124.00	
14		J201611-001	2016/1/3	跑步鞋	PB000001	6	¥ 456.00	¥ 2,736.00	
15		J201611-013	2016/1/25	跑步鞋	PB000007	10	¥ 286.00	¥ 2,860.00	
16		J201611-003	2016/1/3	跑步鞋	PB000002	20	¥ 364.00	¥ 7,280.00	
17				跑步鞋 平均值			¥ 335.50		
18	同类商品采购价格			跑步鞋 汇总				¥ 15,000.00	
19		J201611-012	2016/1/25	足球鞋	ZQ000010	12	¥ 456.00	¥ 5,472.00	
20		J201611-002	2014/12/3	足球鞋	ZQ000012	18	¥ 389.00	¥ 7,002.00	
21		J201611-006	2014/12/18	足球鞋	ZQ000013	18	¥ 423.00	¥ 7,614.00	
22				足球鞋 平均值			¥ 422.67		
23				足球鞋 汇总				¥ 20,088.00	
24				总计平均值			360.64		
25				总计				¥ 68,508.00	

图7-23

7.1.3

各类商品采购金额所占比例

在电子商务中，我们对商品的采购基本上都是按照市场导向性来决定，也就是根据顾客的搜索量、下单量和成交量来进行。同时，也要顾及店铺商品的整体结构平衡，毕竟上架的商品具有一定的生命周期。那么，在采购活动中，可以根据同类商品的采购金额，来判断类型商品所占比重，为调整采购行为提供数据支持。

下面以"各类商品采购金额1"工作簿中统计和分析同类商品的采购金额比重为例来讲解相关操作，其具体操作如下。

分析实例 使用饼图分析采购金额的比例 _____

素材文件	◎素材\Chapter 7\各类商品采购金额1.xlsx
效果文件	◎效果\Chapter 7\各类商品采购金额1.xlsx

Step 01 打开"各类商品采购金额1"素材，❶选择B18单元格，❷单击"公式"选项卡，❸单击"数学和三角函数"下拉按钮，❹选择"SUMIFS"选项，打开"函数参数"对话框，如图7-24所示。

Step 02 ❶将文本插入点定位在"Sum_range"文本框中，❷在表格中选择H2:H15单元格区域，如图7-25所示。

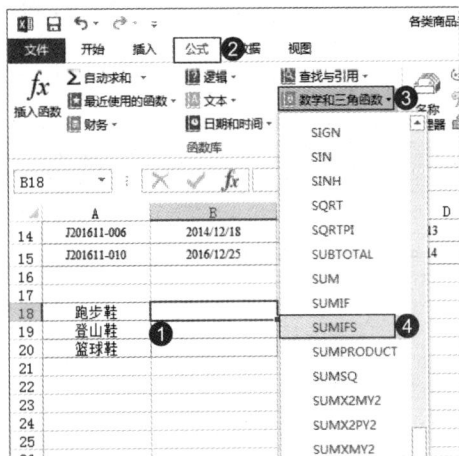

图7-24

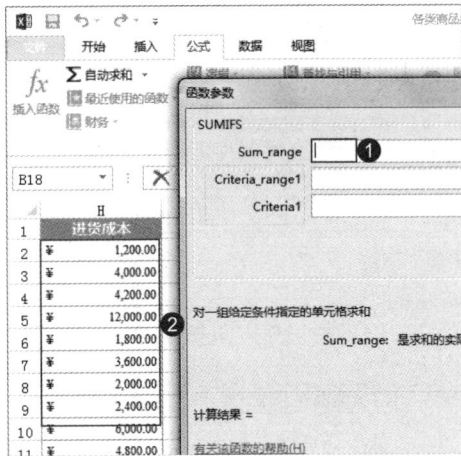

图7-25

Step 03 ❶将文本插入点定位在"Ctriteria_range1"文本框中，❷在表格中选择C2:C15单元格区域，如图7-26所示。

Step 04 ❶在"Ctriteria1"文本框中输入"跑步鞋"，❷单击"确定"按钮确认设置，如图7-27所示。

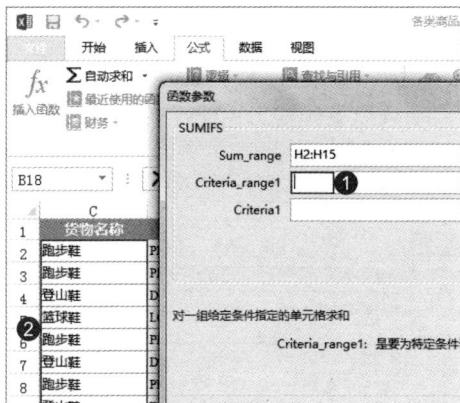

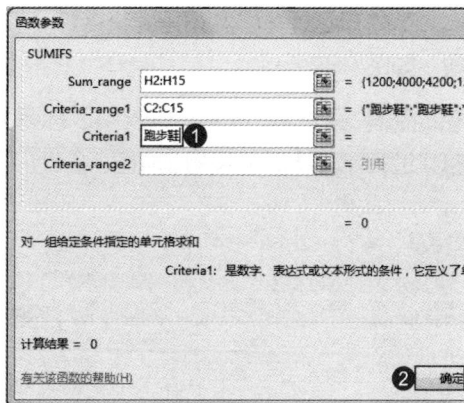

图7-26   图7-27

Step 05 ❶选择B18单元格，❷在编辑栏中复制函数"=SUMIFS(H2:H15,C2:C15," 跑步鞋")"，❸选择B19单元格，❹在编辑栏中粘贴函数，如图7-28所示。

图7-28

Step 06 在编辑栏中将在"Ctriteria1"参数更改为"登山鞋"，按【Ctrl+Enter】 组合键确认，如图7-29所示，并以同样的方法统计出篮球鞋的采购金额，如图7-30 所示。

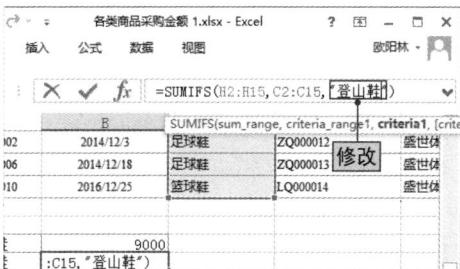

图7-29   图7-30

Step 07 ❶选择A18:B20单元格区域，❷单击饼图下拉按钮，❸选择"三维饼图"选项，如图7-31所示。

Step 08 移动图表位置，输入图表标题为"各类商品采购成本占比情况分析"，并对其进行字体格式的设置，如图7-32所示。

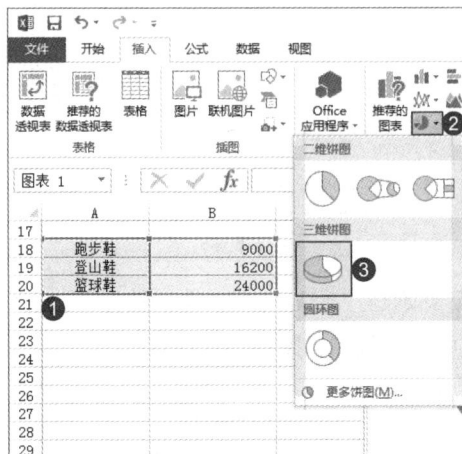

图7-31

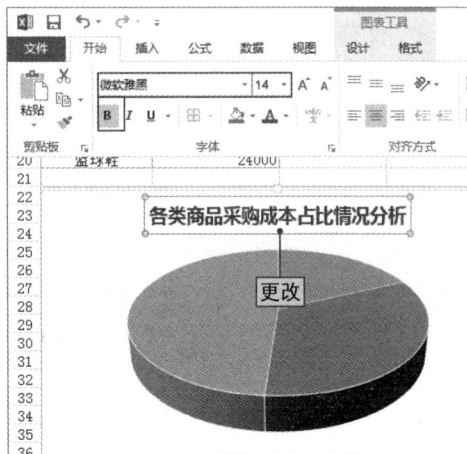

图7-32

Step 09 在饼图扇区上右击，选择"添加数据标签"命令添加数据标签，如图7-33所示。

Step 10 在添加的数据标签上右击，选择"设置数据标签格式"命令，打开"设置数据标签格式"窗格，如图7-34所示。

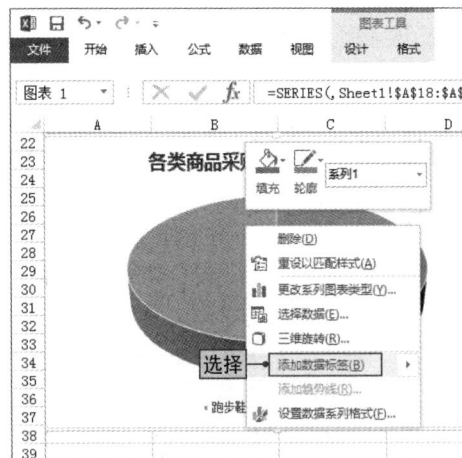

图7-33

图7-34

Step 11 ❶在"标签选项"选项卡中选中"百分比"复选框，❷设置"分隔符"为"（分行符）"，如图7-35所示。

Step 12 在图表中选择数据系列（也就是饼图扇区），在"系列选项"选项卡中的"饼图分离程度"数值框中输入"4%"，如图7-36所示。

图7-35

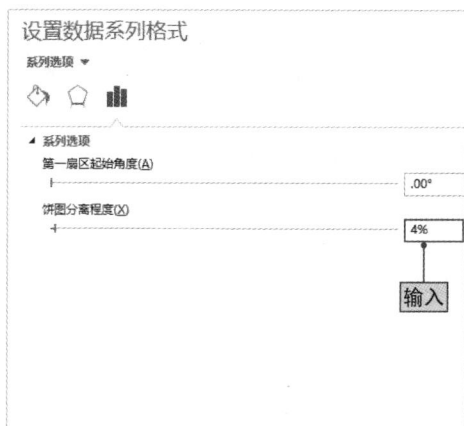

图7-36

Step 13 在表格中即可查看设置的饼图效果（很直观地看出各类商品采购金额的数据和比重），如图7-37所示。

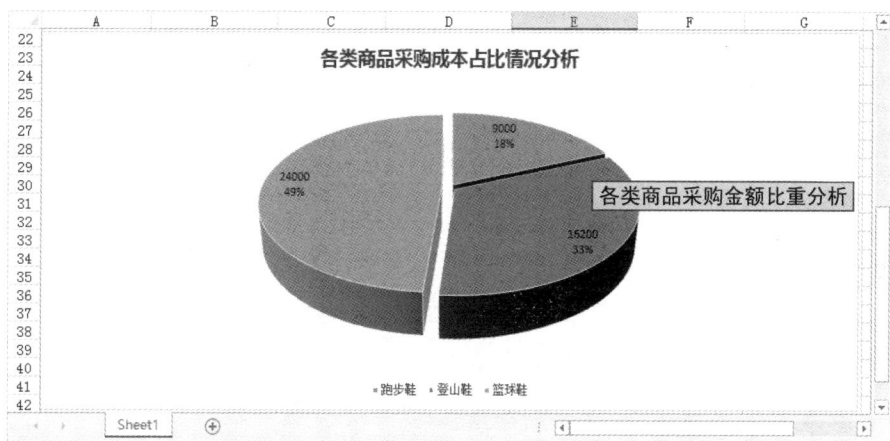

图7-37

7.1.4
分析商品采购时机

　　商品采购价格变动是常有的事情，怎样在变动的采购单价中获取到最佳采购时机，较大程度降低投入成本，是很多卖家都希望掌握的方法和技能，因为，这样可以让自己处于更有利的地位，无论是搞促销或让利活动等方面，都有发挥的空间，同时还能有不错的利润。其实这种方法技能很容易获取，我们可以将波动价格与平均价格（这里用AVERAGE()函数获取）进行划分和对比即可。

下面以在"各类商品采购金额2"工作簿中创建带有价格平均线的折线组合图表为例来讲解相关操作，其具体操作如下。

分析实例 分析采购平均价指导采购时机

| 素材文件 | ◎素材\Chapter 7\各类商品采购金额2.xlsx |
| 效果文件 | ◎效果\Chapter 7\各类商品采购金额2.xlsx |

Step 01 打开"各类商品采购金额2"素材，❶选择E2单元格，❷单击"自动求和"下拉按钮，❸选择"平均值"命令，❹在表格中选择D2:D15单元格区域，如图7-38所示。

图7-38

Step 02 选择AVERAGE()函数的参数"D2:D15"，按【F4】键将其转换为绝对引用（保持引用的单元格数据保持不变，确保整个价格平均值的准确和相同），按【Ctrl+Enter】组合键确认，如图7-39所示。

Step 03 将鼠标光标移到E2单元格右下角，待其鼠标光标变成加号形状双击鼠标，将函数填充到E15单元格，并自动计算出对应数据结果，如图7-40所示。

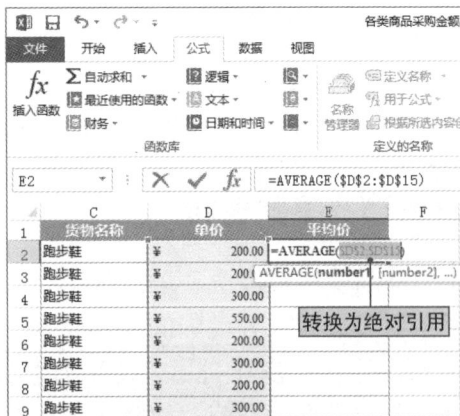

图7-39

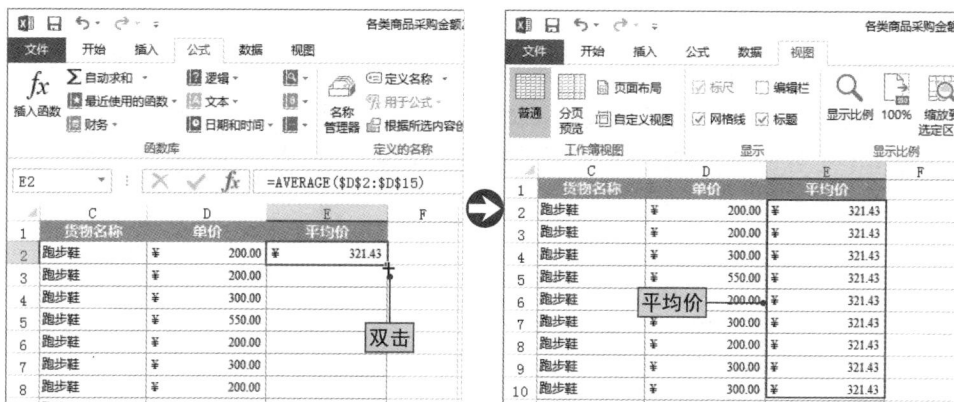

图7-40

Step 04 按住【Ctrl】键，❶选择B1:B15、D1:E15单元格区域，❷单击"插入折线图"下拉按钮，❸选择"带数据标记的折线图"选项，如图7-41所示。

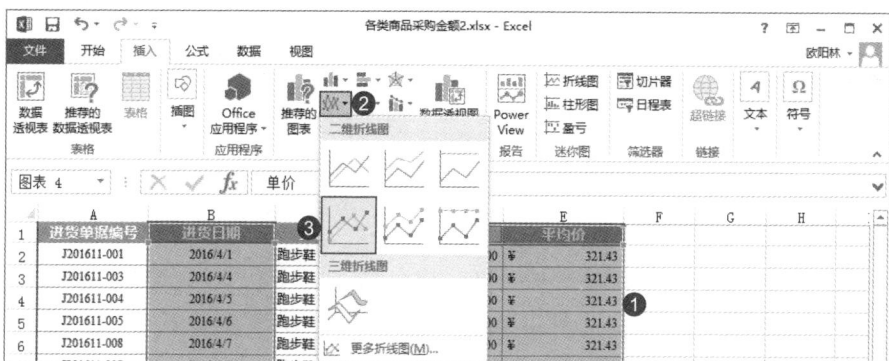

图7-41

Step 05 移动图表到合适位置，❶输入图表标题为"商品采购价格分析"，❷应用图表样式"样式11"，❸拖动调整图表的宽度到合适，如图7-42所示。

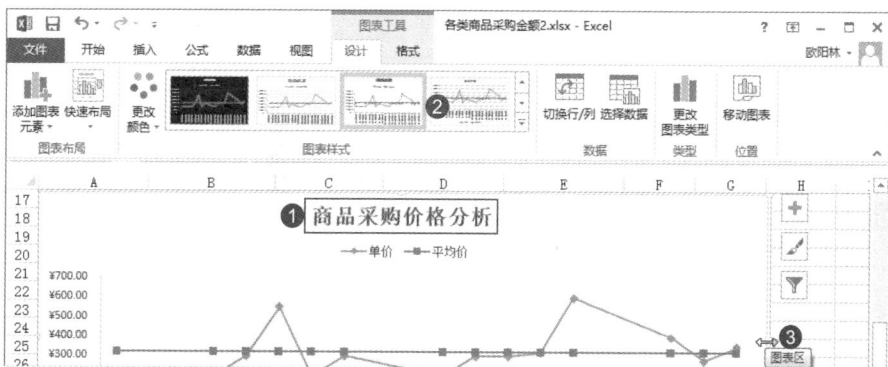

图7-42

Step 06 ❶在图表中选择"平均价"数据系列并在其上右击，❷选择"更改系列图表类型"命令，打开"更改图表类型"对话框，如图7-43所示。

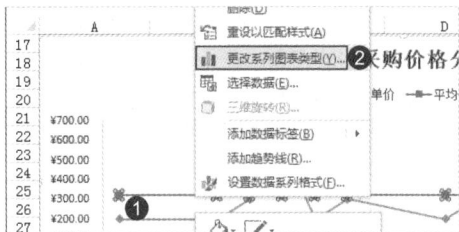

图7-43

Step 07 ❶单击"组合"选项卡，❷单击"平均价"选项后的下拉按钮，❸选择"折线图"选项，❹单击"确定"按钮，如图7-44所示。

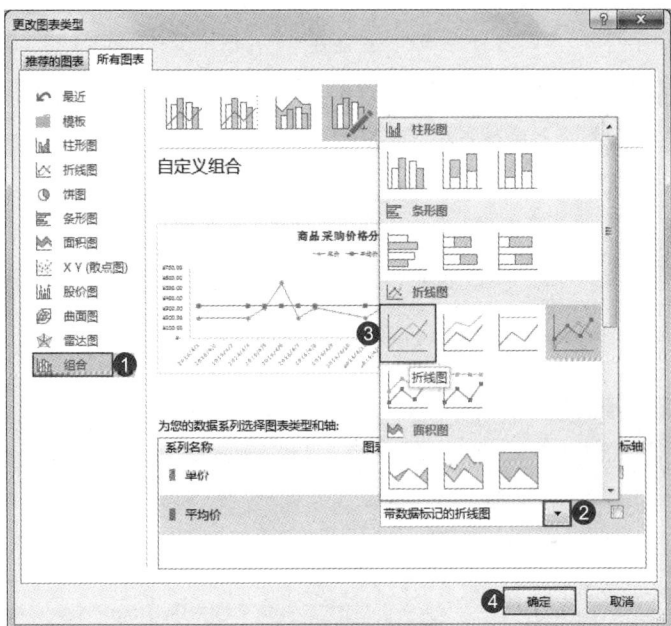

图7-44

Step 08 在"平均价"数据系列上右击，选择"设置数据系列格式"命令，打开"设置数据系列格式"窗格，如图7-45所示。

Step 09 ❶单击"填充与线条"选项卡，❷展开"线条"下拉选项，❸设置"宽度"为"0.75磅"（这里直接设置），如图7-46所示。

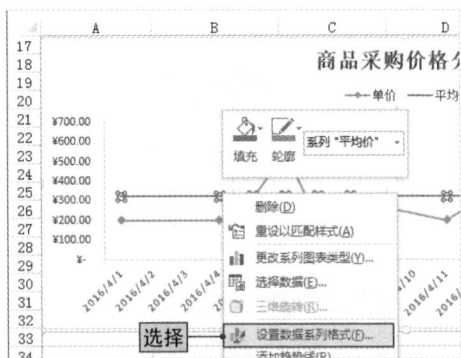

图7-45

Step 10 ❶单击"箭头末端类型"下拉按钮，❷选择"燕尾箭头"选项，添加箭头方向，如图7-47所示。

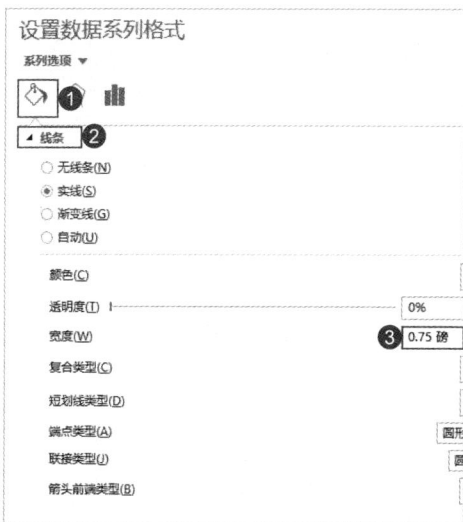

图7-46

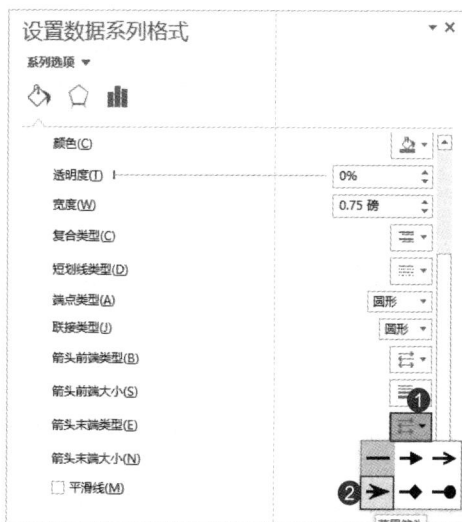

图7-47

Step 11 单击"箭头末端大小"下拉按钮，选择"右箭头8"选项设置箭头大小，如图7-48所示。

Step 12 ❶单击"短画线类型"下拉按钮，❷选择"圆点"选项，❸单击"关闭"按钮，如图7-49所示。

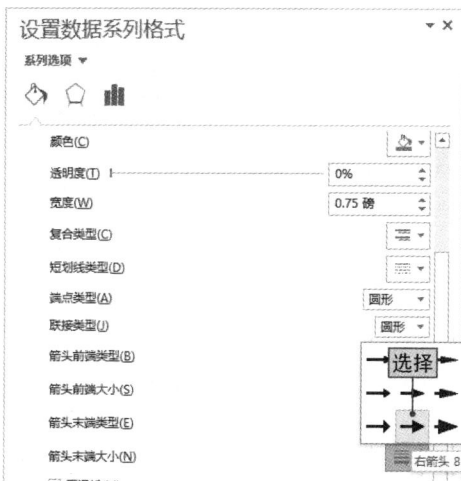

图7-48

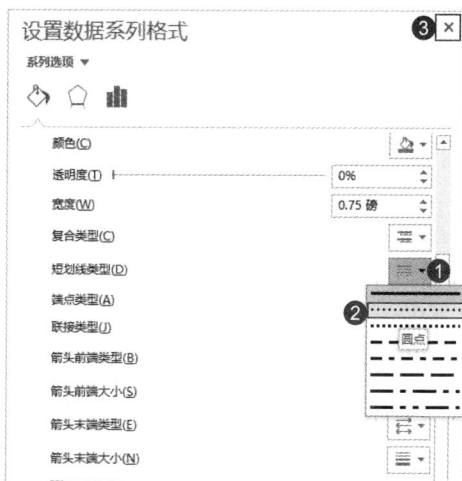

图7-49

Step 13 ❶选择"单价"数据系列，❷单击出现的"添加元素"按钮，❸单击"数据标签"下拉选项，❹选择"上方"选项，如图7-50所示。

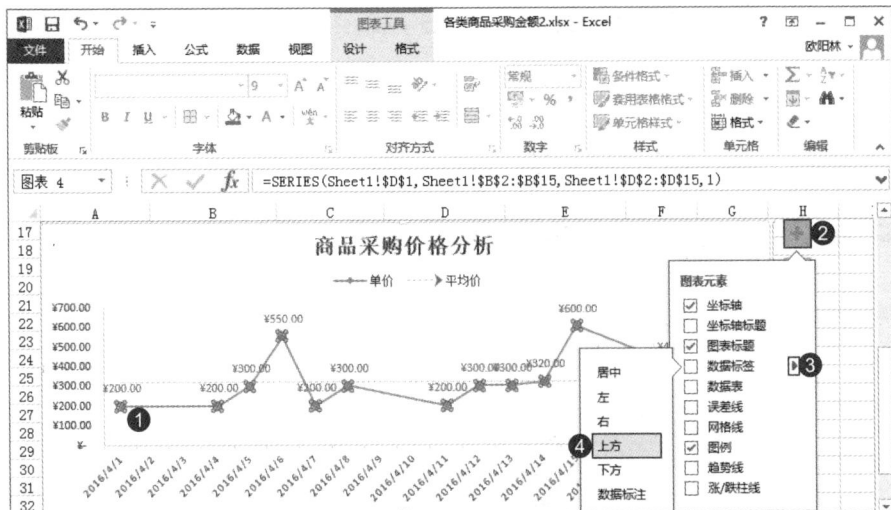

图7-50

Step 14 此时，可添加数据标签，设置其字体为"7"，最终效果如图7-51所示。

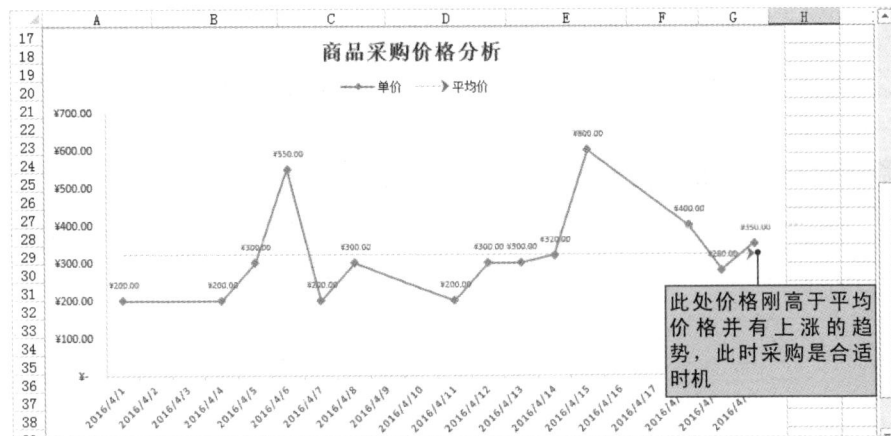

图7-51

7.1.5
对未来采购金额进行预测

　　对于未来一段时间的采购金额预测或推算，如来年、下月采购金额的预测推算，为资金的准备和规划是很有帮助的。我们在分析过程中可以使用到移动平均功能来轻松解决（移动平均法是一种简单平滑预测技术，它是根据时间序列资料、逐项推移，依次计算包含一定项数的序时平均值，以反映长期趋势的方法）。

　　下面以在"2018采购金额预测"工作簿中预测2018采购成本金额为例来

讲解相关操作，其具体操作如下。

分析实例 预测来年的商品采购金额 ————————————————————

素材文件	◎素材\Chapter 7\2018采购金额预测.xlsx
效果文件	◎效果\Chapter 7\2018采购金额预测.xlsx

Step 01 打开"2018采购金额预测"素材，❶选择C3单元格，❷在编辑栏中输入公式"=(B3-B2)/B2"，按【Ctrl+Enter】组合键，❸使用填充柄填充公式到C7单元格，如图7-52所示。

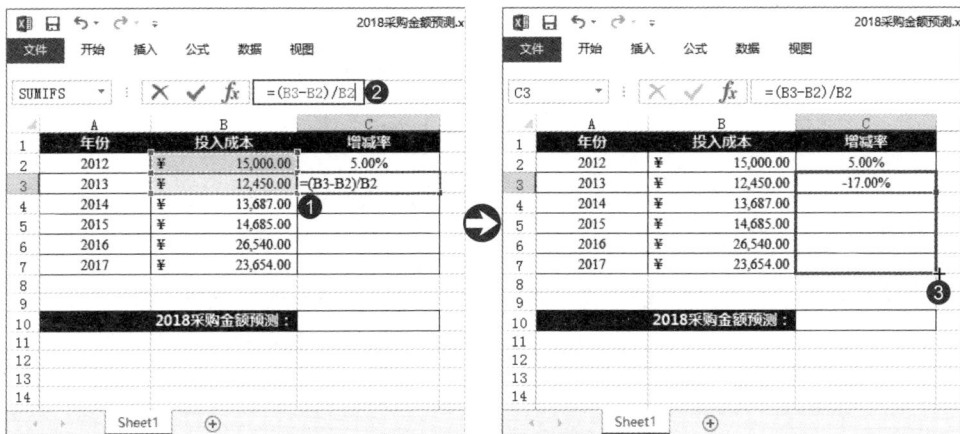

图7-52

Step 02 ❶单击"文件"选项卡，进入Backstage界面，❷单击"选项"按钮，如图7-53所示。

图7-53

Step 03 打开"Excel选项"对话框，❶单击"加载项"选项卡，❷单击"转到"按钮，如图7-54所示。

Step 04 打开"加载宏"对话框，❶选中"分析工具库"复选框，❷单击"确定"按钮，如图7-55所示。

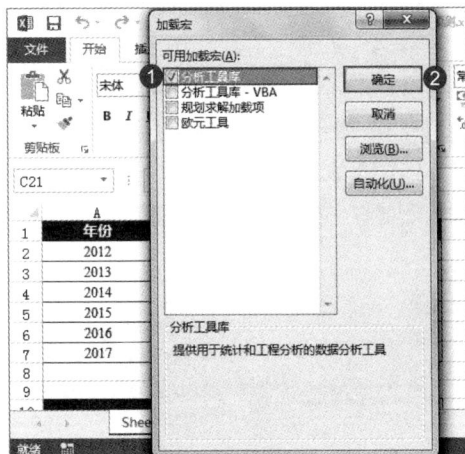

图7-54　　　　　　　　　　　图7-55

Step 05 返回工作表中，❶单击"数据"选项卡，❷单击"数据分析"按钮，打开"数据分析"对话框，❸选择"移动平均"选项，❹单击"确定"按钮，如图7-56所示。

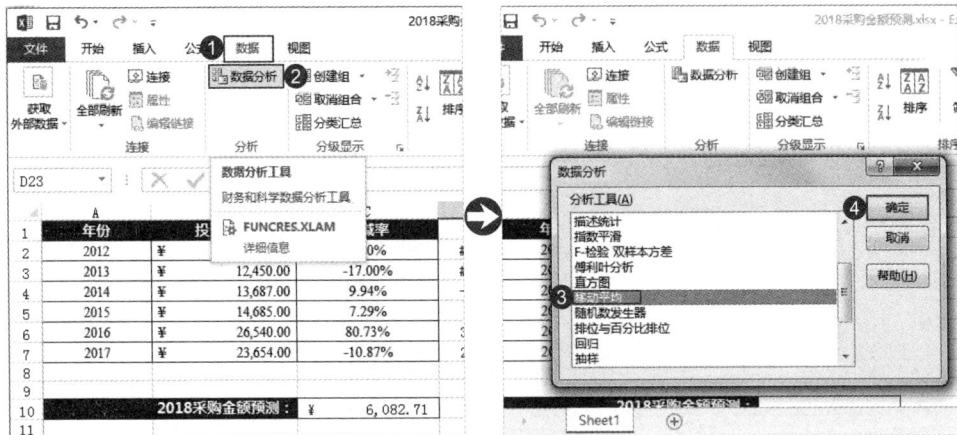

图7-56

Step 06 打开"移动平均"对话框，❶单击"输入区域"文本框后的"折叠"按钮，❷在表格中选择C2:C7单元格区域，❸单击"展开"按钮，引入计算平均值的年度商品采购金额数据，如图7-57所示。

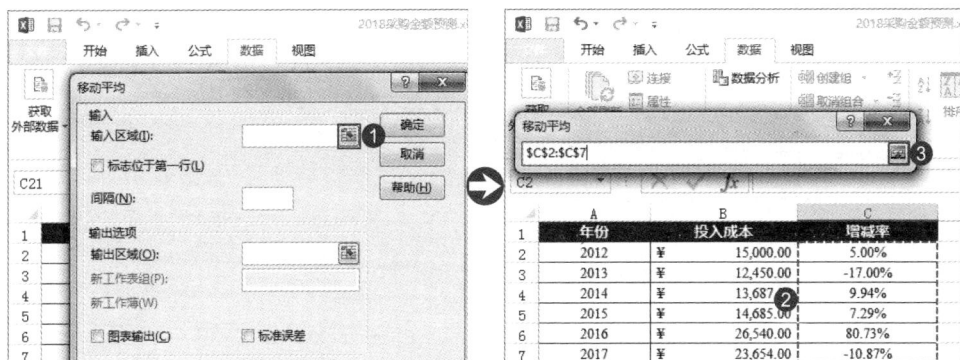

图7-57

Step 07 ❶单击"输入区域"文本框后的"折叠"按钮，❷在表格中选择C2:C7单元格区域，❸单击"展开"按钮，引入计算平均值的年度商品采购金额数据，如图7-58所示。

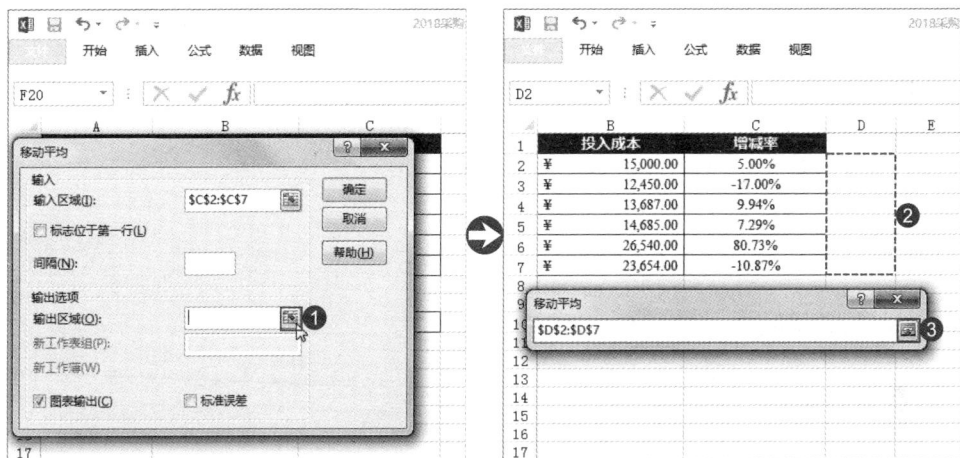

图7-58

Step 08 返回"移动平均"对话框中，❶选中"图表输出"复选框，❷单击"确定"按钮，如图7-59所示。

Step 09 移动图表到合适位置，调整图表大小使"实际值"数据系列与"预测"数据系列之间有利于数据查看和分析的间隔，如图7-60所示。

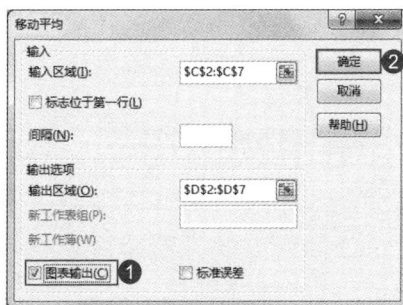

图7-59

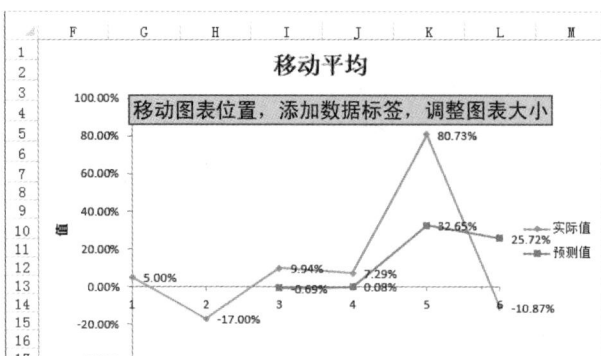

图7-60

Step 10 在图表的预测值走势曲线中，即可查看商品未来采购金额的平均走势以及相应的数据，根据图表中预测值，计算2018年的采购金额①选择C10单元格，②在编辑栏公式"=B3:D7"，按【Ctrl+Enter】组合键确认，如图7-61所示。

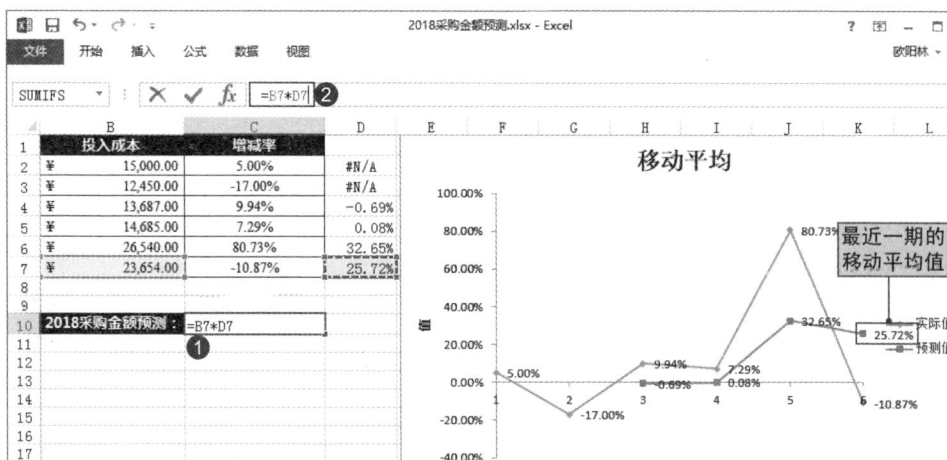

图7-61

Step 11 根据移动平均值和2017年的采购金额，计算出2018的采购金额为"6 082.71"，如图7-62所示。

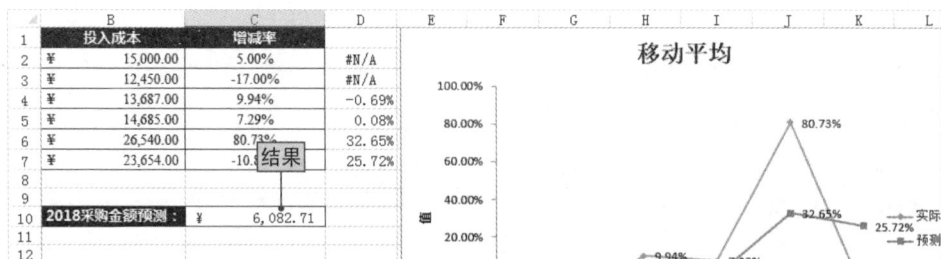

图7-62

7.1.6
采购最为频繁的商品

在多数商品采购单中，面对较多的商品数据，想要快速查看出哪件商品采购次数最频繁，不需要手动进行其他操作，如分别统计商品采购次数，只需使用函数就能轻松查找出，其大体操作为：❶选择K2单元格，❷在编辑栏中输入函数"=INDEX(D2:D27,MODE(MATCH(D2:D27,D2:D27,0)))"，按【Ctrl+Enter】组合键，系统自动查找出相关商品，如图7-63所示。

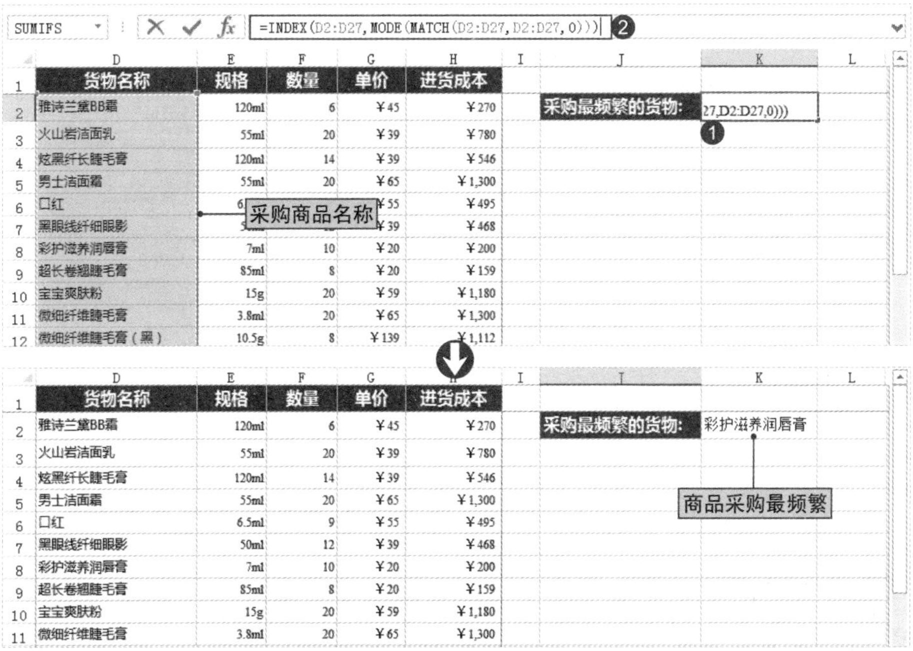

图7-63

7.1.7
不同渠道采购成本分析

店铺商品的供货商，不一定完全来自同一家，有时甚至有多家，这不仅取决于商品的有无。同时，也会顾虑到采购成本。对于多家供应商都可以提供商品的同时，我们可以根据已采购商品的价格数据来判定哪家供应商的进货成本更加低廉或划算，从而进行取舍。对于这样的采购成本比较，无须对数据进行一对一的比价或计算，用对比折线图就可以轻松展示出。

下面以在"各类商品采购金额3"工作簿中展示分析不同供货商的进货成本，从而进行取舍为例来讲解相关操作，其具体操作如下。

分析实例 对采购价格进行横向比较

素材文件	◎素材\Chapter 7\各类商品采购金额3.xlsx
效果文件	◎效果\Chapter 7\各类商品采购金额3.xlsx

Step 01 打开"各类商品采购金额3"素材，❶选择E2单元格，❷单击"数据"选项卡中的"降序"按钮，对商家进行排序归类，如图7-64所示。

Step 02 选择"德容休闲"商家对应的单价数据区域E2:E9，按【Ctrl+C】组合键进行复制，如图7-65所示。

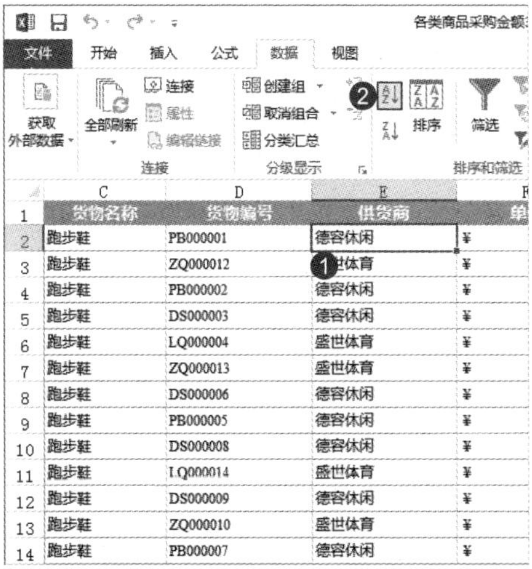

图7-64

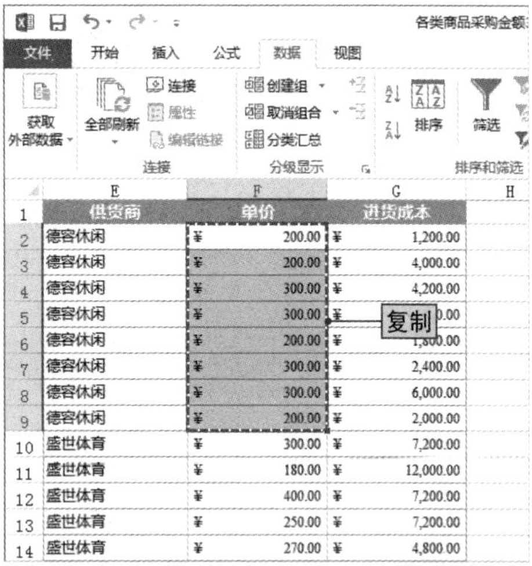

图7-65

Step 03 ❶选择B20:I21单元格，❷单击"开始"选项卡中的"粘贴"下拉按钮，❸选择"转置"选项，如图7-66所示。

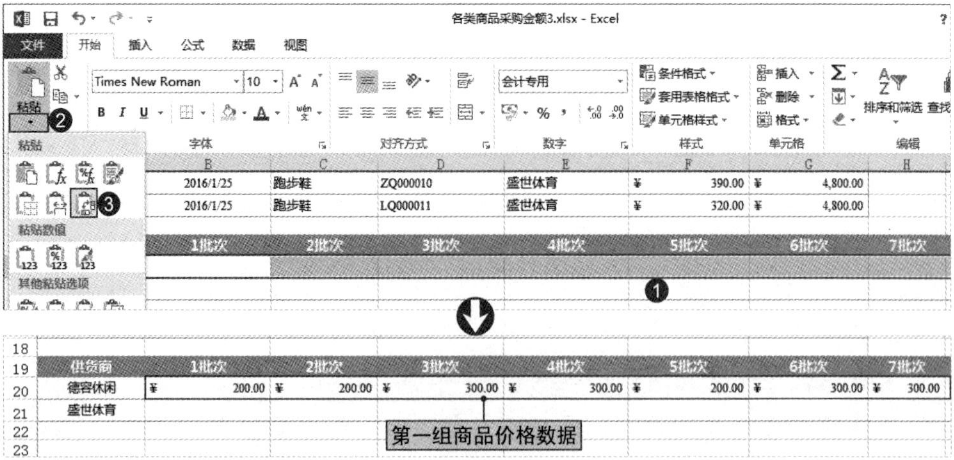

图7-66

Step 04 以同样的方法获取出"盛世体育"供应商所对应的产品采购单价数据，❶选择A19:I21单元格区域，❷单击"插入折线图"下拉按钮，❸选择"带标记的堆积折线图"选项，如图7-67所示。

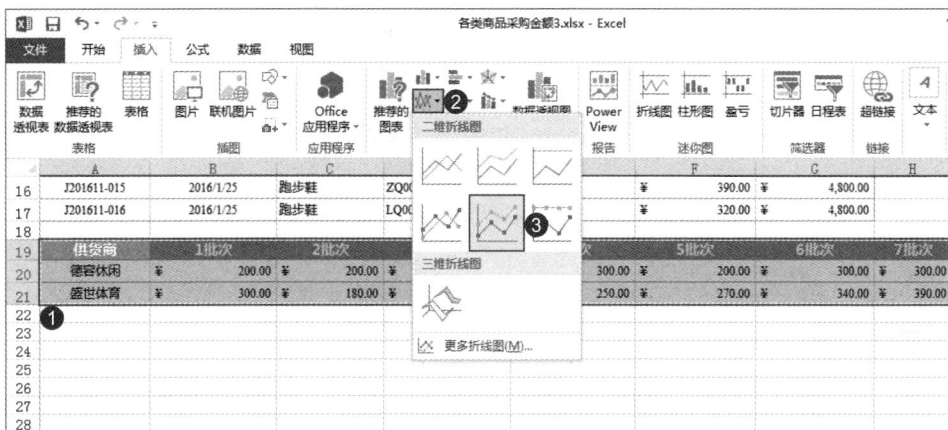

图7-67

Step 05 ❶调整图表大小和位置，❷应用"样式11"图表样式并添加数据标签，在图表中很明显看出从盛世体育供应商采购的商品价格高于德容休闲供应商处，从价格上合作供应商的选择就显而易见，如图7-68所示。

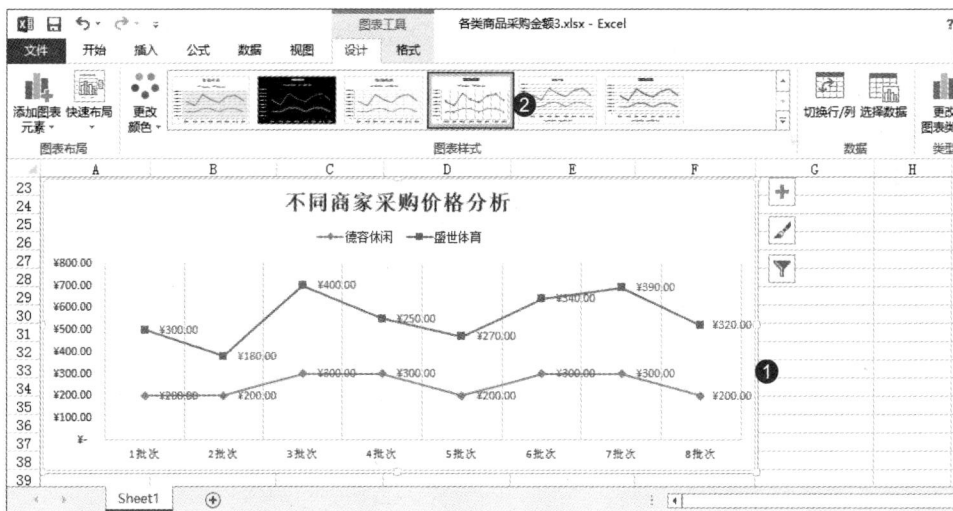

图7-68

在第4步对"德容休闲"供应商数据进行粘贴后，表格下边框有明显缺口，这是因为原有的单元格样式被粘贴的单元格样式替换，这里是边框样式被替换，如图7-69所示。

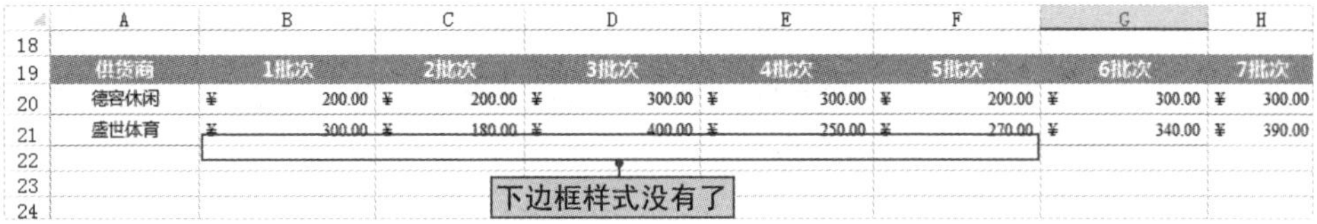

图7-69

此时最快速的解决方法是：❶选择G21单元格，❷单击"开始"选项卡中的"格式刷"按钮，❸拖动选择B21:H21单元格区域，如图7-70所示。

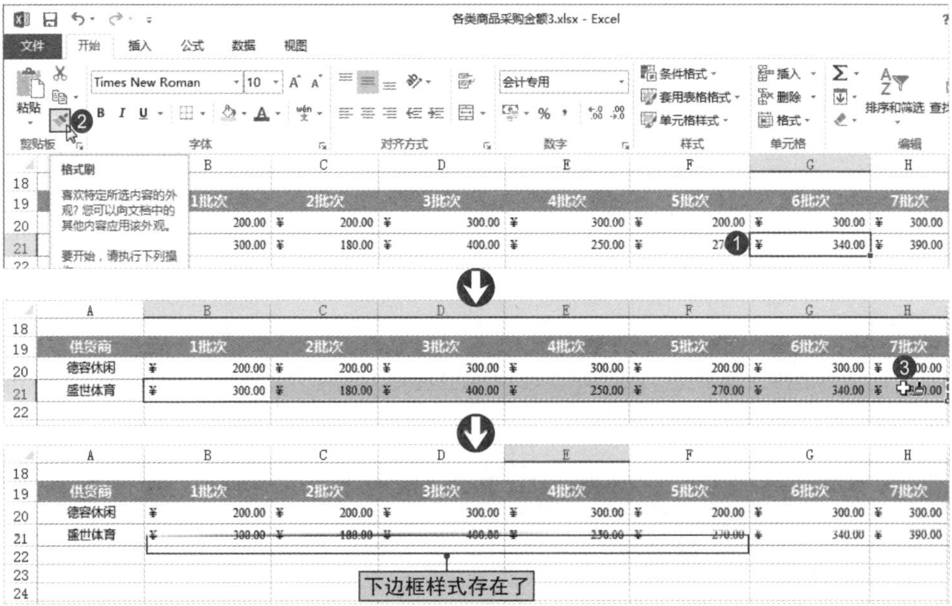

图7-70

7.2 根据生命周期来控制采购商品

我们在采购商品时，不仅要根据店铺商品库存情况、价格的低廉进行判断。同时，还要考虑到商品的生命周期，在成长期和成熟期进行多采购，在衰退期少采购或不采购，从而减少的不合理采购投入，下面进行详细介绍。

7.2.1
根据成交量和利润分析商品生命期

商品生命周期可分为4个阶段：导入期/培育期、成长期、成熟期和衰退期。在不同的周期中，采用不同的采购方案。如成长期进行大量采购、成熟期进行适度采购及衰退期不采购。从而不会造成商品的积存，同时保证成交量（销量）与利润成正比。否则就会出现商品库存增多，同时卖力又不挣钱的困局。在这里我们使用折线图配合文本框和形状来制作。

下面以在"商品生命周期"工作簿中分析"纯棉睡袋"商品的生命周期为例来讲解相关操作，其具体操作如下。

分析实例 展示和分析商品生命周期

素材文件	◎素材\Chapter 7\商品生命周期.xlsx
效果文件	◎效果\Chapter 7\商品生命周期.xlsx

Step 01 打开"商品生命周期"素材，❶选择B1:D30单元格区域，❷单击"插入折线图"下拉按钮，❸选择"折线图"选项，如图7-71所示。

Step 02 ❶移动图表位置，❷更改图表标题为"商品生命周期分析"，❸应用图表样式为"样式4"，如图7-72所示。

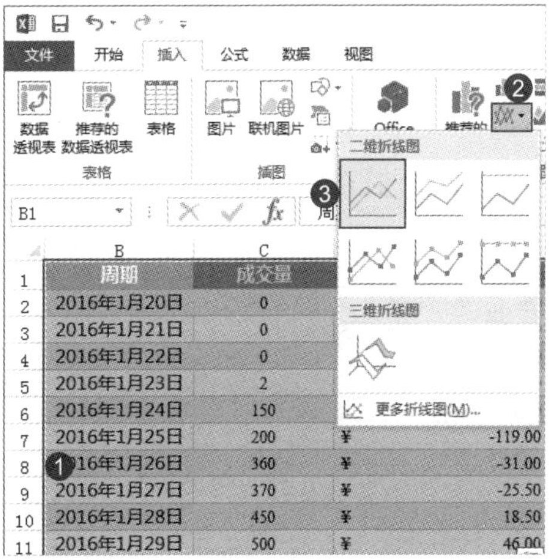

图7-71

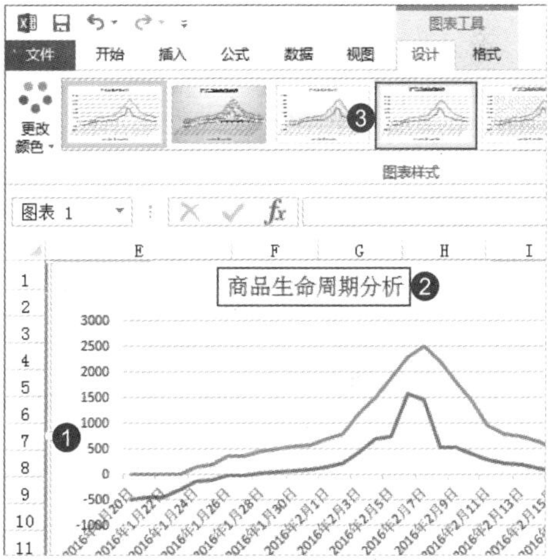

图7-72

Step 03 拖动调整图表高度和宽度（成交量和利润走势线条间隔距离合适），在横坐标轴上右击，选择"设置坐标轴格式"命令，如图7-73所示。

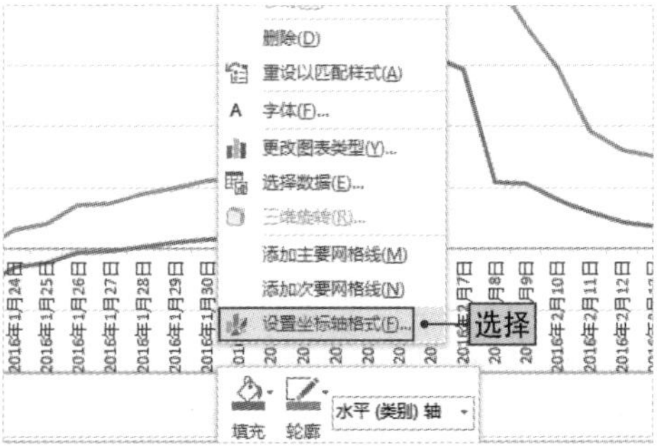

Step 04 打开"设置坐标轴格式"窗格，❶单击"标签"下拉选项，❷单击"标签位置"下拉按钮，❸选择"低"选项，如图7-74所示。

图7-73

Step 05 ❶在图表中选择"成交量"数据系列，❷在窗格中单击"填充与线条"选项卡，❸在"线条"选项卡中选中"平滑线"复选框，如图7-75所示。

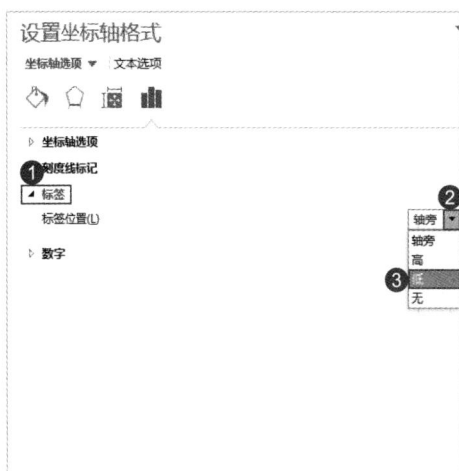

图7-74

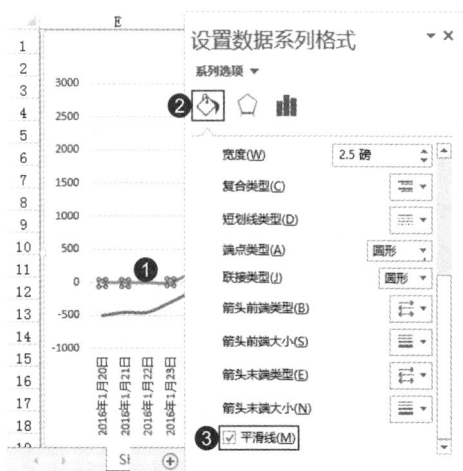

图7-75

Step 06 ❶在图表中选择"利润"数据系列，❷选中"平滑线"复选框，如图7-76所示。

Step 07 ❶单击"插入"选项卡，❷单击"形状"下拉按钮，❸选择"直线"选项，如图7-77所示。

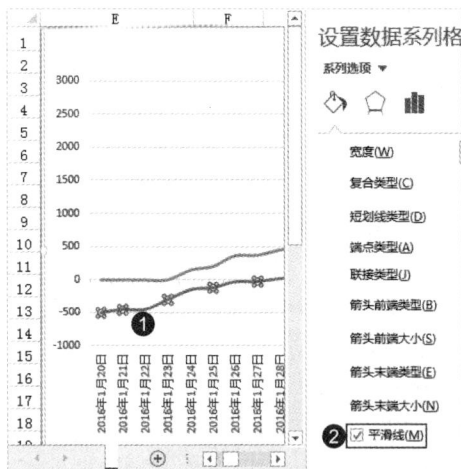

图7-76

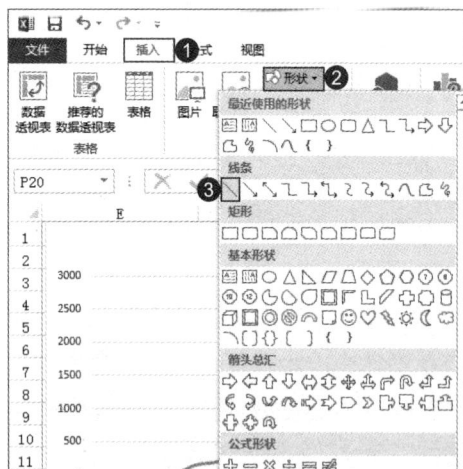

图7-77

Step 08 在"利润"数据系列与坐标轴交汇0值点除绘制直线，如图7-76所示。以同样的方法在合适位置处绘制其他两条的直线（第二条直线在成交量与销量数据明显增长点处，第三条直线在利润下降点处），如图7-78所示。

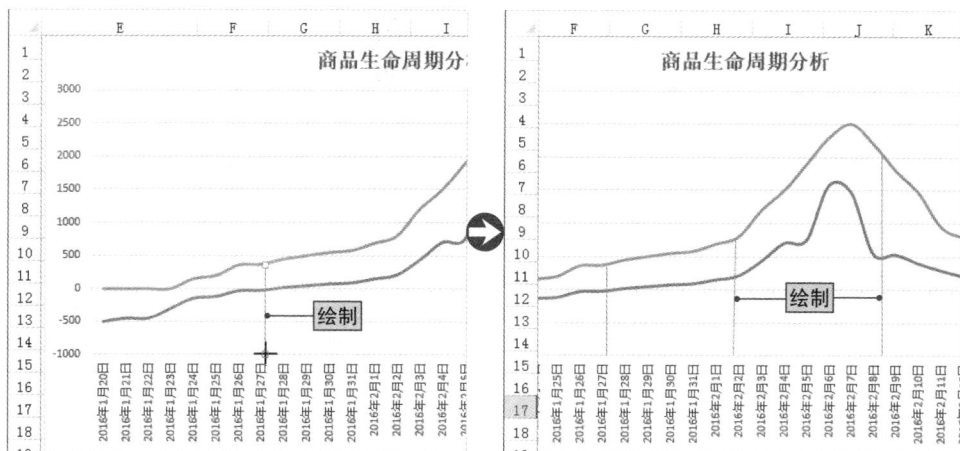

图7-78

Step 09 ❶单击"文本框"下拉按钮，❷选择"横排文本框"命令，❸在图表中绘制的第一条直线左侧，按住鼠标左键进行绘制，如图7-79所示。

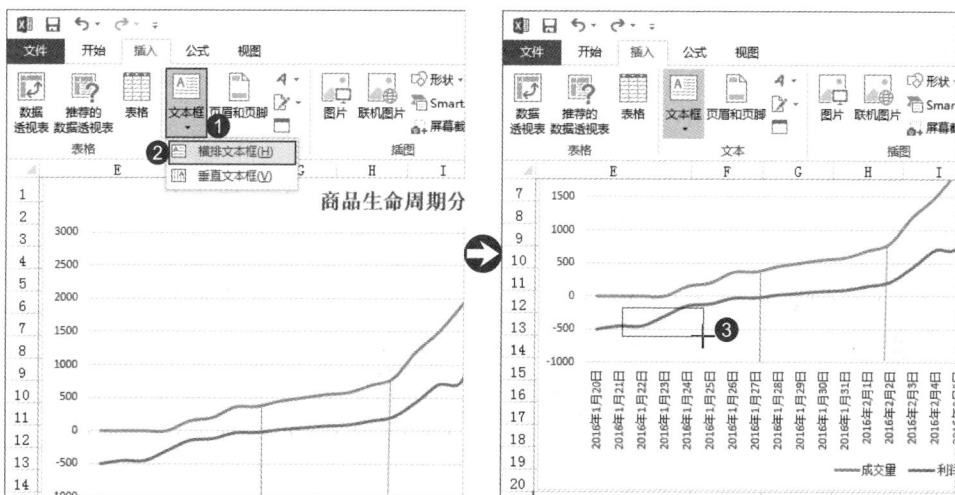

图7-79

Step 10 ❶在文本框中输入"导入期"选择整个文本框，❷设置"字体"为"微软雅黑"，❸单击"居中"按钮，调整文本框大小使其最合适的包含文本内容（将鼠标光标移到边框上的控制柄上，按住鼠标左键进行拖动），如图7-80所示。

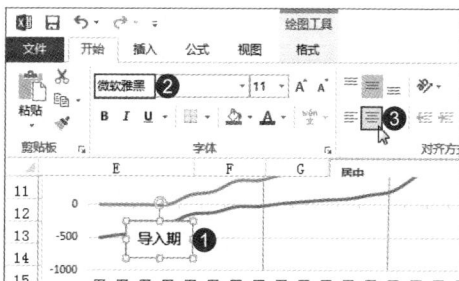

图7-80

Step 11 以同样的方法添加其他和设置其他的文本框对象来作为商品不同阶段的说明，最终效果如图7-81所示。

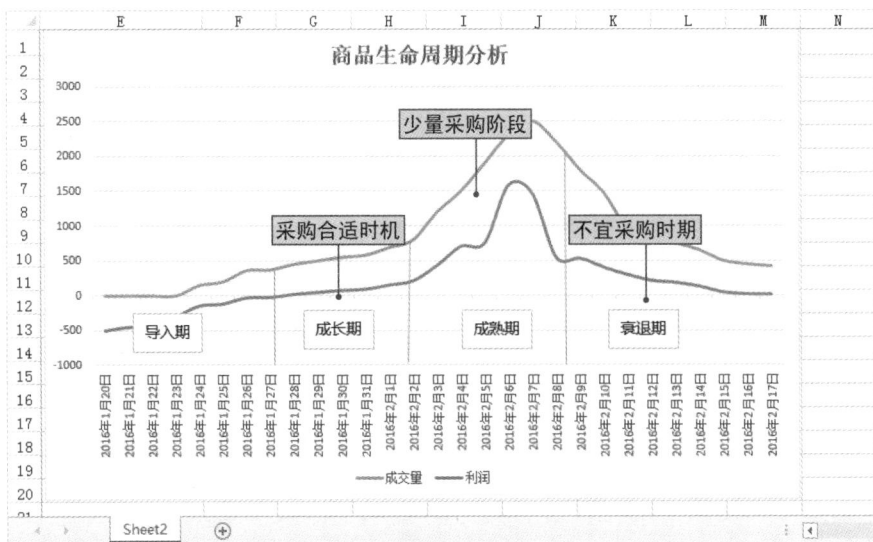

图7-81

7.2.2

用阿里指数分析商品的生命周期

商品生命周期的分析，不仅可以从本店的销量和利润数据来分析，同时，还可以从行业的搜索量来分析，也就是人们的关心或关注程度走势来分析。对于电商用户而言，阿里指数是非常准确和权威的，我们可以在其中搜索到不同阶段的商品搜索量数，从而进行走势分析。

下面以在"商品阶段生命周期分析"工作簿中采用阿里指数来分析指定商品指定时间段的生命周期为例来讲解相关操作，其具体操作如下。

分析实例 使用折线图展示和分析商品生命周期

素材文件	◎素材\Chapter 7\商品阶段生命周期分析.xlsx
效果文件	◎效果\Chapter 7\商品阶段生命周期分析.xlsx

Step 01 打开"商品阶段生命周期分析"素材，❶选择B1:C114单元格区域，❷单击"插入折线图"下拉按钮，❸选择"折线图"选项，如图7-82所示。

Step 02 在横坐标轴上右击，选择"设置坐标轴格式"命令，打开"设置坐标轴格式"窗格，如图7-83所示。

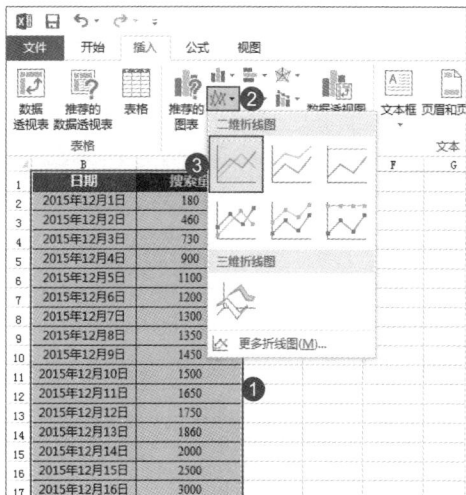

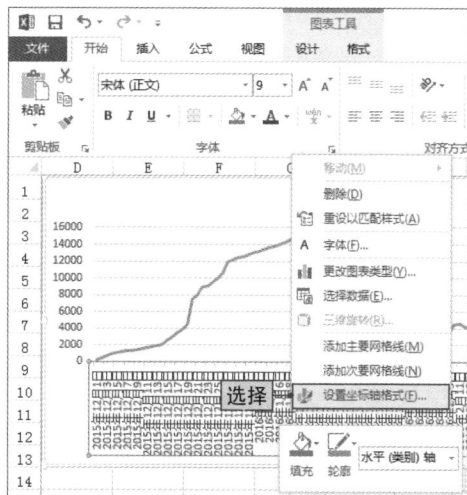

| 图7-82 | 图7-83 |

Step 03 ❶单击"坐标轴选项"选项卡，❷展开"坐标轴选项"下拉选项，❸单击"主要"下拉按钮，❹选择"月"选项，横坐标轴的日确数据间隔显示为"月"，如图7-84所示。

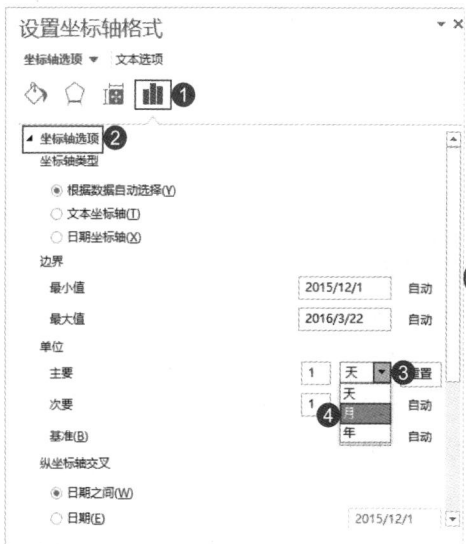

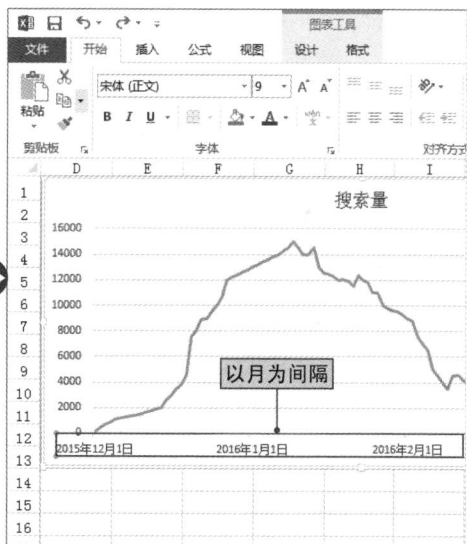

图7-84

Step 04 调整图表高度和宽度，便各个生命周期阶段的分界点显示更加明显，更改图表标题，添加生命周期的分界线和说明文本，效果如图7-85所示。

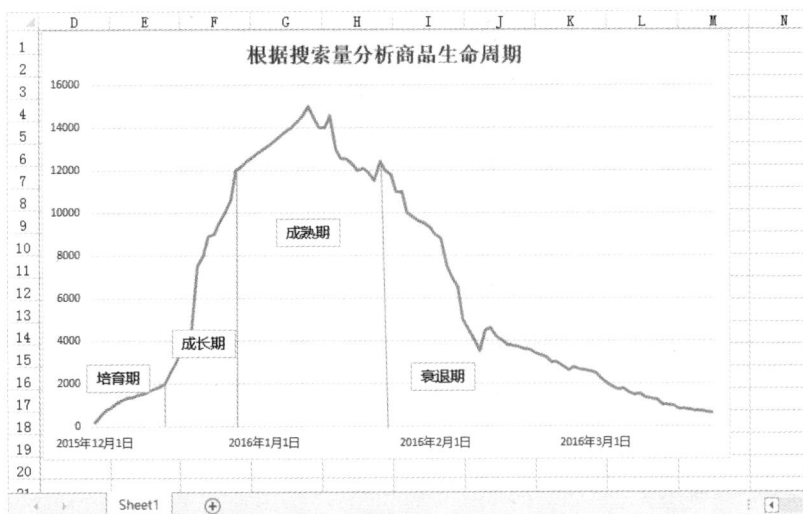

图7-85

7.3 其他原因控制采购方向

在采购活动中，还有一些讲究，就是根据同一类商品中顾客搜索或喜欢的类型、属性，如颜色、型号等的销量来决定采购数量和批次，从而让采购迎合销售需要，满足顾客的要求。

7.3.1

根据型号多少决定采购

在我们销售的同类商品宝贝中，统计出哪些型号、款式卖的多，哪些型号、款式卖的少。这样，我们就可以多采购那些卖得好的型号商品（要考虑生命周期），从而更好地满足顾客的需要，增加访问量、成交量和回头率。在统计中，对同类商品款式销售量统计，使用COUNTIF()函数来计算非常方便，然后使用柱形图就可以轻松展示分析出结果。

下面以在"款式与采购"工作簿中统计分析出不同款式的女士睡衣的销售情况，以此来决定采购哪种款式睡衣为例，来讲解相关操作，其具体操作如下。

分析实例 款式不同采购方案不同

素材文件	◎素材\Chapter 7\款式与采购.xlsx
效果文件	◎效果\Chapter 7\款式与采购.xlsx

Step 01 打开 "款式与采购" 素材，❶选择E2单元格，❷在编辑栏中输入 "=COUNTIF(C2:C37,"吊带式")"，根据C2:C37单元格区域数据统计出 "吊带式" 睡衣的成交量数据，以同样的方法分别统计出F2和G2单元格中 "连身式睡袍" 和 "分体式" 款式睡衣数据，如图7-86所示。

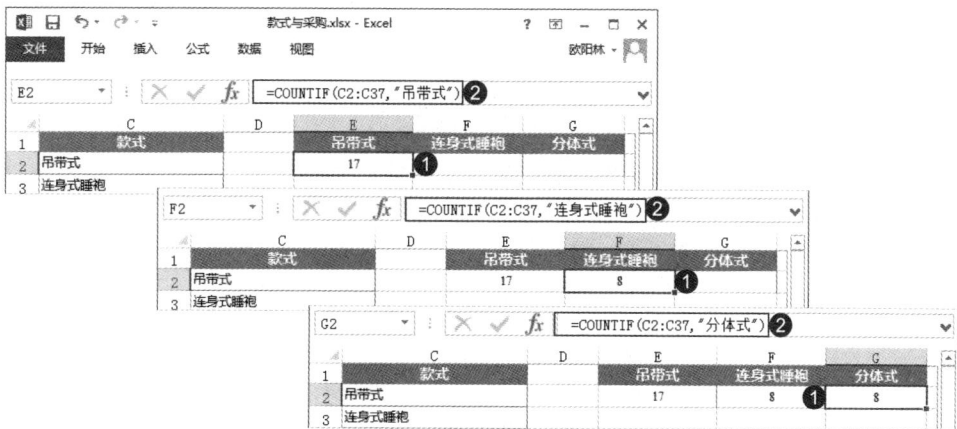

图7-86

Step 02 ❶选择E2:G2单元格区域，❷单击 "插入柱形图" 下拉按钮，❸选择 "簇状柱形图" 选项，❹更改标题和应用样式，效果如图7-87所示。

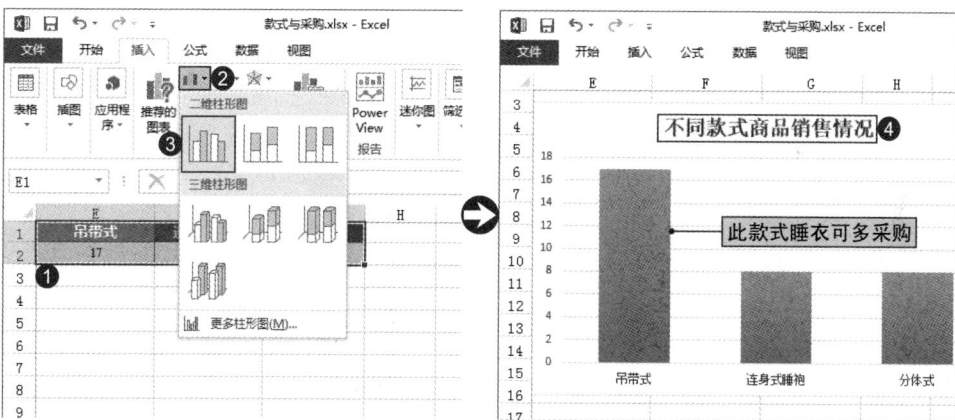

图7-87

7.3.2

根据流行颜色决定商品采购

作为淘宝卖家，常常与网络打交道，我们可以在网上或专门的网站上进行颜色的调查，从而了解顾客心中喜欢的颜色。从而决定采购时，不同颜色商品宝贝采购份额和比重。当然，作为颜色数据调查的展示和分析，使用饼图是最合适的。图7-88所示为根据一份简单的手机颜色调查表数据制作的颜色喜好占比情况。

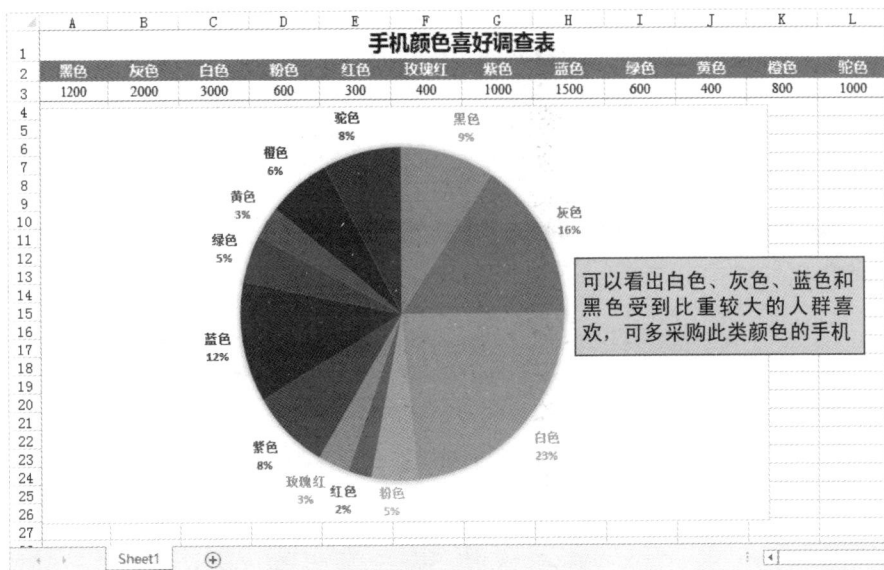

	黑色	灰色	白色	粉色	红色	玫瑰红	紫色	蓝色	绿色	黄色	橙色	驼色
	1200	2000	3000	600	300	400	1000	1500	600	400	800	1000

手机颜色喜好调查表

可以看出白色、灰色、蓝色和黑色受到比重较大的人群喜欢，可多采购此类颜色的手机

图7-88

淘宝销售数据的
计算、统计和分析

销售是淘宝中最核心的环节之一，也是实现利润的直接手段。所以，我们必须对相应的数据进行计算、统计和分析，从而发现问题并解决问题，使整个营销过程更加成熟和优化。

8.1 导出和设置销售数据

为了更好分析线上的经营情况，我们可以将这些数据从淘宝中批量导出来，然后对其进行相应设置和分析，得出想要的结果，从而为在线销售策略提供有力的数据支撑。

8.1.1
将CSV数据转换为Excel数据

从淘宝网页中导出的销售数据文件，默认是CSV格式，为了数据安全和便于数据处理与分析，我们首先需将其转换为xlsx格式，最常用的方式就是通过"另存为"功能。在另存之前，可手动将其中显示方式进行调整和设置，如列宽、数据类型（一旦保存后，很多数据显示为科学计数法后，就不能恢复为数字状态，而是由很多零构成）。

下面将默认导出"ExportOrderList201605231724.csv"文件（它是一个临时文件，每一次导出名称都不一样）转换为"最新宝贝销售数据.xlsx"，并对其中的列宽和数据类型进行设置为例来讲解相关操作，其具体操作如下。

分析实例 设置和另存导出的店铺销售数据

素材文件	◎素材\Chapter 8\ExportOrderList201605231724.csv
效果文件	◎效果\Chapter 8\最新宝贝销售数据.xlsx

Step 01 找到"ExportOrderList201605231724.csv"文件放置的位置，在该文件选项上双击将其打开，如图8-1所示。

Step 02 ❶选择A～I列（将鼠标光标移到A列列标上，当鼠标光标变成向下的箭头时，按住左键不放拖动到I列），并在其上右击，❷选择"列宽"命令，如图8-2所示。

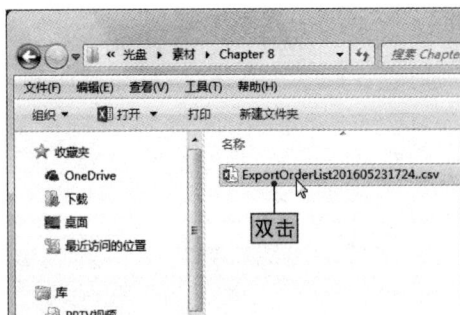

图8-1

图8-2

Step 03 打开"列宽"对话框，❶在"列宽"文本框中输入"20"，❷单击"确定"按钮，如图8-3所示。

Step 04 ❶选择A3单元格，❷在编辑栏中将文本框插入点定位在数字开头位置，输入英文状态下的单引号"'"，按【Ctrl+Enter】组合键确认，如图8-4所示。

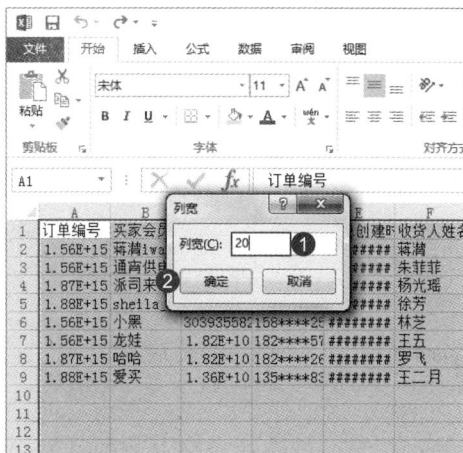

图8-3

图8-4

Step 05 以同样的方法将其他订单编号数据类型，通过手动输入英文状态的单引号，转换为文本类型，如图8-5所示。

Step 06 将鼠标光标移到G列和H列交界处，待鼠标光标变成水平双向箭头时，双击，系统自动将列宽调整到最合适，如图8-6所示。

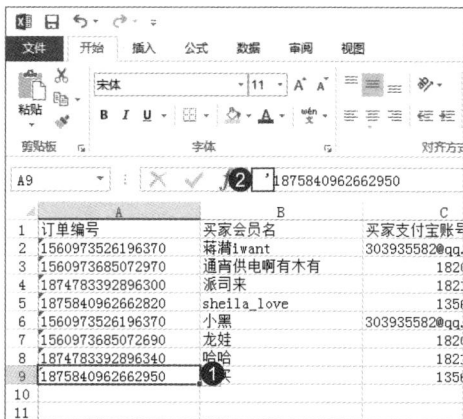

图8-5

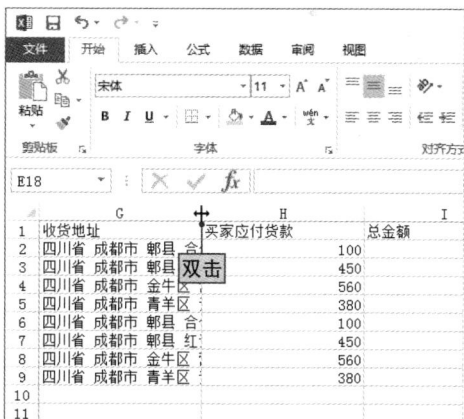

图8-6

Step 07 ❶选择A1:I1单元格区域，❷单击"对齐方式"功能组中的"居中"按钮，如图8-7所示。

Step 08 ❶选择C2:C9单元格区域，❷单击"左对齐"按钮，让"买家支付宝账号"数据列统一左对齐，如图8-8所示。

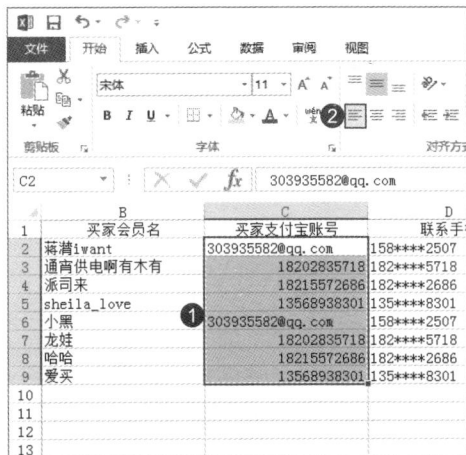

图8-7　　　　　　　　　　　　　　图8-8

Step 09 ❶在工作表标签上双击，进入其编辑状态，❷输入"线上最新销售数据"，按【Enter】键确认，如图8-9所示。

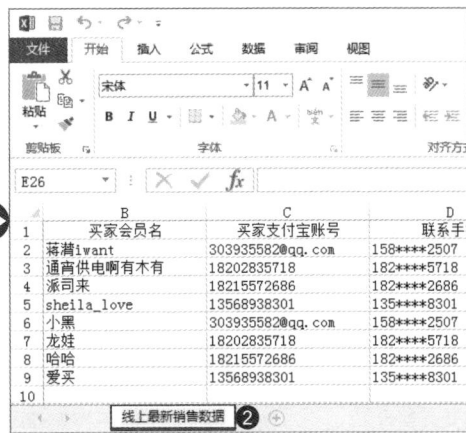

图8-9

Step 10 按【F12】键，打开"另存为"对话框，❶选择文件保存的路径，❷单击"保存类型"下拉按钮，❸选择"Excel工作簿(*.xlsx)"选项，如图8-10所示。

图8-10

Step 11 ❶在"文件名"文本框中输入"最新宝贝销售数据"，❷单击"保存"按钮，如图8-11所示。

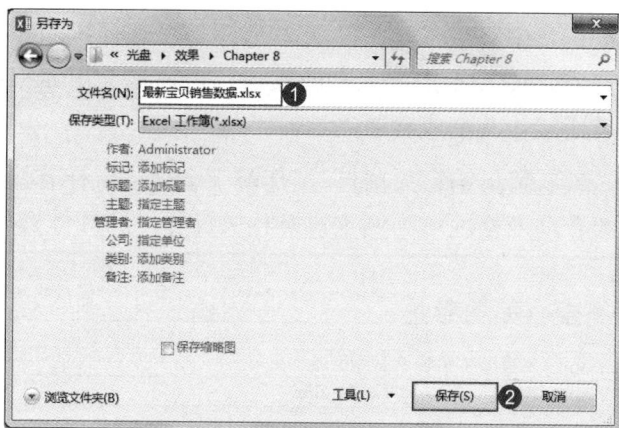

图8-11

TIPS *淘宝销售数据如何下载*

作为淘宝卖家，❶我们可以在卖家中心的"已卖出宝贝"页面中单击"批量导出"按钮，❷在展开的区域中单击"生成报表"按钮，❸在打开页面中的单击"下载订单报表"按钮，如下图所示。

8.1.2

表格样式快速套用

在淘宝卖家后台中下载的数据，基本上都是没有样式的，在使用中若想让其变得美观好看，而且不需要太多的操作，可通过套用表格样式的方式来快速完成，最后还能让其变成普通区域。

下面以在"最新宝贝销售数据1"工作簿中套用"表样式浅色10"表格样式并将其转换为普通表格区域为例来讲解相关操作，其具体操作如下。

分析实例 快速让表格变得美观专业

| 素材文件 | ◎素材\Chapter 8\最新宝贝销售数据1.xlsx |
| 效果文件 | ◎效果\Chapter 8\最新宝贝销售数据1.xlsx |

Step 01 打开"最新宝贝销售数据1"素材，❶选择A1:I9单元格区域（可选择任意数据单元格，按【Ctrl+A】组合键），❷单击"套用表格格式"下拉按钮，❸选择"表样式浅色10"选项，如图8-12所示。

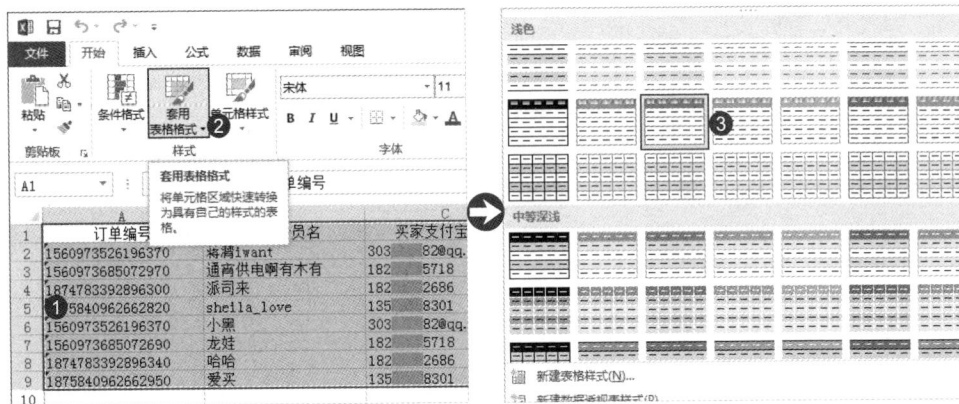

图8-12

Step 02 打开"套用表格式"对话框，❶选中"表包含标题"复选框，❷单击"确定"按钮，如图8-13所示。

Step 03 ❶单击"表格工具 设计"选项卡（一些时候系统会自动的切换到该选项卡中），❷单击"转换为区域"按钮，❸在打开的提示对话框中"是"按钮，如图8-14所示。

图8-13

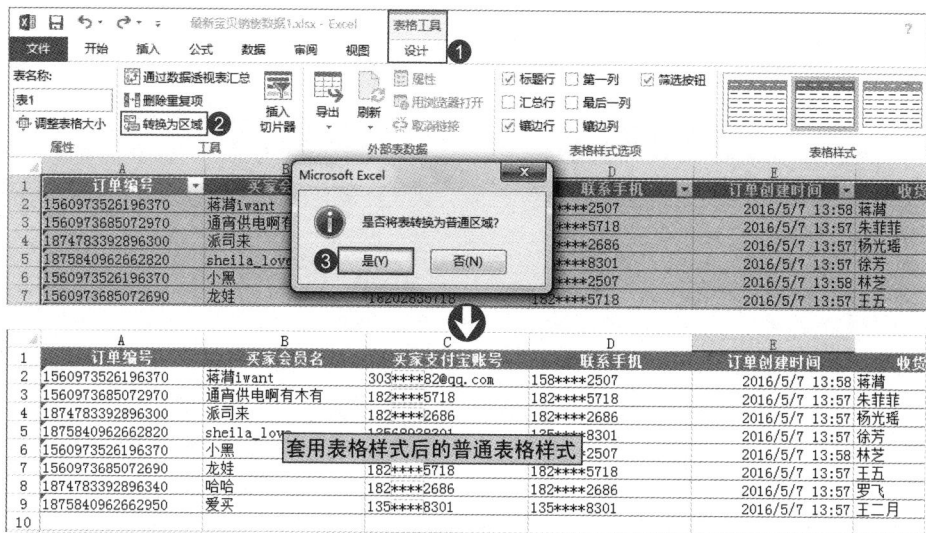

图8-14

8.1.3
添加数据选项设置

我们在线上导出的数据报表转换为Excel文件并将其进行相应的设置后，仍然可继续使用，手动在其中添加新订单数据。不过，在表格中我们可以通过对一些固定数据的录入（如邮寄方式）提供备选项，再次输入时只需进行选择，不仅提高输入的速度和便捷度，而且还能保证数据录入的准确。怎样来实现呢？可通过数据验证来轻松解决。

下面以在"最新宝贝销售数据2"工作簿中为"邮寄方式"列添加数据备选项为例来讲解相关操作，其具体操作如下。

分析实例 提供备选项数据

素材文件	◎素材\Chapter 8\最新宝贝销售数据2.xlsx
效果文件	◎效果\Chapter 8\最新宝贝销售数据2.xlsx

Step 01 打开"最新宝贝销售数据2"素材，❶选择H1单元格以下的所有单元格（选择H2单元格，然后按【Ctrl+Shift+↓】组合键），❷单击"数据"选项卡，❸单击"数据验证"按钮，打开"数据验证"对话框，如图8-15所示。

Step 02 ❶单击"设置"选项卡，❷单击"允许"下拉按钮，❸选择"序列"选项，如图8-16所示。

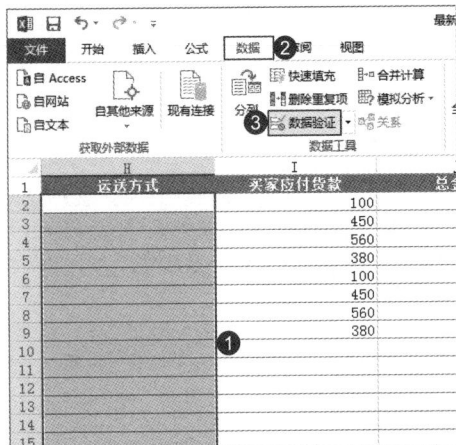

图8-15

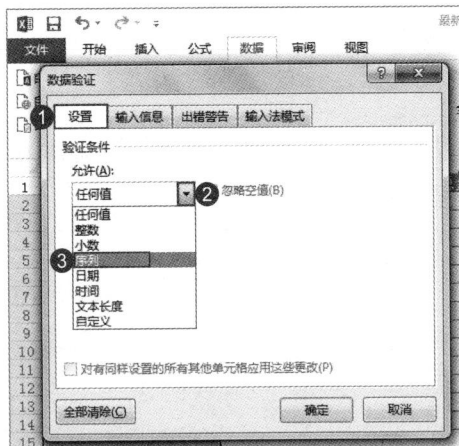

图8-16

Step 03 ❶在激活的"来源"文本框中输入下拉序列选项内容"平邮,快递,EMS"（选项之间必须用英文状态下的逗号","隔开，否则系统无法进行分行识别），❷单击"确定"按钮，如图8-17所示。

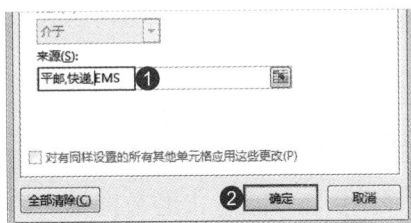

图8-17

Step 04 ❶选择目标单元格，这里选择H2单元格，❷单击其右侧出现的下拉按钮，❸选择相应的选项录入数据，这里选择"平邮"选项，效果如图8-18所示。

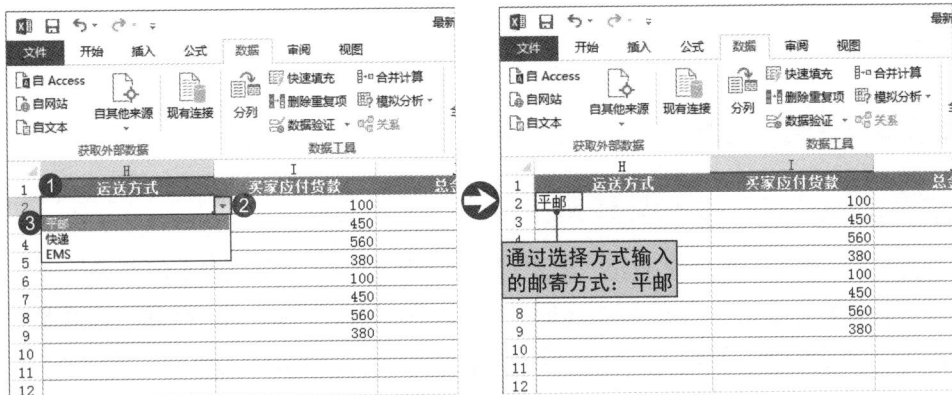

图8-18

在设置备选项时（也就是在"来源"文本框中输入下拉序列选项时），选项较少可以手动直接输入，对于较多的情况可通过引用输入，也就是事先在表格特定位置输入这些备选项数据，然后通过引用的方式引用（最后可将备选项数据所在的列隐藏，不影响表格整体结构，也不会轻易被删除，而影响备选项），大体操作是：❶将鼠标光标定位在"来源"文本框中，❷在表格中选择备用的数据项单元格区域，❸单击"确定"按钮，如图8-19所示。

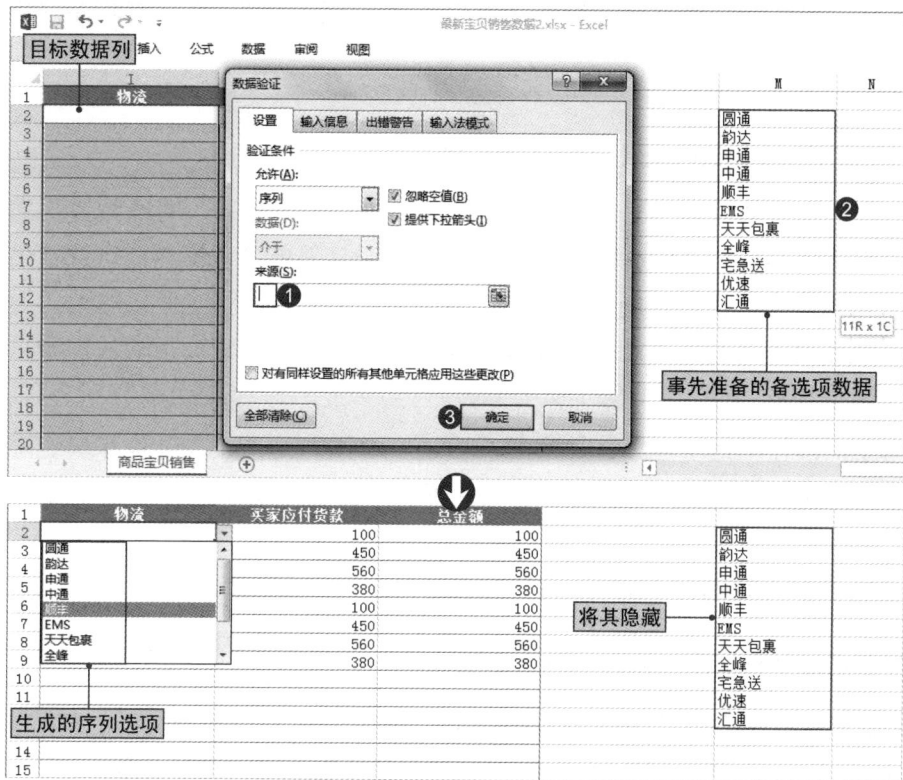

图8-19

TIPS *取消单元格数据的备选项*

在实际使用中，若用户觉得不太需要数据验证功能生成的下拉选项备选数据，可将其清除：选择带有目标单元格区域，打开"数据验证"对话框，❶单击"全部清除"按钮，❷单击"确定"按钮，如右图所示。

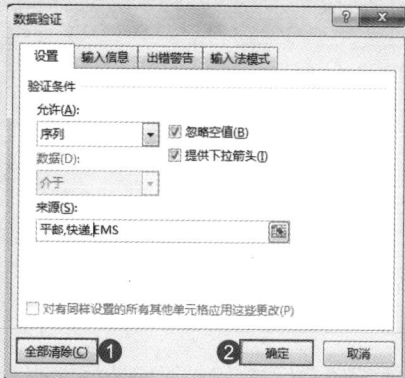

8.2 对销售数据进行统计分析

在线上导出的数据，只是一张列有相应销售数据的表格，在其中不能直接看出问题并分析问题，更不知道其他一些潜在信息。所以，需要我们手动进行统计分析，从而发现问题和解决问题，为以后的销售方案策略提供数据支撑。

8.2.1 对不同产品的销售量进行分类统计

在线销售的商品，一段间隔期后需对其进行销量统计，明确知道各类商品的销售情况。但在Excel中，我们不需要手动计算就可以快速地得到结果，然后根据这些数据来直观的判定哪件商品的卖得最好，哪些商品的销量不乐观，从而调整经营策略和采购计划以及其他的促销方式等，帮助我们获得更多下单量和成交量。

下面以在"最新宝贝销售数据3"工作簿中通过分类汇总功能来快速统计出各类产品的销售数量为例来讲解相关操作，其具体操作如下。

分析实例 各类商品销量分类计数统计

素材文件	◎素材\Chapter 8\最新宝贝销售数据3.xlsx
效果文件	◎效果\Chapter 8\最新宝贝销售数据3.xlsx

Step 01 打开"最新宝贝销售数据3"文件，❶选择 G2 单元格，❷单击"数据"选项卡，❸单击"升序"按钮，对商品按标题名称放置在相邻的几行，如图 8-20 所示。

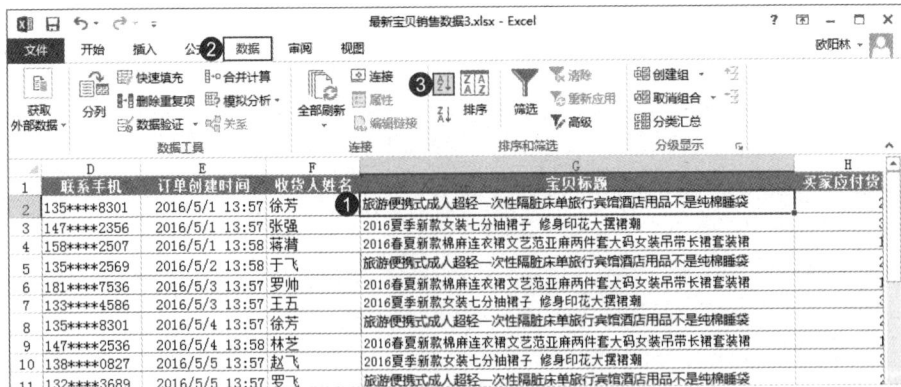

图8-20

Step 02 ❶保持G2单元格选择状态，❷单击"分类汇总"按钮，打开"分类汇总"对话框，如图8-21所示。

Step 03 ❶设置"分类字段"为"宝贝标题","汇总方式"为"计数",❷选中"宝贝标题"复选框,❸单击"确定"按钮,如图8-22所示。

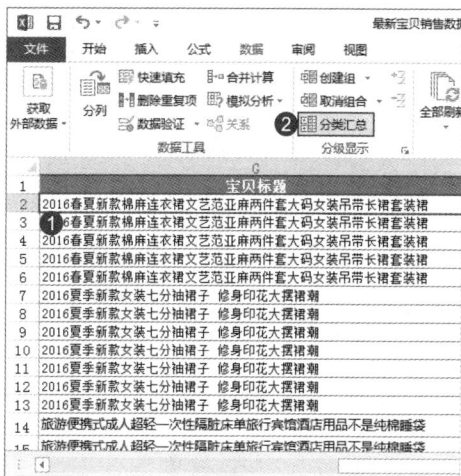

图8-21

图8-22

Step 04 返回表格中即可查看系统按照同类商品进行计算汇总的效果(每一类汇总的数据就是其销量数据),如图8-23所示。

收货人姓名	宝贝标题	买
蒋潇	2016春夏新款棉麻连衣裙文艺范亚麻两件套大码女装吊带长裙套装裙	
罗帅	2016春夏新款棉麻连衣裙文艺范亚麻两件套大码女装吊带长裙套装裙	
林芝	2016春夏新款棉麻连衣裙文艺范亚麻两件套大码女装吊带长裙套装裙	
杨光瑶	2016春夏新款棉麻连衣裙文艺范亚麻两件套大码女装吊带长裙套装裙	
吴妍	2016春夏新款棉麻连衣裙文艺范亚麻两件套大码女装吊带长裙套装裙	
2016春夏新款棉麻连衣裙文艺范亚麻两件套大码女装吊带长裙套装裙 计数		**5**
张强	2016夏季新款女装七分袖裙子 修身印花大摆裙潮	
王五	2016夏季新款女装七分袖裙子 修身印花大摆裙潮	
赵飞	2016夏季新款女装七分袖裙子 修身印花大摆裙潮	
罗斯	2016夏季新款女装七分袖裙子 修身印花大摆裙潮	
王二月	2016夏季新款女装七分袖裙子 修身印花大摆裙潮	
林芝	2016夏季新款女装七分袖裙子 修身印花大摆裙潮	
朱菲菲	2016夏季新款女装七分袖裙子 修身印花大摆裙潮	
2016夏季新款女装七分袖裙子 修身印花大摆裙潮 计数		**7**
徐芳	旅游便携式成人超轻一次性隔脏床单旅行宾馆酒店用品不是纯棉睡袋	
于飞	旅游便携式成人超轻一次性隔脏床单旅行宾馆酒店用品不是纯棉睡袋	
徐芳	旅游便携式成人超轻一次性隔脏床单旅行宾馆酒店用品不是纯棉睡袋	
罗飞	旅游便携式成人超轻一次性隔脏床单旅行宾馆酒店用品不是纯棉睡袋	
刘强	旅游便携式成人超轻一次性隔脏床单旅行宾馆酒店用品不是纯棉睡袋	
蒋潇	旅游便携式成人超轻一次性隔脏床单旅行宾馆酒店用品不是纯棉睡袋	
林质	旅游便携式成人超轻一次性隔脏床单旅行宾馆酒店用品不是纯棉睡袋	
旅游便携式成人超轻一次性隔脏床单旅行宾馆酒店用品不是纯棉睡袋 计数		**7**
总计数		**19**

(同类商品销量 / 商品总销量 标注)

图8-23

我们也可在表格中直接显示出同类商品的销售量数据,同时将同类商品的销售明细数据全部折叠起来,此时只需单击表格右侧分级显示区域的数字2按钮,如图8-24所示。

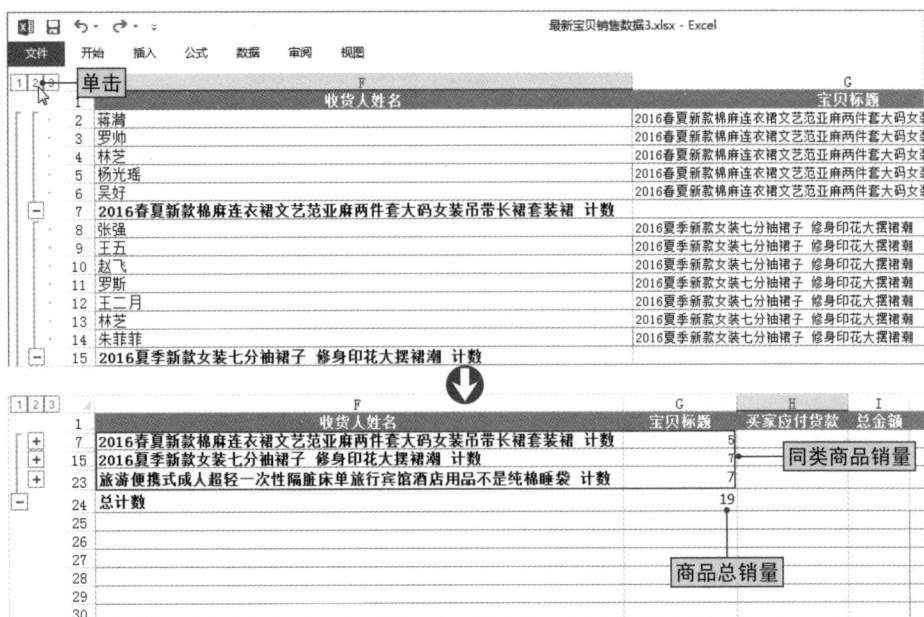

图8-24

8.2.2
对不同产品的销售额进行分类统计

对不同产品的销售额进行分类统计与分类统计销量的方法基本相同，只需将汇总的分类字段设置为宝贝标题，将汇总方式设置为求和，最后确认即可，同时，必须保证分类字段数据列必须排过序，其具体操作如下。

Step 01 ❶对宝贝标题/名称列进行排序，❷单击"分类汇总"按钮，打开"分类汇总"对话框，❸设置"分类字段"为"宝贝标题"，"汇总方式"为"求和"，❹选中"总金额"复选框，❺单击"确定"按钮，如图8-25所示。

图8-25

Step 02 返回表格中即可查看同类商品的总金额（销售金额）汇总的效果，如图8-26所示。

图8-26

8.2.3
对不同商品的销售比重进行分析

对于线上卖出的商品，我们可以按照销售量和销售额两组数据来分别进行比重分析，从而展示和分析出商品销售的份额和销售额的份额，来决定以后销售策略的改进和优化，让整个店铺运营变得更加科学和高效，最终实现收益最大化和最优化。

下面以在"最新宝贝销售数据4"工作簿中对不同商品的销售额进行比重展示和分析为例来讲解相关操作，其具体操作如下。

分析实例 各类商品销售额比重分析

| 素材文件 | ◎素材\Chapter 8\最新宝贝销售数据4.xlsx |
| 效果文件 | ◎效果\Chapter 8\最新宝贝销售数据4.xlsx |

Step 01 打开"最新宝贝销售数据4"文件，选择G2:G20单元格区域，按【Ctrl+C】组合键进行复制，如图8-27所示。

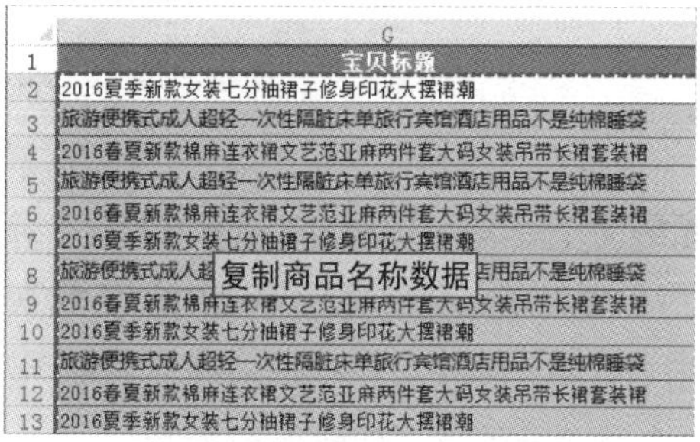

Step 02 ❶选择A29单元格，❷单击"粘贴"下拉按钮，❸选择"值"选项，如图8-28所示。

图8-27

Step 03 ❶保持粘贴的商品名称数据单元格选择状态，❷单击"数据"选项卡，❸单击"删除重复项"按钮，如图8-29所示。

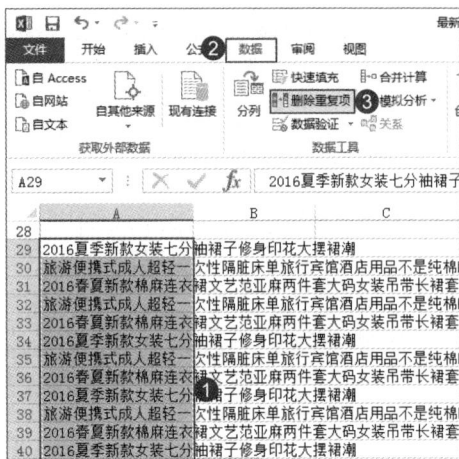

图8-28   图8-29

Step 04 打开"删除重复项"对话框，❶单击"全选"按钮，❷取消选中"数据包含标题"复选框，❸单击"确定"按钮，❹在打开的提示对话框中单击"确定"按钮，如图8-30所示。

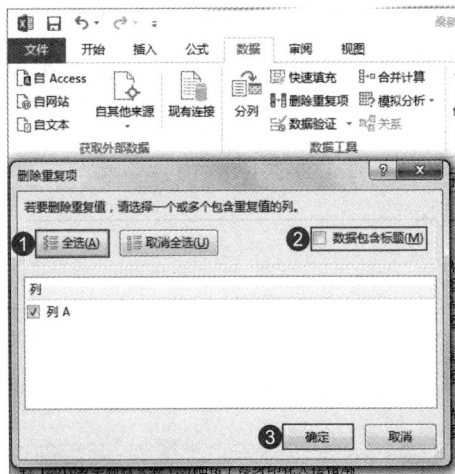

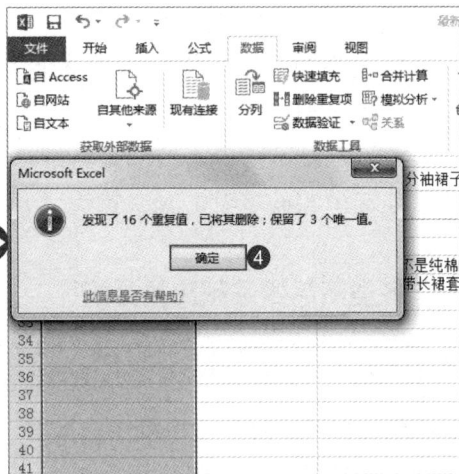

图8-30

Step 05 将鼠标光标移到A列和B列交界处，待鼠标光标变成水平双向箭头时双击，让单元格宽度自动适应商品名称/宝贝标题数据宽度，如图8-31所示。

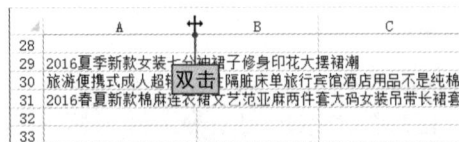

图8-31

Step 06 ❶选择B29单元格，❷单击"公式"选项卡，❸单击"数学和三角函数"下拉按钮，❹选择"SUMIF"函数选项，如图8-32所示。

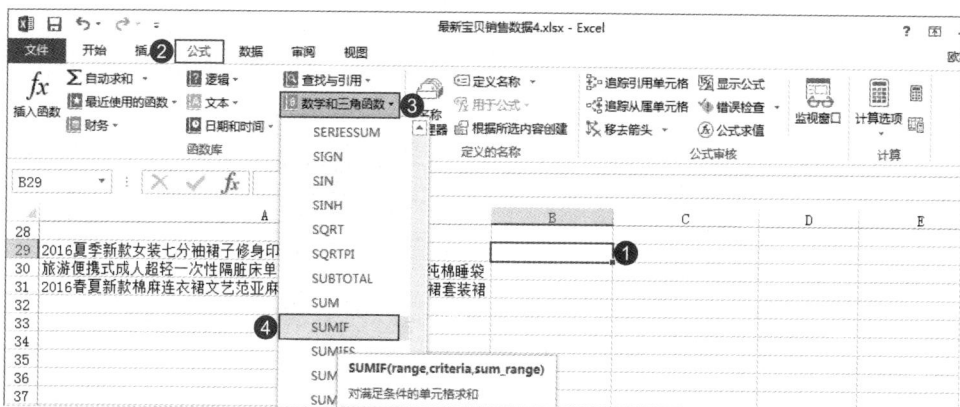

图8-32

Step 07 打开"函数参数"对话框，❶分别设置相应的参数，❷单击"确定"按钮，如图8-33所示。

Step 08 ❶选择A29:B31单元格区域，❷单击"插入"选项卡，❸单击"插入饼图或圆环图"下拉按钮，❹选择"饼图"选项，如图8-34所示。

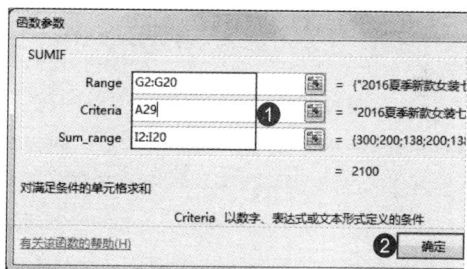

图8-33

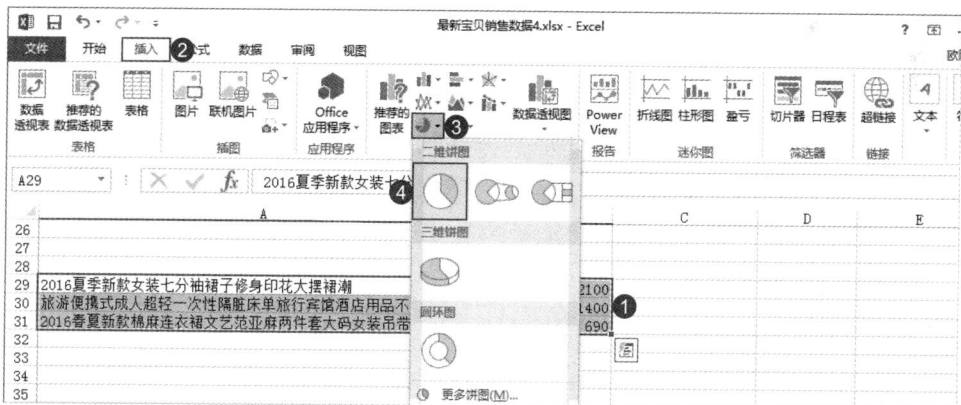

图8-34

Step 09 ❶移动图表到合适位置，❷更改图表标题为"线上商品销售额比重分析"，然后选择整个图表，❸在"图表样式"列表框中选择"样式3"选项，如图8-35所示。

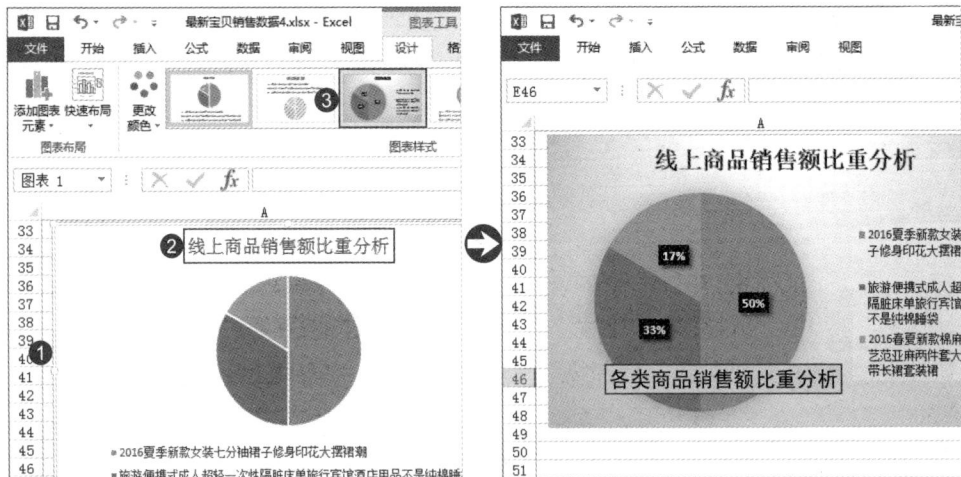

图8-35

SUMIF()函数用于对范围符合指定条件的值求和，它的语法结构为：SUMIF(range, criteria, [sum_range])；其中，range表示区域，是必需，要按条件进行计算的单元格区域；criteria表示条件，是必需，用于确定对哪些单元格求和的条件，其形式可以为数字、表达式、单元格引用和文本或函数；sum_range是可选参数，要求和的实际单元格。

8.2.4
不同商品的销量走势分析

商品销售情况怎么样，是各位电商卖家都非常关心事情之一，因为它直接影响到收益。同时，也影响到经营方法和促销手段的调整以及采购中心的转移。在线下我们可以收集整理最近一段时间商品销量走势，然后使用折线图将其明显的展示出来，判断其销量的大体走势，来做出对应的措施。

下面以在"商品销量未来走势"工作簿中根据5月下半月的销量情况对商品未来销量走势进行分析为例来讲解相关操作，其具体操作如下。

分析实例 商品销售走势情况分析

素材文件	◎素材\Chapter 8\商品销量未来走势.xlsx
效果文件	◎效果\Chapter 8\商品销量未来走势.xlsx

Step 01 打开"商品销量未来走势"文件，❶选择A1:R4单元格区域，❷单击"插入"选项卡，❸单击"插入折线图"下拉按钮，❹选择"带数据标记的折线图"选项，如图8-36所示。

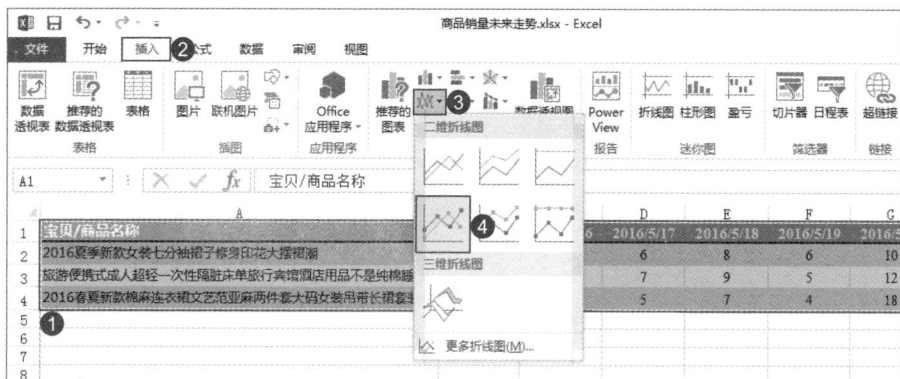

图8-36

Step 02 ❶更改图表标题为"5月下半月销量走势"，❷单击"图表工具 设计"选项卡中的"移动图表"按钮，打开"移动图表"对话框，如图8-37所示。

Step 03 ❶选中"新工作表"单选按钮，在其后的文本框中输入"最近商品销量走势"文本，❷单击"确定"按钮，如图8-38所示。

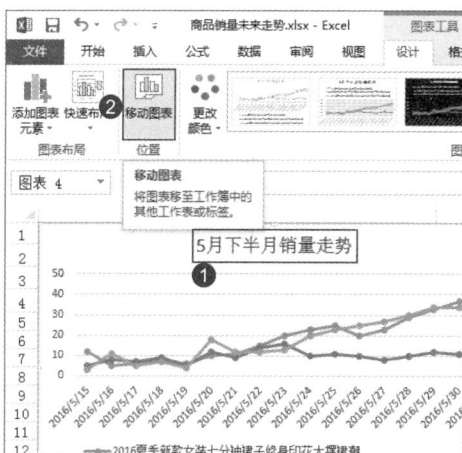

图8-37

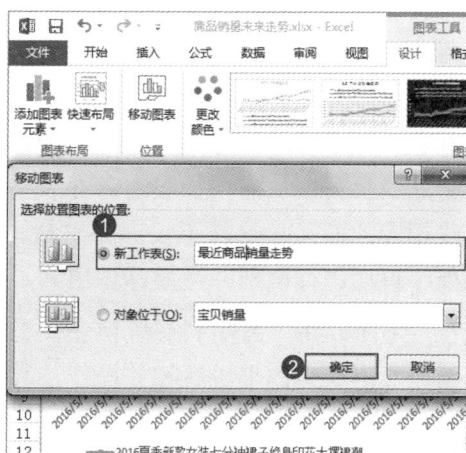

图8-38

Step 04 系统自动新建"最近商品销量走势"工作表，将图表移到该工作表中并以铺满的方式显示，在其中可以清楚地看出"2016夏季新款女装七分袖裙子修身印花大摆裙潮"和"2016春夏新款棉麻连衣裙文艺范亚麻两件套大码女装吊带长裙套装裙"销量随着6月到来的气温升高而不断上升，"旅游便携式成人超轻一次性隔脏床单旅行宾馆酒店用品不是纯棉睡袋"则是稳中有降，如图8-39所示。

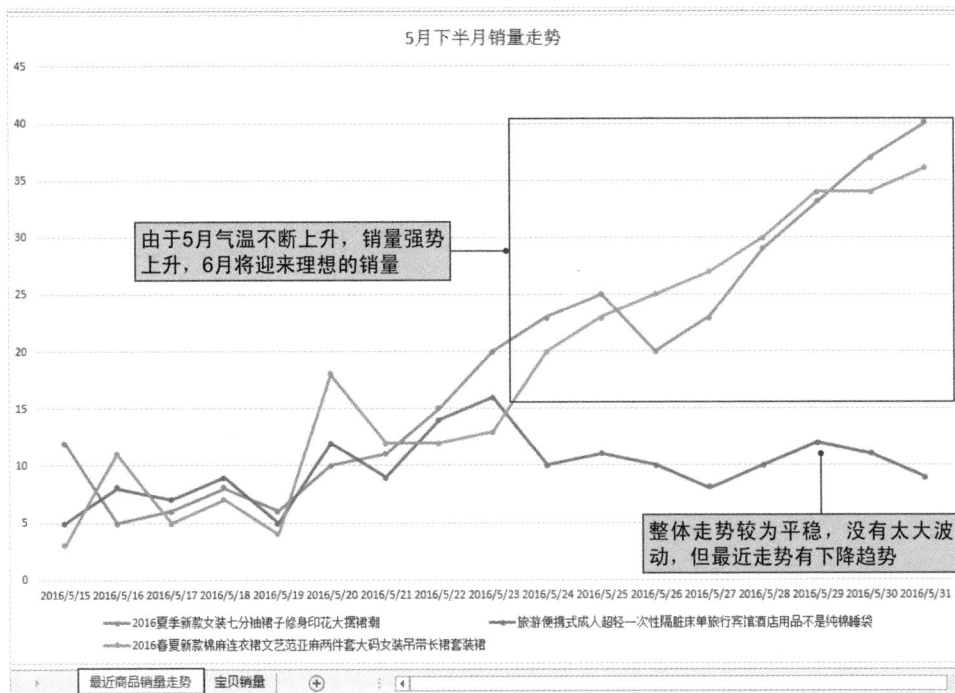

图8-39

8.2.5
突显出不盈利的商品

作为卖家，在电商进行经营活动中基本上都是为获得收益，赚取利润。所以，对于哪些不盈利，甚至亏钱的商品，可以将其下架，将其他能盈利的商品放上去，从而增加收益。在表格中不需要根据收益/利润数据手动逐一查找相应的商品，这样不仅容易出错，而且还特别浪费时间。这时，我们可让程序自动进行识别并突显标识出来，然后做相应处理，如下架、促销等。

下面以在"商品利润统计表"工作簿中将利润数据为0或负数的商品行数据突显出来为例来讲解相关操作，其具体操作如下。

分析实例 **将利润数据小于等于0的商品数据突出显示**

素材文件	◎素材\Chapter 8\商品利润统计表.xlsx
效果文件	◎效果\Chapter 8\商品利润统计表.xlsx

Step 01 打开"商品利润统计表"文件，❶选择A2:H31单元格区域，❷单击"开始"选项卡，❸单击"条件格式"下拉按钮，❹选择"新建规则"命令，如图8-40所示。

图8-40

Step 02 打开"新建格式规则"对话框，❶选择"使用公式确定要设置格式的单元格"选项，❷将文本插入点定位在"为符合此公式的值设置格式"文本框中，在表格中选择H2单元格，如图8-41所示。

Step 03 ❶选择"为符合此公式的值设置格式"文本框中的H2，按两次【F4】键，让H列绝对引用，让行相对引用，接着输入"<=0"，❷单击"格式"按钮，如图8-42所示。

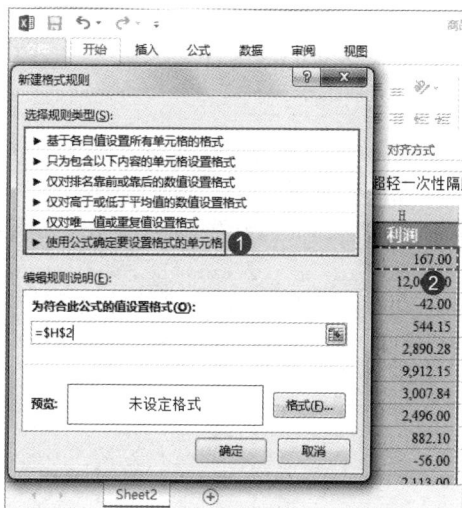

图8-41

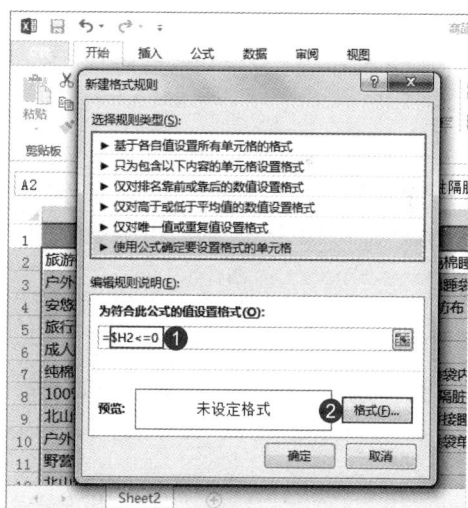

图8-42

Step 04 打开"设置单元格格式"对话框，❶单击"填充"选项卡，❷单击"图案颜色"下拉按钮，❸选择"红色"选项，❹单击"图案样式"下拉按钮，❺选择"对角线条纹"选项，依次单击"确定"按钮，如图8-43所示。

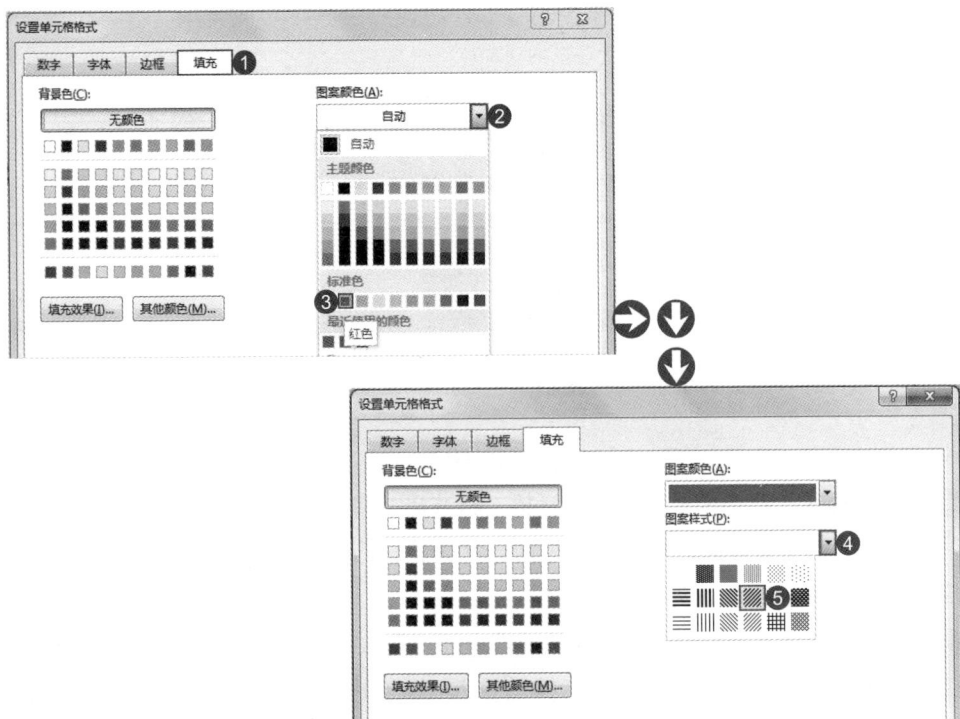

图8-43

Step 05 程序自动将利润数据为0或负数的商品行以红色图案样式突显出来，如图8-44所示。

	A	B	C	D	E	F	H
1	宝贝	售价	采购价	成交量	成本	销售额	利润
2	旅游便携式成人超轻一次性隔脏床单旅行宾馆酒店用品不是纯棉睡袋	¥ 32.90	¥ 22.90	36.7	¥ 840.43	¥ 1,207.43	¥ 167.00
3	户外旅行便携一次性床单双人单人宾馆隔脏酒店用品不是纯棉睡袋	¥ 35.00	¥ 20.00	814.2	¥ 16,284.00	¥ 28,497.00	¥ 12,063.00
4	安隔一次性床单标准1.8米酒店旅游美容火车旅行床单优质无胶布	¥ 11.50	¥ 9.00	55.2	¥ 496.80	¥ 634.80	¥ 42.00
5	旅行卫生店隔脏抓绒睡袋内胆	¥ 19.90	¥ 16.00	198.5	¥ 3,176.00	¥ 3,950.15	¥ 544.15
6	成人睡袋户外特厚营睡袋野营睡袋	¥ 29.90	¥ 20.00	317.2	¥ 6,344.00	¥ 9,484.28	¥ 2,890.28
7	纯棉卫生睡袋成人室内出差酒店床单旅行户外用品便携超轻睡单			523.7	¥ 15,711.00	¥ 25,923.15	¥ 9,912.15
8	100%纯棉卫生睡袋成人旅行户外用品旅游必备便携室内酒店隔脏床单	¥ 62.80	¥ 48.00	220.8	¥ 10,598.40	¥ 13,866.24	¥ 3,007.84
9	北山狼户外露营成人春秋冬四季加厚宽保暖野外室内午休可拼接睡袋	¥ 65.00	¥ 55.00	275.6	¥ 15,158.00	¥ 17,914.00	¥ 2,496.00
10	户外旅行超轻便携酒店宾馆隔韩棉睡袋成人室内卫生内胆睡袋单人	¥ 68.00	¥ 59.00	103.9	¥ 6,130.10	¥ 7,065.20	¥ 882.10
11	野营睐袋保护外衣外套防尘防脏防水防脏防乱超轻超轻外胆	¥ 70.00	¥ 60.00	41.4	¥ 2,484.00	¥ 2,898.00	¥ -58.00
12	北山狼羽绒棉睡袋秋冬四季	¥ 85.00	¥ 78.00	319	¥ 24,882.00	¥ 27,115.00	¥ 2,113.00
13	军规数码迷彩棉睡袋防水拉练棉睡袋单兵野战睡袋行军大衣棉睡袋	¥ 85.00	¥ 65.00	92.6	¥ 6,019.00	¥ 7,871.00	¥ 1,682.00
14	牧高笛户外	¥ 96.20	¥ 58.00	36.7	¥ 2,128.60	¥ 3,530.54	¥ 1,361.94
15	户外旅游便携式春夏秋酒店轻薄卫生超轻隔脏成人旅行睡袋内胆	¥ 98.00	¥ 90.00	950.7	¥ 85,563.00	¥ 93,168.60	¥ 7,575.60
16	户外便携轻便贴身睡袋旅行睡袋室内卫生睡袋宾馆隔脏成人睡袋内胆	¥ 98.00	¥ 78.00	899.4	¥ 70,153.20	¥ 88,141.20	¥ 17,928.00
17	CADENO正品法兰绒户外加厚抓绒睡袋超轻成人午休旅行野营防脏内胆	¥ 98.00	¥ 66.00	55.2	¥ 3,643.20	¥ 5,409.60	¥ 1,676.40
18	迪卡侬户外露营成人睡袋	¥ 99.00	¥ 85.00	237.2	¥ 20,162.00	¥ 23,482.80	¥ 3,170.80

亏本商品突出显示

图8-44

8.2.6

对商品配置方案进行分析

　　线上铺货，一般的卖家都是随意而为，根据自己的意愿来，其实在线上各类商品的上架，可根据我们的获利目标来进行分配，实现科学配置，让整个经营更加科学和成熟。这种分配方案选择，是可以根据已有的数据，如该类商品的成本、平均卖出时间等，来通过规划求解轻松解决。

下面以在"商品配置方案分析"工作簿中通过设置获利目标值，科学配置线上商品的大类配置方案为例来讲解相关操作，其具体操作如下。

分析实例 不同类商品上架数量计算分析

素材文件	◎素材\Chapter 8\商品配置方案分析.xlsx
效果文件	◎效果\Chapter 8\商品配置方案分析.xlsx

Step 01 打开"商品配置方案分析"文件，❶选择F3:F4单元格区域，❷在编辑栏中输入公式"=D3*E3"，按【Ctrl+Enter】组合键，如图8-45所示。

Step 02 ❶选择D6单元格，❷在编辑栏中输入公式"=B3*E3+B4*E4"，按【Ctrl+Enter】组合键，如图8-46所示。

图8-45

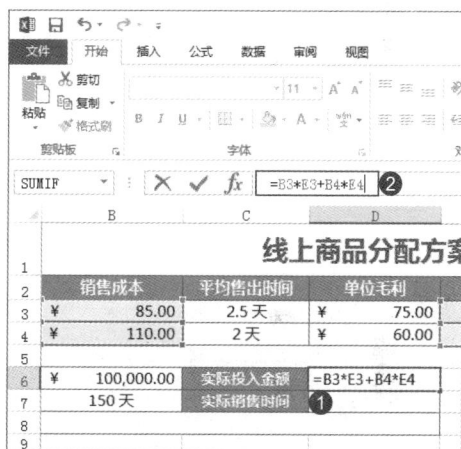

图8-46

Step 03 ❶选择D7单元格，❷在编辑栏中输入公式"=C3*E3+C4*E4"，❸单击"输入"按钮，如图8-47所示。

Step 04 ❶选择B8单元格，❷在编辑栏中输入公式"=F3+F4"，按【Ctrl+Enter】组合键，❸单击"文件"选项卡，❹单击"选项"按钮，如图8-48所示。

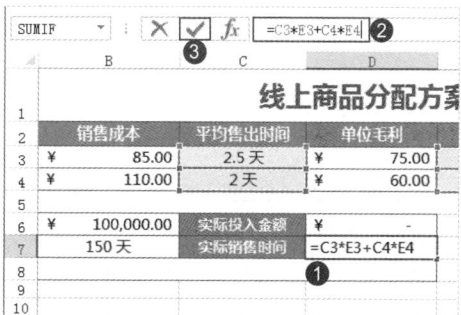

图8-47

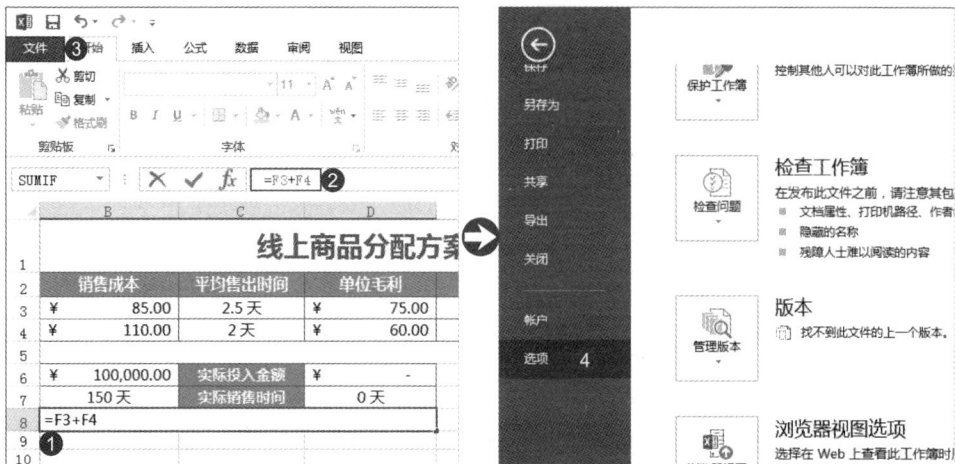

图8-48

Step 05 打开"Excel选项"对话框，❶单击"加载项"选项卡，❷单击"转到"按钮，如图8-49所示。

Step 06 打开"加载宏"对话框，❶选中"规划求解加载项"复选框，❷单击"确定"按钮，如图8-50所示。

图8-49

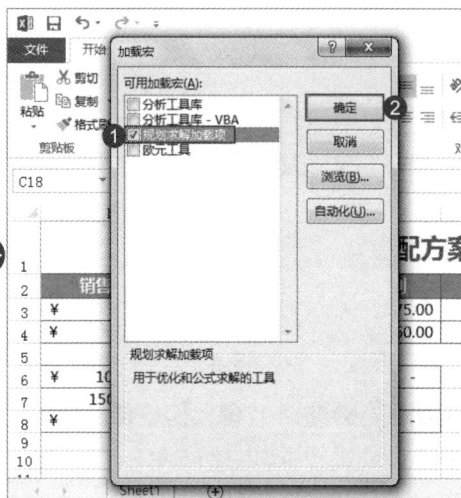

图8-50

Step 07 单击"数据"选项卡，❶单击"规划求解"按钮，打开"规划求解参数"对话框，❷设置"设置目标"为B8单元格，❸选中"最大值"单选按钮，❹单击"通过更改可变单元格"文本框后的"折叠"按钮，如图8-51所示。

图8-51

Step 08 ❶在表格中选择E3:E4单元格区域，❷单击"展开"按钮，展开"规划求解参数"对话框，❸单击"添加"按钮，如图8-52所示。

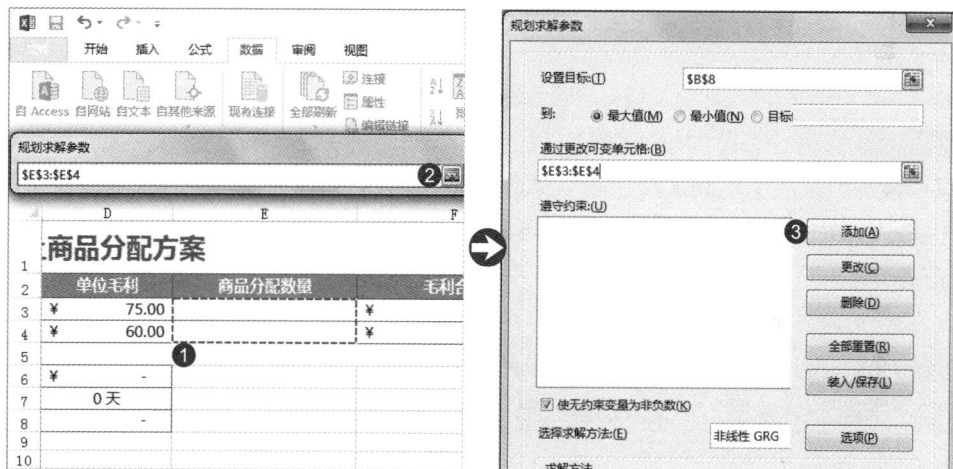

图8-52

Step 09 打开"添加约束"对话框，❶设置"单元格引用"为E3单元格，❷单击运算符号下拉按钮，❸选择"> ="选项，❹设置"约束"参数为"0"，❺单击"添加"按钮，如图8-53所示。

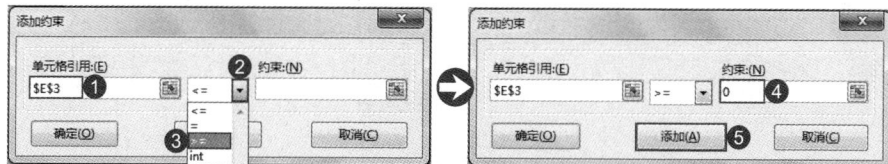

图8-53

Step 10 以同样的方法添加其他约束条件，在最后一约束条件对话框中，❶单击"确定"按钮，返回"规划求解参数"对话框，❷单击"求解"按钮，如图8-54所示。

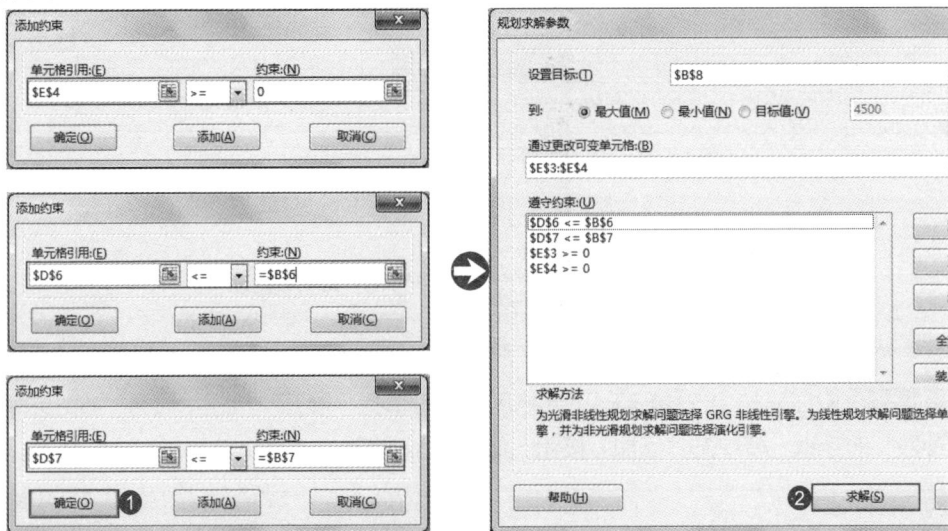

图8-54

Step 11 打开"规划求解结果"对话框，❶选中"保留规划求解的解"单选按钮，❷单击"确定"按钮，如图8-55所示。

图8-55

Step 12 返回表格中即可查看规划求解参数计算出的"商品分配数量""毛利合计""实际投入金额""实际销售数据"和"总收益"的数据，如图8-56所示。

图8-56

8.2.7
付费流量投入与利润的关系分析

在淘宝中，流量分为付费流量和免费流量，其中付费流量需要部分的投入，通常被称为商品推广。在经营过程中，我们要科学分析，流量投入与产品销售和利润的关系，若付费流量投入的多少与利润成正比，则可继续投入，若相反或持平，则没有必要再进行流量"烧钱"，节省投入成本，在其他方面做文章。那么，要分析付费流量投入与利润两组数据的关系，不需要用图表来分析，因为它对数据走势无规律的数据分析结果不明显。这时，可使用的相关系数功能。

下面以在"付费流量投入与利润"工作簿中分析5月上半月的付费流量利润的关系为例来讲解相关操作，其具体操作如下。

分析实例 付费流量与利润的关系分析

素材文件	◎素材\Chapter 8\付费流量投入与利润.xlsx
效果文件	◎效果\Chapter 8\付费流量投入与利润.xlsx

Step 01 打开"付费流量投入与利润"文件，❶单击"数据"选项卡，❷单击"数据分析"按钮，打开"数据分析"对话框，❸选择"相关系数"选项，❹单击"确定"按钮，如图8-57所示。

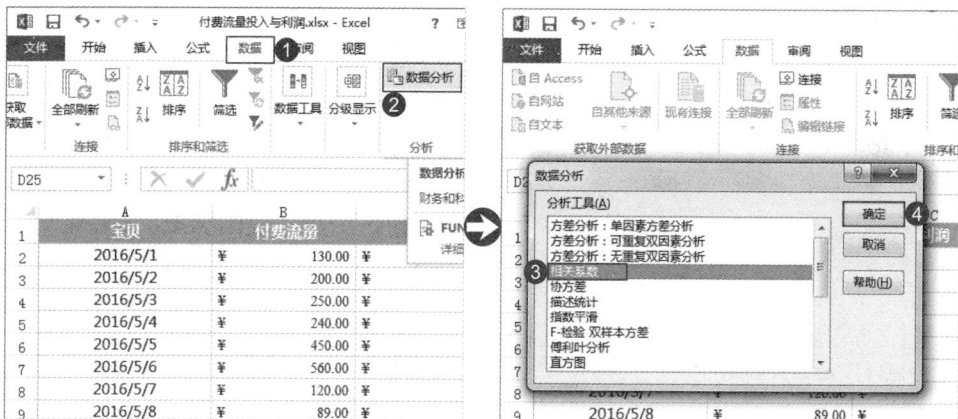

图8-57

Step 02 打开"相关系数"对话框，❶选中"逐列"单选按钮，❷单击"输入区域"文本框后的"折叠"按钮，❸在表格中选择B2:C15单元格区域，❹单击"展开"按钮，如图8-58所示。

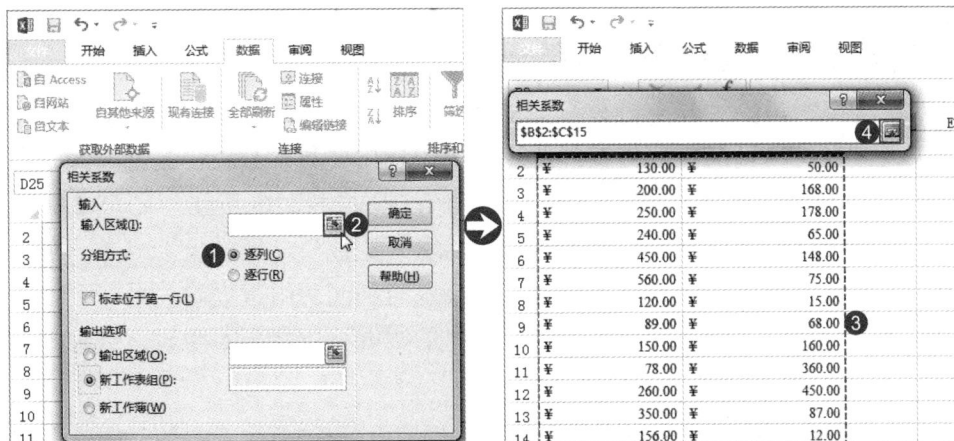

图8-58

Step 03 返回"相关系数"对话框，❶选中"输出区域"单选按钮，设置"输出区域"为A17单元格，❷单击"确定"按钮，如图8-59所示。

Step 04 程序自动分析出流量投入和利润两组数据关系，在B19单元格中可看到，这里为负数，表示投入与利润成反比，完全不值得再进行投入，如图8-60所示。

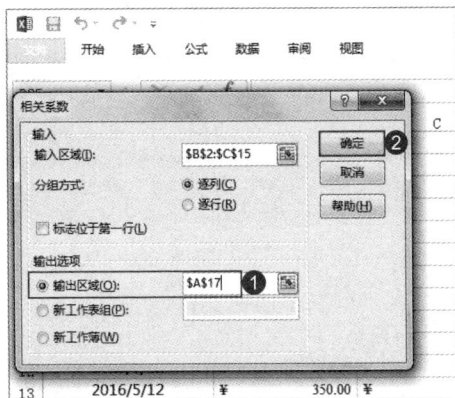

图8-59

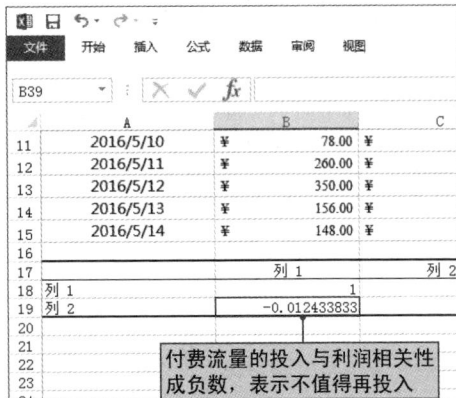

付费流量的投入与利润相关性成负数，表示不值得再投入

图8-60

TIPS *相关系数的含义*

相关系数是根据两列或两行数据的相关性得出，它的取值范围在-1～1之间，靠近正数1，表示两组数据相关性越大；反之，则越小。

8.3 同类商品销售统计

在销售过程中，同类商品的不同尺寸和类型，卖的情况不仅不相同，有些甚至相差很大。这时，我们可以进行相关统计，得出不同尺寸和类型的同类商品的准确销售数据，帮助我们做出正确的销售策略。

8.3.1
不同颜色销量统计

同类商品中有很多种颜色供卖家进行选择，在定期销售数据整理的过程中，可对不同颜色宝贝进行统计，从而了解到卖家喜欢的颜色商品，掌握其爱好并迎合他们，从而提高成交量，也为商品上架、采购和促销提供数据支持。那么，在线下的统计中，不需要用其他复杂的操作，可通过快速汇总的方法轻松解决。

下面以在"同类商品销售统计"工作簿中通过对"颜色"字段数据进行汇总，快速得到不同颜色商品销量总和数据为例来讲解相关操作，其具体操作如下。

分析实例 对不同颜色商品的销量数据进行分类求和统计

素材文件	◎素材\Chapter 8\同类商品销售统计.xlsx
效果文件	◎效果\Chapter 8\同类商品销售统计.xlsx

Step 01 打开"同类商品销售统计"文件，❶选择B2单元格，❷单击"数据"选项卡，❸单击"升序"按钮，❹单击"分类汇总"按钮，❺分别设置"分类字段""汇总方式""选定汇总项"为"颜色""求和"和"成交量"，❻单击"确定"按钮，如图8-61所示。

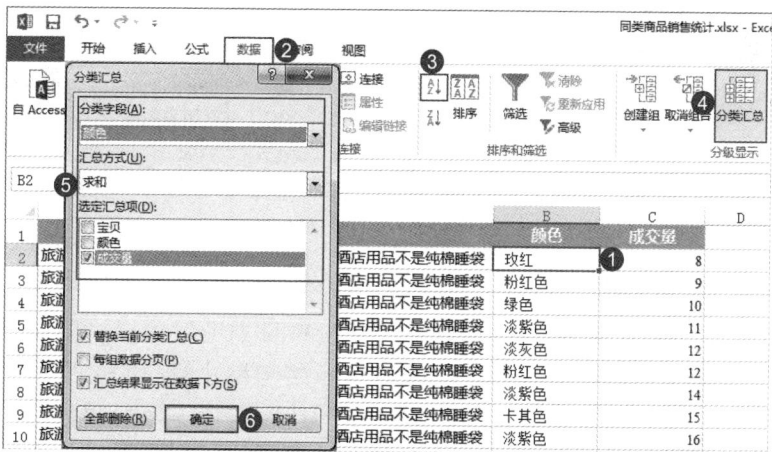

图8-61

Step 02 系统自动按照不同的颜色将睡袋进行分类汇总并统计出销量，效果如图8-62所示。

图8-62

在销量数据按颜色统计出来后，若要更好地查看销售的优劣情况，可❶单击数字按钮②，❷选择"成交量"列中的任意单元格，❸单击"升序"按钮，如图8-63所示。

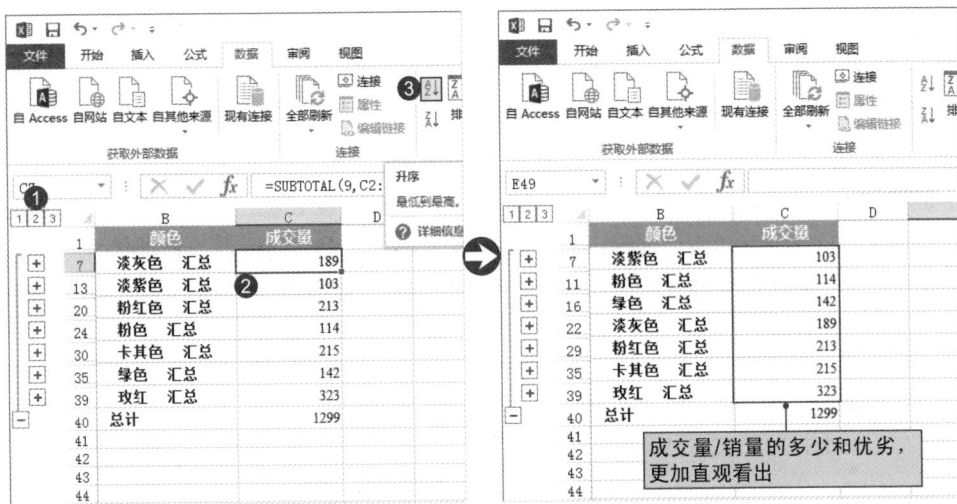

图8-63

8.3.2

不同尺寸销量统计

从线上不同尺寸商品的销售数据统计，可直观地分析出该商品受到哪种体型的顾客青睐。这样，我们就可以多进行这些尺寸商品的上架和促销，更多地满足用户需要，迎合自己的顾客市场，从而促进下单量和成交量，获得更多的利润，这里我们可以借助于数据透视表来轻松统计。

下面以在"同类商品销售统计1"工作簿中通过对不同尺寸的销量进行分类统计为例来讲解相关操作，其具体操作如下。

分析
实例 **对不同尺寸商品的销量数据进行统计** ————————————————

素材文件	◎素材\Chapter 8\同类商品销售统计1.xlsx
效果文件	◎效果\Chapter 8\同类商品销售统计1.xlsx

Step 01 打开"同类商品销售统计1"文件，❶选择C3单元格，❷单击"插入"选项卡，❸单击"数据透视表"按钮，如图8-64所示。

Step 02 打开"创建数据透视表"对话框，❶选中"现有工作表"单选按钮，❷设置"位置"为E1单元格，❸单击"确定"按钮，如图8-65所示。

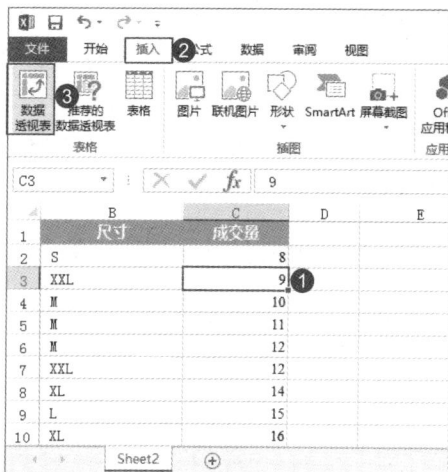

图8-64

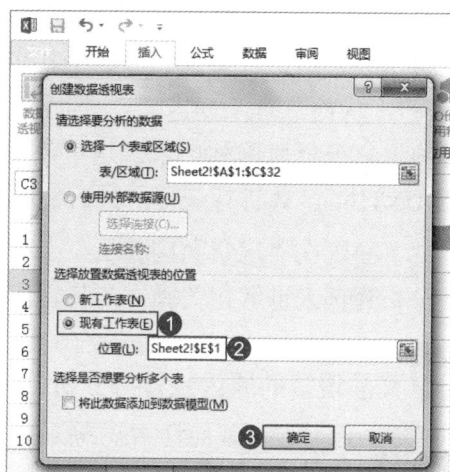

图8-65

Step 03 打开"数据透视表字段"窗格，❶选中"尺寸"和"成交量"复选框，❷在表格中选择F2单元格，❸单击"升序"按钮，如图8-66所示。

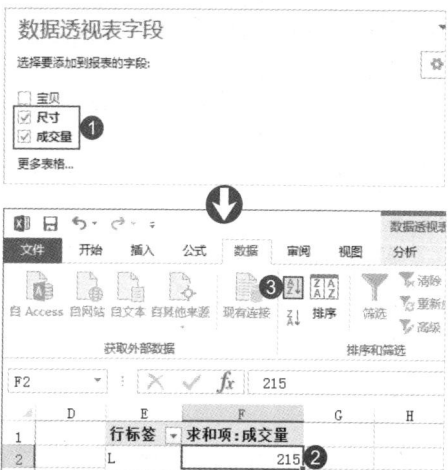

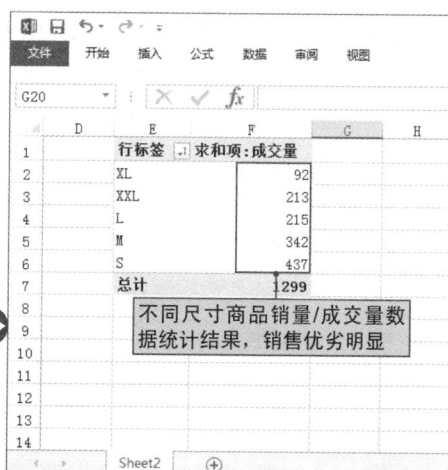

图8-66

8.4 退货退款统计和分析

　　线上销售，退货退款不是卖家希望看到的情况，因为它会给卖家带来更多的时间成本和收益的损失。所以，为了减少这种情况，我们可以对这些选择退款的人群进行分析，从而进行改善或选择性交易。

8.4.1 退货退款原因统计分析

　　线上销售，退货或退款既是常态，也是我们卖家一种促销承诺。同时，也可从顾客退货或退款的原因中找出自身的问题，如经营问题、产品质量问题等，从而进行不断改善，不断提高。对退款退货原因统计分析，首先应当将退款退货原因列出来（这里使用删除重复项功能自动列出），然后使用COUNTIF()函数进行统计，最后使用饼图进行比重分析。

　　下面以在"退货原因分析"工作簿中通过对各种退货退款原因进行统计和分析为例来讲解相关操作，其具体操作如下。

分析实例 商品退货的原因统计与分析

素材文件	◎素材\Chapter 8\退货原因分析.xlsx
效果文件	◎效果\Chapter 8\退货原因分析.xlsx

Step 01 打开"退货原因分析"文件，❶复制H3:H21单元格区域，并在J3:J21单元格区域粘贴，❷单击"删除重复项"按钮，如图8-67所示。

Step 02 打开"删除重复项"对话框，❶取消选中"数据包含标题"复选框，❷单击"确定"按钮，在打开的提示对话框中单击"确定"按钮，如图8-68所示。

图8-67

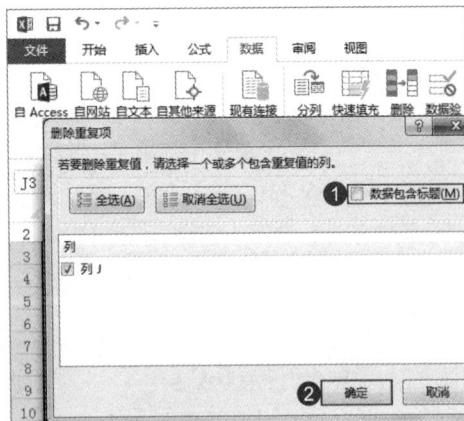

图8-68

Step 03 ❶复制J3:J7单元格区域，❷选择K2单元格，❸单击"粘贴"下拉按钮，❹选择"转置"选项，如图8-69所示。

Step 04 ❶复制J3:J7单元格区域，❷单击"清除"下拉按钮，❸选择"全部清除"命令，如图8-70所示。

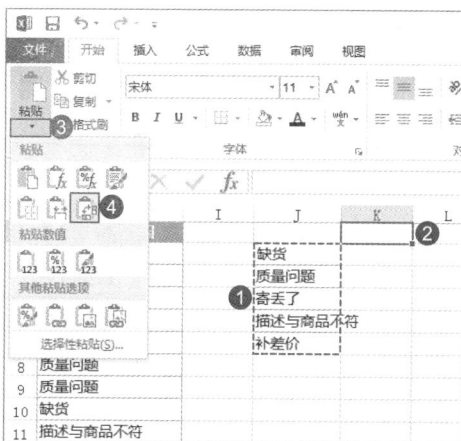

图8-69

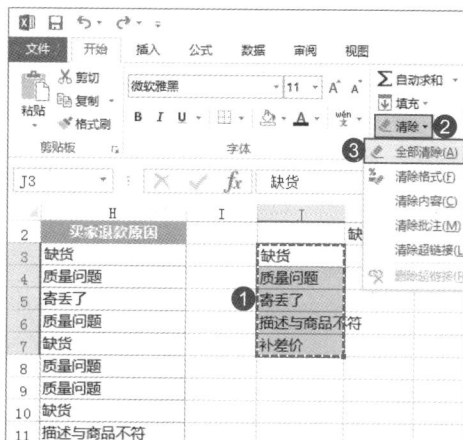

图8-70

Step 05 使用COUNTIF()函数统计出各种退货原因的对应数量（在K3单元格中，输入"=COUNTIF($H$3:$H$21,K2)"，然后使用填充柄填充到O3单元格），如图8-71所示。

Step 06 根据K2:O3单元格区域，创建饼图并对其进行样式的应用，效果如图8-72所示。

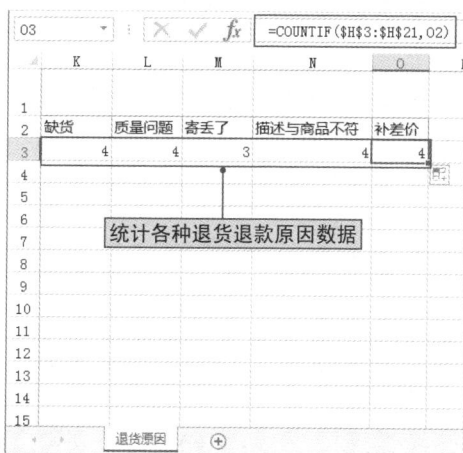

图8-71

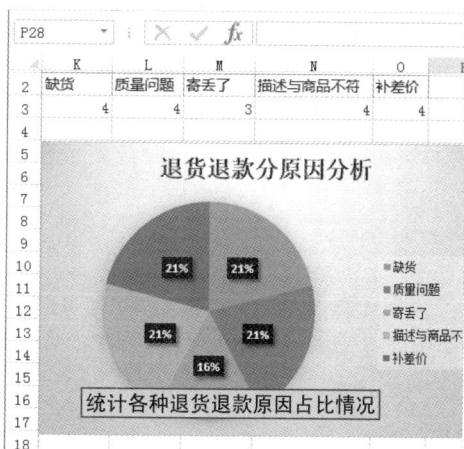

图8-72

由于在退款退货时分为全部退款和部分退款，而且部分和全部退款中又有多种原因，要清晰展示两类退款的比例，同时又展示出各种原因退款退货在自己所属类的占比情况，最快速和简捷的方法就是通过推荐的数据透视表功能，其具体操作如下。

Step 01 ❶选择退款金额、退款类型和买家退款原因数据单元格区域，❷单击"推荐的数据透视表"按钮，如图8-73所示。

Step 02 打开"推荐的数据透视表"对话框，❶选择按退货/退款类型为标签字段的数据透视表选项，❷单击"确定"按钮，如图8-74所示。

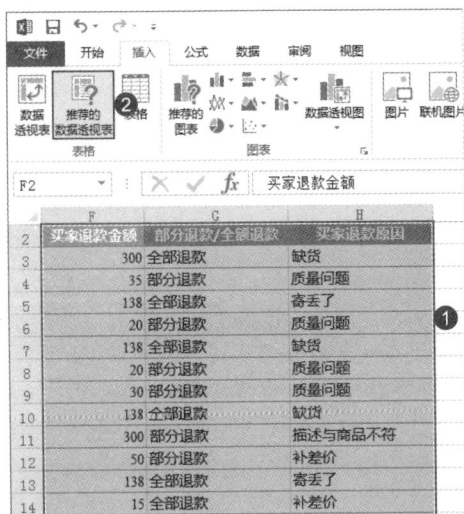

图8-73

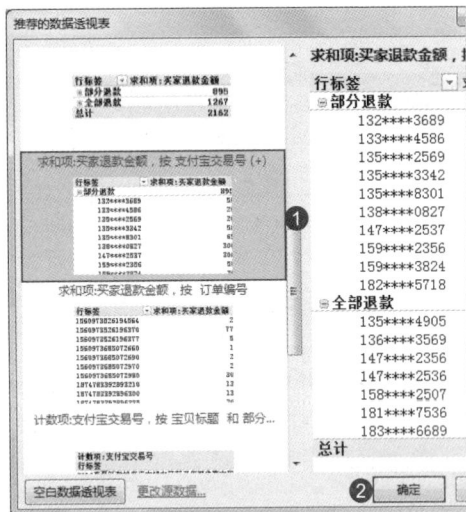

图8-74

Step 03 打开"数据透视表字段"窗格，❶取消选中"支付宝交易号"复选框，❷选中"买家退货原因"复选框，如图8-75所示。

Step 04 在买家退货金额列的任意数据单元格上右击，选择"值显示方式/总计的百分比"命令，如图8-76所示。

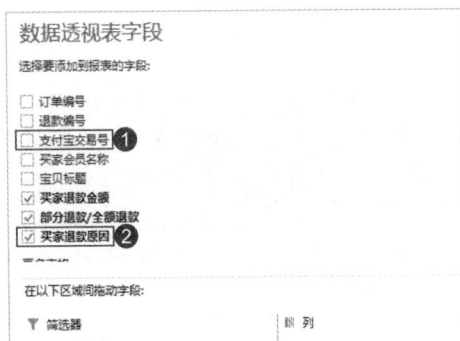

图8-75

图8-76

Step 05 选择任意退款退货原因单元格，并在其上右击，选择"值显示方式/父行汇总的百分比"命令，按退款类进行百分比值显示，如图8-77所示。

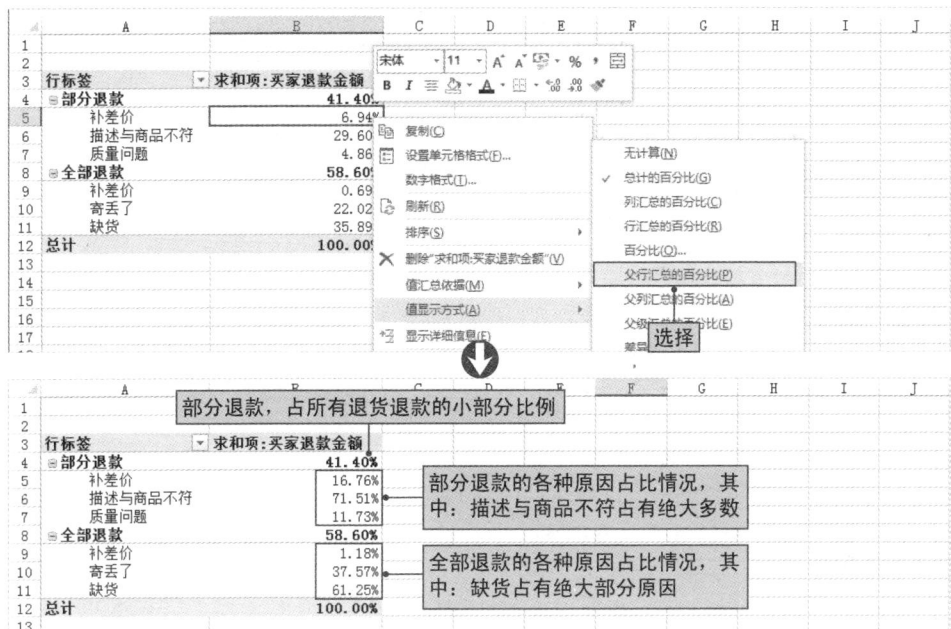

图8-77

8.4.2
统计老顾客中部分退款情况

老顾客是卖家非常珍惜的资源，也是重点关注和关心的群体。因此，对于他们的秉性我们要充分了解，不仅是喜欢的商品类型、颜色和尺寸，而且也应该掌握他们退货退款方面情况。从而，掌握和他们打交道的方法方式以及心理准备。

下面以在"退货原因分析1"工作簿中通过对老顾客的部分退款退货情况进行统计为例来讲解相关操作，其具体操作如下。

分析实例 对老顾客部分退款进行计数统计

素材文件	◎素材\Chapter 8\退货原因分析1.xlsx
效果文件	◎效果\Chapter 8\退货原因分析1.xlsx

Step 01 打开"退货原因分析1"文件，使用删除项功能列出退款老顾客的名称，使用COUNTIF()函数统计出相应退款次数数据，❶选择次数数据中任意单元格，❷单击"降序"按钮，如图8-78所示。

Step 02 程序自动将部分退款的次数按由少到多的顺序排列，如图8-79所示。

图8-78

图8-79

库存数据的分析
与图形化处理

　　库存是电子商务中的重要一环，它能保证商品的供应、防止短缺和中断。所以，鉴于其重要性，我们需要对仓库中的商品数据进行相应的管理和分析，并以直观和简捷的方式进行展示、分析和处理。

9.1 商品库存统计和分析

作为电商卖家，我们仓库中有多少商品，一定要了解清楚，不仅要进行信息的准确登记和管理，使其井井有条，还应对各类商品数据进行统计和分析，如现有的库存是否需要进行及时补货，从而保证商品供应的平衡。

9.1.1
统计分析当月库存数据

库存是采购与销售的中转站，用于商品存取、周转和调度。所以，为了保证库存的适当，也就是让现有的库存量与标准库存量保持适度，保障商品够用的同时，不能有太多积存。怎样来做到呢？我们可以从最近的库存情况着手（或需要的时间段），库存数据信息进行直观的分析，从而得出结果，为后面的入库提供数据支持和经验总结。

下面以在"商品库存"工作簿中筛选当月最新商品库存数据，然后通过簇状柱形图对现有库房结存数量和库存标准量数据进行直观对比为例来讲解相关操作，其具体操作如下。

分析实例 直观展示本月现有库存与标准库存差异

素材文件	◎素材\Chapter 9\商品库存.xlsx
效果文件	◎效果\Chapter 9\商品库存.xlsx

Step 01 打开"商品库存"素材，❶选择B8单元格，❷单击"数据"选项卡，❸单击"筛选"按钮，进入自动筛选状态，如图9-1所示。

Step 02 ❶单击"入库时间"下拉按钮，❷选择"日期筛选/本月"选项，筛选出当月的库存数据，如图9-2所示。

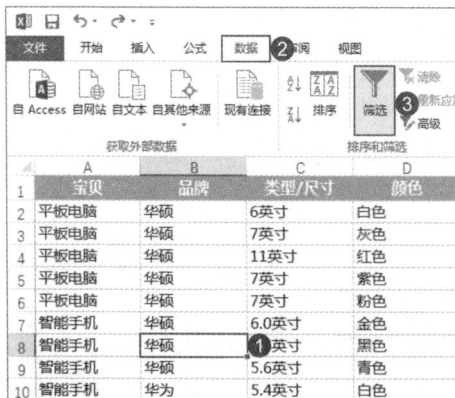

图9-1

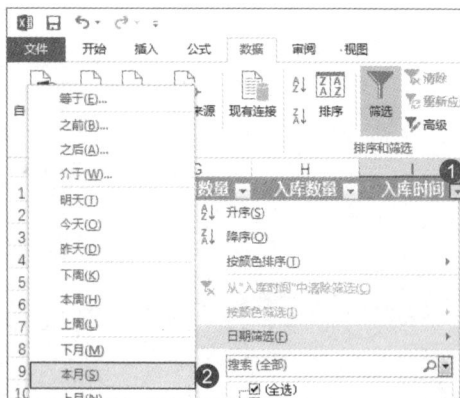

图9-2

Step 03 ❶选择K1:L39单元格区域，❷单击"插入"选项卡，❸单击"推荐的图表"按钮，打开"插入图表"对话框，❹选择"簇状柱形图"选项，然后单击"确定"按钮，如图9-3所示。

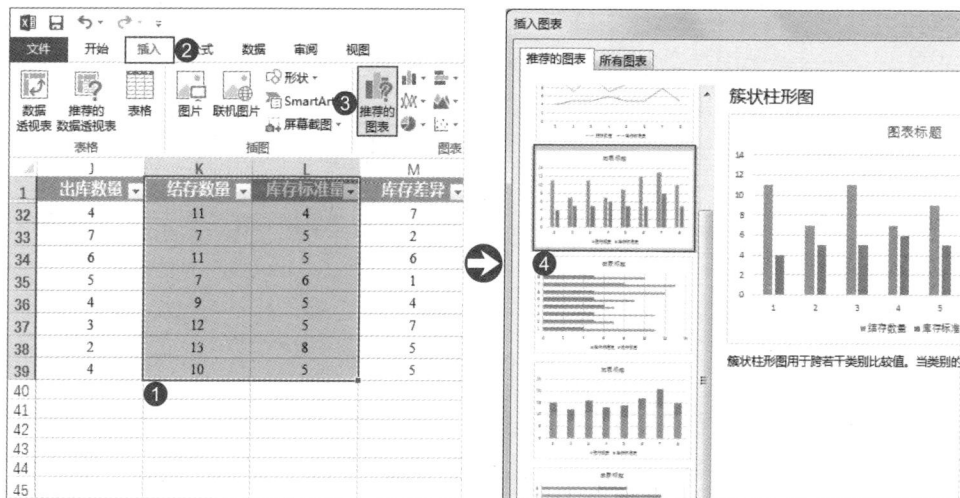

图9-3

Step 04 将图表移到合适位置，在图表标题文本框中输入"当月采购入库与标准库存关系"，如图9-4所示。

Step 05 ❶选择F41单元格，❷在编辑栏中输入公式"=A32&"("&D32&")""，按【Ctrl+Enter】组合键确认（将当月库存商品的名称与颜色字符串合并在一起，作为图表水平坐标轴的数据源），如图9-5所示。

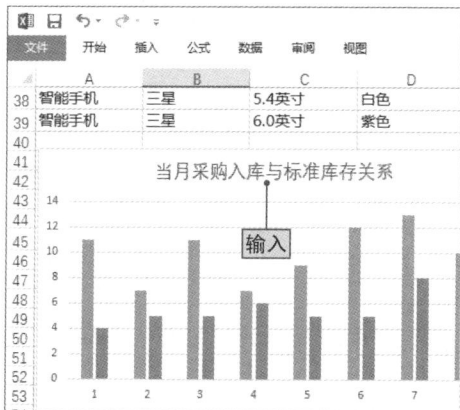

图9-4

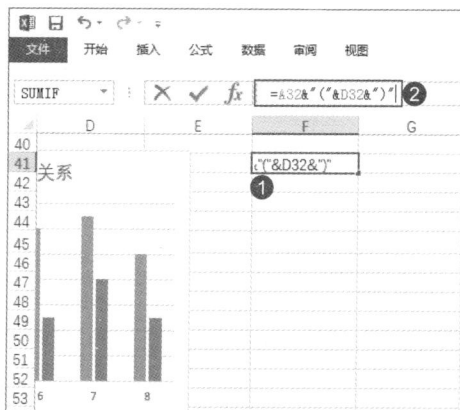

图9-5

Step 06 使用填充柄功能填充公式到F48单元格，将本月其他库存商品的名称与颜色字符串合并在一起，如图9-6所示。

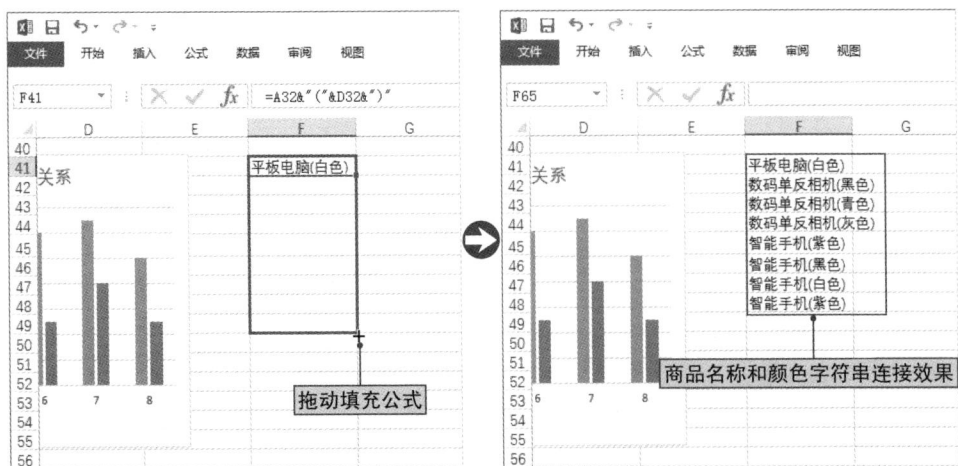

图9-6

Step 07 在图表空白位置处右击，❶选择"选择数据"命令，打开"选择数据源"对话框，❷单击"水平（分类）轴标签"列表框中的"编辑"按钮，如图9-7所示。

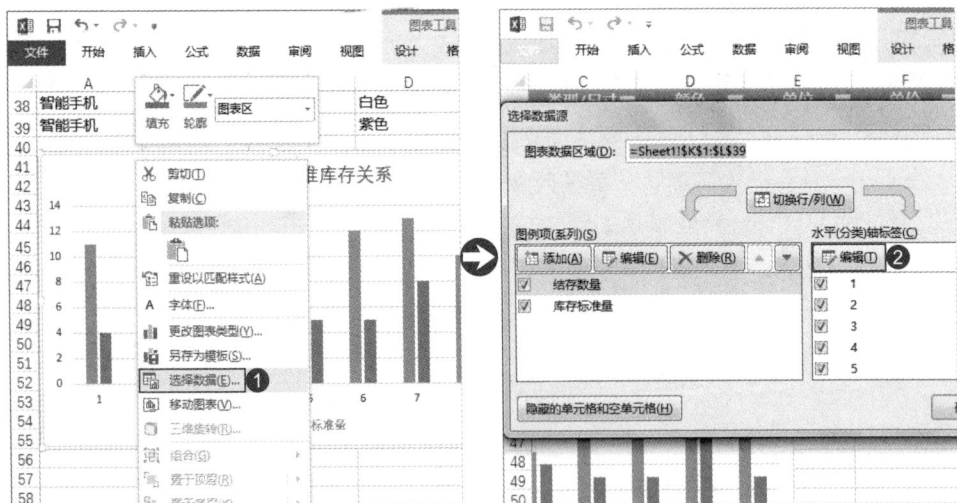

图9-7

Step 08 打开"轴标签"对话框，❶在表格中选择F41:F48单元格区域，❷单击"确定"按钮，如图9-8所示。

Step 09 ❶在"结存数据"数据系列上右击，❷选择"设置数据系列格式"命令，打开"设置数据系列格式"窗格，如图9-9所示。

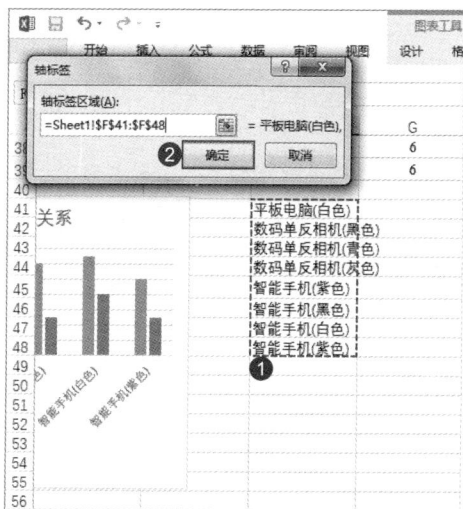

图9-8

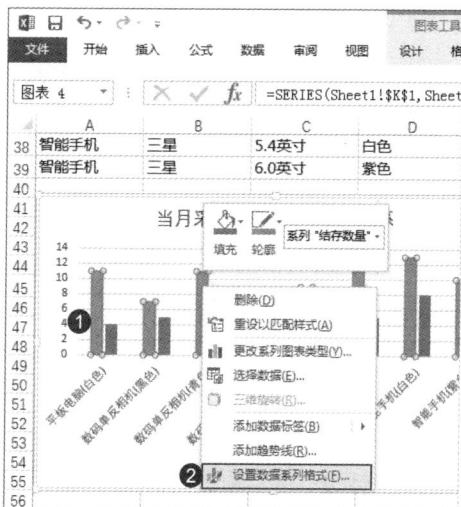

图9-9

Step 10 ❶单击"序列选项"选项卡，❷展开"系列选项"下拉选项，❸设置"系列重叠"为"53%"，如图9-10所示。

Step 11 在图表中可明显看出每一类型商品的结存数据与库存标准量的差距，如图9-11所示。

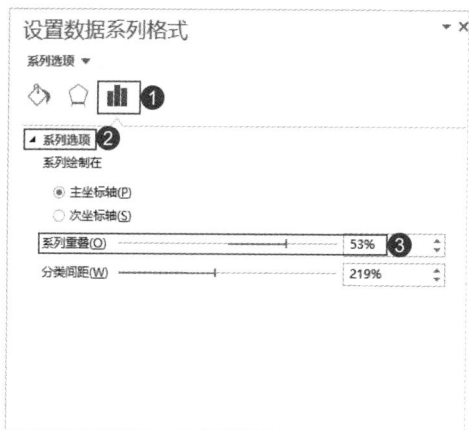

图9-10

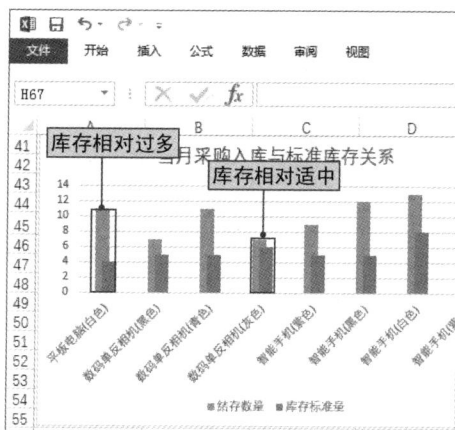

图9-11

9.1.2

根据库存情况标记出库存的状态

在管理商品库存时，我们要让库存智能起来，也就是自动"提示"我们哪些商品库存过多，哪些商品不足需要及时补货，使我们的商品入库或采购计划更加适用和及时。当然，Excel程序无法实现语音智能提示，只能用指定显示来提示，如信号灯。

下面以在"商品库存1"工作簿中让库存差异（实际库存数据与标准库存数据之差）大于7的数据显示绿灯标识表示库存充足，将小于等于2的数据用红灯表示需及时补货为例来讲解相关操作，其具体操作如下。

分析实例 直观展示库存充裕和库存告急状况

素材文件 ◎素材\Chapter 9\商品库存1.xlsx
效果文件 ◎效果\Chapter 9\商品库存1.xlsx

Step 01 打开"商品库存1"素材，❶选择M2单元格，❷在编辑栏中输入"K2-L2"，按【Ctrl+Enter】组合键，❸将鼠标光标移到M2单元格右下角，待鼠标光标变成加号形状时，双击填充公式到数据末行，如图9-12所示。

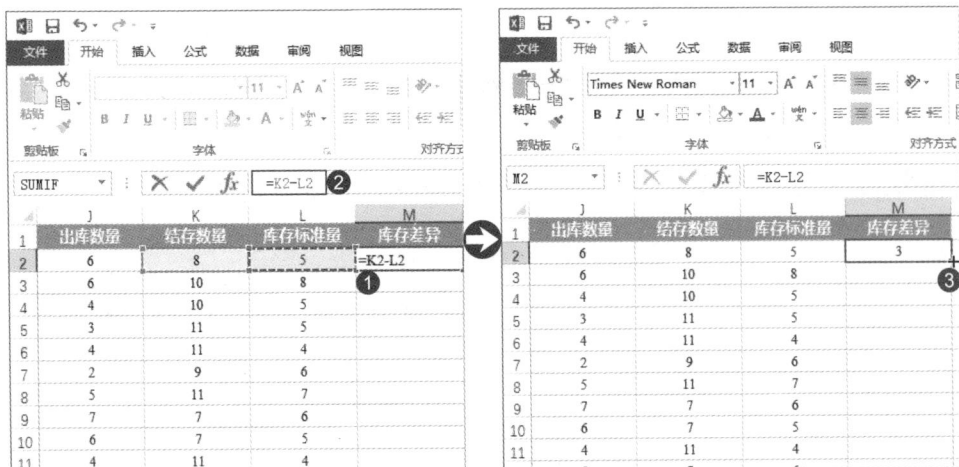

图9-12

Step 02 ❶选择M2:M39单元格区域，❷单击"开始"选项卡中的"条件格式"下拉按钮，❸选择"新建规则"命令，打开"新建格式规则"对话框，如图9-13所示。

Step 03 ❶单击"格式样式"下拉按钮，❷选择"图标集"选项，❸单击"图标样式"下拉按钮，❹选择"三色交通灯（有边框）"选项，如图 9-14 所示。

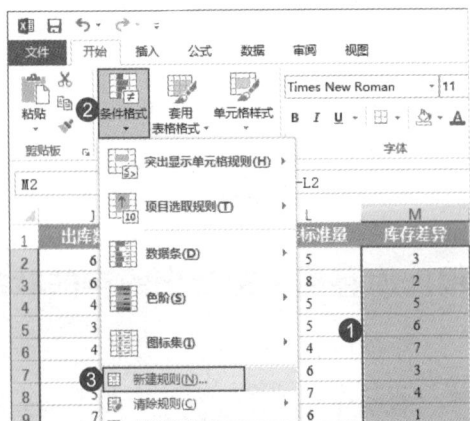

图9-13

图9-14

Step 04 ❶单击"黄色交通灯"下拉按钮，❷选择"无单元格图标"选项，❸设置"类型"为"数字"，❹在"值"文本框中分别输入"7"和"2"，❺单击"确定"按钮，如图9-15所示。

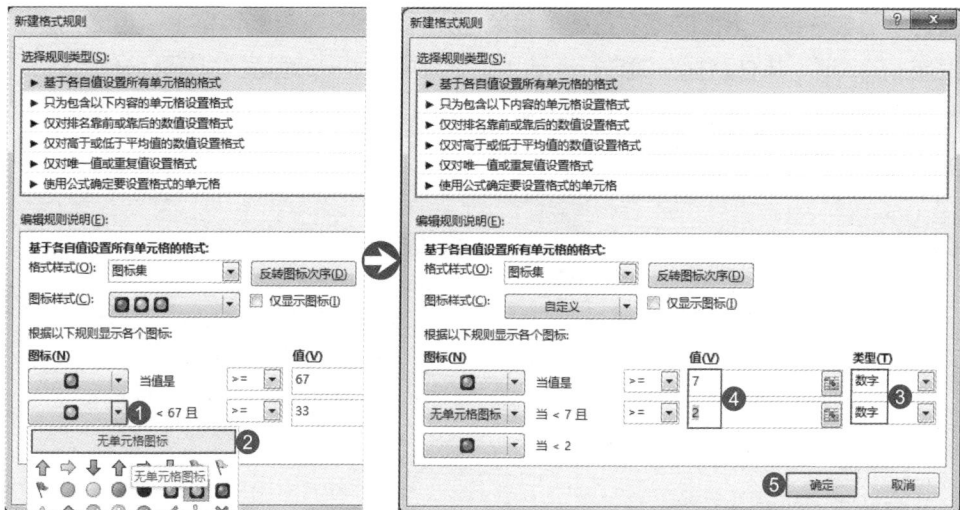

图9-15

Step 05 ❶单击"插入"选项卡，❷单击"形状"下拉按钮，❸选择"文本框"选项，如图9-16所示。

Step 06 在表格中按住鼠标左键不放，绘制文本框，并将鼠标光标定位在文本框中输入相应的内容（"红灯"标识表示的含义，"绿灯"标识表示的含义，中间按【Enter】键进行分行隔开），如图9-17所示。

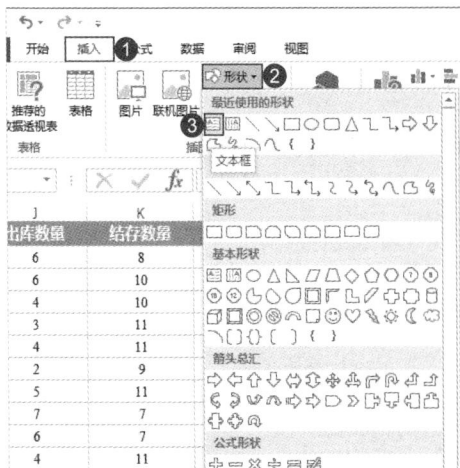

图9-16

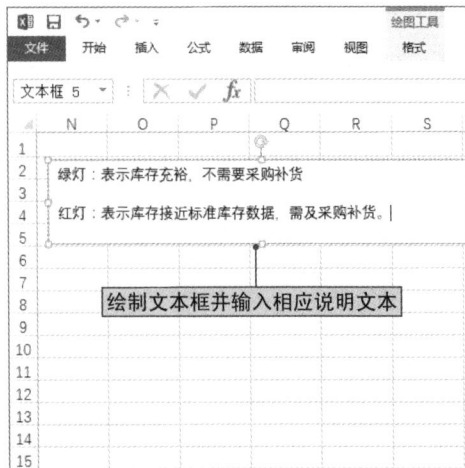

图9-17

Step 07 ❶选择文本框中输入的说明文本，❷在"开始"选项卡中设置"字体""字号"为"微软雅黑"和"10"，❸单击"垂直居中"按钮，单击表格中任意位置退出文本编辑设置状态，如图9-18所示。

Step 08 ❶移动文本框的相对位置（将鼠标光标移到文本框的边框上，当鼠标光标变成形状时，按住鼠标左键进行拖动），❷调整文本框的宽度（将鼠标光标移到右侧的控制柄上，待其变成水平双向箭头时，按住鼠标左键不放拖动到适合宽度，释放鼠标），如图9-19所示。

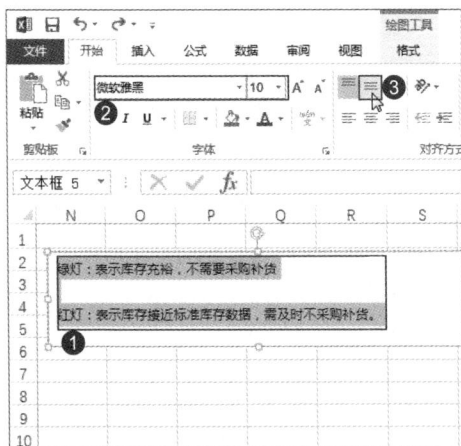

图9-18

图9-19

Step 09 在库存表格中不仅可以直观展示出库存数据的相关状态，而且还明确知道各标记的含义，效果如图9-20所示。

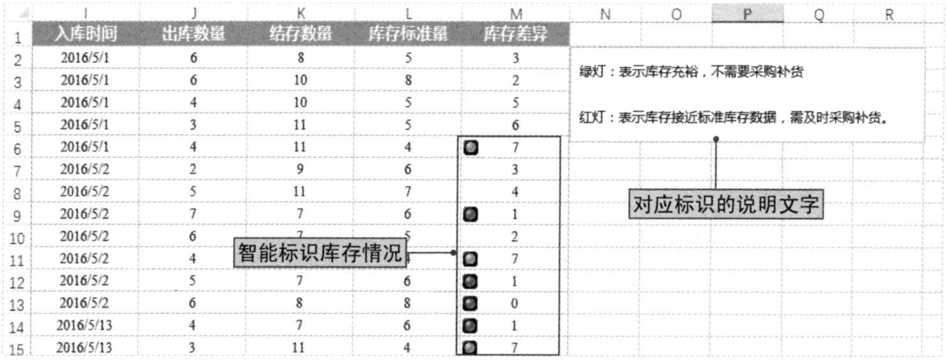

图9-20

9.1.3

各类产品库存占比情况

　　在较多库存数据中，我们不仅要知道各种商品当前的库存情况，还应知道在整个库存中，各类商品占有的比例，从而从整体上对库存商品的比重结构进行科学调整（过多的商品库存比例进行调小，过少的商品库存商品类调大），使其更好地适应采购和销售的需要，发挥其应有的作用和功能。要实现各类商品库存比重展示和分析，首先需要借助SUMIF()函数对各类商品的库存数据进行计算统计，然后使用二维饼图进行展示和分析。

　　下面以在"商品库存2"工作簿中统计和分析各品类电子产品的库存量和比重为例来讲解相关操作，其具体操作如下。

分析实例 统计不同电子产品的库存数量和比重

素材文件	◎素材\Chapter 9\商品库存2.xlsx
效果文件	◎效果\Chapter 9\商品库存2.xlsx

Step 01 打开"商品库存2"素材，❶选择B41单元格，❷在编辑栏中输入"=SUMIF($A$2:$A$39,A41,$K$2:$K$39)"，按【Ctrl+Enter】组合键，❸使用填充柄填充函数到B43单元格，如图9-21所示。

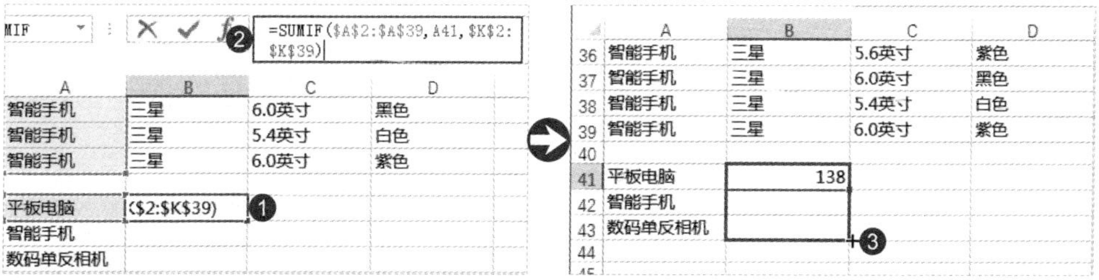

图9-21

Step 02 ❶选择B41:B43单元格区域，❷单击"插入饼图"下拉按钮，❸选择"饼图"选项，如图9-22所示。

Step 03 ❶更改图表标题为"各类商品库存占比情况"，❷在"图表样式"列表框中选择"样式11"选项，❸在任意数据标签上双击，打开"设置数据标签格式"窗格，如图9-23所示。

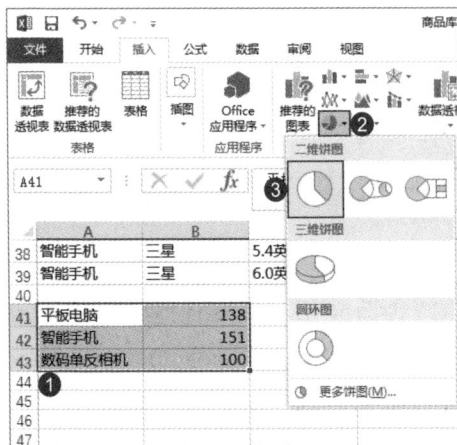

图9-22

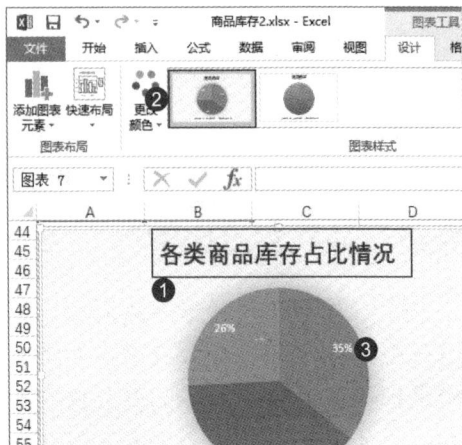

图9-23

Step 04 ❶单击"标签选项"选项卡，❷选中"值"复选框，❸单击"分隔符"下拉按钮，❹选择"分行符"选项，如图9-24所示。

Step 05 在图表中即可查看各类商品的库存数据的比重情况，可以看出各类商品的占比情况较为均衡，如图9-25所示。

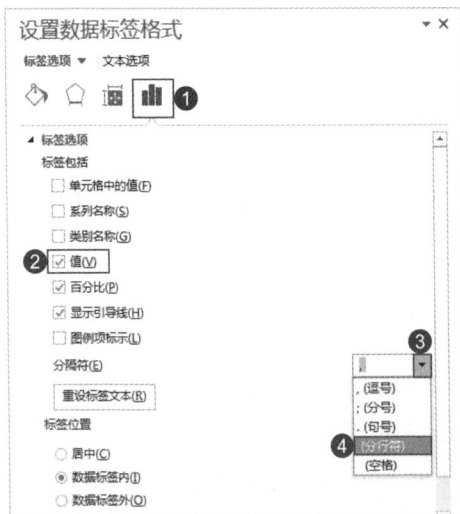

图9-24

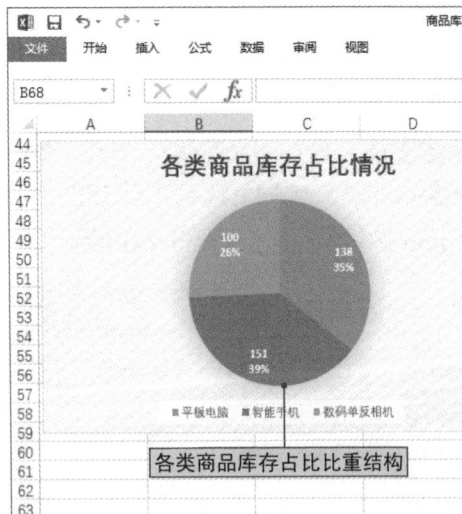

图9-25

9.2 统计库存商品状态

在库存管理中，我们不仅要对库存的整体情况进行统计分析，还要对商品的个体情况进行整理、统计和分析，如损坏、维修或积压等。下面我们分别来了解。

9.2.1 损坏商品统计

库存商品损坏是不能避免的，但这种损坏必须在可控范围内，也就是我们能够接受或承担的范围，否则就必须加强商品的管理，减少损坏。同时，必须统计分析出各种造成损坏因素的比重，从而找到更好的管控和减少的损坏的入手点。其中，要统计出库存商品损坏率，必须先统计出损坏的商品数量和总库存数量，然后进行除法计算。然后，使用饼图直观展示出造成各种商品损坏的占比情况。

下面以在"商品库存3"工作簿中筛选当月最新库存商品数据，然后通过SUM()、IF()和SUMIF()函数计算出相应的数据，最后使用饼图进行库存商品损坏原因的占比分析为例来讲解相关操作，其具体操作如下。

分析实例 统计并分析库存商品损坏比例和原因

素材文件	◎素材\Chapter 9\商品库存3.xlsx
效果文件	◎效果\Chapter 9\商品库存3.xlsx

Step 01 打开"商品库存3"素材，❶选择A45单元格，❷单击"公式"选项卡，❸单击"自动求和"按钮，系统插入SUM()函数，❹在表格中选择K2:K39单元格区域，❺单击"输入"按钮确认，如图9-26所示。

图9-26

Step 02 ❶以同样的方法在B45单元格中计算出商品损坏数据，❷选择C45单元格，❸在编辑栏中输入公式"=B45/A45"，❹单击"输入"按钮，如图9-27所示。

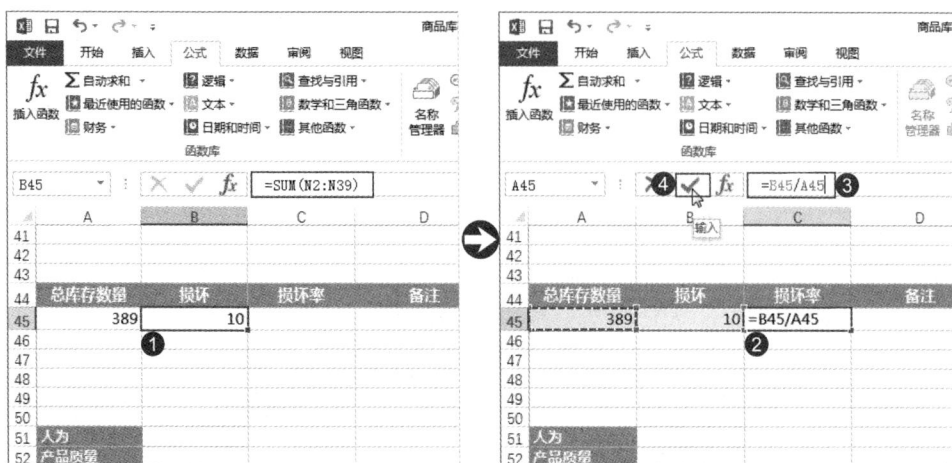

图9-27

Step 03 ❶单击"开始"选项卡，❷单击"数字"功能组中的数据类型下拉按钮，❸选择"百分比"选项，如图9-28所示。

Step 04 ❶选择D45单元格，❷单击"公式"选项卡，❸单击"逻辑"下拉按钮，❹选择"IF"选项，打开"函数参数"对话框，❺分别设置相应的参数，按【Enter】键确认，如图9-29所示。

图9-28

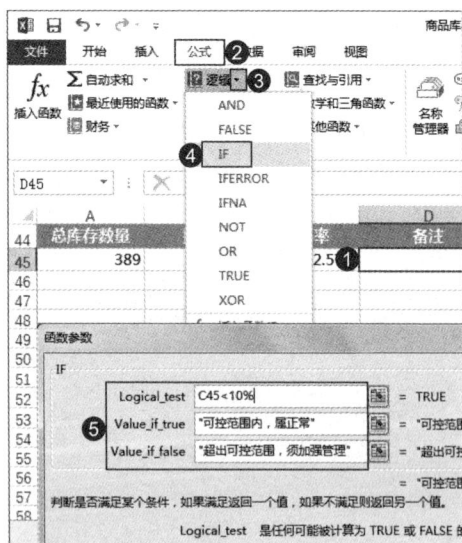

图9-29

Step 05 ❶选择B51:B53单元格区域，❷在编辑栏中输入函数 "=SUMIF($O$2:$O$39,A51,$N$2:$N$39)"，❸单击 "输入" 按钮，如图9-30所示。

Step 06 ❶选择A51:B53单元格区域，❷单击 "插入饼图" 下拉按钮，❸选择 "二维饼图" 选项，如图9-31所示。

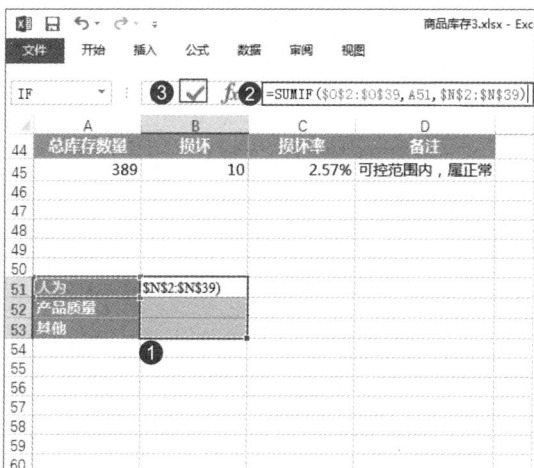

图9-30

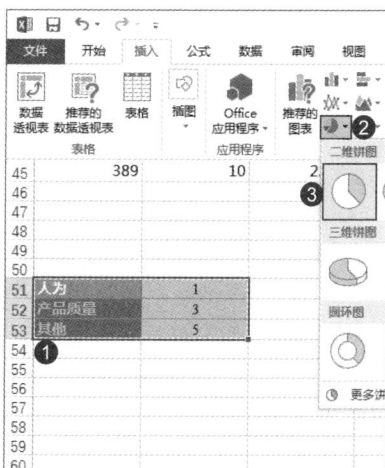

图9-31

Step 07 移动图表位置，更改图表标题，应用图表样式 "样式11"，整体效果如图9-32所示。

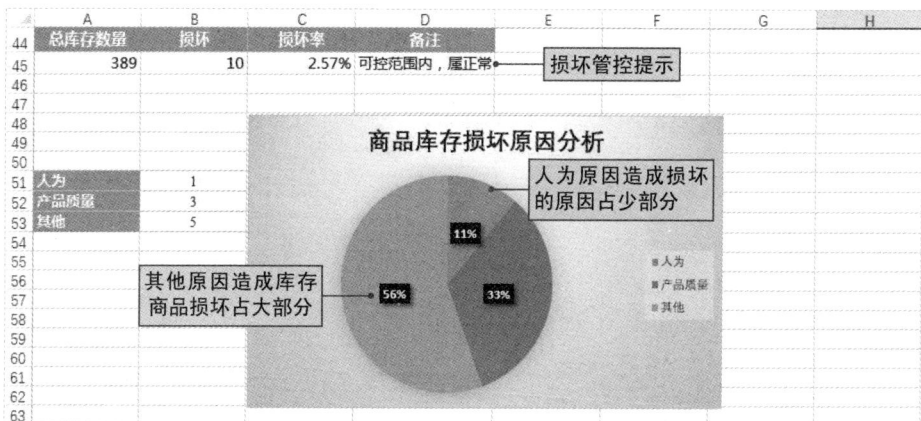

图9-32

9.2.2
商品库存状态的分析与预测

仓库中的商品，由于入库和出库的不均衡，会出现商品供不应求，或刚好合适。或是入库大于出库，出现积压的状态。我们可以对商品的这种库存状态进行直观的展示，并对未来的情况进行预测，从而对该商品入库和出库进行调整。要达到这种库存状态的直观展示，必须有当前的库存数据，当然它是需要动态计算获得，因为入库和出库数据不断在变化，然后用带有次要坐标轴的组合图表就能轻松展示和分析出。

下面以在"商品库存状态"工作簿中展示和分析2016年5月上半月的库存状态，同时，预测该商品未来是否可能成为积压商品为例来讲解相关操作，其具体操作如下。

分析 实例 对库存商品的状态展示和分析并进行预测

素材文件 ◎素材\Chapter 9\商品库存状态.xlsx
效果文件 ◎效果\Chapter 9\商品库存状态.xlsx

Step 01 打开"商品库存状态"素材，❶选择C2单元格，❷在编辑栏中输入公式"=B3-B4+B2"，❸使用填充柄横向填充公式到P2单元格，自动计算出当前库存数据，如图9-33所示。

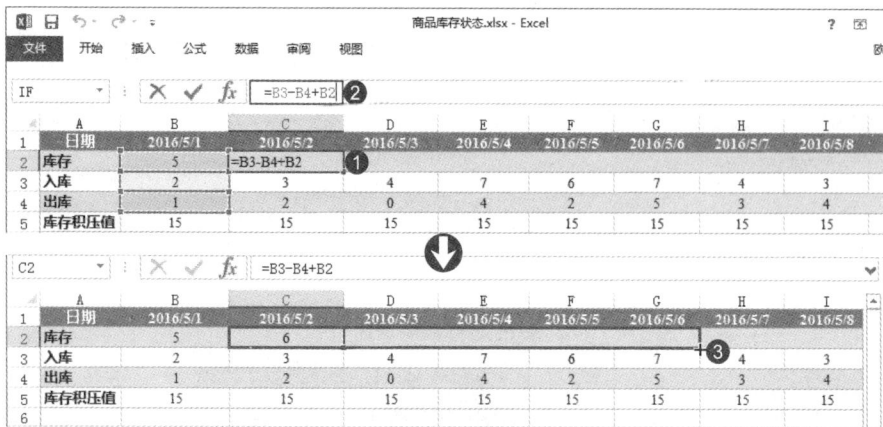

图9-33

Step 02 ❶选择 A1:P5 单元格区域，❷单击"插入柱形图"下拉按钮，❸选择"更多柱形图"命令，如图 9-34 所示。

Step 03 打开"插入图表"对话框，❶单击"组合"选项卡，❷单击"库存"选项中的图表类型下拉按钮，❸选择"带数据标记的折线图"选项，如图9-35所示。

图9-34

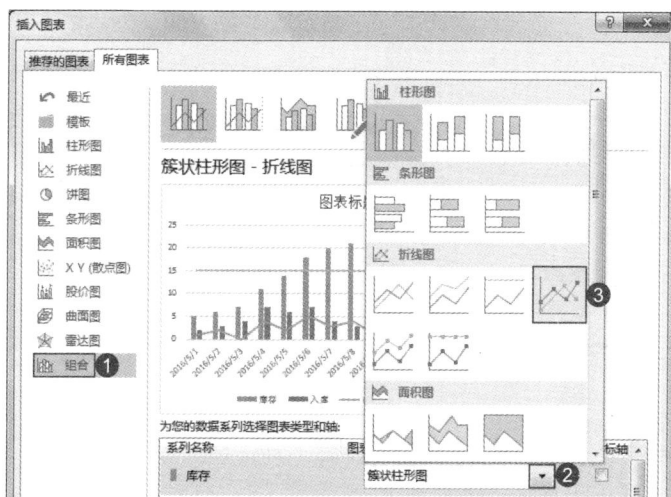

图9-35

Step 04 ❶单击"出库"选项中的图表类型下拉按钮，❷选择"簇装柱形图"选项，❸选中"库存积压值"选项对应的"次要坐标轴"复选框，❹单击"确定"按钮，如图9-36所示。

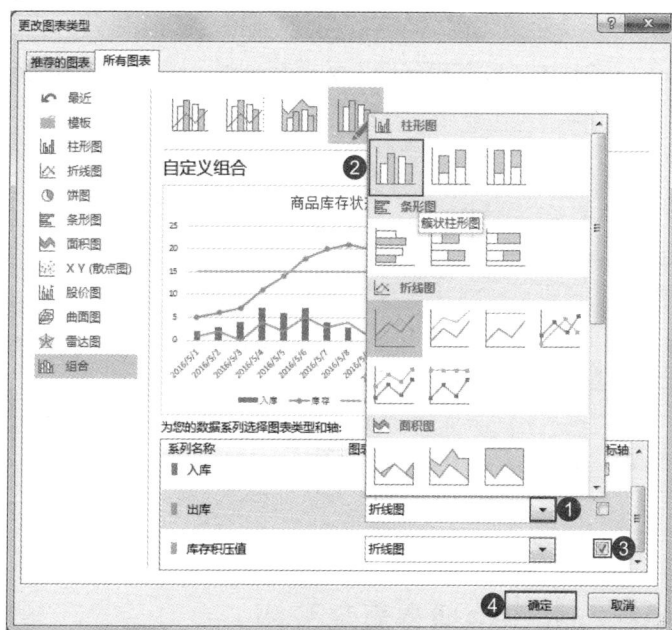

图9-36

Step 05 ❶将图表移到合适位置并输入图表标题，❷在添加的次要坐标轴上双击打开"设置坐标轴格式"窗格，如图9-37所示。

Step 06 ❶单击"坐标轴选项"选项卡，❷设置"最大值"为"25"，然后关闭窗格，如图9-38所示。

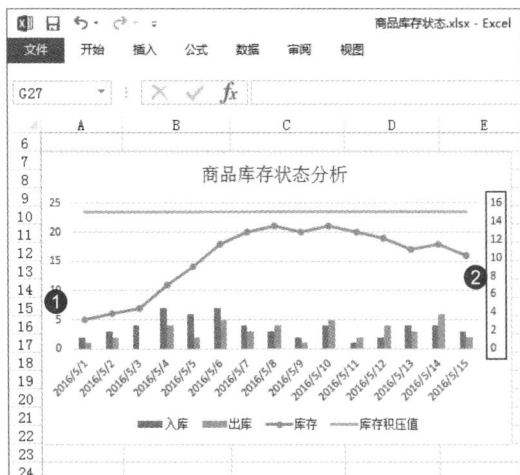

图9-37

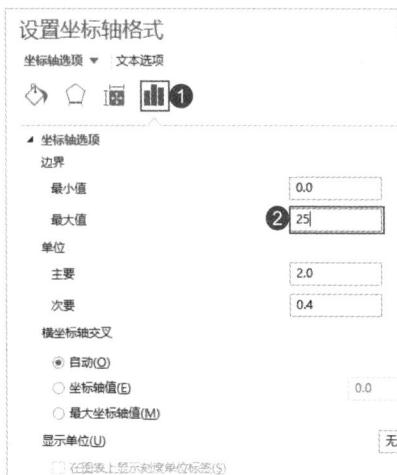

图9-38

Step 07 在表格中即可查看图表的最终形态样式，效果如图9-39所示。在图表中明显看出2016/5/5以后库存量越过"库存积压值"数据系列，进入10天的积压期，虽有下行的趋势，但未越过"库存积压值"数据系列线，未来一段时间可能还会处于积压状态。

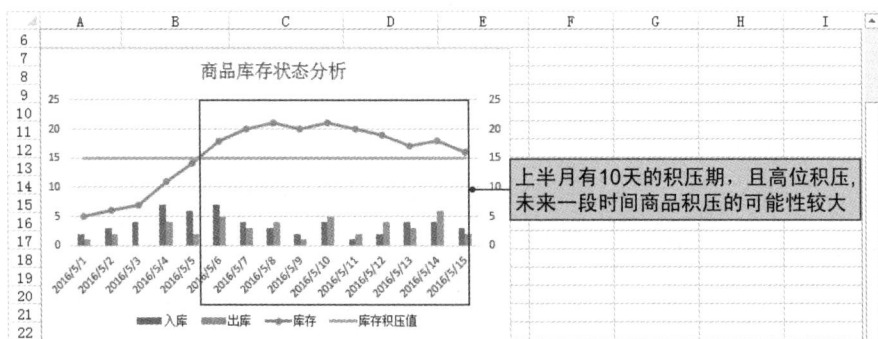

图9-39

9.2.3

单一商品的库存状态快速查看和分析

在库存数据中，我们要查看和分析单一商品的库存状态，不能逐一进行，这样不仅费时费力。同时，还会很占表格空间，且显得繁杂，这时我们可以用一专门的查看和统计工具，进行指定库存商品数据统计和查看，同时，使用一张图表来分析当前数据的商品情况。大体分为两大步：第一步指定商品的数据快速查找和引用，并进行统计分析；第二步创建普通图表进行动态展示和分析当前商品库存数据信息。

下面以在"单一商品库存状态"工作簿中快速查看单一库存商品数据信息并进行相应展示和分析为例来讲解相关操作，其具体操作如下。

分析实例 快速实现单一商品的库存状态的查看、展示和分析

| 素材文件 | ◎素材\Chapter 9\单一商品库存状态.xlsx |
| 效果文件 | ◎效果\Chapter 9\单一商品库存状态.xlsx |

Step 01 打开"单一商品库存状态"素材，❶选择F列（将鼠标光标移动F列标上单击）并在其上右击，❷选择"插入"命令插入空白F列，❸在F1单元格中输入"商品全称"，如图9-40所示。

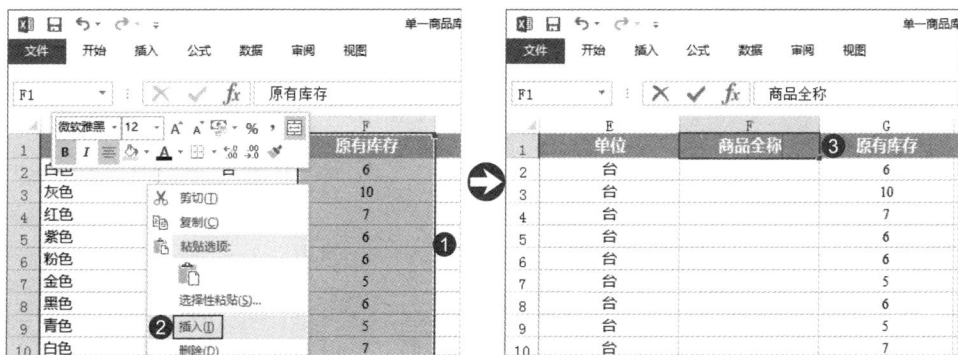

图9-40

Step 02 ❶选择F2单元格，❷在编辑栏中输入公式"平板电脑 6英寸 白色"（其中"平板电脑"对应的是A2单元格中的值，"6英寸"对应的是C2单元格中的值，"白色"对应的是D2单元格中的值），❸单击"数据"选项卡中的"快速填充"按钮，如图9-41所示。

图9-41

Step 03 ❶选择A50单元格，❷单击"数据验证"按钮，打开"数据验证"对话框，❸设置"允许"选项为"序列"，❹单击"折叠"按钮，如图9-42所示。

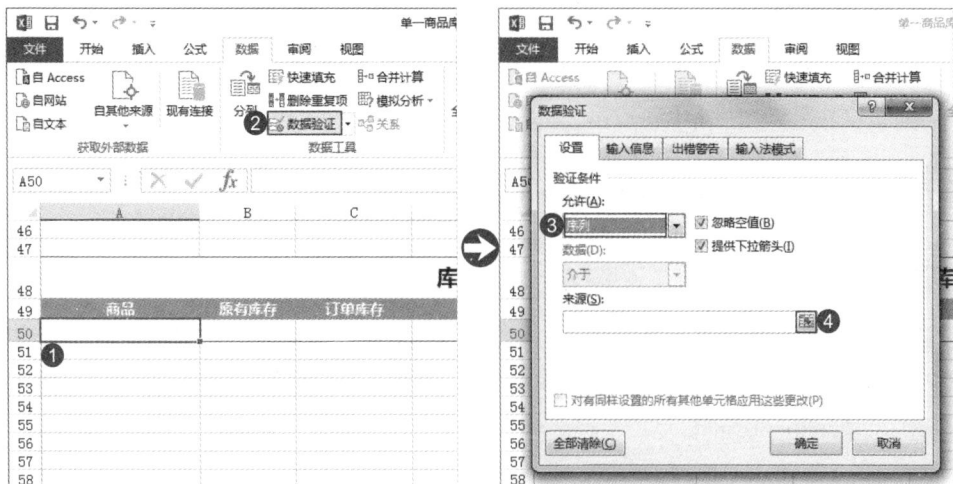

图9-42

Step 04 ❶在表格中选择F2:F39单元格区域，❷单击"展开"按钮展开对话框，然后单击"确定"按钮，如图9-43所示。

Step 05 ❶选择B50单元格，❷单击"公式"选项卡中的"查找与引用"下拉按钮，❸选择"VLOOKUP"选项，如图9-44所示。

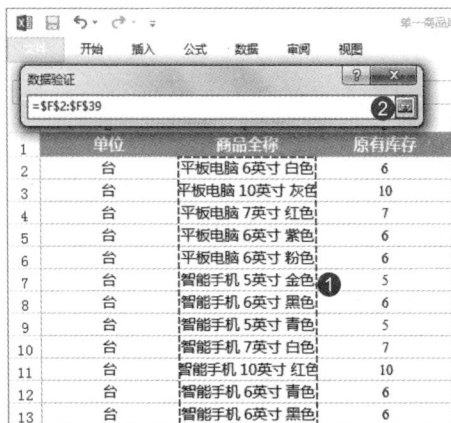

图9-43

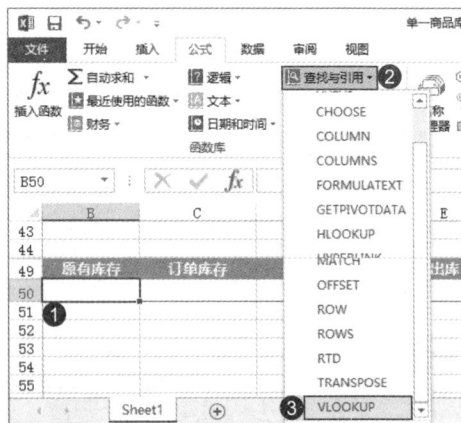

图9-44

Step 06 打开"函数参数"对话框，❶设置"Lookup_value"参数为"$A$50"，❷单击"Table_array"文本框后的"折叠"按钮，如图9-45所示。

Step 07 ❶在表格中选择F2:K39单元格，❷单击"展开"按钮，展开对话框，如图9-46所示。

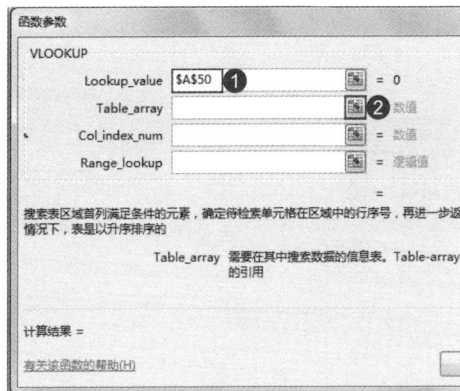

图9-45

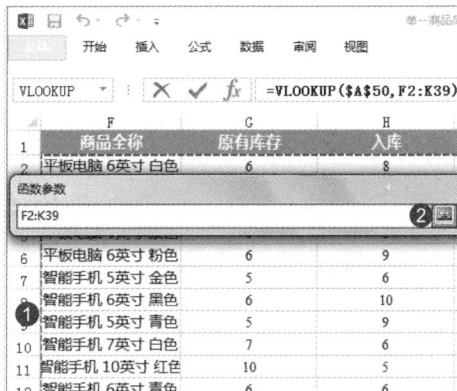

图9-46

Step 08 将 "Table_array" 的参数转换为绝对引用（选择后按【F4】键），设置 "Col_index_num" 为 "2"，"Range_lookup" 为 "0"，按【Enter】键确认，如图9-47所示。以同样的方法在C50:G50单元格区域中输入对应的Vlookup()函数。

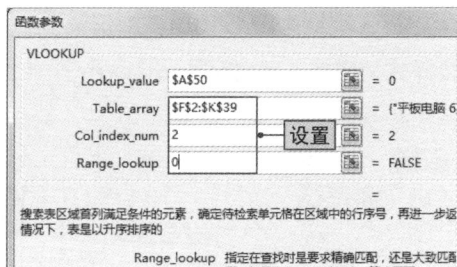

图9-47

Step 09 ❶选择H50单元格，❷在编辑栏中输入函数 "=IF(G50<=0,"及时补货，以保持库存和及时发货",IF(G50>=10,"商品处于积压状态","正常"))"，按【Ctrl+Enter】组合键确认，如图9-48所示。

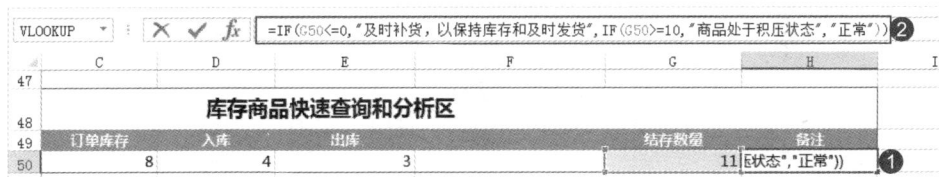

图9-48

Step 10 ❶选择F列并在其上右击，❷选择 "隐藏" 命令隐藏F列，如图9-49所示。

Step 11 ❶选择A50单元格，单击其右侧出现的下拉按钮，❷选择要查看和分析的商品选项，如图9-50所示。

图9-49

图9-50

Step 12 根据A49:G50单元格区域创建簇装柱形图，并将其移到合适位置，引用图表样式"样式7"，如图9-51所示。

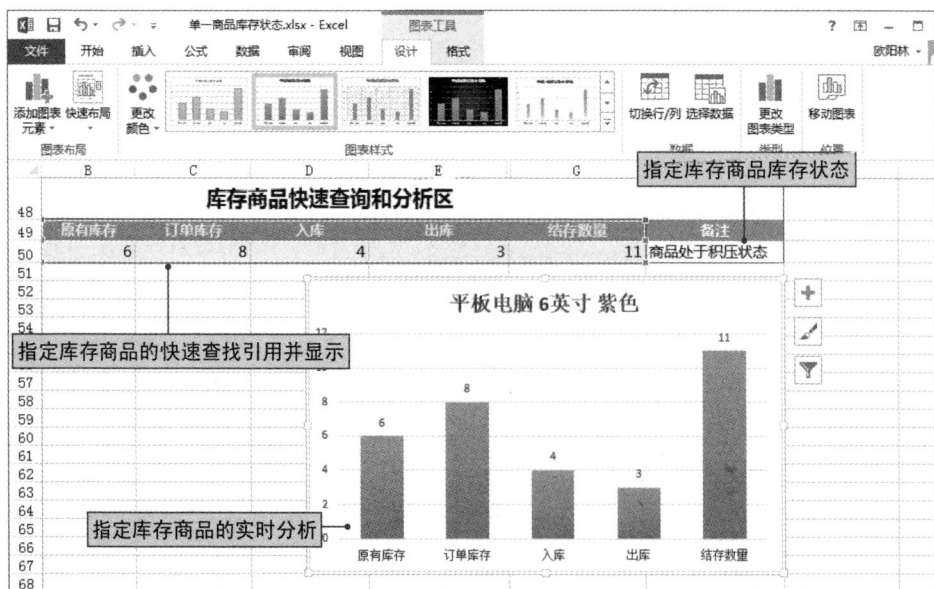

图9-51

如何确保
Excel文件的安全

在本章中我们将会介绍一些实用的保护文件数据安全的操作，如文件的打开权限、表格的保护与编辑区域等，从而保护我们的商业信息。

10.1　保证整个文件数据的安全

对于一些重要的文件，特别是涉及商业信息的文件，如整理分析成本、利润数据文件等，需要保证其安全。下面我们介绍一些常用的保证文件数据安全的措施操作。

10.1.1
添加打开权限

要保证整个文件数据不被他人随意打开查看，最直接的方式就是为其添加的一把"锁"，只有知道密码的人员才能将其打开。

下面以在"供应商资料表"工作簿中添加"654321"打开密码为例来讲解相关操作，其具体操作如下。

分析实例 **为文件添加打开密码**

素材文件	◎素材\Chapter 10\供应商资料表.xlsx
效果文件	◎效果\Chapter 10\供应商资料表.xlsx

Step 01 打开"供应商资料表"素材，❶单击"文件"选项卡，进入Backstage界面，❷单击"信息"选项卡，❸单击"保护工作簿"下拉按钮，❹选择"用密码进行加密"命令，如图10-1所示。

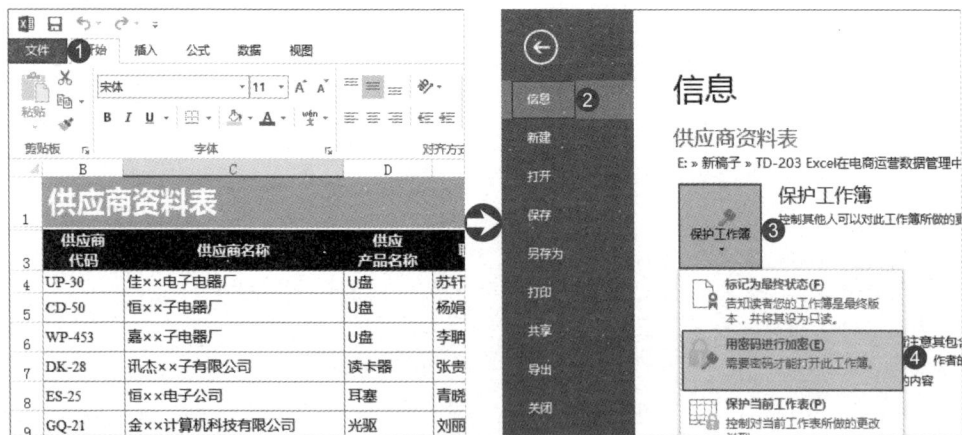

图10-1

Step 02 打开"加密文档"对话框，❶在"密码"文本框中输入密码"654321"，❷单击"确定"按钮，打开"确认密码"对话框，❸在"重新输入密码"文本框中再次输入完全相同的密码，❹单击"确定"按钮，如图10-2所示。

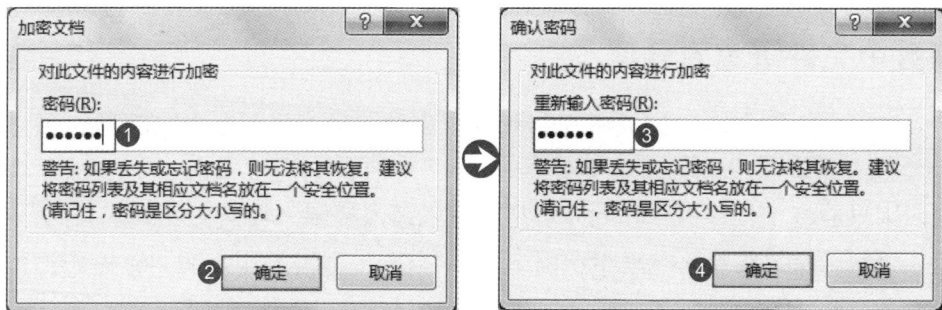

图10-2

Step 03 再次打开"供应商资料表"工作簿时，系统会自动打开"密码"对话框，要求用户输入正确的密码，才能正常打开工作簿，如图10-3所示（若直接单击"确定"按钮，不输入密码或输入的密码错误，则会打开密码保护提示对话框）。

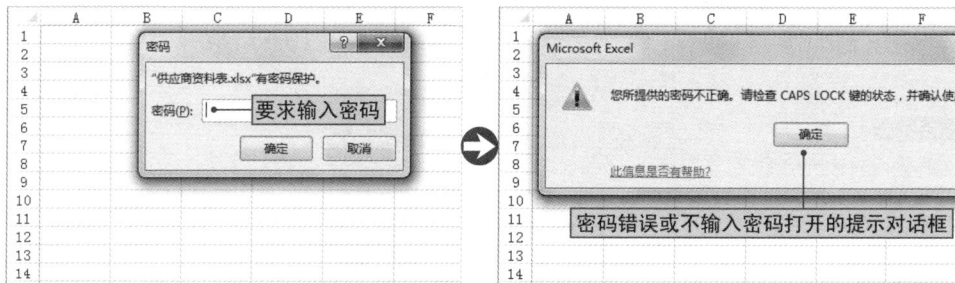

图10-3

　　若要取消工作簿的打开密码，只需在打开工作簿后（输入正确密码打开），将设置的密码清空，其方法为：❶单击"保护工作簿"下拉按钮，❷选择"用密码进行加密"命令，❸在打开的"加密文档"对话框中将"密码"文本框中的密码清空，❹单击"确定"按钮，如图10-4所示。

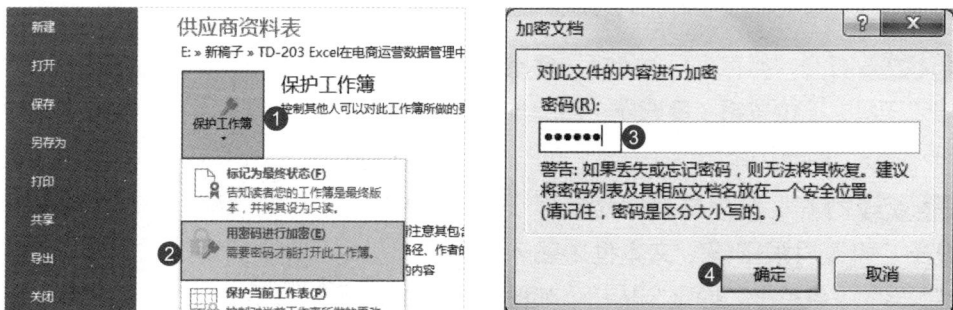

图10-4

将整个文件限定为只读

　　对于一些工作簿，如成本与利润分析文件、顾客资料和商品资料，可以让其他人进行打开和查看，但不允许对已有的数据进行修改，如要保存修改，则只能将工作簿另存，此时可通过设置修改权限来轻松实现。

　　下面以在"商品资料"工作簿中添加"123"修改权限密码，从而实现工作簿为只读为例来讲解相关操作，其具体操作如下。

分析实例 保持文件数据不被任意修改保存

素材文件	◎素材\Chapter 10\商品资料.xlsx
效果文件	◎效果\Chapter 10\商品资料.xlsx

Step 01 打开"商品资料"素材，❶单击"文件"选项卡，进入Backstage界面，❷单击"另存为"选项卡，❸双击"计算机"图标，如图10-5所示。

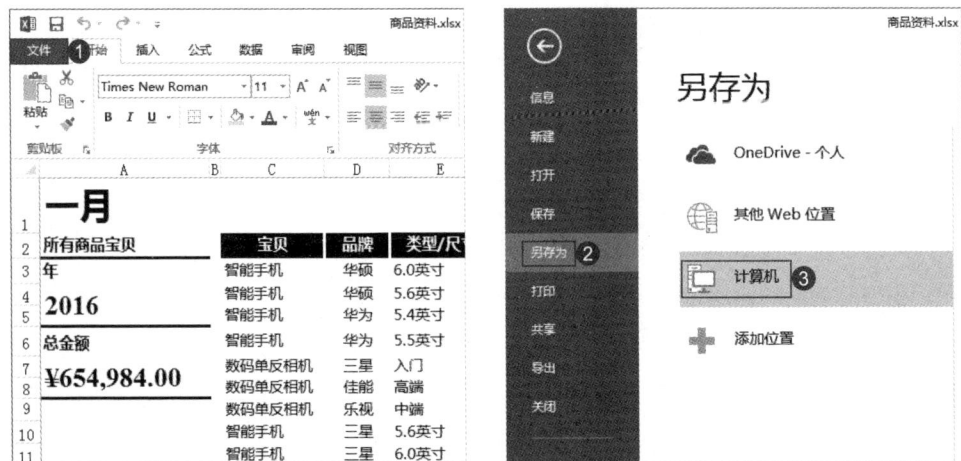

图10-5

Step 02 打开"另存为"对话框，❶单击"工具"下拉按钮，❷选择"常规选项"命令，如图10-6所示。

Step 03 打开"常规选项"对话框，❶在"修改权限密码"文本框中输入"123"，❷单击"确定"按钮，如图10-7所示。

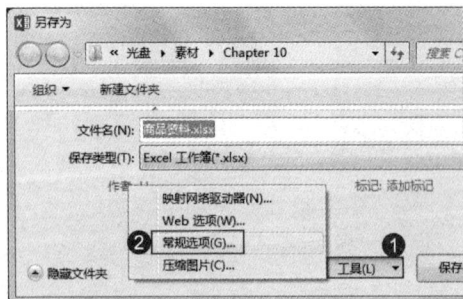

图10-6

Step 04 打开"确认密码"对话框，❶在"重新输入修改权限密码"文本框中再次输入"123"，❷单击"确定"按钮，如图10-8所示。

图10-7

图10-8

Step 05 返回"另存为"对话框中，❶选择文件保存位置，❷单击"保存"按钮，关闭工作簿，如图10-9所示。

Step 06 打开效果光盘中的"商品资料"工作簿，在打开"密码"对话框中不输入修改权限密码，直接单击"只读"按钮，如图10-10所示。

图10-9

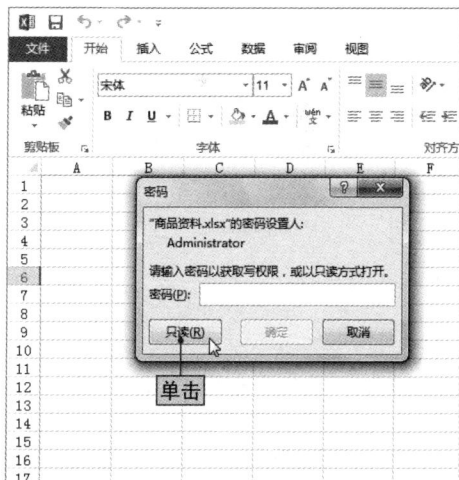

图10-10

Step 07 ❶在工作簿中进行数据修改，❷单击"保存"按钮，系统自动打开提示对话框，该工作簿只读不能进行数据保存，❸单击"确定"按钮，如图10-11所示。然后切换到"另存为"选项卡中完成保存操作。

图10-11

TIPS 没有修改权限的只读

若要将整个工作簿文件设置为只读，且不对任何人添加修改数据的权限，可通过设置属性的方法来轻松实现。我们只需在目标工作簿上❶右击，❷选择"属性"命令，打开"属性"对话框，❸在"常规"选项卡中选中"只读"复选框，然后单击"确定"按钮，如下图所示。

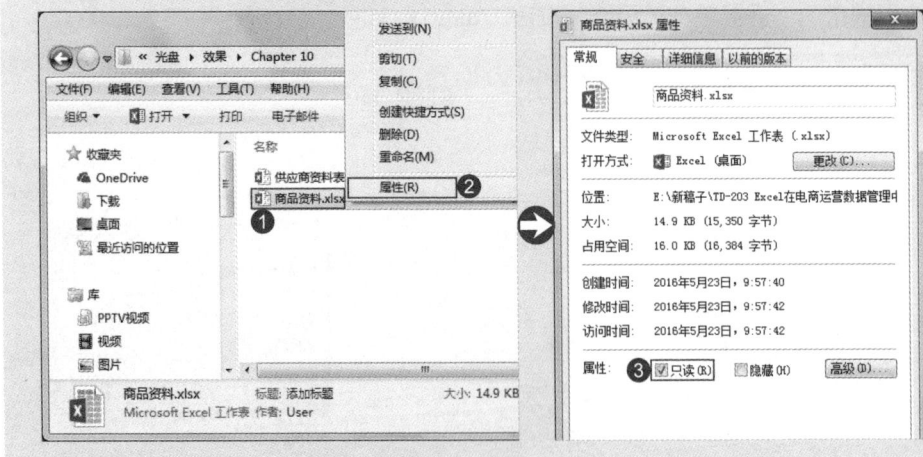

10.1.3
对整个文件进行最终标记

对于数据和结构都已确认的工作簿，我们可以将其标记为最终状态，让自己或他人知道这是最终确认的文件，不用对其进行修改或设置，起到提示的作用。

下面以在"商品资料1"工作簿中添加最终标记为例来讲解相关操作，其具体操作如下。

分析实例 为文件添加最终提示标记

素材文件	◎素材\Chapter 10\商品资料1.xlsx
效果文件	◎效果\Chapter 10\商品资料1.xlsx

Step 01 打开"商品资料1"素材，单击"文件"选项卡，进入在BackStage界面，❶单击"信息"选项卡，❷单击"保护工作簿"下拉按钮，❸选择"标记为最终状态"选项，❹在打开的提示对话框中单击"确定"按钮，如图10-12所示。

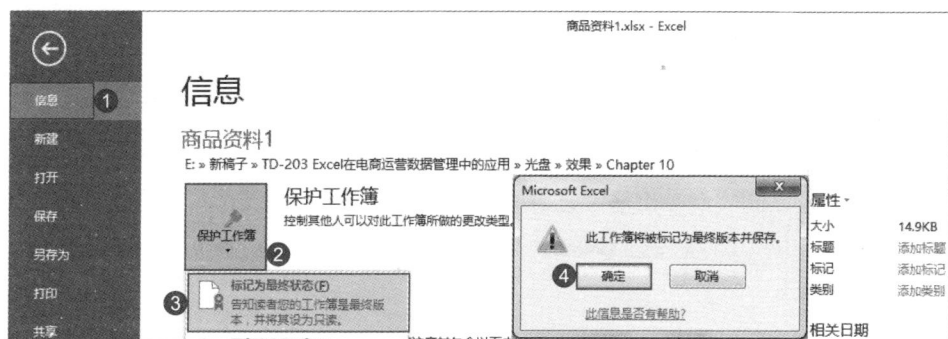

图10-12

Step 02 系统自动切换到工作区界面，即可查看工作簿标记为最终状态的提示效果，如图10-13所示。

图10-13

10.2 保证当前表格的数据安全

除了对整个工作簿进行"笼统"的保护外，还可以单独对其中的指定工作表数据进行安全保护，从而让保护更具有针对性和实效性。

10.2.1
保证指定表格数据为被保护状态

　　一些工作表的数据，我们不希望它们被修改，同时也不允许在其中任何单元格中添加数据，特别是一些带有公式函数计算或作为数据源的工作表，因为其中相关数据被修改或添加后，计算或分析效果将会发生变化，导致整个计算或分析错误，从而得出不正确的结果，带来各种不希望看到的损失。

　　下面以在"同类商品价格带分析"工作簿中添加密码"123"，保护售价分析图表的数据源工作表"宝贝售价"为例，来讲解相关操作，其具体操作如下。

分析实例 用密码保护指定工作表

素材文件	◎素材\Chapter 10\同类商品价格带分析.xlsx
效果文件	◎效果\Chapter 10\同类商品价格带分析.xlsx

Step 01 打开"同类商品价格带分析"素材，❶单击"宝贝售价"工作表标签，切换到"宝贝售价"工作表中，❷单击"审阅"选项卡，❸单击"保护工作表"按钮，如图10-14所示。

Step 02 打开"保护工作表"对话框，❶在"取消工作表保护时使用的密码"文本框中输入"123"，❷单击"确定"按钮，打开"确认密码"对话框，❸在"重新输入密码"文本框中再次输入"123"，❹单击"确定"按钮，如图10-15所示。

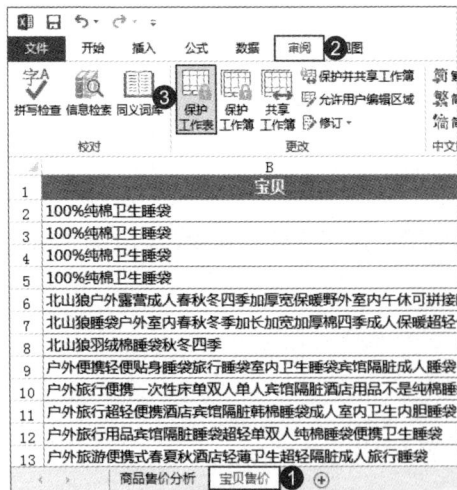

图10-14

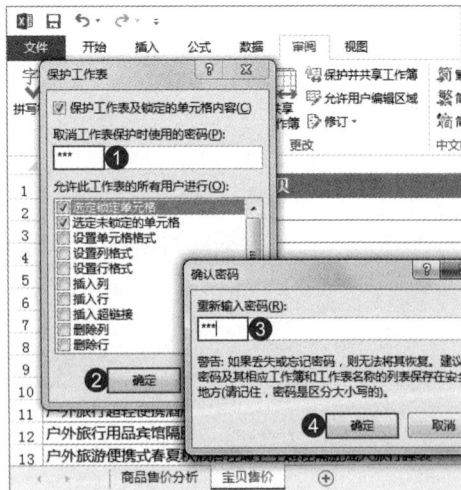

图10-15

Step 03 在工作表的任意位置双击进行其编辑状态，系统立即打开工作表受到保护的提示对话框，如图10-16所示。

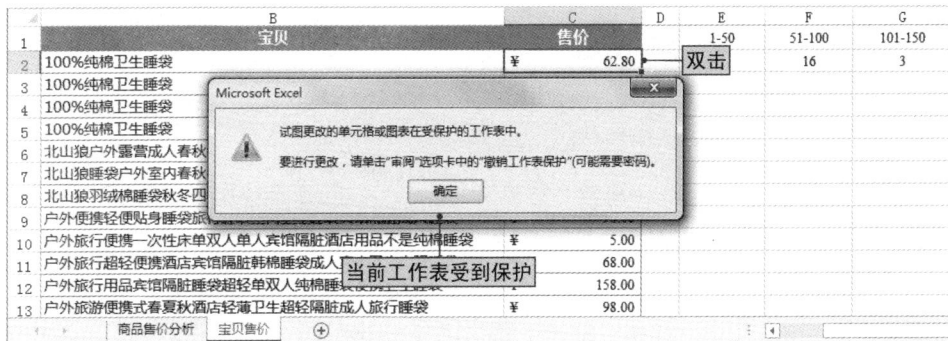

图10-16

TIPS *取消工作表的密码保护*

要取消工作表的密码保护，❶只需单击"撤销保护工作表"按钮，在打开的"撤销工作表保护"对话框中，❷输入设置的密码，❸单击"确定"按钮（若没有设置密码，也就是在保护工作表时，没有在"取消工作表保护时使用的密码"文本框中输入密码，直接单击"确定"按钮，则只需单击"取消工作表保护"按钮即可），如下图所示。

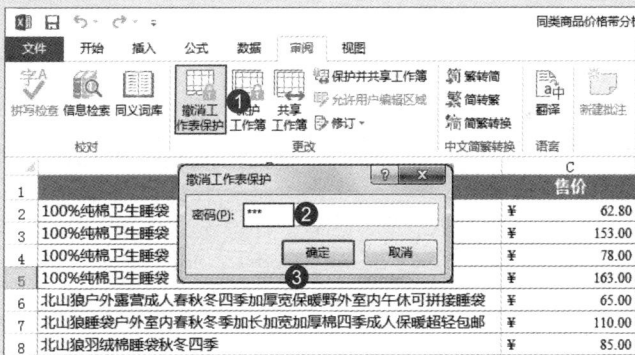

10.2.2
保证指定区域的数据的编写权限

在工作中，我们还可以将一些指定的单元格或单元格区域设置为可编辑区域，其他的区域则为不可编辑区域，这样来实现限制其他用户对表格数据的修改或添加等操作程度，从而获得需要的数据，同时保护其他数据的不被改动。

下面以在"顾客资料"工作簿设置B3:C11单元格区域的编辑权限为例来讲解相关操作，其具体操作如下。

分析实例 指定区域为可编辑区域

素材文件	◎素材\Chapter 10\顾客资料.xlsx
效果文件	◎效果\Chapter 10\顾客资料.xlsx

Step 01 打开"顾客资料"素材，❶单击"全选"按钮，选择所有单元格，❷单击"字体"功能组中的"对话框启动器"按钮，如图10-17所示。

Step 02 打开"设置单元格格式"对话框，❶单击"保护"选项卡，❷选中"锁定"复选框，然后单击"确定"按钮，如图10-18所示。

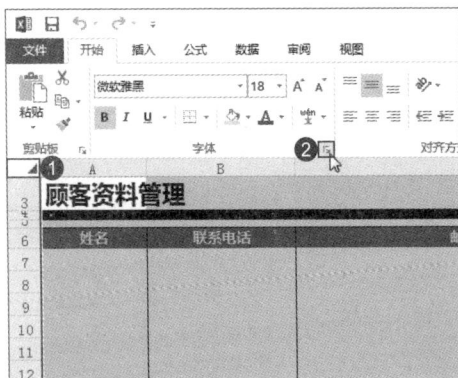

图10-17

图10-18

Step 03 ❶选择B3:C11单元格区域，❷单击"字体"功能组中的"对话框启动器"按钮，如图10-19所示。

Step 04 打开"设置单元格格式"对话框，❶单击"保护"选项卡，❷取消选中"锁定"复选框，然后单击"确定"按钮，如图10-20所示。

图10-19

图10-20

Step 05 ❶单击"审阅"选项卡，❷单击"保护工作表"按钮，打开"保护工作表"对话框，❸单击"确定"按钮，如图10-21所示。

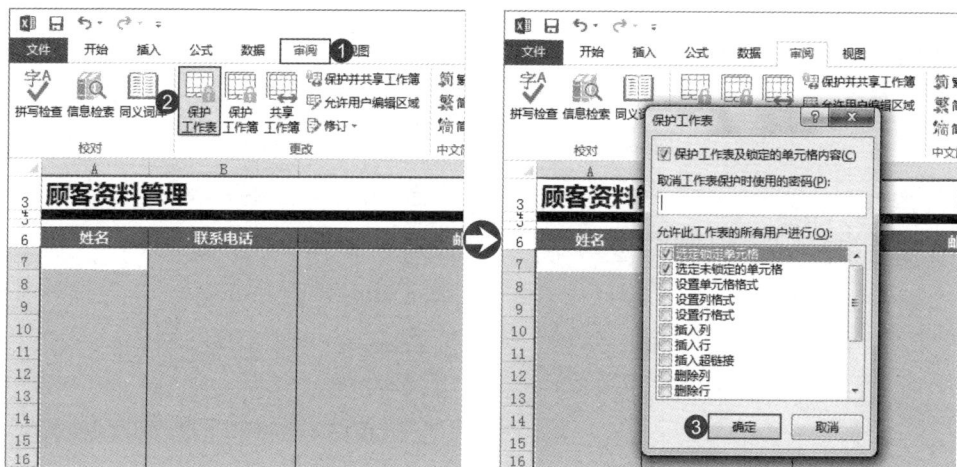

图10-21

Step 06 在B3:C11单元格区域中可进行顾客资料数据的输入，如图10-22所示。在其他单元格区域中进行操作，系统自动打开不能编辑的工作表保护提示对话框，如图10-23所示。

图10-22

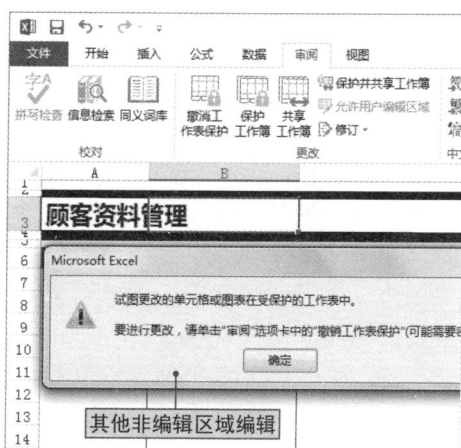

图10-23

　　除了通过锁定和取消锁定的方式来进行可编辑区域的设置外，在Excel中还有一种设置可编辑区域的方法，用户可根据自身的使用习惯进行方法的选择，下面以操作步骤的方式介绍第二种设置可编辑区域的方法，其具体操作如下。

Step 01 ❶单击"审阅"选项卡中的"允许用户编辑区域"按钮，打开"允许用户编辑区域"对话框，❷单击"新建"按钮，如图10-24所示。

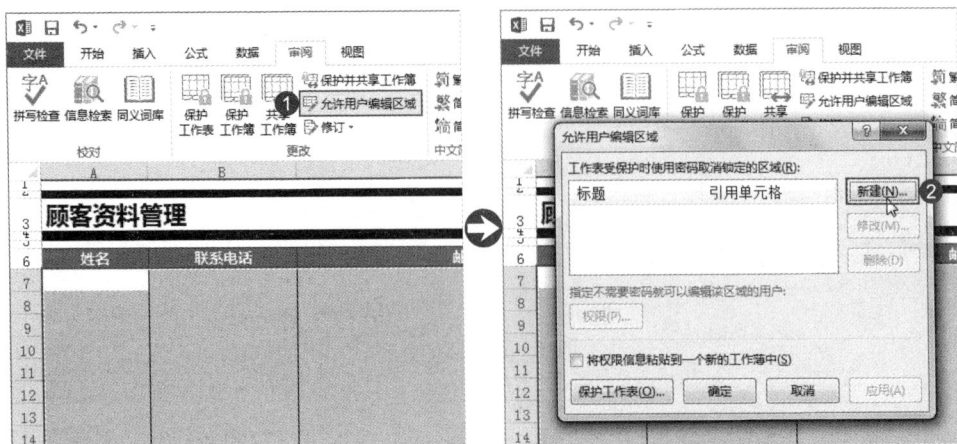

图10-24

Step 02 打开"新区域"对话框，❶在"标题"文本框中输入"可编辑区域"，❷单击"引用单元格"文本框后的"折叠"按钮，❸在表格中选择A7:D29单元格区域，❹单击"展开"按钮，如图10-25所示。

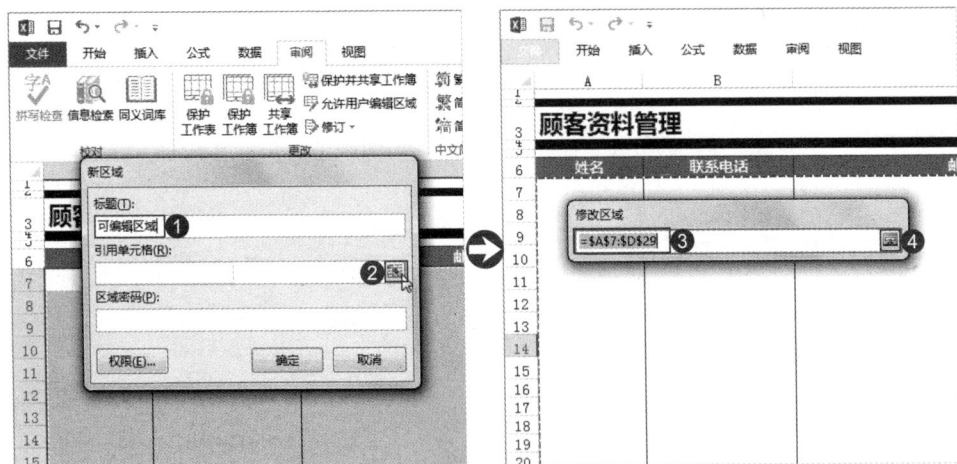

图10-25

Step 03 返回"允许用户编辑区域"对话框，❶单击"保护工作表"按钮，打开"保护工作表"对话框（若要设置保护密码，可按照10.2.1的第1～2步操作进行），❷单击"确定"按钮，如图10-26所示。

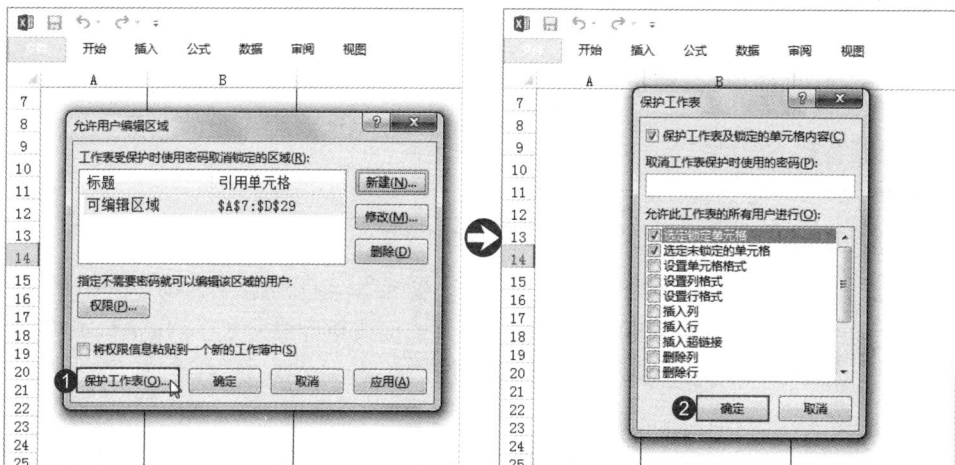

图10-26

Step 04 在B3:C11单元格区域中可进行顾客资料数据的输入，如图10-27所示。在其他单元格区域中进行操作，系统自动打开不能编辑的工作表保护提示对话框，如图10-28所示。

图10-27

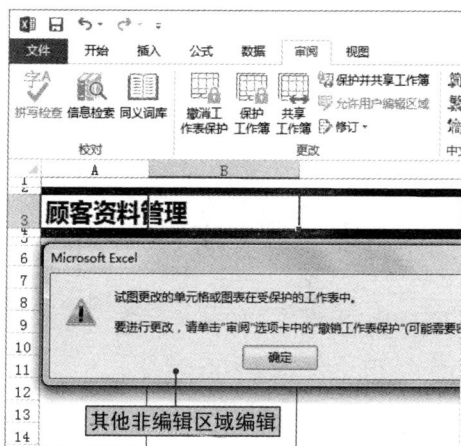

图10-28

10.2.3
保证计算方式的安全

我们在使用公式或函数对相应数据进行计算和统计，并得出结果，当选择这些单元格，在编辑栏中会查看到对应的公式或函数。若不想让他人轻易知道计算方式或对公式函数进行修改，我们可以将他们隐藏起来，只允许单元格中显示计算结果。

下面以在"同类商品价格带分析1"工作簿中隐藏统计数据区域分段数据的结果为例来讲解相关操作，其具体操作如下。

分析实例 隐藏数据计算公式

素材文件 ◎素材\Chapter 10\同类商品价格带分析1.xlsx
效果文件 ◎效果\Chapter 10\同类商品价格带分析1.xlsx

Step 01 打开"同类商品价格带分析1"素材，❶选择E2:H2单元格区域，❷单击"字体"功能组中的"对话框启动器"按钮，打开"设置单元格格式"对话框，❸单击"保护"选项卡，❹取消选中"锁定"复选框，❺选中"隐藏"复选框，然后单击"确定"按钮，如图10-29所示。

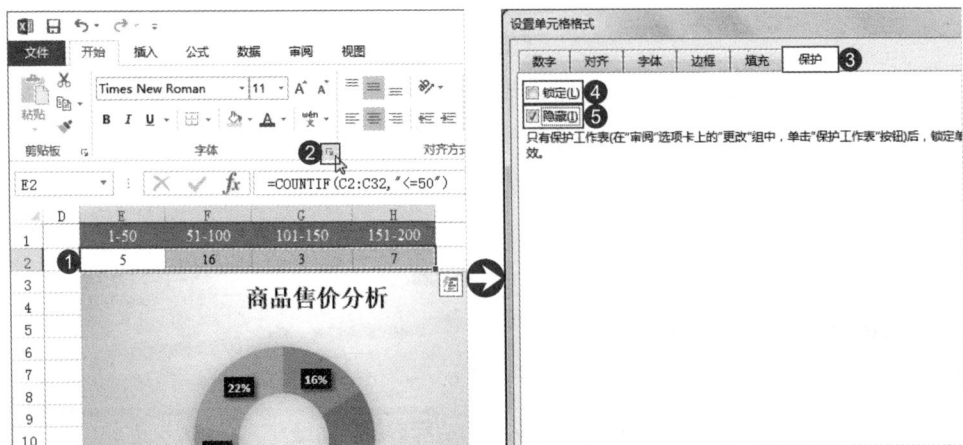

图10-29

Step 02 ❶单击"保护工作表"按钮，打开"保护工作表"对话框，❷单击"确定"按钮，如图10-30所示。

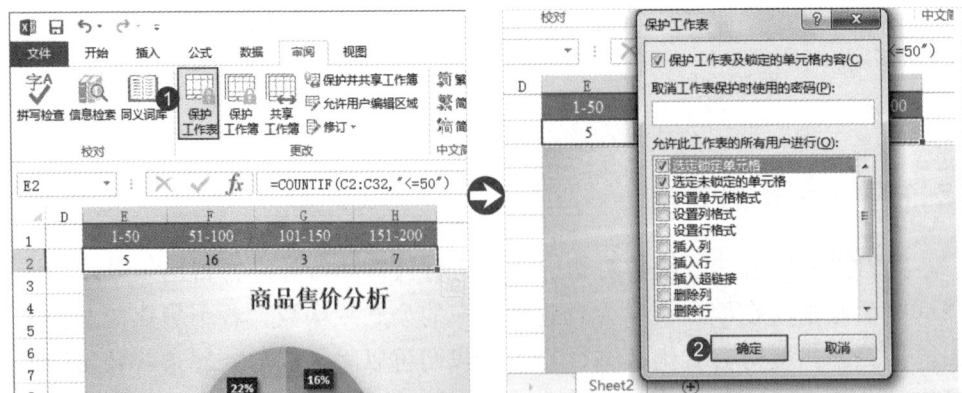

图10-30

Step 03 在E2:H2单元格区域中选择任意单元格或一起选择，都可以查看其中的函数被隐藏的效果，如图10-31所示（要让隐藏的公式/函数重新显示出来，只需取消工作表保护）。

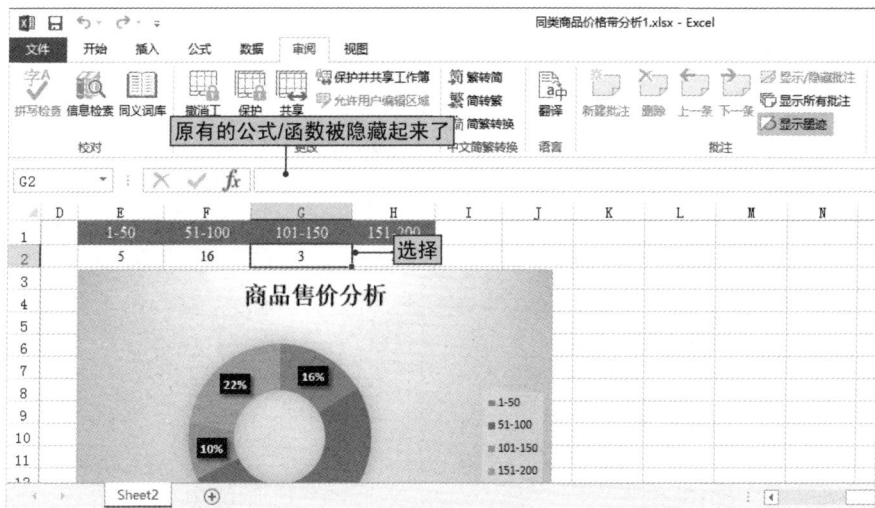

图10-31

10.2.4
将图表定格为最终

我们在对线上数据进行图表分析后，为了保证图表展示是最终的，不因为数据源更改、公式函数计算方式或参数的更改而发生变化，使原本的分析结果发生变化。这时，我们可以将图表进行最终定格，也就是将图表转换为图片。

下面以在"同类商品价格带分析2"工作簿中将商品价格带分析图表转换为图片让分析结果最终定格为例来讲解相关操作，其具体操作如下。

分析实例 将图表转换为图片

| 素材文件 | ◎素材\Chapter 10\同类商品价格带分析2.xlsx |
| 效果文件 | ◎效果\Chapter 10\同类商品价格带分析2.xlsx |

Step 01 打开"同类商品价格带分析2"素材，❶选择图表，❷单击"复制"下拉按钮，❸选择"复制为图片"命令，打开"复制图片"对话框，❹选中"如屏幕所示"单选按钮，❺单击"确定"按钮，如图10-32所示。

Step 02 在表格中按【Ctrl+V】组合键粘贴复制的图表图片，选择原有图表，按【Delete】键将其删除，如图10-33所示。

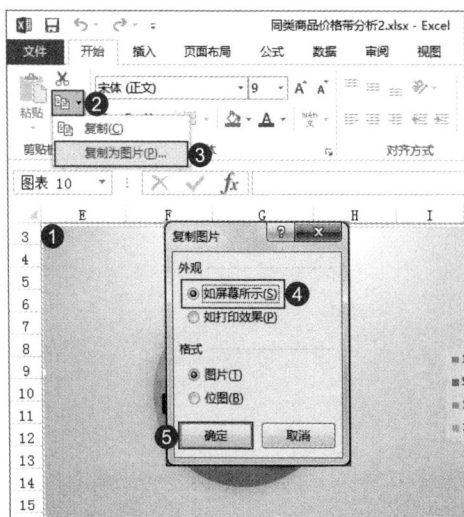

图10-32

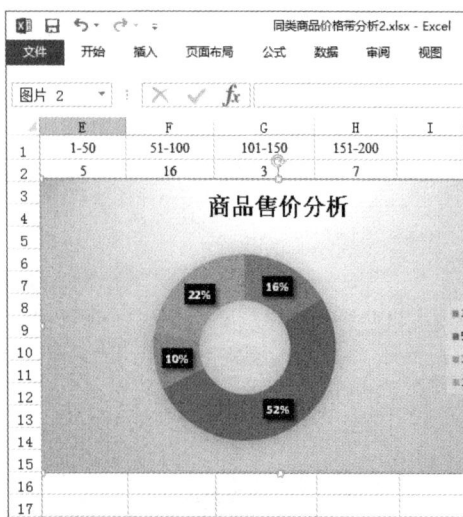

图10-33

读 者 意 见 反 馈 表

亲爱的读者：

感谢您对中国铁道出版社的支持，您的建议是我们不断改进工作的信息来源，您的需求是我们不断开拓创新的基础。为了更好地服务读者，出版更多的精品图书，希望您能在百忙之中抽出时间填写这份意见反馈表发给我们。随书纸制表格请在填好后剪下寄到：北京市西城区右安门西街8号中国铁道出版社综合编辑部 苏茜 收（邮编：100054）。或者采用传真（010-63549458）方式发送。此外，读者也可以直接通过电子邮件把意见反馈给我们，E-mail地址是：4278268@qq.com。我们将选出意见中肯的热心读者，赠送本社的其他图书作为奖励。同时，我们将充分考虑您的意见和建议，并尽可能地给您满意的答复。谢谢！

- -

所购书名：_____

个人资料：

姓名：_____ 性别：_____ 年龄：_____ 文化程度：_____

职业：_____ 电话：_____ E-mail：_____

通信地址：_____ 邮编：_____

- -

您是如何得知本书的：

□书店宣传 □网络宣传 □展会促销 □出版社图书目录 □老师指定 □杂志、报纸等的介绍 □别人推荐
□其他（请指明）_____

您从何处得到本书的：

□书店 □邮购 □商场、超市等卖场 □图书销售的网站 □培训学校 □其他

影响您购买本书的因素（可多选）：

□内容实用 □价格合理 □装帧设计精美 □带多媒体教学光盘 □优惠促销 □书评广告 □出版社知名度
□作者名气 □工作、生活和学习的需要 □其他

您对本书封面设计的满意程度：

□很满意 □比较满意 □一般 □不满意 □改进建议

您对本书的总体满意程度：

从文字的角度 □很满意 □比较满意 □一般 □不满意
从技术的角度 □很满意 □比较满意 □一般 □不满意

您希望书中图的比例是多少：

□少量的图片辅以大量的文字 □图文比例相当 □大量的图片辅以少量的文字

您希望本书的定价是多少：

本书最令您满意的是：

1.

2.

您在使用本书时遇到哪些困难：

1.

2.

您希望本书在哪些方面进行改进：

1.

2.

您需要购买哪些方面的图书？对我社现有图书有什么好的建议？

您更喜欢阅读哪些类型和层次的经管类书籍（可多选）？

□入门类 □精通类 □综合类 □问答类 □图解类 □查询手册类 □实例教程类

您在学习计算机的过程中有什么困难？

您的其他要求：